TRILLI☆N D☆LLAR
億萬救援
TRIAGE

How Jay Powell and the Fed Battled a President and a Pandemic and Prevented Economic Disaster

從白宮壓力到貨幣決策——

鮑爾與川普的聯準會權力之戰

譯——陳儀
著——尼克·提米羅斯

NICK TIMIRA☆S

目次

前　言　誰會期待安睡的中央銀行？　004
第一章　鷹派、鴿派與小傑鴉派　014
第二章　聯準會這個鬼地方　031
第三章　我們會讓他很難看　058
第四章　舉債天王　077
第五章　艱難處境　104
第六章　笨蛋　118
第七章　送進急診室　136
第八章　分崩離析　156
第九章　超越極限，爭取達陣　172

第十章 吃了類固醇的白芝浩 198
第十一章 金流幾乎完全停擺 229
第十二章 事不宜遲，上船出航！ 249
第十三章 命運與歷史 282
第十四章 歡迎來到山姆大叔俱樂部 302
第十五章 政策微調 322
第十六章 危機與轉機 339
第十七章 出乎意料的通貨膨脹 356
結　語 損害分類療法 375
致謝 392
參考書目 396
注釋 400

前言

誰會期待安睡的中央銀行？

二〇二〇年二月二十二日那週週末，二十大工業國（G20）財政部長與中央銀行總裁會議在利雅德（Riyadh）舉行，這場會議是世界最大經濟體的重要領袖論壇之一，這回由沙烏地阿拉伯王儲賓．沙爾曼（Mohammed bin Salman）主持。賓．沙爾曼王儲殷切期望能好好利用這個機會，向地表最強的幾個國家展示沙烏地阿拉伯的現代化成果。只不過，這裡的「進步」充其量只是一種相對的進步，因為截至當時為止，他最激進的措施之一，只不過是「允許女性開車」罷了。

這場高峰會的特色在於處處可見的沙烏地阿拉伯文化象徵，連聯準會主席傑洛米（傑伊）．鮑爾（Jerome "Jay" Powell）和美國財政部長史蒂芬．梅努欽（Steven Mnuchin）最終都得入境隨俗、戴上皮手套，和沙烏地阿拉伯的國鳥灰獵鷹合影。不僅如此，這一群手握全球經濟體系最大權力的人，還紛紛舉起手上的 iPhone，拍攝白駱駝緩緩移步穿越宮殿庭院的畫面。這隻駱駝在一年一度的阿卜杜勒茲國王駱駝節（King Abdulaziz Camel Festival）當天，憑著牠細緻的毛色與嘴脣的豐滿度等條件，獲選為「最美麗的駱駝」，並贏得數十萬美元的獎金。鮑爾的聯準會同事蘭德爾・奎爾茲（Randal Quarles）理事以及法國央行總裁法蘭西斯・維勒魯瓦・德加羅（François Villeroy de Galhau），甚至一起在這隻哺乳動物的正前方拍了張合照。

身材精瘦的鮑爾頂著一頭整齊銀髮，從從容容在這些精心安排的場景之間穿梭。這位在唐納・川普（Donald Trump）時期就任聯準會主席的優雅男子，曾在頂尖律師事務所與投資公司任職。鮑爾接任聯準會層峰職務後，好不容易才安然度過風雨飄搖的頭兩年。儘管不時遭受川普總統的攻擊，但他終究以冷靜且穩健的領導風格，獲得民主、共和兩黨人士的敬重。以多數衡量標準來說，就算作為美國中央銀行的聯準會在二〇一八年至二〇一九年間出現了由升息轉為降息的立場大轉彎（堪稱謙卑的一百八十度政策大轉彎），但鮑爾監控下的美國經濟還是表現得可圈可點。只不過，位於利雅德這場大會的奢華排場與浮誇的文化圖騰，充其量只能讓人稍稍轉移一下焦點。不久前，中國湖北剛爆發某種新型病毒，這個消息一出，人心惶惶，民不安枕。

事實上，到那個週末，新型冠狀病毒已經開始擴散。不僅伊朗、南韓和義大利等國同時爆發疫情，病例數也同步倍增。在利雅德，不管是鮑爾還是其他全球經濟領袖，都沒什麼機會可以公開討論全球各地對這個病毒的應對措施，畢竟這場高峰會的議程早在好幾個星期以前就已敲定。然而，大會場邊的話題，很快便轉向義大利北部地區的一個事件：當局命令軍警強制將十一個城鎮封鎖在紅色隔離區內（zona rossa），諸如威尼斯狂歡節（Venice Carnival）等大型活動也陸續取消。在場的賓客不知該作何感想，因為這一切的一切，聽起來簡直就像是麥可・克萊頓（Michael Crichton）一九六九年執導的《人間大浩劫》（*The Andromeda Strain*）；那部科技驚悚電影的情節，正好和某種來自外太空的致命惡性病原體有關。這場疫情會再次上演二〇〇三年嚴重急性呼吸道症候群（SARS）疫情爆發時的可怕情境嗎？當年的SARS共造成全球八千多人感染，其中尤以東亞地區的死亡病例數最多。這次的新冠疫情顯然比當年更嚴重，將造成更大規模的感染。截至當下為止，已有兩千三百人身故，多數是在中國境內發生。

二〇一二年才首度加入美國中央銀行的鮑爾並沒有受過正統的經濟學家訓練，為了能參與聯準會內部的貨幣政策辯論，他每天都會花上好幾個小時，仔細鑽研經濟研究報告和教科書。但最近這幾個星期，他每天晚上的閱讀計劃又新增了一個項目：最新的流行病毒研究報告。這場疫情還有許多疑問未解。新型冠狀病毒看起來似乎沒有比伊波拉病毒或SARS病毒更致命，但傳染性極強。

在利雅德的那個週末，鮑爾結束了和南韓央行總裁李柱烈的私下會談後，憂心忡忡地離開。他從李柱烈的第一手說明中得知，南韓為了阻止疫情爆發，已經採取一系列的緊急公共衛生對策。鮑爾心想，**大事不妙**。他倆進行會談之前，鮑爾還抱持著普遍的共識觀點，認為這種病毒也許會嚴重傷害中國的需求，對供應鏈造成幾個季度的擾亂、並壓抑亞洲經濟成長等等（舉個例子，在此前一週，蘋果公司已宣布，這種冠狀病毒在中國引發的混亂將導致該公司可能無法達成季度銷售目標），但絕對不會嚴重傷及美國。

儘管蘋果公司發布了上述訊息，隔天，大無畏的投資人卻還是將主要由科技股組成的那斯達克股價指數，推升到歷史的新高點。

輪到鮑爾向國際代表團發表演說時，他雖表明了審慎樂觀看待未來的展望，但也針對這個展望提出一席語重心長的免責聲明。他說：「我對這些觀點非常、非常沒有信心。」「此時此刻，我甚至覺得這些觀點說不定是錯的。」如果這些在非公開場合發表的言辭被公諸於世，應該會特別引人注目，畢竟身為聯準會主席，鮑爾的字字句句隨時可能從漣漪變成巨浪，瞬間重創投資人的信心與股市。

輪到香港乃至新加坡等地的官員發表演說時（這些地區先前曾受類似病毒嚴重影響），他們直接略過過往標準的貨幣政策措施，開門見山地討論了更廣泛、且遠比過去更為激進的財政措施，例如為了對抗病毒可能傷害的所得替代計劃（income-replacement programs）。對西方國家的財政官員來說，他們的發言無異敲響了一記警鐘。

到了利雅德行程的最後一天，鮑爾已經認定，美國各大都市遲早得面臨病毒大規模擴散的問題。於是，他打電話給聯準會的同事，問道：「財政部有什麼能力可具體應對這個情境？」「順帶一提，我們實際上掌握了什麼職權？」此前一年的貿易戰期間，川普提出了一份農民紓困計劃，最終，政府以幾近兩百五十億美元的直接補貼，抵銷出口折損對農民造成的傷害。然而，如果美國各大都市為了阻止病毒的擴散而不得不停止商務活動，財政部是否有類似的措施，將政府補助金迅速發給民眾？

二月二十三日星期日，曾擔任高盛公司（Goldman Sachs）合夥人的梅努欽（他頂著一頭黑髮、戴著一副黑框眼鏡）在利雅德的一場電視訪問中表示，美國政府「當然」有應對傳染性病毒的備援計劃；不過，他也表示，此時此刻斷言計劃包含了哪些細節，還言之過早。他說：「再過三至四個星期，我們就能取得更完整的數據。」「我認為此時此刻民眾不該恐慌。然而，情況確實堪憂。」[1]

••••••••••

二月二十四日星期一當天，鮑爾搭上即將返回華盛頓特區的班機。二〇一八年時，有人在一場論壇中問他晚上睡得是否安穩。當時他開玩笑答道：「沒有人會要一個睡得安穩的中央銀行官員。」「睡得安穩對中央銀行業務有什麼用？」但此時此刻，他幾乎沒有任何使力的餘地。於是，他關掉手機，準備欣然接受接下來十四個小時的航程。

飛機一降落在華盛頓外的杜勒斯國際機場（Dulles International Airport），鮑爾馬上打開手機。螢幕跳出一連串壞消息：義大利和南韓宣布更多死亡病例、開始有國家實施旅遊禁令、道瓊工業平均指數（Dow Jones Industrial Average）重挫一千點……儘管美國疾病管制與預防中心（The Centers for Disease Control，簡稱ＣＤＣ）尚未把這場疫病歸類為**大流行病**（pandemic），但市場顯然已這麼認為。

鮑爾平日負責兩方面的工作。其中一方面可謂枯燥乏味至極——監理銀行與信用供給，以維持經濟的穩定成長。然而，這些貨幣政策決策雖然枯燥，卻可能對民眾的生活產生巨大的影響。聯準會在設定貨幣的價格（注：即利率）時，美國人的信用卡未清償帳款、汽車貸款與不動產抵押貸款等利率水準，全都會受到影響。另一方面，股票與債券價格的變動（注：貨幣政策的決策會影響到股票與債券的價格）則會影響到大大小小企業的聘僱、投資與儲蓄意願。

鮑爾另一方面的工作比較難以量化：維護金融體系的信心。就在鮑爾從沙烏地阿拉伯回到華盛頓的那天，短短幾個小時內，投資人就一舉抹除道瓊指數從那年年初到當天為止的所有漲幅。當然，聯準會的工作並不包括回應市場的正常漲跌。只不過，當投資人與企業財務長受到市場波動影響，從而被迫驟然改變原本的投資計劃時，市場崩潰或陷入恐慌的風險就會急遽上升，並危及金融穩定。到了二月底，這些風險進一步加劇。遠在一百零七年前成立的聯準會，其宗旨就是扮演最後貸款人的角色（lender of last resort，二〇〇八年大衰退〔Great Recession〕期間，聯準會就曾出面這麼做），防止銀行恐慌局面再次發生，進而削弱整體經濟的實力。

就算此時利率處於歷史低檔，鮑爾其實還有非常多工具可以運用，此事件也證明了這一點。他所領導的這個機構擁有某種近乎神奇的力量——它能憑空創造貨幣，再把貨幣借給需要的人。美國歷任總統雖然掌握命令軍隊開戰和午夜空襲的權力，卻無法單方面花費一兆美元。不過，聯準會卻擁有這個能力。

但與此同時，無論是從政治、貨幣理論還是幾十年的聯準會歷史來看，鮑爾的工作絕對不只是「砸錢解決問題」那麼簡單。中央銀行能在經濟疲弱之際，協助振興需求；問題在於，政策制定者不久之後將面臨的情況——相當於醫學上的誘導昏迷狀態（medically induced coma，注：進行醫療行為時，為保護大腦而在控制劑量內暫時讓病患陷入昏迷狀態）——並無先例可循；更何況，過於輕率的行動也有可能使市場的恐慌情緒進一步惡化。不過，在鮑爾步出機艙門的那一刻，他至少已經知道一件事：「坐視不管」絕非選項之一。

隔天，美國疾病管制與預防中心的國家免疫暨呼吸道系統疾病中心（National Center for Immunization and Respiratory Diseases）主任南西・梅森尼爾（Nancy Messonnier）博士，針對公共衛生局勢提出了一份嚴厲的評估報告。她在記者會中表示：「此時此刻，（疫病傳染）已經不是會不會發生的問題，而是何時發生，以及美國將會有多少民眾染上重病。」[2]

梅森尼爾說明，那天早上她剛跟兒女們談到，他們的日常生活有可能會被疫情嚴重破壞，包括學校可能會停課、民眾可能要遠距辦公等等。最後，她冷靜建議美國民眾要開始做好「生活遭到嚴重破壞」的準備。梅森尼爾對疫情的坦率發言搞得投資人方寸大亂，導致道瓊指數在星期二當天繼續重挫八百七十九點。

儘管如此，白宮方面卻繼續否認這種病毒可能會造成極大的衝擊。就在那個星期二，也就是二月二十五日當天，道瓊平均指數連續重挫兩天之後，川普總統的國家經濟委員會（National Economic Council）主席賴瑞・庫德洛（Larry Kudlow）出現在全國廣播公司商業頻道（CNBC）上。人在阿姆斯特丹參加研討會的聯準會理事莉奧・布蘭納德（Lael Brainard）正好看到其中一段採訪內容。當時，庫德洛剛結束和幾位資深衛生顧問的會議，走出會議室，接著簡單重申了會議討論的幾個要點。他在簡報室表示：「我們已經控制住局勢——我不能說情況已經滴水不漏，但相當接近——我……一點也不認為這會演變成一場經濟悲劇。」[3]

布蘭納德簡直不敢相信她的耳朵。她心想：**天啊！這些人以為這件事只和股票市場有關嗎？他們真的搞不清楚狀況耶。**

隔天早上，川普總統發布了一則推文，指責有線電視新聞過度炒作「冠狀病毒」

（“Caronavirus”）話題，害市場陷入恐慌。接著，他打電話給鮑爾，罵他是個天殺的失敗者。事實上，一個星期之前，美元已經轉強——每當投資人對金融波動性（volatility）感到憂慮，美元總是會轉強。川普抱怨，強勢美元正在扼殺美國。

德國的負利率政策讓川普又嫉又羨，他以為，要是美國也採用負利率政策，身為白宮的主人，他就能像處理旅館的不動產抵押貸款那樣，提前贖回現有的國庫債券，再重新發行一些負殖利率公債，來補充資金缺口。川普在房地產打滾了幾十年，但他當總統的時間畢竟只有三年，所以，他還沒搞懂公共債務和民間債務之間的差別。川普對鮑爾說，德國人正忙著嘲笑聯準會主席。川普對著這位他兩年前親自任命的央行領導人說：「他們覺得你太可笑了，竟然對這件事一竅不通，他們親口告訴我，因為你的無能，他們正一點一滴偷走我們的錢。」

川普還在這通電話與其他不定期的來電中，引用開拓重工公司（Caterpillar，建築設備與引擎的大型製造商）執行長的說法，他宣稱，開拓重工的執行長曾表示，聯準會正是經濟成長不夠快的元凶。不過，川普一提及這家公司，鮑爾隨即閱讀開拓重工的盈餘報告，並發現那些報告壓根兒沒有提到聯準會或強勢美元。但對川普來說，事實根本就不重要。

過去一整年，鮑爾時不時得應付這類情緒爆發的情境，不過，他每次都應付得當，順利過關。這一次他也如法炮製。鮑爾彬彬有禮，對川普表示：**我唯一能向你承諾的是，我絕對會竭盡全力為你我雙方共同服務的民眾效勞**。他誓言聯準會正竭力思考並分析當下的局勢，且誓言將使用所有必要的工具來做出應對。儘管川普的公開威脅和針鋒相對令人頗為不快，但過不了多久，那將會成為鮑爾最不需要煩惱的芝麻小事。

星期三早上十點鐘，鮑爾與十二位聯準會官員在馬瑞納・艾克斯聯準會大樓（Marriner S. Eccles Federal Reserve Board Building）的四樓會議室（這間以精緻木作裝潢而成的會議室能俯瞰國家廣場），召集了他們的第一場新冠病毒危機規劃會議。在這之前，聯準會已先安排了特定的安全防護措施，例如將從亞洲流回的紙幣隔離起來，以免可能沾有病毒的鈔票到處散播等等。這場會議開始不久，討論內容就迅速轉向一旦病毒抵達美國國門，經濟將可能發生什麼狀況。

當時，聯準會認為經濟或許只會趨緩一個季度，他們也開始為這個預測進行整備。聯準會官員透過觀察性的回報得知，大型購物中心的人流正逐漸減少，航空旅遊與旅館訂房等活動似乎也即將開始走下坡。不過，他們還是相信，經濟應該還是能避免陷入衰退，畢竟當時經濟正值南北戰爭以來最長的連續性擴張期。這個想法無可厚非，因為就人類的天性而言，每當碰上諸如此類的重大訊息時，一般人往往得花較長的時間消化，才能得出正確的結論——此個案就是個典型的重大訊息。更重要的是，所有與會的專家都沒有任何歷史脈絡可循，以致於他們無法推想一旦規模高達二十兆美元的美國經濟體系驟然停擺——無論是自主停止運作還是被政府勒令停止運作——將會發生什麼狀況。

擔任會議主席的鮑爾鼓勵理事會成員們暫時揚棄約定成俗之見與經濟的正統概念。他把頭轉向副主席理查・克拉里達（Richard Clarida），催促他針對可能的最糟發展提出預測。鮑爾說：「不要講那些表面上看起來合理的可能發展，而是要推估真正最糟的狀況。」

克拉里達說：「既然如此，傑伊，我就直說了。如果我們變成義大利，政府一旦勒令停止所有經濟活動，那麼，情況會比大蕭條（Great Depression）還糟。」

聯準會歷任主席的名號往往都非常響亮——例如保羅·伏克爾（Paul Volcker）、艾倫·葛林斯潘（Alan Greenspan）、班·柏南克（Ben Bernanke）、珍妮特·葉倫（Janet Yellen）——但這些央行領導人多半隱身幕後，偶爾會在單調乏味的酒店宴會廳裡，向不同商會或經濟會社成員發表一些枯燥乏味的演說。此外，他們也相對得天獨厚，不像國會與最高法院等機構那樣，得經常接受嚴厲的政治檢視。

然而，在某些特定時刻，聯準會偶爾還是會拋開平日慣有的保留態度，勇於承擔起相當於政府第四部會的責任（fourth branch of government，注：指擁有和美國立法、行政與司法機關〔這三權是憲法明訂的權力〕類似的影響力，或代替這三種機關採取行動的機構或團體）。每當危機來襲，全球各地的資金管理人與企業執行長總是特別緊密關注聯準會主席的發言，那時，聯準會主席會成為聚光燈下唯一的主角，甚至比美國總統更受矚目。不僅如此，在金融崩潰的災難來襲的最危急時刻，向來沉著且總是依循既定成規行事的聯準會，也可能比其他任何政府機關更明快且強力採取行動。

這場大流行病即將演變成那樣的危急時刻。

第一章

鷹派、鴿派與小傑鴉派

傑洛米·鮑爾在馬里蘭州的切維崔斯（Chevy Chase）長大，在家中的六名子女中排行老二。位於華盛頓特區附近的切維崔斯距離聯準會總部大約只有十一公里遠，那裡處處可見鱈魚角風格的住宅，是個風景如詩如畫的城鎮。

鮑爾出身當地的上層中產階級家庭，切維崔斯會（Chevy Chase Club）在當地頗負盛名，鮑爾一家是第一批加入的天主教家庭，而他的父親（也叫傑洛米）後來更是成為切維崔斯會的會長。二次世界大戰期間，老鮑爾曾以歐洲陸軍步兵的身分參戰，並親身經歷過激烈的肉搏戰。戰爭結束後，他開啟律師職涯，曾在幾場勞資糾紛中代表公司方發聲，並在這個專業頗有成就。鮑爾正是從他父親的身上學會了謹言慎行。鮑爾的母親派翠西亞·海頓（Patricia Hayden）畢業於華盛頓三一學院，曾代表她那一屆畢業生致告別詞；畢業後，她加入陸軍地圖服務部門，擔任統計人員的工作。和老鮑爾結婚後，她開始廣泛從事志工活動，並在共和黨全國委員會裡兼職。

家人習慣叫鮑爾「小傑鴉」，長大後的小傑鴉追隨父親的腳步，到喬治城預備中學唸書，那是一所位於貝賽斯達（Bethesda）的耶穌會高中男校。在那求學的學生必須依規定穿上正式外套、打上領帶，每天還得參加彌撒；就算只是像上課遲到這種非常輕微的違規行為，都會被處罰，違規者得去名為「上帝審判所」的留校觀察室閉門反省。喬治城預備中學出了許多未來的外交官、眾議員和參議員，還有川普最早提名的兩位最高法院大法官：尼爾．戈蘇奇（Neil Gorsuch）以及布雷特．卡瓦諾（Brett Kavanaugh）。學生時代，鮑爾人氣很旺，他是喬治城預備中學美式足球隊「小驚嘆」（Little Hoyas）的中鋒，也是一名好學生。當過兩任佛羅里達州眾議員的共和黨人法蘭西斯．魯尼（Francis Rooney）是他高中同班同學。憶起當年，鮑爾說，魯尼擁有「殺手級的聰明才智」。

儘管鮑爾擁有一流的教育背景——一九七五年從普林斯頓大學（Princeton University）畢業，主修政治——他卻認為自己有點大器晚成。畢業那年夏天，他拎著一把吉他遊歷歐洲，還在巴黎的某間餐館，以漢克．威廉斯（Hank Williams）的〈我寂寞到想哭〉（*I'm So Lonesome I Could Cry*）一曲和其他民謠，和在場的群眾同樂。回到華盛頓後，他在父親友人開的辦公室用品公司謀得一個差事，後來又去擔任某參議員在國會山莊的助理。眼看著往昔的同班同學個個從事既體面又高薪的工作，他決定前往喬治城大學（Georgetown University）法學院深造，並在那裡找回從前的幹勁。

從喬治城大學畢業後那幾年，鮑爾陸續在曼哈頓幾家聲譽卓著的法律事務所擔任職員，最後在一九八三年轉換跑道，加入投資銀行業的狄龍瑞德公司（Dillon, Read & Company），這家公司的老闆是含著金湯匙出生的新英格蘭人尼古拉斯．布雷迪（Nicholas Brady），布雷迪為人低調，但人脈非常廣闊。

加入狄龍瑞德公司兩年後，一九八五年，鮑爾和哈佛大學畢業的科學電視節目製作人暨編劇艾莉莎·李奧納德（Elissa Leonard）結婚，她是他妹妹的朋友。婚後，李奧納德保留她本來的姓氏，不過，在老大和老二出生後（他們共育有三名子女），她還是暫時放下了原本的職業生涯。

在狄龍瑞德公司任職時，鮑爾搞砸了布雷迪的一場會議，當時他介紹自己是土生土長的華盛頓人，對公共服務有興趣，願能竭盡全力為公司效勞。狄龍瑞德公司的同事聽到他的自我介紹後，都不由得直翻白眼：他花在華盛頓的時間可說是白白浪費了，因為那些經歷對創造銀行業務根本沒有幫助。不過，鮑爾並不以為意，而他和布雷迪之間的聯繫（華盛頓）事後也終於有了回報。

幾個月後，人稱「油神」的布恩·皮肯斯（T. Boone Pickens）對石油出口商優諾科公司（Unocal Corporation）展開敵意收購，狄龍瑞德公司為了捍衛優諾科公司，不惜與皮肯斯槓上。布雷迪致電要鮑爾前往華盛頓，陪他和財政部、白宮與國會的幾位高官開會。

後來，隆納·雷根（Ronald Reagan）總統為了檢討一九八七年黑色星期一股市崩盤事件成立了一個專案小組，並任命布雷迪擔任小組主席。不久後，雷根又提名他擔任財政部長。布雷迪才剛上任幾個月，他的朋友喬治·布希（George H. W. Bush，注：老布希）就當選美國總統。布雷迪已事先同意不帶他公司的人馬進駐華盛頓特區，這對鮑爾來說似乎是個大好機會，不過，布雷迪已事先同意不帶他公司的人馬進駐華盛頓特區，這令鮑爾大失所望。

兩年後，狄龍瑞德公司一位合夥人走進鮑爾的辦公室，他說，布雷迪正在尋找一位新助理部長：「布雷迪希望找一位像傑伊·鮑爾的助理部長。」鮑爾建議了幾個人選，不過，他最後補了一句話：「但他幹嘛找廉價的複製品？直接找我不就得了？」

就這樣，鮑爾成了布雷迪的助理部長。幾個月後，鮑爾打電話給他在華爾街的前東家達維律師事務所（Davis Polk & Wardwell），希望對方推薦一位肯賣力工作的助理給他。事務所推薦了當時年僅三十三歲的奎爾茲，他是長春藤名校畢業的律師。鮑爾錄用了這名年輕律師，並自此開啟另一位未來的聯準會同事之公共政策職涯。

金融危機

對於一個剛加入美國財政部的官員來說，一九九〇年絕對不是好過的一年。在那之前的幾年間，美國反覆受到不同的金融崩潰與金融墮落行為打擊。一波未平、一波又起的儲蓄貸款機構危機，已導致超過一千家銀行與存款機構倒閉，狀況直到一九九〇年年底仍未全面受控。保護銀行存戶存款的保險基金全數耗盡，經濟也陷入衰退。

然而，這卻是透過第一手經驗，學習如何應對不可預測危機的絕佳時機。一九九一年年初，鮑爾陷入一場和新英格蘭銀行（Bank of New England）有關的災難風暴中心，當時，這家大型區域性銀行正因商用與住宅不動產市場崩盤而處於倒閉邊緣。鮑爾與其他監理人員不斷苦思紓困的潛在後果。立即可見的風險並不是大到無法收拾，畢竟新英格蘭銀行只是美國第三十三大銀行。不過，其中最根本的問題和花旗集團（Citigroup）或雷曼兄弟（Lehman Brothers）陷入無力償債處境時的問題一模一樣。新英格蘭銀行與兩家姊妹銀行的存款共有一百九十億美元，金額遠遠超過聯邦存款保險公司（Federal Deposit Insurance Corporation，簡稱ＦＤＩＣ）的擔保金額。兩條路線擺在眼前：（一）政府應該任由這些經營不善的機構被市場淘汰；或者（二）政府有責任防堵這些機構的問題，以免它們的問題進一步衝擊到更廣大的經濟體系。

鮑爾的直屬長官羅伯・格勞伯（Robert Glauber，他是哈佛學者）堅定選擇了第一個選項：他痛恨紓困。格勞伯用力捶著財政部會議室的桌子，同在會議室裡的鮑爾和聯準會理事約翰・拉威爾（John LaWare）只能無奈地瑟縮在一旁。憤怒的格勞伯堅持，存款人必須接受存款縮水、並為銀行的過失買單的命運。**如果我們老是出面救援，一定會製造「道德風險」（moral hazard）**。他所謂的「道德風險」是保險業的用語，用來形容明明知道自己因為有保險保障（所以不會產生更大損失），而蓄意承擔風險的人。

格勞伯說完長篇大論後，拉威爾平靜地闡述了聯準會的立場：「你代表政府，你絕對可以做你想做的任何事，但我們認為，如果要求那些不受保障的存款人接受存款縮水的命運，一定會發生嚴重的後果。美國每一家銀行在星期一開門營業後，絕對會發生擠兌，到時候，每一家貨幣中心型（money-center bank）的銀行業者勢必會跑來向我們求助。你真心有膽試試看這種情況不會發生嗎？」

由於害怕爆發更大的危機，紓困相關的疑慮就這麼被暫時擱置了。

而鮑爾說：「我們無異議選擇第一條路。」[1]

加碼賭注

幾個月後，鮑爾再次因相同的問題而傷透腦筋：當金融機構即將陷入無力償債的境地，應該如何處置？不過，這次的問題牽涉到更大的利害關係。一九八〇年代期間，所羅門兄弟公司（Salomon Brothers）在財務與文化上叱吒華爾街（這家投資銀行向來是獲利能力最高的企業之一）。湯姆．沃夫（Tom Wolfe）在一九八七年創作的諷刺小說《走夜路的男人》（*The Bonfire of the Vanities*，小說的主人翁是一名野心勃勃的債券銷售人員）就是以該公司為虛構的背景；此外，麥可．路易士（Michael Lewis）在一九八九年創作的《老千騙局》（*Liar's Poker*，這本書對受睪固酮驅動的交易文化做出了尖銳的批判）一書，更是直接取材自該公司的真實場景。但是到了一九九一年，隨著華爾街的狂熱派對突然轉變成嚴重的宿醉，原本看似無所不能的所羅門兄弟公司，也終於夜路走多了，必有遇鬼時。

從那年的五月底開始，這家債券交易巨擘的問題就已隱約浮現。當時，所羅門兄弟公司藉由壟斷市場，逼迫那些被美國公債標售市場拒於門外的經紀商（以及原本賭價格將下跌，並因此放空那類證券的套利操作者），以較高的價格向所羅門兄弟購買國庫票據。於是，聯邦監理機關開始調查所羅門兄弟和幾名客戶究竟耍了什麼手段，才能控制幾乎九四%的兩年期國庫票據（Treasury notes）市場。

紐約聯邦準備銀行是代美國財政部在市場上執行交易的機構，所羅門兄弟公司則是獲准能與紐約聯邦準備銀行直接進行交易的三十九家「初級市場交易商」（primary dealers，注：又稱主要交易商）之一。通常來說，初級市場交易商會直接向政府購買美國公債，再將這些證券轉手賣給其他投資者。每一個向政府購買債券的買家，都必須遵守總購買金額上限的規定。不過，所羅門兄弟公司在客戶不知情的情況下，以客戶的名義向政府購買美國公債，藉此規避前述的購債金額限制，進而把它利用多位客戶名義購入的證券集合在一起，達到壟斷市場的目的。

隨著監理機關持續深入調查，所羅門兄弟公司的高階執行主管為了擺脫這些醜聞，抓了一名資深交易員來當替死鬼；根據他們披露的資訊，這名交易員藐視政府規定，操縱債券投標作業。規模高達兩兆兩千億美元的美國公債市場隨著這些醜陋的情事被揭露而興起波瀾。有太多疑問還需釐清，包括：是否有其他交易商和所羅門兄弟公司一同操縱訂價？為什麼所羅門兄弟公司沒有早一點坦白這些事？美國政府是否因這項操縱行為，而莫名支付了較高的聯邦債券利率？還有，為什麼監理機關沒有早一點注意到這個弊端？

在餘波蕩漾的混亂局勢中，紐約聯邦準備銀行將所羅門兄弟公司的傳奇執行長兼董事長約翰・加弗蘭德（John Gutfreund）掃地出門。[2] 政府也謹慎審酌更嚴苛的罰則，暫時撤銷了該公司在美國公債領域初級市場交易商的特許地位；即使政府債券交易占所羅門兄弟公司總營收的比重不高，但在公司債權人眼裡，政府的懲罰形同對這家公司判了死刑。所羅門兄弟公司平日就高度仰賴短期借款來支應交易業務所需的資金。如果聯準會切斷所羅門兄弟的業務生路，債權人有可能會拒絕對它承作新的貸款，進而逼得公司為了籌措資金而廉價拋售手上的資產，屆時，這家傳奇企業幾乎肯定會走上破產一途。

向來備受推崇的投資人華倫・巴菲特（Warren Buffett）是所羅門兄弟公司當時最大的股東，

他同意接下公司董事長一職，協助收拾這個殘局，期盼能安撫動盪的市場。不過他也強調，如果財政部決定不讓所羅門兄弟公司保有它和聯準會之間的特許關係，他就會辭去董事長。於是，一場涉及重大利害關係的邊緣政策戰就此展開。

一九九一年八月十八日星期日當天，鮑爾接到金融圈幾位最有權勢的大老級人物的一連串緊急電話，包括布雷迪、葛林斯潘、紐約聯邦準備銀行總裁葛瑞德·柯里根（Gerald Corrigan），以及巴菲特。這些大老全是為了和他討論華爾街最呼風喚雨的企業之一——所羅門兄弟——的命運而來電。

時間一分一秒過去，情況急如星火。所羅門兄弟公司的董事會預訂在那天下午開會，推選人稱奧馬哈先知的巴菲特擔任公司董事長，董事會也已發了通知，說他們將在下午兩點三十分召開記者會，發布這項人事消息。不過，巴菲特還在舉棋不定，因為就在那天早上，財政部宣布將依照原訂計劃制裁所羅門兄弟公司，也就是要撤銷它初級市場交易商的地位。

巴菲特只是為了增強外界對公司的信心，才同意接下董事長一職，他並不想處理這個爛攤子。他說：「我絕對不會把餘生全部用來收拾這場史上最大的金融災難。」3

柯里根認為巴菲特是在虛張聲勢，他推斷，巴菲特可是所羅門兄弟公司最大的股東，不可能就這麼放任他的股票化為烏有。他也認為，巴菲特誇大了初級市場交易商地位遭到撤銷的後果。

巴菲特講了一個不堪的比喻，來表明他並沒有意願插手破產的所羅門兄弟公司：「這就好像下午兩點鐘，有位法官正打算在曼哈頓的某處悠悠哉哉、邊吃爆米花邊看棒球，而你卻大剌剌地闖進去告訴他，嘿，我們幫你把鑰匙送過來了，從現在開始，這處歸你管。還有，順帶一提，你懂日本的法律嗎？因為我們欠了日本一百億還是兩百億美元之類的。」[4]

鮑爾本人對於嚴懲所羅門兄弟一事抱持遲疑的態度。他心知肚明，財政部並沒有處理那麼大型的企業破產案的腹案。更何況，萬一巴菲特的看法正確，又該怎麼辦？萬一所羅門兄弟公司召開董事會後，沒有宣布新任董事長人選，東京的交易員會不會在美國時間的晚上開盤時，拒絕展延對這家投資銀行的貸款，並引發一連串的不良連鎖反應？

那個星期日，巴菲特對布雷迪發動了最後一波情感攻勢。

布雷迪說：「好吧，我並不認為你的看法正確，但**你**認為你是正確的，就這點而言，我相信你。」巴菲特事後表示，那是「我有生以來聽過最重要的話語之一。」[5]

最後，布雷迪、鮑爾和其他監理人員達成共識，如果巴菲特願意留下，他們就願意妥協推翻部分罰則，也就是所羅門兄弟公司未來可以繼續用自家名下的帳戶，參加財政部的標售，但不能再為其他客戶投標。

接著，他們指派鮑爾直接和巴菲特接洽，而柯里根希望鮑爾在和巴菲特敲定最後的條件之前，能先和團隊的其他成員說明最新進度。不過，布雷迪要柯里根閉嘴。他的領導風格是，一旦他信任某人，就會徹底放手給對方表現。

布雷迪說：「我信任他。儘管放手去做吧，傑伊。」

於是，鮑爾打電話給巴菲特，向他說明官方開出的新條件。鮑爾問：「你看這個條件行得通嗎？」

巴菲特說：「我覺得可以。」[6]

掛上電話的鮑爾終於放下心中的大石。多年後他提到：「這家公司的破產……」「幾乎肯定會在幾個市場上引發大規模的動盪。」[7]

說服巴菲特留下後，鮑爾又繼續在所羅門兄弟的鬧劇中扮演另一個更公開的角色：出席參議院聽證會。國會議員在公開場合與大型金融機構的老闆交手時，總會想表現出堅定不移的模樣，以免顯得他們和有錢菁英之間有掛勾。

一九九一年九月四日星期三當天的聽證會，所羅門兄弟公司的代表披掛上陣，他們在國會山莊巨大聽證室裡的一張大型木製桌子後接受質詢。此時，聽證室的落地窗被暗紅色的窗簾掩著。第一個坐上聽證席的，是剛加入所羅門兄弟公司還不到一個月的高階執行主管巴菲特。

在這個只能站立的聽證室裡，巴菲特被一大群攝影記者包圍，他用獨具魅力的濃厚內布拉斯加州鄉音，安撫在場眾多憤怒的國會議員。一開始，他就展現有意改變這家銀行文化的決心，並用以下這段誓言，作為他的辯護證詞：「我可以諒解害公司虧本的人，但若有人導致公司的名譽有一絲絲受損，我就不會對他客氣了。」

稍後，國會議員又召來了財政部的監理人員，希望能釐清監理端究竟出了什麼問題。他們想要知道，問題發生的時候，政府監理人員是否未善盡其職？

當時的鮑爾雖年僅三十八歲，他的黑髮中卻已夾雜著些許灰髮。這時的他加入財政部不過一年左右，卻成功展現了一股引人注目的能力，大大減輕了瀰漫在聽證室裡的那股無名壓力。他向國會議員擔保，政府將以最嚴肅的態度，處理這場對美國債券市場造成極度嚴重擾亂的醜聞。

鮑爾說，美國公債市場「是世界金融體系的基石。」

一位堪薩斯州的眾議員對他的說法抱持懷疑態度，並問他，為何財政部沒有更早察覺到所羅門兄弟公司投標造假的情事。鮑爾聞言後揚了一下眉毛，並舉起他的手。

他說：「事實上，我們的確有抓到弊端，否則我們不可能會齊聚在此。」

另一名俄亥俄州的民意代表繼續追問：難道財政部不是單純因為所羅門兄弟的行為實在太不檢點，才走運察覺到這個弊端嗎？」眾議員問道：「若不是他們自己失球，你們怎麼能把球搶回來？」（注：這段對話以美式足球作比喻）

鮑爾還是繼續堅持他的立場：「但他們為什麼會失球？他們是因為被撞才失球，而不是在空曠的球場上平白無故失球。」

他的反駁引發了聽證室的一陣笑聲，甚至連質詢鮑爾的那個人都忍不住仰頭大笑。8

布雷迪給了鮑爾一個機會，讓他在公共服務領域初試身手，而他也牢牢把握住這次機會，大放異彩。後來，一九九二年，格勞伯回到哈佛大學，布雷迪隨即晉升鮑爾，由他擔任掌管國內金融事務的副部長。

尋寶

一九九三年，老布希總統卸任之後，鮑爾又回到民間部門，主要從事合併與收購相關的業務。接下來十五年間，他賺了非常多錢，不過，他和華爾街的文化還是多少有點格格不入。最初，他在信孚銀行（Bankers Trust）任職，但他就任沒多久，一群所謂衍生性金融商品（derivatives）

的新型證券交易員在電話中大言不慚，大肆吹噓他們用了什麼手法來欺騙信孚銀行較缺乏經驗的顧客——結果，這些談話不巧被錄了下來。於是訴訟接踵而至。不想同流合汙的鮑爾決定掛冠而去。

一九九五年，鮑爾回鍋狄龍瑞德公司，擔任合併部門的主管。幾年後，他又搬回華盛頓，加入當時正持續成長茁壯的私募基金公司凱雷集團（Carlyle Group）。鮑爾在凱雷集團的併購基金裡創立了一個工業小組，並擔任這個小組的主管。這段時間，他最亮麗的成績是完成瑞克斯諾德公司（Rexnord Corp，位於密爾瓦基的一家汽車零件製造商）的收購案。幾年後，凱雷集團又把這家公司賣給另一家私募基金公司，賣出價格是最初收購價的兩倍以上。但到了二〇〇五年，企業購併市場似乎即將泡沫化，投資風格一向保守、且以現金流量為重的鮑爾決定退出這種危險的燙手山芋遊戲。離開凱雷的另一個原因在於，他和凱雷集團找來管理工業購併案件的前海軍軍官兼技術部高階執行主管丹・阿克森（Dan Akerson）合不來。鮑爾向凱雷集團的一位合夥人透露，他無法在工作中找到樂趣。

這位合夥人告訴鮑爾：「你很優秀，但你永遠不會像其他人那樣，以十倍的本益比促成這些交易，再從中海撈一大筆錢（注：壓低交易價格，再高價轉手賣出）。」最後，鮑爾決定離開。

凱雷集團的創辦人大衛・魯賓斯坦（David Rubenstein）說：「一般人通常都是受到賺大錢的誘因驅使，才投入這個行業，但傑伊並不是為了賺大錢才進入這行。」「一旦你坐上我所謂的金錢旋轉木馬，就沒有辦法下馬。但傑伊不為金錢所誘，而且以任何一般人的標準來說，他早就賺了不少錢。」[9]

其實，當年五十二歲的鮑爾已經擁有充分的財務保障——多年後，他的財務揭露數字顯示，他擁有價值介於一千九百七十萬至五千五百萬美元的資產[10]——不過，他還不想退休。原本他和另一位也離開凱雷集團的老戰友打算合資創立一個事業，不過，連名片都還來不及印，就無疾而終。鮑爾在民間又打滾了幾年，在他已故姊夫經營的資產管理公司全球環境基金（Global Environmental Fund）擔任一段時間的資產管理人。之後，鮑爾終於開始追求他父親未能完成的夢想：一九七三年，他還在念大學時，親眼見到父親婉拒了理查·尼克森（Richard Nixon）政府的勞工部職務，理由是公務員的收入根本不夠支付六個孩子的大學學費。不過，此時多金又還算年輕的鮑爾，已經不需要擔心子女大學教育費的問題了。

不過，還有一個問題有待解決：二〇一〇年，鮑爾決定回到政府任職，但政府方似乎沒有適合他的職位。鮑爾是共和黨的註冊黨員，不可能到巴拉克·歐巴馬（Barack Obama）總統主政的民主黨政府找差事。於是，他效法所有因政權轉移而變成在野黨的華盛頓人士：加入某個智庫。鮑爾選擇登記加入溫和派的兩黨政策中心（Bipartisan Policy Center），擔任無給職顧問。

舉債登頂，柳暗花明

二〇一〇年十一月的期中選舉，共和黨大獲全勝，以壓倒性多數的席次，重新拿下眾議院的控制權。不過，隨著茶黨運動（Tea Party movement，注：二〇〇九年初興起的美國財政保守政治運動，支持小政府原則。該運動的成員呼籲降低稅收，並以減少政府支出的方式來減少國債與聯邦預算赤字）在共和黨內的影響力急速上升，黨派之爭愈演愈烈，迅速扼殺了立法的進度。

這些造反者的成功，促使保守派的國會議員更大膽採取強硬路線：他們拒絕提高聯邦舉債上限。他們的策略是打算以美國政府債務違約作為要脅手段，逼白宮上談判桌，進而要求政府大幅削減開支。

這場辯論的關鍵議題在於：政府何時會花光所有錢。一旦政府達到舉債上限，財政部便可行使「非常措施」，也就是在隔天啟動緊急現金管理措施，繼續維持幾個星期甚至幾個月的營運。由於此時的鮑爾只擔任學術性的職務，有充分的時間和精力，於是，他決定試著推算政府關門大吉的精準時間點。

那年春天，鮑爾編製了一份每日現金流量的電子模擬報表，研究未來的應付款項與即將入帳的收入，進而大略估計他所謂的「X日」（X Date）將在何時到來，也就是美國不再有能力支付退伍軍人、退休人員或債券持有人必要費用的那一天。

他將這份分析發表在網路上，不出幾個星期，他的部落格貼文就在網路上廣為流傳。隨著朝野的對峙升溫，鮑爾開始接到全國各地報社與廣播電台的來電。

當時，聲量最大的那群保守派評論家所堅持的立場，看起來其實自相矛盾。有些人指控，歐巴馬政府和商業界領袖不斷提及達成協議的必要性，藉此蓄意誇大政府違約的後果。但與此同時，這群保守派人士又主張，他們一手引爆的這個危機將會非常嚴重，以致於他們將被迫加速推動裁減政府退休與醫療支出計劃的長期目標。

二〇一一年五月十四日，億萬富翁級投資人史丹利・卓肯米勒（Stanley Druckenmiller）在

《華爾街日報》的一篇專訪中，鼓勵保守派國會議員堅守立場。[11] 他宣稱，美國即將在「六至七年內」落入「希臘處境」，也就是債務無以為繼的困境。卓肯米勒鼓勵政府採取強力手段，延遲「六、八或十天」償還債務的利息與本金，以便在應得權益（entitlement）支出計劃方面取得重大協商空間。

鮑爾也同意，政府支出確實一天比一天更無以為繼。然而，他一九九〇年代初期在財政部監督債務管理政策的經驗，卻促使他對這場預算對峙做出不同的結論。鮑爾認為，共和黨議員正被一群偏執於黨派之見的人士推向死胡同。那些人只忙著操弄政治，並非真正了解他們以美國的最高信用標準作為要脅手段，會造成多麼嚴重的後果。他也認為，諸如卓肯米勒等人提出的論述根本是一派胡言。

鮑爾在寫給《華爾街日報》的一封信裡提到：「一旦外界相信債務違約的威脅可能成真，絕對會對市場、經濟體系，以及我們在這個世界上的地位，帶來無可接受的風險……我們當然有必要矯正我們的應得權益，但這件事不可能在『六、八或十天內』搞定。以債務違約作為要脅手段，非但沒辦法贏得廣泛的大眾支持，也無助於兩黨達成協議，而兩黨協議是絕對必要的。」[12]

就在鮑爾力促他的實用主義觀點之際，白宮官員正為了試圖說服基層共和黨人接受實際上幾乎和鮑爾完全相同的論點而搞得焦頭爛額。就這樣，這場黨派僵局為看似無望重返政府的鮑爾開了一條路。

二〇一一年春天，鮑爾為了確認他的現金流量估算方法是否有嚴重誤謬而去拜訪財政部。他告訴財政部長提姆．蓋特納（Tim Geithner）的幕僚，**如果我算錯了，我會把這份估算表丟到**

垃圾桶。但如果我算對了，我將會積極倡議提高債務上限，而且我會解釋為何要這麼做。

當時，共和黨已徹底封鎖與歐巴馬或蓋特納溝通的大門。於是，接見鮑爾的財政部官員心想，說不定那些冥頑不靈的保守派人士，會願意聽聽這位銀髮鮑爾的說法。對歐巴馬政府而言，這位前財政部高官雖是個共和黨人，卻有相當扎實的市場信譽。

沒多久，蓋特納就開始定期和鮑爾進行交流。財政部官員開始向鮑爾引介媒體工作者，而鮑爾也開始和國會議員及他們的幕僚見面。

鮑爾開始在國會山莊穿梭，不過，他還是堅持「有幾分真相說幾分話」的處事原則。他的目的並不是要遊說。他只是以簡報來詳細說明，要是政府花光了所有的錢，會發生什麼狀況。事實勝於雄辯。

根據鮑爾的估計，八月二日之後，財政部將不再有能力支付帳款。七月十三日星期三當天，也就是「X日」前二十天，他向共和黨的國會領袖發表簡報。他們對那份簡報留下深刻的印象，並要求鮑爾星期五早上八點在整個參議院的共和黨會議上再匯報一次。但由於來參加這場簡報會的共和黨人吵鬧不休，最後，會議的領導階層不得不宣示，鮑爾只是到此提供資訊，而不是來當說客。鮑爾傳達的訊息顯示，若放任政府花光所有資金，後果將不堪設想，只不過，在場人士對這些訊息的反應各有不同。有些保守派人士與茶黨成員還是繼續無理取鬧，好在鮑爾的分析和某些建制派共和黨人的想法一拍即合——說穿了，這些建制派人士只是需要一個外人來幫他們說出「沒有其他可靠選擇」這句話罷了。

鮑爾深入虎穴後，他不粉飾太平、也不流於空想的論述與態度，讓他的魅力大增。後來，眾議院議長約翰・貝納（John Boehner）向歐巴馬解釋，儘管他引進「這個鮑爾」來解釋這一切，他還是沒能爭取到足夠使債務上限提高的選票。

八月二日當天，針對提高債務上限一事，國會和白宮終於達成協議，推出一項精心設計的妥協方案。事後，心懷感謝的蓋特納徵詢鮑爾，是否願意接受政府職務的任命。果不其然，鮑爾欣然接受。

政府可能因觸及債務上限而關門大吉的問題終於解決了，但黨派相爭的立場又為蓋特納製造了另一個頭痛的問題：歐巴馬提名了麻省理工學院的彼得・戴蒙德（Peter Diamond）教授擔任聯準會理事會的兩席理事之一。戴蒙德不久前剛獲得諾貝爾經濟學獎，但共和黨人認定他不符資格。

為了平息共和黨的怒氣，蓋特納建議由身為共和黨人的鮑爾搭配另一位提名人——民主黨籍的哈佛大學教授傑瑞米・施泰因（Jeremy Stein）——出任這兩席理事，力求打破這個僵局。

勞動節（Labor Day，注：美國的勞動節是九月的第一個星期一）前，蓋特納的幕僚長詢問鮑爾是否願意加入聯準會的理事會。鮑爾花了一個晚上考慮，才回電給那位幕僚長。

他說：「好，我願意。」

二〇一一年年底，歐巴馬正式提名鮑爾遞補某個理事懸缺的最後兩年任期。參議院也在隔年春天核准了他的任命案。就這樣，鮑爾加入了一個應對紛亂政治鬥爭經驗極為豐富的機構。

第二章

聯準會這個鬼地方

一九〇七年十月，一群投資人意圖在市場上壟斷聯合銅業公司（United Copper Company）的股份，結果卻賠得一塌糊塗，並導致當初為這項計劃提供融資的放款人遭到擠兌，擠兌的畫面又挑起了更全面性的恐慌。接下來幾個星期，紐約第三大信託公司與無數地區性銀行陸續倒閉。直到金融家約翰・摩根（J. P. Morgan）拿出一大筆自有資金來穩定銀行業的經營，危機才終於漸漸平息。

仰賴國內最富可敵國的公民來管理未來的危機，顯然絕非經營全國金融體系的好方法。於是，美國國會議員在華爾街金融家鼓勵下，展開了一系列協商，最終在一九一三年催生了美國的中央銀行：聯準會。

打從一開始，聯準會就備受民粹主義者批判，這些民粹主義者主張，聯準會和有錢的銀行利益團體走得太近。儘管這樣的批判不近情理，但這個機構本身確實也相對軟弱。當時的農業利益團體擔心這家全國性銀行遲早會被東岸的銀行家控制，為了和農業利益團體妥協，當局遂將聯準會打造成一個去中心化（decentralized）的民間銀行網路，整個網路由總部位於美國各大城市的許多家民間銀行組成。在大蕭條前夕與一九二九年崩盤前，聯準會的權力可說是小之又小，無法充分行使，也因此未能阻止截至目前為止仍被視為美國史上最大經濟危機的那場災難發生。當時的官員犯下一系列的政策錯誤，對數百家銀行的倒閉袖手旁觀。

後來，歷經幾十年涉及許多重大利害關係的鬥爭與某些痛苦的錯誤，聯準會終於為自己爭取到難能可貴的自主權。概觀聯準會的歷史，就能理解為何這家現代央行與身為現任主席的傑伊．鮑爾，從不敢把這得來不易的獨立自主權視為理所當然。

中央集權化的中央銀行

經濟剛陷入大蕭條的那幾年，聯準會曾歷經過許多失敗，促成了聯準會發展史上最重大的改革。從很多方面來說，富蘭克林．羅斯福（Franklin D. Roosevelt，注：小羅斯福）總統執政時代的聯準會主席馬瑞納．艾克斯（Marriner Eccles）堪稱美國夢的化身。艾克斯的父母親是蘇格蘭裔的摩門教徒，早在猶他州還是領地時，他們就移民至此、努力工作，並累積了非常廣博的商業利益。父親過世時，艾克斯年僅二十二歲，但他發揮了經營事業的領導長才。經濟剛陷入大蕭條的那幾年，他的事業版圖甚至已擴展到銀行業。[1]

雖然艾克斯連高中都沒畢業，但在大名鼎鼎的英國經濟學家約翰．梅納德．凱因斯（John Maynard Keynes）發表個人最重要的幾項著作前，艾克斯就已針對政府支出提出了類似的激進意見，使他成了美國版的凱因斯。他的意見包括：主張以旨在提高政府支出的財政政策來協助經濟走出大蕭條，因為增加的政府支出能填補民間需求疲弱所造成的缺口。

小羅斯福總統同意支持一系列旨將聯準會權責集中到華盛頓的改革後，艾克斯才在一九三四年接受了總統的提議，擔任聯準會主席。這場極端的經濟危機——一九三四年一整年，失業率都維持在二〇%以上——讓艾克斯有了徹底重新設計聯準會的完美契機。位於聖路易斯（St. Louis）和達拉斯（Dallas）等地、由民間地方銀行業者共同擁有的地區性聯邦準備銀行將繼續保留，但艾克斯寫道：「真正攸關政策、權力和責任的重要問題」，從此將「集中由理事會」執掌。[2]

當時的國會對「政治干預貨幣政策」的可能性深感憂慮，為了解決國會方面日益加深的疑慮，艾克斯做了以下規劃：總統為設於華盛頓的理事會指派七位理事，這七位理事將享有十四年的任期；此設計除了可避免中央銀行體系的方向發生劇烈變化，也能使它不致受到政治壓力的嚴重干擾。自此，財政部長或金融管理局長（Comptroller of the Currency）都不再是這個理事會的**當然成員**。另外，為了進一步限縮任何一位總統一手支配聯準會全體組成成員的可能性，每一位理事的任期將錯開；即每兩年會有一位理事展開新任期。

經過艾克斯的改革，聯邦公開市場委員會（Federal Open Market Committee，以下簡稱FOMC）的十二人小組成員，從此掌握了寬鬆或緊縮貨幣供給量的決策權。總統指派的七位理事以及紐約聯邦準備銀行總裁將成為FOMC的永久委員。其他四位委員則是由另外十一家聯邦準備銀行的總裁輪流出任。由各地聯邦準備銀行總裁輪流出任FOMC委員的安排，凸顯出聯準會體系官民混合的特性。依規定，所有經由國家特許經營的銀行，都必須持有本地的地區性聯邦準備銀行的股票，而每一家地區性聯邦準備銀行皆屬民間機構，擁有各自的董事會，並由董事會提名自家的總裁，只不過，這些總裁人選必須由位於華盛頓的理事會批准。

一九三七年，聯準會將持續擴編的職員集中調配到國家廣場對面的華盛頓特區市中心大樓。這棟四層樓建築的外牆以壯觀的喬治亞大理石打造而成，並恰如其分地被命名為馬納瑞・艾克斯大樓。

不過，艾克斯並不急著行使聯準會的巨大新權力。他認為聯準會的工具比較適合用來減緩過熱的經濟，而非啟動萎縮的經濟。一九三五年三月，他在聽證會上告訴國會議員：「沒有人推得動繩子。」[3] 歷史學家亞倫・梅爾策（Allan Meltzer）曾寫道，羅斯福總統完成初期幾項改革後那幾年，「通常是財政部在主導，聯準會只是追隨其後。」[4]

珍珠港攻擊事件將美國捲入第二次世界大戰，長期國庫債券的殖利率急速飆升。殖利率上升導致舉債成本增加，可能會壓抑投資、支出，乃至經濟成長。為了釋出更多資金資源供戰事所用，聯準會同意在必要時出手購買美國公債，使國庫債券的殖利率無法超過特定上限，從而達到壓低利率的目的。一九四二年三月二十日當天，聯準會與財政部同意，由聯準會將長期國庫債券的殖利率壓制在二・五％以下，只不過，這項政策從未正式對外宣布——聯準會的經濟學家事後推斷：「是為了避免尷尬吧？畢竟一旦事實證明這項政策不成功，先前的公開宣示只會讓人更難堪而已。」[5]

密蘇里州的民粹主義者

二次大戰後，美國官方放寬了戰爭期間的工資與物價控制。本國工資與物價控制的放寬，以及百廢待興的歐洲對美國商品的需求遽增等因素，導致消費者物價指數在一九四六年六月至一九四七年六月間，上漲到令人瞠目結舌的一七．六％，並在接下來的十二個月繼續上漲九．五％。隨著物價向上飆漲，艾克斯決定終結在戰爭期間實施的政府舉債成本上限政策。在快速擴張的和平時期，經濟體系並不需要寬鬆的貨幣；況且，此時寬鬆的貨幣只會像在火上澆油，使通貨膨脹愈燒愈旺（二〇二一年的後大流行病期間，也爆發了如出一轍的辯論）。

不過，哈利．杜魯門（Harry Truman）總統的財政部長約翰．史奈德（John W. Snyder）激烈抗拒艾克斯的行動，因為他不希望政府為了戰爭時期累積的債務而支付更多利息。史奈德是杜魯門在陸軍時期的老同袍，自然能獲得總統百分之百的支持。他和艾克斯最終達成一個妥協方案：除非財政部核准，否則不得提高政府的舉債成本。[6]

杜魯門總統對財務的混淆理解，進一步導致聯準會和白宮之間直接發生齟齬——當時的狀況和飽爾的遭遇如出一轍——飽爾剛接任聯準會主席，就因政權輪替而必須面對另一位總統。民粹主義立場堅定的杜魯門沒有唸過大學，他雖是一名自耕農，卻也經營男性服飾用品店，後來，這家服飾用品店破產，導致杜魯門背負了許多年的債務。有過負債背景的杜魯門認為，推延升息等於是阻止聯準會「對大眾施加不具生產力的稅務負擔」。多年後，杜魯門將調高利率形容為「只讓少數特權受益」但「導致消費大眾承受苦難」的作為。[7]

杜魯門尤其痛恨提高長期利率的意見，因為幾十年前，他曾因太早賣掉他持有的一戰自由儲蓄債券（World War I Liberty）而虧本。杜魯門擔心，如果此時任由聯準會在升息的立場上占上風，許多將個人儲蓄投資到戰爭債券的民眾，將會蒙受和他類似的損失，只不過，那根本是無謂的憂慮。他並沒有體認到（也不願接受史奈德的勸說），除非那些債券持有人也和他一樣，選擇在債券到期之前賣掉那些債券，否則根本不會有什麼損失。[8]

艾克斯聯準會主席的任期一屆滿，杜魯門就得找其他人來遞補這個職缺。不過，就算艾克斯卸下主席的職務，還是保有理事的職位，而他也選擇留在聯準會理事會，繼續擔任了十年的理事，並對理事會發揮了非比尋常的影響力。[9]史奈德部長推薦他在商業界擔任要職的友人托瑪斯·麥凱布（Thomas McCabe）擔任聯準會主席的職務，並宣稱麥凱布將會解決所有和利率有關的爭議。[10]不過，杜魯門政府不久後就發現，他們在聯準會主席的人選上做出了誤判，而這也成為未來許多總統的共同課題。

一九四九年的經濟衰退促使通膨降溫，但隔年，韓戰似乎有可能擴大，導致通貨膨脹的憂慮再度升高。FOMC在六月分投票通過提高一年期利率，但財政部拒絕接受這個決議。接著，聯準會購入證券的數量暴增。[11]艾克斯與紐約聯邦準備銀行總裁亞倫·斯普羅（Allan Sproul）鼓勵麥凱布更深入研究，並期許他捍衛中央銀行的自主權。艾克斯說，如果中央銀行「期望能突破困境，作為一個擁有一絲絲獨立性的機關繼續存活下來，（它）就必須行使某種程度的獨立自主權。」[12]一九五〇年六月，FOMC還是投票通過提高利率來壓制通膨，但史奈德與杜魯門徹底反對這個決議。[13]一九五〇年以政府財政部門首長之姿加入聯準會理事會的拉爾夫·

李奇（Ralph Leach）事後以文字描述了這場對峙：「這是一條完全無法跨越的鴻溝。杜魯門與史奈德是民粹主義者，他們認為決定利率的是銀行業者，市場上的供給與需求動力無法決定利率的高低。」[14]

一九五〇年年底，實行共產主義的中國介入韓戰並擊退美軍，導致消費者預期物資短缺將再次發生，因此大幅增加支出，物價也隨著消費支出遽增而飛漲。[15] 杜魯門在寫給麥凱布的一封信裡，以國家安全為由，嚴厲表達了他心目中理想的聯準會政策，他表示：「我希望理事會將……不允許我們的證券下跌到面值以下。」「一旦那種狀況發生，將正中史達林（Stalin）先生的下懷。」[16]

說穿了，這個爭議只是利率控制權應屬於誰，以及聯準會是否應獨立於財政部管轄的問題。為了籌措戰爭支出所需的財源，財政部發行了更多債券，除非聯準會買回這些債券——也就是經濟學家所謂的將債券「貨幣化」（monetizing）——否則債券殖利率便有被推高之虞。但要是聯準會向政府購買債券，就會使銀行體系的準備金增加，進而可能促使放款增加，導致通貨膨脹的壓力上升。艾克斯向國會議員解釋，當時聯準會的政策（透過聯準會的行動）已使整個銀行體系成了「通貨膨脹的引擎」。[17]

財政部－聯準會協議

一九五一年一月三十一日當天，杜魯門在白宮召見FOMC全體成員，這是美國有史以來第一次，也是唯一一次召開這樣的會議。杜魯門有點誇張地警告FOMC：「美國正面臨有史以來最大的緊急狀況，目前的局勢比兩場世界大戰以及過去所有的戰爭更為嚴峻。」[18]

隔天早上，白宮發言人攻其不備，宣稱中央銀行已「誓言支持杜魯門總統，將在緊急情況未解除前，繼續維持穩定。」[19]幾位報紙記者打電話給艾克斯，他毫不諱言對那些記者說，杜魯門總統全然曲解了聯準會的立場。艾克斯表示，他將杜魯門的背叛視為「意圖強迫聯準會服從財政部意志的最後一招殺手鐧。」「如果不火速採取行動……聯準會的地位將……遭到貶抑，成為隸屬財政部的某個局處。」[20]

艾克斯決定將FOMC的一份機密備忘錄洩漏出去。這份備忘錄的內容概述了眾人在這場白宮會議裡的詳細談話內容，他的目的是希望揭發杜魯門政府背信忘義的行為。艾克斯說：「要出大事了。」[21]

二月十一日星期日，財政部長史奈德依照既定行程，住進醫院動白內障手術，聯準會和白宮之間的緊張關係也出現了解決的契機。史奈德的助理官員小威廉（比爾）・麥切斯尼・馬丁（William "Bill" McChesney Martin Jr）開始在他位於華盛頓的住宅，和聯準會的職員祕密討論應對方案。[22]

馬丁和聯準會之間的對話，最終促成了一份勉強得到史奈德與杜魯門支持的正式協議。一九五一年三月四日，作為中央銀行的聯準會以一份只有兩個段落的不尋常公報，公布了〈財政部－聯準會協議〉。後來，這份公報的重要性與日俱增，因為它代表聯準會開始擁有許多評論家所謂的「獨立性」。自此，聯準會設定利率政策時，將以經濟體系的良性運作為前提，而不以

「為政府提供較便宜的融資支援」為前提（一九四二年以來，為了支持戰事，聯準會設定利率政策時，向來以壓低政府融資成本為基本考量）。直至今日，當時設下的界限大致上沒有什麼改變。

總之，這項協議確認了雙方的權責：財政部將負責管理政府所有的收入與支出，聯準會則負責管理流通貨幣的供給，維持經濟的穩定。

一九五一年時的兩個狀況對聯準會較為有利：國會關鍵成員的支持，以及總統愈來愈弱的政治地位。就在〈財政部－聯準會協議〉完成的那個月，杜魯門發現麥克阿瑟將軍（General MacArthur）曾討論過公然反抗總統直接命令一事，於是四月十一日那天，杜魯門開除了麥克阿瑟——此舉引爆了他總統任期內最為嚴重的風暴。[23]

叛徒！

財政部與聯準會之爭雖然告一段落，但個人的恩恩怨怨並沒有減緩的跡象。史奈德依舊對聯準會主席麥凱布趁他住院時推動解除利率釘住政策一事懷恨在心，所以，他設法讓杜魯門接受麥凱布憤而提出的辭呈。[24]接著，史奈德向杜魯門推薦他的密蘇里州同鄉馬丁擔任總統任內的第二位新聯準會主席，因為馬丁在〈財政部－聯準會〉協議的協商過程中，充分展現了他精明幹練的一面。此外，史奈德認為這位同鄉應該會比麥凱布溫順一點。

在白宮會議中，杜魯門問馬丁是否願意承諾維持利率穩定。總統耐著性子向馬丁解釋他的自由債券曾在一戰後跌價的往事，並問道：「你永遠不會放任那樣的情況再次發生，對吧？」

馬丁的回答相當直率：倘若缺乏負責任的財政與貨幣政策，升息「有可能再次發生。市場並不受國王、首相、總統、財政部長或聯準會主席差遣。」[25] 即使杜魯門總統並不滿意這樣的回答，但政治地位日益沉淪的他，最後還是決定任命馬丁擔任聯準會主席。

憶起當時的狀況，聯準會職員李奇表示，華爾街和聯準會內部最初的反應是，馬丁的任命案代表聯準會「雖暫時占了上風，但長久看來還是會屈居弱勢。」「換句話說，聯準會雖然擺脫了財政部的控制，但財政部馬上又安插新的人馬進來，重新控制了聯準會。」[26]

但這個約定成俗之見並不正確。在馬丁的領導下，聯準會逼迫財政部以高於史奈德可接受的利率範圍，發行短期與中期公債。不過，這位新主席展現獨立性的作為還是激怒了杜魯門。一九五二年年底，馬丁在離開曼哈頓中城的華爾道夫－阿斯托里亞酒店（Waldorf Astoria Hotel）時，在人行道上與杜魯門總統不期而遇。

馬丁事後回憶：「我向他說了聲**總統先生，晚安**。」「但總統直直盯著我的眼睛，只回了我兩個字：**叛徒！**」[27]

遭到粗暴推擠

後來，德懷特．艾森豪（Dwight Eisenhower）總統又任命馬丁兩次，這個先例有助於彰顯聯準會獨立性的合法性。然而，儘管馬丁和約翰．甘迺迪（John F. Kennedy）總統的自由派顧問意見不合，他們還是承認，較廣泛的金融圈對馬丁相當有信心；因此，在一九六三年的任命案中，他們再度推薦馬丁擔任聯準會主席。甘迺迪非但沒有霸凌馬丁，更是成為史上第一位根據學術或專業知識影響力來尋找聯準會理事候選人的總統——他要尋找的是在學術或專業知識上有能力促成政府政策共識的長才。他說：「我對聯準會的唯一權力就是任命權，而我打算好好行使這項權力。」[28]

馬丁和甘迺迪共同打造的和平氛圍，在林登・詹森（Lyndon B. Johnson）總統上任後就被破壞殆盡。打從一開始，詹森就告訴馬丁：「這個國家有一部分人喜歡低利率——永遠皆然。」[29]相形之下，馬丁則擔心信用情勢過於寬鬆，更擔心到一九六五年時，通貨膨脹可能會成為更棘手的問題。馬丁曾打趣說，聯準會的工作就是要在宴會失控之前收走雞尾酒缸；然而他不久後得知，美國越戰的支出增加速度，高過詹森總統顧問群所公開承認的水準。赤字的增加也有可能會助長通膨。

一得知這個事實，馬丁認為他有必要迅速採取行動：提高貼現率——也就是聯準會向銀行業者收取短期貸款利率，這項利率由理事會的七位成員決定，而不受編制較大的FOMC控制（注：聯準會的術語中，七位參與投票者稱為成員〔member〕，而十九位參加FOMC會議的政策制定者稱為參與者〔participant〕）。馬丁在理事會的某位盟友即將在一九六六年一月退休，這位盟友的退休有可能導致馬丁無法在提高貼現率的決策上，獲得理事會過半數的支持。當時的經濟景氣看起來很強勁，一九六一年年初起展開的擴張已延續了超過四年半，達到二戰結束後最長的經濟擴張記錄。過去的兩年間，貼現率只提高過兩次。而在一九六一年達到七％高峰的失業率，則已降至近四％的低水準。若能在此時搬走雞尾酒缸，確實能阻止通膨飆漲的可能性發生。

不過，那樣的政策形同徹底和詹森總統的低利率口號唱反調。一九六五年十月六日，在白宮召開的一場會議中，馬丁建議總統將提高利率想成一種延續經濟擴張與資助小型銀行的方法——當時小型銀行受到存款憑單法定利率上限的限制，而處於不利的競爭地位。[30]

但詹森總統並沒有上當。據當時年僅三十八歲的財政部助理部長伏克爾回憶，詹森伸出一隻手臂，並緊握拳頭說：「此舉形同為了華爾街的利益而壓榨美國勞工階級的血。」[31]

一九六五年十二月三日星期五當天，馬丁為了採取主張的行動，召集了一場理事會。經過幾個失眠的夜晚，他投下決定性的一票，支持提高貼現率〇．五個百分點，使這項利率達到四．五%。馬丁也警告同仁要小心，別被詹森的激烈怒火波及。馬丁說：「我們不該抱有任何幻想。」他們的決策有可能引爆一場徹底「改造聯邦準備理事會系統的行動，連聯準會的結構與運作方法都有可能被改造。」[32]

一九六五年十二月六日，詹森總統在德州自家的大農場召見馬丁與其他首席經濟顧問，總統本人以歷史的視角來看待這場鬥爭。那個星期，在馬丁升息之前，詹森和財政部長亨利．福勒（Henry Fowler）通過電話，提及美國第二銀行（Second Bank of the United States，總部位於費城，是一家獲得聯邦授權的全國性銀行，但只維持了大約二十年〔一八一六年至一八三六年〕的營運）之爭。一八三二年時，安德魯．傑克遜（Andrew Jackson）總統和該銀行總裁尼可拉斯．畢多（Nicholas Biddle）之間爆發一場史詩級的衝突後，總統否決了該銀行特許權的展期。

詹森告訴財政部長福勒：「我希望他不會召集理事會的成員，和我來一場畢多與傑克遜的決鬥。」「如果他想當他的畢多，我也做好了當傑克遜的準備——我已準備好跟他來一場一模一樣的決鬥。但現在我還不想公開和他搏鬥。」[33]他也要求福勒找一位新主席（稍早前福勒曾建議由伏克爾取代馬丁，擔任聯準會主席）——「一個真正能言善道、有能力、夠強硬，搞得定聯準會這個鬼地方的人。」[34]

總之，詹森已打定主意要跟馬丁攤牌，因為打那通電話之前，詹森早已問過司法部長《聯邦準備法》（*Federal Reserve Act*）裡有關總統可根據「正當理由」開除聯準會理事的文字規定，是否可用來作為他免除馬丁職務的依據。但答案是否定的。[35]

到了農場，詹森趁著總統起居室裡只有他和馬丁二人，便對馬丁發動攻擊：「你利用我！我要讓你知道，你這樣很卑鄙。」[36]詹森步步向馬丁逼近，沿著起居室不斷推他，並對著他大吼：「困在越南的孩子都快死了，但比爾．馬丁卻一點也不在乎！」[37]

馬丁承認，他的決策或許是錯誤的，「但我強烈相信，《聯邦準備法》把利率的責任交託給聯準會。聯準會能掌握的最終決策權並不多，而利率決策權是其中的一項。」[38]

詹森大發雷霆之後，馬丁和詹森的經濟顧問與詹森本人，一同坐在農場別墅門廊上的一排鋁製折疊椅上，共同召開記者會。在場每個人都非常低調，沒有多談他們之間的任何衝突。

詹森以外交手腕十足的口吻說：「你們（這些媒體工作者）的工作是要挑起鬥爭，而我的工作是要防止鬥爭發生。」[39]

經此一事，馬丁成了國會議員的笑柄。不過，前總統艾森豪意外寫來的一張便條，讓他稍稍得到一點慰藉；他寫道：「見到你抬頭挺胸，堅定捍衛你認為正確的事，我深深以你為傲。」[40]

艾森豪告訴馬丁，歷史將以看待最高法院第一任首席大法官約翰．馬歇爾（John Marshall）的方式，來看待他在聯準會這個開創性的任期。[41]

儘管整個過程相當戲劇化，但一九六五年的升息最終並未對通貨膨脹率發揮顯著的效果，通膨沒有明顯降溫。於是，在經濟看起來即將轉為衰退的一九六七年，聯準會政策大轉彎——在那之後，馬丁為了支持白宮的一份增稅提案而延後升息。

你的麻煩大了

詹森總統任期內的種種激情表現雖未真正動搖聯準會的根基，但尼克森總統上任後，聯準會的地位開始急轉直下。這位新總統希望把聯準會交給長年為他提供經濟建議的顧問亞瑟．伯恩斯（Arthur Burns）。早在一九六〇年，伯恩斯就曾對當時擔任副總統的尼克森提出警告，馬丁的貨幣政策將造成經濟趨緩，並危害尼克森的總統競選之路。尼克森後來寫道：「很遺憾，事後證明，伯恩斯是非常準確的先知。」[42]馬丁希望能在卸任之前積極處理通膨日漸高漲的問題，所以，他拒絕接受尼克森任命他擔任財政部長的提議。尼克森總統上任後，物價年增率已達到令人坐立難安的四．七％。

尼克森就任總統後不久，已升任財政部副部長的伏克爾前往白宮，提出一些直言不諱的建議。伏克爾告訴尼克森：「你已入主白宮，但通貨膨脹也上升了。你的麻煩大了，現在就得出手解決這個麻煩。如果經濟非衰退不可，不如讓它早點衰退。」「要是坐視不管，通膨會讓未來的你更加頭痛。」後來，伏克爾回憶起這位新科總統的反應，笑道：「我說的話他一個字也不信。」[43]

與此同時，馬丁領導下的聯準會再次提高利率。尼克森對此暴跳如雷，因為這讓他想到共和黨在一九五八年國會選舉中徹底失敗的前車之鑑。他說：「我們為經濟降溫，同時也讓選情變得冷颼颼，丟掉了十五席參議員與六十席眾議員。」[44]

一九七〇年，美國經濟結束了自南北戰爭以來最長的一次經濟擴張期，並陷入衰退；不過，通貨膨脹卻文風不動，完全沒有降低。馬丁對自己留下的爛攤子感到羞愧，也擔心他過於順從詹森。所以，在某個星期六於白宮舉辦的正式送別會上，馬丁感嘆地談起央行放任通膨惡化的那段歷程，他說：「我多麼希望我移交給伯恩斯的中央銀行，是我心目中想要的那個中央銀行。」「但我們這次的麻煩真的非常大。」[45]

FOMC的祕書鮑伯・赫蘭德（Bob Holland）回憶，馬丁參加他最後一場聯準會理事會午餐會報時，他的言辭比從前更簡潔有力，他當時只說：「我失敗了。」赫蘭德說：「他認為，在他的監督之下，通貨膨脹已悄悄滲透到美國經濟體系的每個角落，而他認為這是他的失敗。」[46]

後來，馬丁會見尼克森的顧問理查・麥克寇馬克（Richard T. McCormack，負責主持一個諮詢委員會，研究如何更善加安排行政部門組織）時，向他敘述了一九六五年在詹森的農場裡發生的狀況，並暗示自己理應更快升息——或把利率提升到更高的水準。馬丁說：「在最後一刻對他讓步，是我一輩子的恥辱。」[47]

我們引起他的注意了

尼克森總統一樣不怎麼把聯準會自主權的概念當一回事。尼克森認為，由於他的個人毀譽將完全取決於經濟表現，所以，貨幣供給的決定權理應由他掌握才對。[48] 一九六九年十月十七日，尼克森宣布將提名伯恩斯擔任聯準會主席，而且，他打從一開始就對伯恩斯明言，他不重視「『聯準會擁有自主權』這種荒誕的說法。」[49]

和許多在大蕭條期間長大成人的經濟學家一樣，伯恩斯認為政府有義務施行政策，來防止大蕭條之後那種不可接受的高失業水準再度發生，同時，他也認為政府必須優先集中火力來防止高失業率。

然而，到了伯恩斯被提名時，通貨膨脹正急遽上升。於是，他開始倡議一種非正統的「所得政策」(incomes policy)，主張以工資與物價管制（而非提高利率）來壓抑通膨。尼克森是看了報紙才得知這項提案，且他並不支持這個做法，於是他勃然大怒，要求白宮顧問約翰・伊利奇曼(John Ehrlichman)向伯恩斯傳達他的嚴厲訓誡。伯恩斯的回覆也展現出他對尼克森的絕對忠誠：「我絕對不會因為堅持己見而違背我對尼克森的忠誠，我絕對不會容許那樣的狀況發生。」[50]

到了一九七一年的夏天，經濟已延續了六個月的復甦，通膨則維持在四・四％的高檔。七月十六日當天，伯恩斯領導的聯準會終於首度升息，將貼現率從四・七五％提高到五％。一個星期後的七月二十三日，伯恩斯在一場眾議院聽證會上，再次莫名地偏離了尼克森的政治目標——他沒有刻意說出總統迫切希望他發表的樂觀說詞，而是公開對一九六〇年代末期後開始出現的現象表達困惑：「經濟學規則的運作已和過去截然不同。儘管我國的失業率非常高，工資成長率卻沒有放緩。雖然有非常多閒置的工業產能，原物料商品價格卻繼續快速上漲。」[51]

這些發言讓尼克森忍無可忍。那天是星期五，尼克森趁著當晚搭乘總統遊艇紅杉號（Sequoia）夜遊波多馬克河（Potomac River）之際，和幾位顧問策劃了一個陰謀，意圖逼迫伯恩斯就範。[52]由於伯恩斯力促實施工資管制，所以他們故意散布一個假消息，指稱身為聯準會主席的伯恩斯在提倡工資管制的同時，想將他本人高達四萬兩千五百美元的年薪，進一步再提高兩萬美元。[53]白宮發言人榮恩・澤格勒（Ron Ziegler）更以精心設計的應對方式，拒絕否認這個傳聞。

為了確保伯恩斯能聽到這個消息，尼克森的顧問查爾斯（查克）・柯爾森（Charles "Chuck" Colson）還建請葛林斯潘（伯恩斯的門生，也是尼克森競選團隊裡的經濟顧問之一）打電話給這位聯準會主席。柯爾森不僅協助尼克森在紅杉號上策劃這個加薪抹黑施壓戰術，後來更因參與白宮相關的其他齷齪勾當而鋃鐺入獄。根據塞巴斯蒂安・馬拉比（Sebastian Mallaby）二〇一六年發表的葛林斯潘傳記，柯爾森的筆記顯示，葛林斯潘與伯恩斯深談許久，對話內容包括伯恩斯的政策兩難，以及他對尼克森的忠誠等等。[554]那些筆記提及，葛林斯潘向柯爾森回報，伯恩斯「心煩意亂」且「怒不可遏」。[55]

尼克森的幕僚長霍德曼（H. R. Haldeman）向尼克森總統轉述了柯爾森的說法。他向尼克森報告：「對付伯恩斯的計謀大大奏效。」「葛林斯潘說，伯恩斯太過自負，所以老實說，他還是認為他目前做這些事是正確的，而且，在這之前，伯恩斯都沒有意識到他正造成政治傷害。」[56]

尼克森很高興，於是打了通電話給財政部長約翰・康納利（John Connally）。談到伯恩斯時，他說：「我們引起他的注意了。」[57]尼克森自信滿滿，認定伯恩斯已經了解他要的是什麼，所以決定找機會與他化敵為友。八月四日，尼克森在新聞記者會上說，他的預算辦公室建議為聯準會主席加薪，但伯恩斯婉拒了這個建議。

尼克森告訴記者：「外界對他的指謫十分不公平。」[58]

伯恩斯事後收到了尼克森這場記者會的談話文稿。伯恩斯說：「那些說法讓我覺得很溫暖，我已經有很多年沒有這麼感動了。」[59]

中央銀行業務的苦楚

一九七一年八月，尼克森遇到了更大的問題：戰後打造的國際貨幣體系正逐漸崩解。這個體系繫於「美國政府將以每盎司三十五美元的固定兌換率買回黃金」的機制，其他通貨則進而釘住美元。但後來美國察覺，在這個機制之下，它實質上成了世界上其他國家準備資產（也就是受黃金擔保的美元）的供應者。要維持這個體系的正常運作，美國就必須維持美元的購買力，而要維持美元的購買力，就必須避免通膨發生。當時，隨著全球經濟持續發展，各國對準備金的需求顯著增加，但全球經濟體系裡，卻沒有足夠的美元可支持這麼快速的經濟發展。而到了一九七一年前後，由於通膨持續上升，美元與黃金的連結遂變得搖搖欲墜。

一九七一年八月十三日星期五當天，尼克森將他的經濟團隊召集到位於馬里蘭州西部卡托克汀山（Catoctin Mountains）的大衛營（Camp David），經過一番討論，他們傾向決定放棄美元與黃金的連結。尼克森在所得政策上的態度也有所軟化，還宣布了為期九十天的物價及工資凍漲措施；不久後，他又實施了某種形式的價格與工資管制。對伏克爾而言，固定匯率體制的終結讓聯準會的責任變得更加重大，因為這顯示，「一般普遍認為，美元的價值從此將取決於聯準會控制貨幣供給與終結通膨上升流程的能力。」[60]

同一時間，伯恩斯似乎因先前所承受的壓力而得到回報。一九七一年年底之前，FOMC調降了利率兩次。儘管尼克森持續以偏執的態度對待聯準會，經濟卻勢如破竹、加速成長。不過，儘管經濟表現良好，但到一九七二年十一月美國總統大選之前，聯準會都將利率維持在四．五％的不變水準，直到隔年才積極提高利率——明顯是屈服於尼克森的政治算計。到了一九七三年九月，利率已達七．五％。聯準會理事杜威．達安（Dewey Daane）後來拿幾位聯準會前主席來對照伯恩斯的表現，並做出不利於伯恩斯的結論。馬丁「總是不斷設法強化這個體系，來維護它的正常運作。而伯恩斯卻總是努力成為白宮的座上賓。」[61]

事實證明，伯恩斯第二個任期的處境並沒有比第一個任期好過。一九七二年的農作歉收以及一九七三年的石油危機導致物價飛漲，並在一九七三年造成經濟衰退。一如經濟萎縮期常見的狀況，一九七四年一整年，失業率不斷走高，但通貨膨脹也一樣，上升到戰後那個世代以來的新高點。

通常來說，中央銀行官員不會理睬那類暫時性衝擊所造成的一次性物價上漲。不過，一九六〇年代末期至一九七〇年代初期不斷上升的通貨膨脹，使得消費者已經習慣支付較高的價格，這個現象形成了一種自我實現（注：self-fulfilling，指某人「預測」或期待某事的社會心理現象，而這種「預測」或期望之所以成真，只是因為那人相信或預期它會發生）的預期心理：民眾預期價格將繼續上漲的心理，最終造成物價真的繼續上漲。一九七三年，消費者物價上漲接近九%，比兩年前正式實施物價管制時高出一倍以上；一九七四年的通貨膨脹更高達一二%。但伯恩斯害怕若將利率提高太多，有可能導致失業率嚴重上升，甚至創下大蕭條以來的新高。一九七八年春，伯恩斯退休之際，失業率為六%，通膨率則高達九%，且雙雙持續上升。

在這場危機持續演進的過程中，國會於一九七七年和一九七八年通過了民主黨的法案，為聯準會設定了所謂的**雙重目標**（dual mandate，注：又譯雙重使命）。這項法案規定，聯準會必須維持穩定的物價，也必須維護低失業率。在那之前，國會從未為聯準會設定具體的目標。一九一三年促使聯準會成立的立法行動，並沒有聚焦在聯準會明確的經濟目標上，而是聚焦在聯準會監督銀行業者及供應「彈性通貨」（elastic currency）的任務上。一九四六年的《就業法案》（*Employment Act*，此法案在數百萬美國士兵從戰場返國之際通過，當時民眾對大蕭條仍記憶猶新）則宣稱，「促進最大就業、生產與購買力」是聯邦政府的責任，而非具體歸屬聯準會的責任。不過，到了一九七七年與一九七八年，國會終於為聯準會指派了這兩個非常具體的目標。

一九七九年九月，伯恩斯在貝爾格勒（Belgrade）發表了一篇以「央行的苦惱」為題的演說，他為那十年的經濟政策失靈提出了一連串辯解。他說：「期待央行能終結此時此刻折磨著工業民主國家的通貨膨脹，根本就是幻想」。[62] 不管伯恩斯是被厄運所誤、還是誤解了經濟體系，還是受到政治壓力左右——或這三者的組合——事後他都遭到經濟史學家嚴厲評判，他們認為，伯恩斯甚至沒有即時在通膨幽靈擺脫桎梏之際，嘗試用貨幣政策來壓制通膨。這段歷史為後來的聯準會主席留下了一個血淋淋的的教誨：千萬不要學伯恩斯。

高大的伏克爾

一九七八年，吉米・卡特（Jimmy Carter）總統提名企業界高階主管威廉・米勒（G. William Miller）接任伯恩斯的聯準會主席職務。米勒在理事會會議中用一台煮蛋計時器來計時，防止同仁說太多廢話；此外，他也貼了一張「謝謝你不抽菸」的告示牌。但事實證明，這兩項舉措就和他的貨幣政策一樣，毫無效用可言。[63]通膨繼續飆漲，持續上升的失業率卻又導致聯準會不願意提高利率。那十年期間，第二次石油危機來襲（又是中東的多項問題造成），米勒的工作變得愈來愈艱難。

一九七九年七月十九日，卡特概述了一下自己應對能源與經濟雙危機的對策後，開除了當時的財政部長。此時，即將接替財政部長職位的米勒，打電話給時任紐約聯邦準備銀行的總裁伏克爾，要求他前來華盛頓謁見卡特。

伏克爾身高兩百零一公分，是個性情剛直又不修邊幅的人。他以前的同事形容他穿著邋遢，且經常頂著一頭亂髮。儘管伏克爾曾在三位總統底下擔任財政部的官員，他卻從未見過卡特本人。在橢圓辦公室的會面過程中，伏克爾拿著一根雪茄，窩在沙發裡，他友善地指著米勒，對卡特說：「如果你要雇用我，你就必須理解，我偏好比那個傢伙更緊縮的政策」。[64]

隔天早上七點三十分，卡特打了通電話給伏克爾，通知他被錄用了。那時伏克爾還沒起床。[65]

伏克爾的任命案代表央行業務展開了新的時代。伏克爾上任後短短十天，聯準會就將貼現率提高到一〇．五%，是這項利率有史以來最高的水準。九月十八日，理事會再次投票通過提高利率，但這次贊成與反對的比數較為接近，為四：三。如此壁壘分明的投票結果，使得市場擔心聯準會及新任主席可能會失去擇善固執的勇氣。一位不願具名的財政部官員告訴《華爾街日報》，聯準會很快就會被迫降低利率，因為失業率將會抵達七%，「國會可不願意承受那個負擔。」[66]

於是，伏克爾判定聯準會需要採用新戰術。伏克爾從在貝爾格勒召開的幾場國際金融會議（同樣參加這些會議的伯恩斯曾在會中表達了失敗主義的悲觀看法）返國後一個星期，罕見地在週六召開FOMC會議。一九七九年十月六日，經過六個小時的討論，他終於取得與會者一致同意：他們將劇烈改變聯準會實施貨幣政策的方式。

從此以後，聯準會將不再為了達成理想的信用條件而管理每天的聯邦資金利率（Federal-funds rate，即貨幣的價格）水準。反之，聯準會為了實踐它的多項目標，未來將聚焦在整體貨幣供給。如果有必要，聯準會將為了達到貨幣供給目標，而放任貨幣的價格（短期利率）劇烈波動。伏克爾在會中做出結論：行之有年的舊方法（也就是小幅持續堅定調整短期利率的型態）「對預期心理的影響有太小且太慢的傾向。」[67]

伏克爾的新聞助理喬．柯伊尼（Joe Coyne）致電給幾個新聞媒體，表示聯準會將在當天下午六點召開一場不尋常的新聞記者會。當時，CBS電視網的採訪主任答覆，他沒有多餘的攝影機可用，因為那個星期六，教宗若望保祿二世（Pope John Paul II）正好要來華盛頓。柯伊尼毫不遲疑，吩咐那位主任務必派工作人員前來，他說：[68]「這將會是一場讓你久久無法忘懷的記者會，就算教宗離開很久以後，你絕對還會記得這場記者會。」[69]

在伏克爾的新策略架構下，沒有人猜得到利率究竟會調到多高的水準。最終，三個月期國庫券（Treasury bills）的利率飆到一七％以上，商業銀行的基本放款利率更達到二一．五％才終於反轉。不動產抵押貸款利率也接近一八％。這樣的利率水準完全聞所未聞，對於正在競選連任的卡特來說，利率上升的時機糟到無以復加。一九八〇年一月，經濟開始陷入衰退。

卡特大致上將這份挫敗感藏在心裡，不過，大眾對聯準會的施壓力道卻愈來愈重。憤怒的農民開著他們的牽引機到聯準會總部兜圈子；住宅建商則寄了許多二乘四吋的標準木條給聯準會，上頭寫著**降低利率**之類的訊息；房地產經紀人與汽車經銷商則寄了一大堆象徵「住宅與汽車滯銷」的鑰匙到聯準會。一九八〇年十二月，更有一名武裝男性闖進聯準會總部，威脅挾持人質，伏克爾也被迫接受個人護衛小組的保護。[70]

經濟上的苦難再次成了在位者的毒藥；一九八〇年的總統大選中，卡特以極其懸殊的差距敗給了雷根。一九八一年一月，雷根正式上任後，白宮的某人詢問伏克爾是否想在聯準會接待總統。伏克爾擔心這會導致外界產生不好的觀感。他說：「我很樂意和總統見面，而且，我隨時聽候他的差遣，但如果他到聯準會來，一定會引發很多質疑，比方說，一定有人會質疑我要新總統到聯準會來見我，究竟是在搞什麼花樣等等。」[71]

伏克爾答應在一九八一年一月二十三日到財政部和總統共進午餐時，他還不清楚自己將會面臨什麼狀況。在這之前，已有人事先警告伏克爾，某些「黃金臭蟲」（gold bugs，注：指高度看好黃金作為投資標的或財富衡量標準的人）已經在重返金本位的議題上爭取到雷根的支持。不過，午餐會議一開始，這位新科總統就以一句打趣那群黃金臭蟲的話，卸下了伏克爾的心防，總統說：「這發神經的金本位到底想怎樣？」接著大笑。[72] 他表示，金價的下跌代表伏克爾在打擊通膨方面正開始取得順利的進展，並對此表示讚賞。

「我從來不親男人。」伏克爾說：「但我現在真想親你。」[73]

不過，即使雷根拒絕攻擊聯準會，他的高階官員偶爾還是會火力全開，抨擊伏克爾；民主黨的國會議員也對他非常嚴厲。他們要求伏克爾必須恪遵聯準會的新雙重目標。但在一九八○年代初期，這項雙重目標不但難以實現，更是互相矛盾。失業率從一九八一年年初的七・二％，大幅上升到一九八二年十一月的一○・八％，但伏克爾為了追求穩定的通膨，似乎無視惡劣的就業狀況。德州民主黨人亨利・岡薩雷斯（Henry Gonzalez）揚言，他打算對伏克爾啟動彈劾程序。麻州參議員愛德華・甘迺迪（Edward Kennedy）則說，他支持將聯準會歸屬財政部管轄——「也就是它的歸宿」——的立法行動。[74]

在一九八一年某個關鍵期間（也就是經濟體系處於痛苦的雙底衰退那段時間），伏克爾在FOMC會議上發表的評論凸顯了他的憂慮：他認為聯準會打敗通膨的機會只有這麼一次。他在十月六日的一場會議裡承認：「只要稍微降一點利率，便可明顯抒解巨大的抗拒與怒氣」。但藉由調降利率來給予暫時的慰藉，卻會遭致最惡劣的後果——因為通貨膨脹尚未控制下來，就算此刻降息，未來還是不得不再把利率調升到更高的水準。他說：「大眾可能極端無法忍受再一次的火速升息。」[75]

到了一九八二年七月，隨著經濟活動看起來即將觸底，伏克爾也開始放鬆貨幣政策。幾個月後，通貨膨脹出現十年內首度低於五％的狀況。伏克爾坦承，聯準會的決策已達到了大眾的忍耐極限。他在一九八二年十月五日的ＦＯＭＣ會議上表示：「如果我們這次做錯決定，明年我們絕對會成為立法機關鎖定的目標。不過反正那天遲早會來。」[76]

隨著經濟漸漸恢復元氣，所有的喧囂終於逐漸恢復平靜，只有一事例外。雷根的顧問群安插了一大票偏好較寬鬆貨幣政策的人士進入聯準會理事會。一九八六年二月，其中四位理事（過半數）提案建議降低貼現率，但伏克爾反對。

身為主席的伏克爾將這項提案視為一場「政變」，他告訴雷根的幕僚長詹姆斯．貝克（James Baker），他當天就會向總統提出辭呈。為了防止情勢失控，某位理事同意推翻自己的提議，並順應伏克爾的意見，等待時機更成熟後，再支持降息。不過，對伏克爾來說，他在聯準會的日子「已經有了微妙的轉變。」[77]

至此，聯準會歷史留下的教誨變得愈來愈清晰：在央行努力壓制通膨之際，聯準會得以豁免於平日政治壓力的自主權，這確實非常受用，但它從未擁有真正的獨立性。國會隨時可以改造聯準會，一如大蕭條過後以及一九七〇年代末期（當時國會議員為聯準會打造了雙重目標）等狀況。多年後，曾擔任雷根的國務卿及尼克森的財政部長的喬治．舒茲（George Shultz）就這個狀況提出了貼切的說明：「在做困難的決定時，總統有沒有跟你站在同一陣線、總統是否強勢且了解問題，以及一旦情況變得棘手，總統有沒有反其道而行並譴責你，差異真的非常大，即便獨立如聯準會也不例外。」[78]

魯賓法則

打敗高通膨後，那幾年的經濟榮景使得「聯準會應保有政治自主權」的主張顯得更理直氣壯。於是，獲雷根提名，並在一九八七年得到國會批准的新任聯準會主席葛林斯潘，也順勢藉由維持低通膨來鞏固這些利益。

葛林斯潘時代的特色是經濟擴張以及大致上維持低檔的失業率與通貨膨脹。在老布希的任期內，葛林斯潘因沒有在一九九〇年至一九九一年的經濟衰退期間降低利率而遭受些微的抨擊。財政部長布雷迪（鮑爾的前老闆）取消了他和葛林斯潘每週的早餐會談，老布希後來也把輸掉一九九二年總統大選一事怪在葛林斯潘頭上。儘管如此，這些紛擾和當年詹森總統的威嚇或尼克森總統的齷齪伎倆比起來，實在是不足掛齒。[79]

老布希時代對聯準會的責難已算是相當溫和，到了比爾・柯林頓（Bill Clinton）總統主政時期，連那樣的責備都逐漸消音。高盛公司聯席董事長羅伯・魯賓（Robert Rubin）把葛林斯潘和老布希之間的紛紛擾擾都看在眼裡，並對此非常不以為然。所以，當魯賓受聘主持柯林頓的國家經濟委員會時，他隨即建議柯林頓採行「總統或任何其他人都不得公開對貨幣政策說三道四」的政策。魯賓的結論是，老布希明知不可為而為之，結果反而讓自己看起來很軟弱。而且，那樣的做法可能會適得其反——某些聯準會官員可能會因此認為，他們更有義務挺直腰桿來對抗來自總統的壓力，以免市場質疑央行打通膨的可信度。

魯賓說：「我們該做什麼很清楚吧。舉個例子來說，觀察伏克爾的經驗就知道，有個在決策上獨立且具可信度的聯準會極其重要。」[80]這就是「魯賓法則」的由來。最初雖有少數幾位國家經濟顧問對此抱持保留意見，卻也確實依循此規行事。不過，一九九〇年代末期的熱絡經濟卻讓這套規則成了爭議所在。

儘管如此，小布希領導的新政府還是繼續沿用這種不干預的政策。小布希總統上任前不久，就在一場早餐會報中向葛林斯潘保證，他任內絕對不會過問聯準會的政策。葛林斯潘表示：「他確實說到做到。」魯賓的做法也就這麼延續了下來。[81]

⋯⋯⋯⋯

持續降低的通貨膨脹、上升的所得、熱絡的股票市場，以及低失業率，為被譽為「大師」（the Maestro）的葛林斯潘營造了一種「技術文官」無所不知的光環，並賦予聯準會大致上不受政客影響的特許權。由於任期的限制，葛林斯潘不得不在二〇〇六年退休，於是小布希提名柏南克擔任第十四任聯準會主席，他是非常傑出的經濟學家，學術界與政府經驗都相當豐富。隔年，全國房市泡沫破滅，引發了大蕭條以來最嚴重的金融危機。這場危機過後的混亂，導致聯準會被捲入激烈的政策與政治鬥爭。當時，近距離觀察這一切的鮑爾，後來也大量引柏南克的劇本為鑑。

第三章

我們會讓他很難看

早在二〇〇七年，引爆那場金融危機的種種問題就已經開始沸騰。當時柏南克遲遲未看出次級房貸（subprime mortgage，以下簡稱次貸）危機的毒害其實已蔓延至整個經濟體系。不過，雷曼兄弟公司（Lehman Brother）於二〇〇八年九月破產，並導致整個金融體系陷入大蕭條以來最嚴重的危機後，柏南克便以明快且創意十足的行動，阻止一九二九年的慘狀再次發生。

當時，聯準會啟動了過去鮮少使用的緊急放款職權——先是拯救投資銀行貝爾斯登（Bear Stearns），接著又拯救了保險業巨擘美國國際集團（American International Group，以下簡稱AIG），來遏制金融恐慌反應。不過，這些工具並不夠。在巨大的壓力下，二〇〇八年十月，國會核准了一項為美國銀行（Bank of America）部門進行資本結構重組（recapitalize）的七千億美元法案。

最初，柏南克以標準貨幣工具來回應這場經濟動盪：降低聯邦資金利率。當時聯準會藉由憑空製造出來的貨幣（旨在擴大貨幣供給）來購買短期國庫券，希望藉此驅使利率降低。

但這項標準貨幣回應措施並不夠。雷曼兄弟在二〇〇八年九月破產後，接踵而來的金融恐慌最終逼得柏南克更大手筆調降利率，並在那年年底達到實質上零利率的水準，也是有史以來最低的利率水準。儘管利率工具已經用到最大極限（官員們不願意將聯邦資金利率降至零以下的負利率水準），經濟卻還是因房市泡沫破滅的蹂躪而舉步難行，於是，柏南克轉採一種稱為**量化寬鬆**（quantitative easing，以下簡稱QE）的工具，為經濟提供進一步的刺激。

購買與出售短期國庫券是寬鬆或緊縮貨幣供給的方法之一，其終極目的是為了設定利率水準，這個方法是經過長久嚴謹驗證的有效方法。至於量化寬鬆，則是向前邁進一步：實施量化寬鬆時，聯準會不只購買極度安全的國庫券，還會購買諸如較長期的國庫債券，以及政府擔保的不動產抵押貸款證券等較高風險的資產。QE實施後，金融媒體圈提出了大量危言聳聽的報導，但事實上，QE只不過是另一種增加貨幣供給、並鼓勵放款與投資的方法罷了。

雖然華盛頓當局明快出面拯救金融體系，諸如此類的緊急救難工作卻隱含非常高的政治成本。因為聯準會與國會在卯足全力拯救金融體系之際，並沒有花那麼大的心力或金錢來阻擋全國各地數百萬件房地產查封案的發生。而在拯救槓桿過高且經營不善的保險公司AIG之後，聯準會落入一個尷尬的處境：它儼然成了替AIG高階主管鉅額紅利辯護的代言人。正當一般美國人的夢想（注：指住宅自有）遭銀行業者奪回之際，聯準會的所作所為卻讓人覺得，它好像打算不惜一切代價，全力支持華爾街。這樣的觀感引來民粹主義者的強烈反彈，快速崛起的茶黨也及時把握這個機會，操弄因此而白熱化的仇恨。

技術文官的謙卑

近年來，各方人馬對聯準會有諸多批判，包括二〇〇〇年代初期，聯準會維持過低的利率水準，結果導致房市泡沫明顯增長；聯準會未切實監理銀行業者的行為；二〇〇七年的降息速度過於緩慢；二〇〇八年推動了不負責任的紓困案；二〇〇九年至二〇一一年間展開了一系列未經證實有效的經濟振興活動，那些行動隱含很高的風險；在國會與白宮起草新監理規定時過度涉入；以及危機過後太長期維持寬鬆貨幣政策，導致通膨失控，並造成新泡沫等等。上述某些批判確實堪稱中肯，有些則流於求全責備。無論如何，從以上種種批判可以發現，外界對聯準會的批判範圍實在太廣了，這也顯示聯準會渴望遠離政治的願望愈來愈難以實現。

對聯準會來說，政治干擾就像揮之不去的夢魘。舉個例子，民主黨曾提案建議剝奪聯準會的監理權力，當時聯準會為了抵禦民主黨的作為，不得不設法就監理改革展開協商（這項改革成就了後來的《多德－弗蘭克法》〔*Dodd–Frank Act*〕）；但聯準會與民主黨協商一事，卻導致共和黨一口咬定央行急著與民主黨對手謀和。聯準會不是理應保有獨立性嗎？

在眾多圍繞著聯準會的政治干擾當中，量化寬鬆相關議題所引發的政治角力最為激烈。這項工具之所以引起極大的爭議，是因為許多人對它頂多只是一知半解，而且它超出了傳統貨幣政策的範疇。在某些人眼中，QE似乎已經侵犯到財政政策（牽涉到歲出與稅收的調整），因為它能使政府擴大赤字支出的成本降低，問題是，財政政策一向是隸屬國會的地盤。此外，QE的批評者也主張，所有用來購買資產的「虛構貨幣」（made-up money），未來一樣有可能導致通貨膨脹失控。

不過，這兩種論述都無法說服柏南克。秀頂又留著一臉鬍子的柏南克雖然沒有長袖善舞的社交手腕，卻是個才華洋溢的普林斯頓經濟學家。終其一生職涯，柏南克不斷努力研究政策制定者在大蕭條時期所犯下的錯誤。柏南克決心不重蹈那些官員的覆轍，也希望能避免美國最後落得和日本一樣的通貨緊縮下場（一九九〇年代，日本因通貨緊縮而陷入泥淖，導致工資與物價下跌）。柏南克在他剩餘的任期內，都將聯準會的利率維持在接近〇％的水準，並繼續以QE來作為聯準會應對經濟成長放緩威脅時的首要工具。

柏南克的創新

柏南克在二〇〇八年金融危機爆發後首創的購債振興計劃，並不是他個人的唯一創新。他最早的創新是為聯準會設計一個更健全的溝通機制，這項措施對老一輩的中央銀行官員來說，簡直就像是詛咒。

一九二〇年至一九四四年間擔任英格蘭銀行（Bank of England）總裁的蒙塔古．諾曼（Montagu Norman）向來以守口如瓶著稱。他把「永不說明、永不辯解」當作他個人的信條。葛林斯潘最初大致上也依循諾曼的模式，接任聯準會主席後不久，他曾說過一段妙語：「打從我當上中央銀行官員的那一天開始，我就學會以含含糊糊又語無倫次的方式說話。如果你覺得我對你表達得太過清楚，那你一定誤解我的意思了。」[1]那段話並不全然是玩笑話。葛林斯潘經常到國會聽證會作證，但只參加過一場電視訪問；那是在他長達十八年半的任期剛展開時所接受的一場訪問，從此以後，他就再也沒接受過任何電視訪問。

從葛林斯潘擔任主席開始，聯準會對大眾就比從前開放一些，不過，它理應更加開放才是。一九九四年以前，聯準會並不會對外正式宣布聯邦基金利率的變動狀況。投資人與負責報導央行動態的記者都只能從政策會議後的短期貨幣市場利率變動，來推敲聯邦資金利率的變化。

二〇〇三年起，聯準會對外溝通的工作又向前躍進了一大步：聯準會開始針對未來的利率路徑，提供更明確的指引——後來又演進成聯準會定期發布的FOMC會後聲明。歷經時空的變換，此時的美國不再面臨通膨過高的威脅（通膨過高是伏克爾時代以來最大的風險）。此刻，利率在接近〇%水準起伏，但通貨膨脹卻持續走低，這讓官員傷透腦筋。

有鑑於當時聯邦資金利率處於一・二五%的歷史低檔，一旦經濟萎縮或通貨緊縮，聯準會將不太有足夠的傳統火力可用來刺激經濟成長。所以，當時還只是聯準會理事的柏南克建議，強化和市場的溝通不僅可取，更可能是央行的最佳可行選擇：「當我們的利率接近〇%，我們已經沒有其他傳統工具可用，在這種情況下，我們能影響利率的唯一管道，就是操縱預期心理。」[2]

柏南克認為，若聯準會官員能針對聯準會的政策發表具體的預估，說不定就能對預期心理造成影響，而預期心理是促成民間信用決策的關鍵要素。二〇〇三年，柏南克告訴同事：「含糊自有可取之處，但含糊多半只在諸如撲克牌等非合作型的賽局（noncooperative games）有用。」「貨幣政策是一種合作型的賽局。重點是要借力使力，讓金融市場幫忙做一點我們打算做的事。」[3]

後來，柏南克更加具體對外表明聯準會實現物價穩定目標的意圖，從而擴大他自創的做法：「以資訊為貨幣工具」。成為聯準會主席之前，柏南克就曾敦促聯準會考慮設定一個明確的目標水準，但他的建議並未獲得葛林斯潘的明確認可。所以，他當上主席後，就把這件事列為他的長期目標之一，並在上任後的五年內，以幾項措施實現了這個目標。

到了二〇〇九年，隨著聯邦資金利率被調降至低於二〇〇三年的水準，柏南克更加堅信，「設定明確的官方目標」將有助於確保大眾相信聯準會確實有決心維持通膨穩定——不過高也不**過低**，這麼一來，就能避免陷入通貨緊縮的痲痺狀態。最後，聯準會終於在二〇一二年採納了二%的正式通膨目標。

柏南克在溝通方面的另一項變革——每隔一場FOMC會議後的每季新聞記者會——讓聯準會主席的工作變得更加舉足輕重。從此以後，柏南克將透過這個場合，綜合概述整個委員會的不同觀點，而且每年會針對政策性決策提出四次說明。某些分析師將他這種魅力攻勢稱做**公開口頭操作**（Open Mouth Operations），即**公開市場操作**（open market operations）的戲稱。

第三次量化寬鬆

二〇一二年五月的某一天，傑伊・鮑爾通過有著精緻鑄鐵護欄的雙道階梯，向前穿越艾克斯大樓那引人注目的二樓挑高中庭。他清脆的腳步聲在光亮的石造地板與奶油色的洞石牆壁之間不斷迴盪。這座雙道階梯從地面樓層向上一路延伸，最終通往一個夾層，夾層兩側分別立著一排希臘石柱，上方則是一面裝飾著老鷹輪廓的大型天窗。中庭二樓的兩側各是六間有著獨立辦公出入口的隔間；每扇隔間門上方的大理石上，分別刻有聯邦準備體系十二個地區各自代表城市的名稱。鮑爾繼續穿過會議室，沿著鋪上黃色地毯的走廊，進入他的辦公室。他知道這是一個巨大的機會，也對能回鍋公共服務領域一事心懷感恩（當年他父親被迫拒絕投入公共服務體系）。不過，在這棟雄偉的新古典主義大樓安頓下來後，他隨即注意到，柏南克領導下的聯準會還在努力舔拭二〇〇八年留下來的傷口。

那年春天，要如何振興依舊了無生氣的經濟體系，是聯準會最頭痛的問題。二〇一〇年，聯準會的資產組合已經暴增——從危機前的九千億美元增加到二〇一〇年三月（即第一輪量化寬鬆結束時）的兩兆三千億美元。眾所期待的V型經濟復甦沒有發生；經濟體系依舊在恢復元氣的道路上蹣跚而行。到了二〇一〇年十一月三日，失業率依舊遠高於九%，於是，柏南克帶領聯準會的同僚啟動了第二輪購債行動，也就是所謂的第二次量化寬鬆（QE2）。

這個決定引發共和黨人的怒吼，他們認為，寬鬆貨幣掩蓋了聯邦赤字成本暴增的事實，並降低了政府當局削減支出的動力（如果還有任何動力的話）。在茶黨運動的推波助瀾下，共和黨已在宣布實施QE2的前一天，取得眾議院壓倒性過半數的席次。所以，保守派人士在短短幾天之內，就對柏南克的政策發動一連串目標性的攻擊。二〇一〇年十一月十五日當天，幾位顯赫的保守派經濟學家與投資人，在各大全國性報紙上發表一封公開信，要求柏南克終止QE2。[4]他們警告，聯準會的印鈔行動將導致通膨失控，或使通貨貶值。[5]

幾天後，參議院與眾議院四位最資深的共和黨議員也聯名寄了一封信，向柏南克表達他們對QE2的「深刻憂慮」。時任印第安納州眾議員的麥克・彭斯（Mike Pence）表示：「印鈔票不能取代促進成長的財政政策」。[6] 其他人也抱怨，這些政策對退休人士與其他儲蓄者並不公平，畢竟他們為求保障，把錢存放在遠離股市的低風險帳戶裡頭（注：這類低風險帳戶傾向一些固定收益型的帳戶，而寬鬆貨幣政策會使固定收益型帳戶的收益降低）。當然，這樣的抱怨堪稱合情合理。

二〇一一年八月十五日，當時正在爭取共和黨總統提名的德州州長瑞克・裴利（Rick Perry），在位於愛荷華州席達拉皮茲（Cedar Rapids）的一場候選人辯論中大放厥詞。他說，柏南克基於政治操弄而擴大貨幣供給的做法「幾乎……是叛國行為。」「如果這個人從此刻開始到選舉之前，又繼續印更多鈔票，我是不知道你們愛荷華州人會怎麼對付他啦，但如果他來德州，我們德州人一定會讓他很難看。」[7] 從前，聯準會不是沒有面臨過類似的緊張政治壓力，但那些政治壓力往往是因總統與政治人物要求實施更寬鬆的貨幣政策而起。如今，柏南克無疑已採行了有史以來最寬鬆的貨幣政策——但他卻因這個政策而遭到大肆抨擊。

二〇一二年九月（也就是裴利的總統夢破滅了好一陣子之後），柏南克還是對經濟狀況不滿意。經濟學家與權威知識分子形容當時的美國猶如有兩個經濟體系：一個是股票市場（幾乎已回升到危機前的最高記錄），另一個是依舊維持高檔的失業數字。於是，身為聯準會主席，柏南克再次訴諸他的首要工具：啟動另一次更積極的購債計劃，也就是人稱「QE3」的計劃。這項創議引起的爭議最多，聯準會實施前兩次QE時，都設定了購債規模的上限，但這一回，這個步驟直接省了。聯準會宣布將繼續購買美國公債與不動產抵押證券，直到幾個特定目標達成為止。

九月十二日，ＦＯＭＣ集會檢討柏南克的提案——這是委員會每年表定的八次會議之一，每次表定會議的間隔大約是六個星期。參加會議的人士包括來自全國各地的十二位聯邦準備銀行總裁，外加聯準會主席以及其他六位常駐華盛頓的理事，眾人齊聚艾克斯大樓的大型會議室。與會的男男女女圍坐在一張由宏都拉斯桃花心木與花崗岩打造而成的大型拋光會議桌旁，頭頂上懸著一盞半噸重的巨大枝型吊燈，由黃銅及玻璃製成。會議室某端的織錦牆面旁，擺著一排排椅子，幾十位經濟學家、市場專家與其他資深幕僚人員並肩坐在那裡。他們將在為期兩天的詳細簡報會中，深度參與這場類似研討會的辯論，討論接下來要稍微提高還是降低利率，或討論是否要對外透露他們微調後的經濟成長展望。

此時的鮑爾才剛接任理事職務短短幾個月，他選擇在「非無保留意見」的情況下支持這項計劃。他擔心的是，聯準會的作為已經遠遠逾越了緊急貨幣政策的範疇。先前實施的資產購買計劃是為了改善機能失調的市場，並引導長期利率下降；但此時聯準會再三提出ＱＥ計劃，讓他擔心聯準會似乎已「直接」把ＱＥ當作一種「就業計劃」來用。[8] 鮑爾認為，作為中央銀行，聯準會絕對有能力管理評論家（他們總是不遺餘力地抨擊聯準會）經常提到的風險，包括助長不符合期待的通膨水準等風險。不過，他也提出其他疑慮，包括聯準會持有的債券說不定會導致聯準會虧錢——一旦如此，就會演變成各國央行向來努力迴避的政治問題。

這時已成為聯準會副主席的葉倫則主張，相較於「未能竭盡我們所能積極降低失業率所衍生的人道與經濟代價」，前述種種風險顯得微不足道。[9] 葉倫在布魯克林的紅磚石別墅區（Brooklyn brownstone）長大成人，她的父親是一名醫師，在那個別墅區擁有一間地下室辦公室。葉倫常說，她對經濟學的興趣主要源自於母親的啟發。她母親原本是一名小學教師，後來為了照顧家庭而辭掉工作。負責管理家中財務的母親總是帶著渴望求知的心，不斷閱讀各式各樣的商業報章雜誌，希望從中挖掘到寶藏，當年她們母女倆就經常針對出售某一檔股票的利弊展開脣槍舌戰。葉倫回憶：「我向她據理力爭的觀點是，一檔股票過去的歷史以及買進的價格，基本上和要不要賣掉它無關。」[10]

葉倫以班級榜首的成績從漢彌爾頓堡中學（Fort Hamilton High School）畢業，她原本計劃到布朗大學（Brown University）攻讀數學。不過，葉倫後來遇見曾擔任甘迺迪與詹森總統顧問的客座教授，耶魯大學的經濟學家詹姆士．托賓（James Tobin），並從此深受托賓的凱因斯學派信仰吸引（即「政府有義務解決失業所造成的人類痛苦」）。後來，葉倫取得耶魯大學的博士學位，托賓正是她在耶魯的良師益友。她將托賓的講學內容鉅細靡遺地記錄在筆記本裡，內容詳細到托賓央請她把那些筆記轉成教科書。[11] 葉倫最初在哈佛大學任教，但一九七七年的秋天，她加入了聯準會的幕僚群。某一天午餐時刻，她在聯準會的自助餐廳遇見了她未來的先生：經濟學家喬治．阿克洛夫（George Akerlof）。[12] 夫妻倆經常共同研究一些具高度爭議的研究題目，包括為何勞工較可能在經濟表現強勁之際離職、造成非婚生子的因素是什麼，以及社區規範如何阻止幫派犯罪行為等等。

二〇一二年十二月的聯準會會議上，葉倫警告，聯準會不能重蹈日本央行的覆轍——日本央行在對抗物價下跌的漫長過程中，曾心猿意馬對QE的利益將信將疑。她認為，這樣的懷疑態度削弱了日本央行的政策力道，到頭來導致它不得不採取更大規模的購債行動。她說：「每次出現一點點的復甦，日本央行就清楚明言它隨時願意、且有能力結束量化寬鬆，並表示它準備立即把資產負債表縮減到正常規模。」接著，葉倫轉而回應鮑爾與其他人提出的論點，並表示資本損失「確實有可能導致某些政治人物與大眾質疑中央銀行的績效。不過，若央行遲遲無法達成任務目標，它的聲望與獨立性還是有可能遭受同等程度的損害。」13

三劍客

鮑爾並不像許多聯準會同儕那樣，擁有血統純正的顯赫學歷，不過，他確實因為研究聯準會的許多基本細節而享有盛名。他處理過許多不為人知的聯準會營運任務和技術問題，包括利率指標（benchmarks）的全面改革，以及付款處理系統的管理等等。這件工作在聯準會數百名博士經濟學家眼中，令人望而卻步，但鮑爾處理起來卻相當得心應手。不過，加入理事會後，他曾向某位同事提出善意的抱怨，說整個幕僚群習慣以屈尊俯就的姿態，對待非經濟學科班出身的同儕。

鮑爾說：「他們跟我說話的樣子，簡直像在跟一條黃金獵犬說話。」

不過，他也以此為動力，狼吞虎嚥大量閱讀會議的重點摘要文件，並在出席每一次會議時，做好萬全的準備。為了從聯準會職員極度精心修飾的正式簡報中獲取另類的資訊流，鮑爾訴諸外部的意見，希望能藉此強化他批判性的反向論點。所以，他總是閱讀大量的專業研究報告，並且廣泛關注部落格與推特上的經濟辯論（雖然他沒有在推特上發表意見），希望能藉此掌握更完整的觀點。

許多同事公認，鮑爾是非常好的傾聽者。他在高中的時候就養成一項怪癖：倒著重述句子。這項「才華」也說明鮑爾的記憶力非比尋常。話說一九七一年秋天，有一次鮑爾和經濟學家艾倫．湯爾森（Alan Tonelson）在普林斯頓大學的新鮮人宿舍裡打牌，當時鮑爾提議一起聽丹．希克斯與他的熱火樂團（Dan Hicks and His Hot Licks）的唱片。

湯爾森對民謠搖滾風的音樂沒什麼興趣，所以他很輕蔑地回答：「丹．希克斯爛死了。」兩人在大學求學期間、乃至畢業之後都沒有繼續保持聯繫。鮑爾當上聯準會理事後，經常對貿易政策發表評論的湯爾森，在華盛頓的一場普林斯頓校友會上，巧遇湯爾森這位老同學。那時鮑爾面無表情，對他說了句：「丹．希克斯爛死了，是吧？」

事後，湯爾森向美聯社（Associated Press）表示：「真的是敗給他。」[14]和鮑爾同期得到國會批准而進入聯準會理事會的施泰因認為，鮑爾「好奇心很重，而且是那種最良性的好奇心。他總是以最好的態度追尋他想要的答案。」[15]

鮑爾和施泰因加入聯準會不久後便結為好友，而且，他們也懷抱一些共同的政策目標。他們經常一起在 FOMC 會議召開之前去拜訪柏南克，針對新的購債計劃向他表達疑慮——他們認為這項新購債行動不受固定額度的限制，實在堪憂。柏南克則總是試圖安撫他們，據他估計，這項計劃可能只會導致聯準會多購入五千億至七千五百億美元的債券，規模大約和 QE2 期間購入的六千億美國公債差不了多少。

但到了二〇一三年春天，情勢便清楚顯示，這項計劃可能會運作更長的時間。此時，第三位理事伊莉莎白（貝琪）・杜克（Elizabeth “Betsy” Duke，受小布希總統任命為理事的前銀行業高階主管）加入了鮑爾與施泰因的行列，一同向柏南克表達他們的保留態度。他們三人都對當時華爾街投資人的心態感到不安——那些投資人自信滿滿，認定聯準會的購債計劃可能會無限期實施下去。分析師甚至發明了諸如「**無限QE**」（QE infinity）之類的用語來形容QE3。

就這樣，這三位理事成了鞭策柏南克為QE3尋找出路的驅動力量。柏南克的通訊顧問蜜雪兒・史密斯（Michelle Smith）為他們取了個稱號：「三劍客」。[16] 三劍客在FOMC裡占據重要的中間地帶，因為他們的座位正好位於鷹派及鴿派委員之間——鷹派的委員向來直言不諱反對QE計劃，成員有達拉斯、費城、堪薩斯城與里奇蒙等聯邦準備銀行的總裁；鴿派的領袖則是強力支持繼續購債的華盛頓與紐約聯邦準備銀行總裁（以聯準會的語言來說，**鷹派**通常偏好以較高的利率來對抗通貨膨脹的風險；而**鴿派**則偏好以較低的利率來促成較低的失業率）。

由於這時經紀自營商圈子預期聯準會的資產負債表可能會從QE3計劃實施前的兩兆八千億美元膨脹到四兆美元，所以，鮑爾公開表明，他想知道這個計劃究竟何時會結束（如果真有結束的一天）。鮑爾在二〇一二年十月的FOMC會議中說：「達到四兆美元時停止的理由是什麼？在大多數狀況下，如果我們使更多力，市場當然會為我們喝采。」[17]「而我們的模型也一定會顯示，我們的作為正對經濟體系帶來助益，但我總覺得，那些所謂的利益可能被高估了。」

當時，鮑爾的某些聯準會同事認定，一旦他們終於公認時機成熟，聯準會一定能平順地放慢、甚至徹底改變購債政策，但鮑爾認為那樣的想法流於「過度自信」。事實上，這些購債行動已在企業貸款領域助長了「類似泡沫的狀況」。他在二〇一三年一月表示：「不管從哪個角度來看，我們都有理由認定，劇烈且痛苦的修正即將發生。」[18]

到了那年五月，隨著失業率降至七．五％（且還在持續降低），三劍客認為柏南克該出手了，他們主張柏南克應該發出訊號，暗示這個計劃可能會比某些華爾街人士預期的更早結束。鮑爾在五月一日的政策會議上直言，這個計劃所提供的支援已超出聯準會的批評者所允許的程度，他也表示希望盡快放緩購債速度——也就是「縮減購債規模」（taper）。鮑爾說：「這不是一件無法管理的工作，我們可以用不會引發市場大規模震驚反應的做法，來推動縮減購債規模。」[19]

但他錯了。

三個星期後，柏南克在國會聽證會上初步嘗試為QE3建構一條出路。他意圖用一種平緩的表達方式，讓市場開始接受聯準會可能會減少購債，不過，他的舉措卻令市場理不出頭緒。某些投資人認為（誤以為），聯準會暗示將減緩購債一事，代表它也可能重新思考更長期維持接近零利率的其他承諾。這樣的誤解促使十年期公債殖利率開始劇烈飆升。五月二十一日當天（也就是柏南克赴聽證會的前一天），殖利率還略低於二％，但到那年夏天結束時，殖利率已上升至接近三％。

長期利率走高——被冠上「縮減購債恐慌」（taper tantrum）的稱號——的影響，很快就蔓延到整個經濟體系，並對剛開始復甦的房地產市場造成嚴重的威脅。不僅如此，「縮減購債恐慌」更在新興市場經濟體引發了一波又急又猛的資金出走潮。這些嚴厲的考驗傷害了購債的原始目的——幾個月前，葉倫就曾針對這個可能情境提出警告。由於利率的迅速上升導致經濟進展趨緩，加上其他原因影響，作為中央銀行的聯準會只好延後實施縮減購債計劃（直到二〇一三年十二月才重新啟動這個流程），最終導致聯準會持有的證券暴增到四兆五千億美元。

二〇一四年，國會批准了鮑爾的十四年完整任期，葉倫則接任了柏南克的主席職位。葉倫的任命案並不代表先前由柏南克主導的聯準會將開始政策轉向，而且，儘管鮑爾私下偶爾會對聯準會的政策憂心忡忡，卻從未公開談論那些問題。二〇一五年，他甚至讚揚葉倫與柏南克的決策讓經濟體系得以順利度過後危機的紛亂。他說，聯準會的行動「是目前美國經濟表現優於其他先進國家的主要原因之一」，此外他還點出其他國家的央行官員目前正追隨「聯準會的腳步，採行聯準會稍早前曾實施的果敢措施」等事實。

不過，國會中較保守、且民粹主義傾向較為強烈的共和黨議員，以及諸如伯尼・桑德斯（Bernie Sanders）等左派詆毀分子，並不認同鮑爾對柏南克與葉倫的正面評價。他們聯手推動一些提案，希望賦予政府檢討聯準會貨幣政策決策的監督權；而聯準會則擔憂這些提案一旦通過，將賦予聯準會的批判者另一個管道來鼓動反聯準會政策的聲音。鮑爾是聯準會理事會中唯一的共和黨人，理所當然成為捍衛聯準會政策方法的強大辯護者，換句話說，他重新扮演了他在二〇一一年債務上限危機爆發時的那個角色。鮑爾抨擊這類旨在「查核聯準會帳冊」的提案「搞錯方向」且「造成紛擾」，對於平日溫和且克制的中央銀行來說，這樣的用字遣辭已算是挑釁意味十足。[20]

端走雞尾酒缸

一九五〇年代擔任聯準會主席的馬丁曾形容，聯準會的工作就像陪同未成年少女參加舞會的年長女伴，必須在酒會漸漸流於喧鬧之際，把雞尾酒缸端走。不過，聯準會要怎麼知道賓客在什麼時候開始變得「過嗨」？這正是葉倫接任聯準會主席後兩年間所面臨的難題。當時經濟持續成長，且幾乎已完全從金融危機中復原，通膨非常低，失業率也回到危機前的水準。但究竟有多少經濟成長是拜聯準會的購債計劃與極端低利率所賜？

從一九六〇年代開始，學術界就遵循發源自凱因斯研究的政策處方（凱因斯在一九三六年主張，增加赤字有助於振興經濟成長）。另一方面，經濟學家向來以一九五八年紐西蘭經濟學家菲利浦（A. W. Phillips）率先提出的「菲利浦曲線」（Phillips curve，以其姓命名）為指導原則。

菲利浦是在研究十九世紀前後的英國勞動市場時，歸納並提出菲利浦曲線的概念。這個概念框架主張，當失業率降低，通貨膨脹就會上升，反之則會降低。不過，甘迺迪政府時代的白宮經濟學家力促低失業率，因為他們誤以為勞動市場存在過多的剩餘勞動力。有些人甚至認為，為了低失業率而忍受稍高的通膨是值得的。

聯準會內部多數的經濟學家（包括葉倫）依循幾個基本信念行事。第一個信念是：通貨膨脹和失業率之間存在一種直接的反向關係，如果其中一方降低，另一方一定會上升；第二個信念是：經濟體系中有所謂的「自然失業率」，一旦達到這個失業率水準，勞動力的供給與需求就會正好達到平衡。當失業率低於自然失業率，企業就必須為了爭取勞工加入而將工資提高到可能進一步造成更高物價的水準。一旦出現那種經濟過熱的現象，聯準會傳統上會以提高利率來加以遏制。

問題是，自然失業率並非顯而易見，而是一個隱形的目標。所以，經濟學家向來是憑著他們的本事，自行歸納出最準確的自然失業率預測值，再根據這些預測值來設定利率（我們可以把這個過程想像成一名弓箭手打算用一根想像出來的隱形箭，射中隱形的目標）。貨幣政策的效果要一年或兩年才會顯現，不會立即發生效用。而當某一年通膨上升，消費者就會預期明年通膨也會持續上升。若放任這樣的預期心理不管，通貨膨脹就會劇烈上升。一旦發生這樣的狀況，聯準會就會以減緩就業成長為重，以便讓失業率維持在自然失業率附近。

一九九六年九月，葉倫還只是聯準會理事，就成了通膨與失業率取捨（即所謂菲利浦曲線）之爭的主角。當時失業率剛剛降至五．一%，接近二十年的低點，也是許多經濟學家估計的自然失業率水準。葉倫對此忐忑不安，於是她和另一位理事勞倫斯．梅耶（Laurence Meyer）在會議召開前一個星期，一同前往葛林斯潘的辦公室拜訪。請注意，聯準會眾理事之間鮮少會對政策決策提出異議，但他們兩人卻提出建請葛林斯潘恢復升息的論據。葉倫說：「我們只是認為，時機已經成熟。提高利率是有必要的，要是你不提高利率，我們不敢說我們能否繼續支持你。」[21]她通常並不被視為偏好較高利率的鷹派委員，但一九七〇年代的經驗讓當時的她感到憂心忡忡。

葛林斯潘大致上只是靜靜傾聽他們的意見，沒多說什麼。一直到一九九六年九月二十四日，他才終於在會議中分享他的想法。葛林斯潘一直想搞懂為什麼運算技術的快速擴散，竟然沒有促使勞工生產力（也就是每工時的產出）提高。他猜測，企業將更多利潤投資到新技術的行為，正促使美國達到生產力的榮景高峰，只不過，政府的統計數據未能體現出這股生產力的榮景。如果他的推斷正確，經濟有可能在不引發通膨的情況下，更快速增長。[22]

歷史證明，他想得沒錯。歷經二十年的暫停成長，生產力成長率正明顯上升，而這也讓聯準會得以在失業率降至更低水準之際，延緩升息步調。儘管如此，自然失業率的概念依舊保有一定的地位。

十幾年過去，葉倫似乎變得對維持低利率無所畏懼。她積極擁護柏南克的寬鬆貨幣與低利率政策。二〇一二年年底，當鮑爾愈來愈擔心繼續振興經濟所造成的風險已開始超過它的利益之際，葉倫卻提醒同事別忘了他們先前許下的承諾，也就是支持更強勁的就業復甦：「我們傳達的訊息是，至少在賓客全數到齊以前，我們將繼續補充雞尾酒缸裡的飲品，而且不會在宴會進行期間，過早收回雞尾酒缸。」[23]

作為聯準會副主席而後升任主席的葉倫首當其衝，承擔了外界對聯準會後危機政策的不滿，包括二〇一五年二月一場長達三個小時的火爆國會聽證會。當時共和黨議員認定葉倫一席有關經濟不平等的演說過於泛政治化，於是對她發出猛烈的批評。南加州共和黨議員麥克・馬爾凡尼（Mick Mulvane）說：「妳管太寬了，那不關妳的事。」[24]

事實上，那時葉倫已經在為聯準會自二〇〇八年將聯邦資金利率降到接近〇％後首次調高利率做準備。她再次以菲利浦曲線與自然失業率作為決策的指導原則，當然，愈來愈多同僚力促聯準會繼續推動利率「正常化」，也是促使她做出這個決策的原因之一。

當時的失業率是五．五％，愈來愈接近官方可接受的五％水準。通貨膨脹數值因能源價格下跌而得以持低檔，不過，幕僚群裡的經濟學家預期，這些效應將隨著時間而逐漸淡化。根據菲利浦曲線，勞動市場剩餘勞動力的減少（將反應在失業率的降低）應該會促使工資上漲，而工資的上漲將進而驅使通膨上升。

二〇一五年三月十七日，葉倫在ＦＯＭＣ會議上告訴同事：「這看起來像是供給與需求的單純問題。」失業率降低的速度使「等待通膨更接近二％才開始將政策正常化的盤算，顯得不夠審慎。我認為這是一個強有力的論據，我們應趁著通膨還處於低檔之際，展開初步的緊縮措施，而這也是我計劃提出的論據。」[25]

果不其然，到了二〇一五年十二月，失業率已降至五％。

所以，即使通貨膨脹還低於二％，葉倫和同事還是投票表決通過提高利率——這是七年來，聯邦資金利率首度脫離〇％水準。理由很簡單，因為他們預期通貨膨脹將會上升。儘管如此，她也考量到通膨的動態有可能和過去幾個期間的狀況有所不同。因此她表示，如果通貨膨脹繼續「在勞動市場進一步改善的情況下維持偏低水準……」「勢必得進行……更根本的反思……」[26]

由於後來製造活動趨緩，聯準會只在二〇一六年升息一次。如果二〇一七年一切順利，聯準會理應能展現它有能力進一步揚棄二〇〇八年金融危機後所採行的那些緊急政策。不過，葉倫能否獲得下一個四年任期，還在未定之天。由於後續的可能發展令人望而卻步，沒有人知道誰肯出來接下這個燙手山芋。

第四章

舉債天王

二〇一六年九月十二日，還是共和黨總統候選人的川普打電話到CNBC的節目，滔滔不絕講了一番長篇大論，攻擊聯準會主席葉倫。他說：「為了讓歐巴馬安全下莊，葉倫蓄意以人為操弄的手段，將利率維持在低檔。且讓我們拭目以待，看看未來將會發生什麼狀況。這是一個非常嚴重的問題，而我認為這個問題非常泛政治化。我認為她太泛政治化，而且就某種程度來說，我認為她應該以自己為恥，因為事情不是這樣做的。」身為名氣響亮的地產開發商，川普原本就長期支持低利率，但如今，他卻投機地以茶黨風格的保守派批判方式火力全開，攻擊美國的中央銀行。[1]

葉倫大可不必把這些批判看做對她的攻擊。川普在這個立場上的反叛有很多意涵，包括為了取悅反體制的崇拜者——想想看，有什麼體制比聯準會更不可動搖？川普的叫囂也明顯透露出他的自私與反覆無常。川普早就透過他的房地產開發職涯清楚了解到低利率可能振興經濟成長，只不過二〇一六年時，他認為，疲軟的經濟將會提高他的當選機率。尤有甚者，他知道他對歐巴馬的任何攻擊，都有助於凝聚他的支持基礎。就在總統競選活動結束前幾天，川普陣營以一則競選廣告，指控有個全球性的陰謀正在奪取勞工的財富。這則廣告的畫面先後掠過高盛公司執行長勞埃德・貝蘭克梵（Lloyd Blankfein）、金融家喬治・索羅斯（George Soros）以及葉倫等人的形象，意圖利用幾個世紀以來屢試不爽的反猶太共謀理論來影響民眾觀感（注：三人皆為猶太人）。

川普的意外勝選對葉倫連任聯準會主席絕對不是什麼好消息。不過，他的勝選也並不代表鮑爾一定有機會搶到葉倫的主席大位。在諸如川普支持者那種民粹主義保守派分子眼中，聯準會裡的技術文官個個都像是美國首都圈資產階級的化身。聯準會的文化以忠誠維護這個機構的超黨派、重分析且共識導向的流程為榮，鮑爾也體現了其中每一項特質。在這種情況下，川普有什麼理由在葉倫的任期於二〇一八年屆滿時，選擇鮑爾領導聯準會？

首先，雖然川普表面上假意猛烈抨擊，但他骨子裡根本就偏好低利率政策。川普自稱「舉債天王」，他比其他所有總統候選人都更清楚，利率調升二十五個基點，可能會對高槓桿企業造成什麼樣的影響。果不其然，川普一就任總統，他就徹底表現出不樂見利率上升、也不希望聯準會縮減資產持有量的態度。當時，由於華爾街預測川普上台後將實施鉅額減稅、放寬監理，並推動大規模的道路與橋梁的公共建設支出等，市場因而展開了一段慶祝行情。股票快速大漲，長期利率明顯上升，美元也轉而走強。

我的天才

川普當選之際，蓋瑞・科恩（Gary Cohn）已在高盛公司第二把交椅的職位上坐了十年；由於科恩認為，當時的執行長貝蘭克梵不可能離開，所以他決定另謀出路。科恩認識川普的女婿傑瑞德・庫許納（Jared Kushner），正好庫許納也邀請他和總統當選人川普見面。在二〇一六年十一月二十九日於川普大廈（Trump Tower）舉行的會議中，科恩針對利率與赤字提出的看法，讓川普聽得心花怒放。他簡直迷上這位高盛公司總裁，甚至半開玩笑提議，要科恩接受他的財政部長提名——這讓當時也參與這場會議的梅努欽非常尷尬，因為他正是此刻最熱門的財政部長人選。[2]早在競選時期川普就曾談到，他打算在財政部安插一位積極進取且能幹的高手，也就是他所謂的「殺手」。梅努欽雖然精明，但稍嫌不夠靈活，所以他其實不怎麼符合川普對財政部長一職的期待，科恩則所有條件都正好吻合。於是，川普和科恩見面後，他的團隊隨即釋出馬路消息，指稱梅努欽將被提名為財政部長，以免向來以善變聞名的川普臨時改變心意。

因此，科恩沒當上財政部長，而是成了白宮國家經濟委員會的主席。委員會的第一任主席魯賓長年在高盛公司任職，後來升任這家投資銀行的聯席董事長。

川普和科恩度過了一段蜜月期。川普稱身材又高又壯但禿頭的科恩為「我的天才」，他還指派科恩負責處理葉倫任期屆滿後的聯準會新主席甄選流程。川普甚至還非正式考慮過讓科恩擔任聯準會主席，只不過，他對這個想法並不是那麼認真。但後來，科恩和川普的親密關係卻在二〇一七年八月決裂。八月十五日當天——也就是新納粹（neo-Nazi）白人民族主義者在維吉尼亞州夏洛茨韋爾（Charlottesville）激起暴力衝突的幾天後——川普在一場即興新聞記者會中表示：「兩邊都是很好的人。」當時，科恩就站在他身後。身為川普政府最傑出的猶太人，科恩因這個事件而面臨了沉重的辭職壓力。八月二十五日，他接受《金融時報》訪問時終於打破沉默，譴責川普未能展現道德領導能力。[3]

接下來幾個星期，總統考慮聯準會新主席人選之際，自然就不再諮詢科恩的意見了。如果後來川普在這個議題上有聽取哪位顧問的意見，那就是梅努欽的建言了——儘管他也是個猶太人。就這樣，梅努欽取代了科恩，成了川普最資深的經濟顧問。

作為財政部長的梅努欽並沒有近代幾位財政部長前輩如魯賓．鮑爾森（Rubin Paulson）或漢克．鮑爾森（Hank Paulson）等人那樣優異的政治血統，二人曾經營高盛公司，在華盛頓與外國首都的人脈也都非常廣闊。事實證明，這些人脈在他們擔任財政部長期間，成了非常寶貴的資源。儘管梅努欽和川普總統之間的關係比其他顧問更親密一些，卻沒有因此被總統賦予足以和幾位財長前輩——從羅斯福時代的亨利．摩根索（Henry Morgentha），到雷根時代的貝克——比擬的那種巨大影響力。畢竟，授權不是川普的風格。

一九八五年，梅努欽一從耶魯大學畢業，就在高盛公司的不動產抵押貸款投資部門工作（他父親曾是這個部門的明星交易員，一生職涯都投入此項工作），並漸漸升遷為合夥人。在貝蘭克梵被拔擢升遷，並成為高盛的領導人後，梅努欽在二〇〇二年離開高盛。事後，梅努欽接連經營過幾家不同的避險基金公司，並在加州不動產抵押貸款放款機構印地美公司（IndyMac）倒閉後，帶領一群投資人收購了它的股權。後來印地美公司更名為第一西部銀行（OneWest

Bank），梅努欽也成了銀行的執行長。於是，他和太太及三名子女，從他們位於曼哈頓公園大道七百四十號的公寓（這是紐約最「高貴」的門牌號碼之一），搬到洛杉磯一棟面積達五百六十坪的豪宅。二〇一五年，梅努欽把第一西部銀行賣給一家金融服務公司，賺了一大筆錢。梅努欽也涉足電影相關的投資，還曾考慮投資擁有川普的熱門實境秀《誰是接班人》（*The Apprentice*）的公司。

二〇一六年四月十九日當天，梅努欽跑去川普的紐約初選勝選慶功宴上串門子。川普步出電梯時看到梅努欽，並開口邀他一同上台。梅努欽說：「我的腦子頓時一片天旋地轉，等到清醒過來，才發現我就站在他的正後方，還經由四台不同的螢幕，上了全國性的電視，我的手機像發狂般不斷作響。」[4]

隔天早上，川普打電話給梅努欽，邀請他管理競選團隊的財務。二〇一六年之前，梅努欽對政治的參與，頂多就是捐點錢給競選活動，主要還是捐給民主黨人。他加入川普競選團隊的決定，讓他的事業合夥人感到非常震驚，但梅努欽一眼就看出，這是一筆划算的「買賣」。其他想在白宮謀得一官半職的華爾街金融專家，多半得長年努力經營，才能如願以償。但如今，若川普真的能完成這項「不可能的任務」，成功贏得總統大位，梅努欽應該能獲得巨大的回報。

梅努欽告訴《彭博商業週刊》（*Bloomberg Businessweek*）：「如果我最後真的成了政府官員，就沒有人會質疑『那傢伙究竟為什麼蹚那灘渾水』了。」[5]

接任財政部長前兩個星期，梅努欽斥資一千兩百六十萬美元，在華盛頓岩溪公園（Rock Creek Park）附近買了一棟有九間臥房又備有室內游泳池的別墅。但對他來說，華盛頓特區的政治圈畢竟是個全新的世界，個中細節與「鋩角」並非他能輕鬆掌握。舉個例子，梅努欽在幾乎所有場合都顯得格格不入，因為他經常帶著寬大且容易讓人分神的變色鏡片眼鏡（鏡片會自動變黑）。他的尷尬時刻不在少數，有一回，他和新婚太太——一位胸懷大志的女演員，名叫露易絲·林頓（Louise Linton）——一同參訪鑄幣與印刷局（Bureau of Engraving and Printing），當時拍攝的照片被人放到網路上瘋狂轉傳。照片中，他太太戴著一副黑色手套，凝視著相機鏡頭，兩人共同展示了一幅附有梅努欽簽名的一美元新鈔，整個畫面看起來相當詭異。

由於共和黨人懷疑，梅努欽是支持華爾街的民主黨人，所以，共和黨領袖甚至傳話給西翼辦公室（West Wing），不要讓梅努欽參加國會山莊的租稅改革協商，因為那些協商事關重大。

不過，梅努欽終究是一名敏銳的金融家，他很善於在川普的日常政治肥皂劇裡保持低調。二〇一七年夏天，川普總統還參加了梅努欽與林頓的婚禮（主婚人是副總統彭斯）。梅努欽一向很懂得把握機會向總統展現他堅定的忠誠，夏洛茨韋爾事件過後，他更是賣力向川普輸誠。雖然當時梅努欽和科恩同樣面臨和川普決裂的壓力，梅努欽卻出面為總統的評論辯護，這讓科恩對川普的譴責更顯尖銳。科恩接下來和川普的不和，為梅努欽創造了一個大好機會——他將自己定位為川普最不可能視而不見的重要經濟顧問，換句話說，他的意見將極受川普重視。

聯準會版的《誰是接班人》

川普雖在競選期間猛烈攻擊葉倫，但他一上任，卻高調暗示葉倫有連任的機會。然而，私底下，他的顧問群從未將葉倫的連任當成一個認真的選項，因為川普的核心圈子認為，葉倫反對最能代表川普政府主張的那個減稅計劃。隨著聯準會主席選拔的過程漸漸白熱化，葉倫對後危機金融監理架構的公開辯護，或許就已決定了她的命運（因為川普競選時主張要放寬那個監理架構）。川普的顧問群雖然邀請她和川普進行一場禮貌性的會面，但其實在這之前幾個星期，那些顧問早就向他提出另外三位角逐人選：鮑爾、史丹佛大學教授約翰・泰勒（John Taylor），以及前聯準會理事凱文・沃許（Kevin Warsh）。

保守派分子和其他共和黨大老偏好泰勒與沃許，因為他們兩人都曾在共和黨執政的政府任職。泰勒是訓練有素的經濟學家，也是最用力批判柏南克與葉倫領導下的聯準會政策的人士之一。他主張，他們倆採用的非常規工具，反而導致放款機構更不願意授信，從而阻礙經濟成長。他曾在一九九三年提出了一個別具影響力的利率設定數學公式——也就是「泰勒法則」（Taylor rule）——若根據這個公式，當時的利率應大幅提高。

沃許曾是聯準會史上最年輕的理事，他年僅三十五歲就獲此殊榮。不過，他野心勃勃，導致他和共和黨經濟決策圈的一些元老級人物長期不和。沃許爭取到聯準會理事的任命前一年，他只不過是白宮的一名助理，當時，他為了爭取財政部的一個高官職位而努力展開遊說活動，最後逼得小布希總統不得不介入。後來，當時的財政部長選擇了較有經驗的財政部官員奎爾茲擔任那個職務，小布希也聽從了他的建議。

沃許並不是經濟學家，所以當他加入聯準會時，便不斷高調吹噓他在金融領域的背景。不過，他其實也和中央銀行的其他官員一樣，嚴重誤判了二〇〇八年危機前的市場狀況。二〇〇七年六月，就在導致不動產抵押貸款泡沫破滅的那場危機開始萌芽之際，他還發表了一席為華爾街交易圈喝采的演說（而這些人正是發明各種愈來愈深奧難解的衍生性金融商品與證券的始作俑者）。沃許平日就喜歡用一些會讓他聽起很厲害的聳動措辭來發表演說，這次也不例外，他當時大肆吹捧「金融創新」已「讓市場明顯變得更加『完整』。」[6]

不過，隨著危機持續升高，沃許終於得到機會充分發揮能耐。他利用廣闊的人脈，扮演起聯準會主席柏南克和華爾街企業高階執行主管之間的橋梁。事實證明，他的確是柏南克在共和黨圈子裡的忠誠捍衛戰士。

然而，二〇一〇年十一月，沃許一改過去的立場，公開呼應共和黨政策圈子提出的幾個批判，自此公開與柏南克的政策決裂；共和黨大肆抨擊購債行動讓白宮得以隱藏激增的聯邦舉債成本。接著，他離開聯準會，加入史丹佛大學的胡佛研究所（Hoover Institution），並在那裡自稱支持緊縮貨幣政策的保守派人士，以及大鳴大放的聯準會批判者。到了二〇一六年，沃許已做好在傳統共和黨總統（包括競選時的川普）麾下擔任聯準會主席的萬全準備。不過，隨著這位新總統骨子裡偏好寬鬆貨幣政策的事實漸漸明朗，變形蟲般百變的沃許隨即再次重塑他的形象：這一次，他自詡為改革者；問題是，他提出的意見全是一些缺乏實質內容的陳腔濫調。

沃許還擁有一項可能會讓川普對他青眼有加的人脈：他是億萬富翁級的藝術品收藏家羅納德．蘭黛（Ronald Lauder）的女婿，而蘭黛曾是川普的賓州大學同學，而且，蘭黛還捐了超過一百萬美元給支持川普的政治倡議團體。

看起來很適合

諷刺的是，最終，不像沃許搞那麼多政治操作的鮑爾卻取得較為有利的地位。事實證明，沃許過去的歷史正好完美襯托了鮑爾的特色——多年來，鮑爾強力捍衛聯準會的政策，常常跟共和黨的評論家唱反調。

鮑爾和沃許正好相反，他並未覬覦聯準會主席的大位。儘管鮑爾多年來在理事會裡默默盡責，處理過許多吃力不討好的工作，但此時的他只不過暗自想著，說不定他有可能成為葉倫第二個任期的副主席，或接下紐約聯邦準備銀行下一任總裁的職位，因為現任紐約聯邦準備銀行總裁將在兩年內達到強制退休年齡。

二〇一六年十二月，也就是川普上任前幾個星期，鮑爾會見了小布希總統的經濟顧問馬克・蘇莫林（Marc Sumerlin）。蘇莫林給了鮑爾一些建議，他說：**你為什麼不能擔任聯準會主席？你擁有共和黨背景，而且二〇一〇年以來，你是那些人當中唯一沒有被通膨恐懼給迷惑的人**。鮑爾當時尚未在共和黨建議將利率政策與泰勒法則更緊密連結在一起的提案上簽名（泰勒法則在二〇一七年所建議的利率水準遠高於聯準會當時所設定的利率），正好川普並不偏好鷹派政策，甚至看起來有可能讓葉倫留任。

蘇莫林告訴他：「你出線的機率說不定比你想像的還要高。」會面結束後，蘇莫林便把梅努欽的聯絡資訊轉發給鮑爾。

川普就職後，鮑爾表達他對另一個懸缺有興趣：銀行監督委員會的副主席。不過，科恩表明，白宮方面沒興趣由他接下這份職務。不過，由於鮑爾在聯準會的資歷夠深，所以便暫代了這個職務一段時間，並因此開始有機會和梅努欽建立關係。鮑爾建議梅努欽考慮任命他的前助理奎爾茲接下銀行監督委員會副主席的職位，而川普最終也的確做了這個決定。

在川普政府草擬放寬管制藍皮書的過程中，鮑爾和梅努欽相處得相當愉快，而鮑爾過去扎實又務實的績效記錄，更讓他成了梅努欽眼中最安全的選擇。兩人都很喜歡騎自行車：儘管梅努欽貴為財政部長，他還是經常帶領特勤局護衛人員騎自行車往返維農山莊（Mount Vernon），並因此得以保持好身材。

鮑爾曾告訴川普政府，不讓葉倫連任將是一個錯誤。不過那年八月，他受邀和梅努欽與其他白宮顧問進行初步訪談後，他就知道那些政府官員實際上並沒有認真考慮讓葉倫留任。那場會議進行得非常順利，於是，二〇一七年九月二十七日，鮑爾被喚到白宮的橢圓辦公室，隔著堅毅桌（Resolute Desk）和川普面對面會談——他是第一位受邀至此的聯準會主席候選人。梅努欽和兩位負責處理甄選流程的助理也一同參加了這場會面，幕僚長約翰．凱利（John Kelly）負責旁聽，但他坐在某一側的牆邊。鮑爾的論據簡單明瞭：他希望延續葉倫的政策，而這顯然是川普偏好的政策；他是共和黨人，而且就監理而言，他是一個溫和派。總而言之，如果川普想要一個共和黨版的葉倫，那個人就近在眼前。

這場會議展開之前，幕僚就指點川普要同意讓聯準會保有準自主權（quasi-autonomy），不過，幕僚們似乎沒有特別向總統匯報當時央行利率的政策概況。川普基本上忽略了央行在那一年的兩次升息，好像也沒把聯準會已預告將再調高幾次利率的事實放在心上。川普對鮑爾說：

「我了解你們是獨立的。我了解你們一定會做你們認為正確的事。」鮑爾完全不知道這場會議會有什麼結果，但他推測，他和川普之間的進展應該是出乎意料地好，因為他離開會議室時，凱利對他露出了大大的微笑。沒有人問鮑爾在這場總統大選中把票投給了誰。

隔天，換沃許接受川普的面談。他誤以為葉倫是他最難纏的對手，所以，在訪談過程中，他花了許多時間表達他認為葉倫不宜連任的論點。儘管沃許在華盛頓有很多朋友，但他多年來對這份職務虎視眈眈，也為他樹立了不少敵人。而且，那年夏天，某些敵人還連成一氣，譏諷他是一個金玉其外的牆頭草——這些訊息當然也傳到梅努欽與川普總統的耳裡。於是，梅努欽清楚向川普表示，他認為鮑爾是比較理想的選擇。

就這樣，這個頂著旁分的整齊銀髮、偶爾戴著眼鏡，相貌清爽出眾的鮑爾直接成了這次選角的核心卡司，畢竟選擇鮑爾沒什麼壞處，且對於向來重視形象的川普來說，外表真的很重要。話說那年稍早，奎爾茲到橢圓辦公室會見川普總統時，川普只是瞥了一下這位有教養的金髮投資圈高階主管一眼，就大聲說：「他看起來很適合這個職務！」事實上，奎爾茲後來也確實得到那個職務。

那年夏天，在橢圓辦公室舉行的另一場會議裡，川普劈頭問了一個令顧問很無言的不尋常問題：「葉倫的身高堪任聯準會主席嗎？」完全不管身高大約一百六十公分的葉倫那時**早已**是聯準會的主席。[7]

和四十七歲的沃許會面時，川普也犯了他以貌取人的壞習慣。川普對這位前銀行家的年輕外表感到很訝異。事後，川普還主動向沃許的岳父蘭黛表示：「你女婿很棒，但有點太年輕了。」

會面過鮑爾和沃許之後的幾天，川普找了泰勒會談，不久後，泰勒便發表了兩次演說，試圖以較不僵化的方式來表達他的立場：他倡議政策宜依循精準的具體規定來制定。不過，那幾場演說還是沒辦法讓川普或梅努欽放心。

十月十九日，川普終於和即將讓他留下最深刻印象的葉倫會談了三十分鐘。川普在這場會議中，向葉倫傳達了他有多麼熱愛新興市場經濟體，因為那些經濟體每年的成長率動輒超過六%。事後，川普幾乎徹底沉浸在留任葉倫的想法裡，讓他的顧問非常震驚。川普總統有時候會大聲問他是否能選擇葉倫。**我知道我不能留下她，但我可不可以這麼做？**不過，沒有任何顧問支持他的想法，局部原因在於，一旦葉倫留任，參議院共和黨人之間有可能會引起軒然大波，偏偏川普的減稅法案迫切需要那些共和黨議員護航。

川普總統曾製作一個紅極一時的接班人選秀節目，此時此刻，他再次沉迷於選擇下一任聯準會主席的大戲裡，不過，這場大戲涉及的利害關係實在太攸關重大了。十月二十四日，川普在國會山莊午餐會報上，要求共和黨參議員以非正式的舉手投票，決定要選擇鮑爾還是泰勒。在場多數人選擇了泰勒。川普打了通電話給曾在財政部直屬鮑爾和泰勒管轄的奎爾茲，要求他推薦其中一人。川普在一段 Instagram 視訊影片中調侃道：「大家都心急如焚，等著我決定下一任聯準會主席的人選。」「我認為每個人都會對我的決定留下非常深刻的印象。」[8]

二〇一七年十月三十一日星期二當天，川普打電話給鮑爾，告知他最後的決定。十一月二日下午三點整，鮑爾和川普在二十一度的晴朗天氣中，一同步出白宮，走到玫瑰園正式宣布這項任命案。

幾年前，曾有一位商學院學生向鮑爾尋求有關職涯發展的建議，當時，鮑爾給那名學生的建議是：**埋頭苦幹就對了。很多原本相當能幹的人，最後都因他們的不良行為而自毀前程，這種人多到會讓你驚訝**。[9]一如一九九〇年和二〇一二年的狀況，鮑爾再一次在對的時間，出現在對的位置。

川普介紹鮑爾時表示：「相信我，在我們的政府裡，沒有幾個職務比這個職務重要。」葉倫沒有出席，因為她沒被邀請。鮑爾的太太艾莉莎則很可能是自願放棄出席——她曾在鮑爾加入聯準會之前，捐錢給某些民主黨政治人物。她事前曾問鮑爾，是否**非得**和他一同出席白宮的典禮不可。

典禮結束後，川普以幾個字表達對鮑爾的支持與鼓勵。總統告訴他：「你一定會表現得很棒。」「我知道你是獨立的。你將做你認為正確的事，所以，我認為你的表現一定會很棒。」

但一如過去幾位總統，川普很快就對自己的決定後悔不已。

即興演奏會

鮑爾在二〇一八年二月接任聯準會主席時，才執政剛滿一年的川普總統已經換掉了他的國家安全顧問、聯邦調查局局長、白宮發言人、白宮聯絡室主任，以及白宮幕僚長。就算是政治敏感度不高的人也能察覺到，這個新政府裡，唯一永久不變的，就是西翼辦公室裡難以平息的政治風雲。鮑爾心知肚明，他必須趕緊把握住蜜月期，確保聯準會內部最重要的職位都能由他信任的人出任。

打從艾克斯一九三五年推動的改革以來，聯準會的政策向來是由有時不太懂得變通的聯邦公開市場操作委員會正式決定。不過，聯準會的政策雛形，其實是由僅僅三人在FOMC會議召開之前打造而成，此三人有個非正式的名稱：聯準會三巨頭——即聯準會主席、副主席以及紐約聯邦準備銀行總裁，而紐約聯邦準備銀行總裁也擔任FOMC的副主席。三巨頭負責設定每一場FOMC會議的議程：他們會在召開每一場會議之前，仔細琢磨各個政策選項，並決定應該將哪些研究報告或簡報發送給委員會成員。總之，他們會引導整個FOMC達成共識。三巨頭是聯準會的權力中心，而此時鮑爾正好有機會影響三巨頭另外兩位成員的選擇，這是史上難得一見的機會。

聯準會原本的副主席史坦利．費希爾（Stanley Fischer）已在二〇一七年十月請辭。隔月，也就是川普宣布擢用鮑爾擔任聯準會主席的幾天之後，紐約聯邦準備銀行總裁威廉．達德利（William Dudley）也宣布，他計劃在隔年夏天退休。聯準會的三位新巨頭——主席、副主席與紐約聯邦準備銀行總裁——在短短幾個月內陸續走馬上任，此事過去從未發生。

鮑爾打算用來取代即將退休的副主席的第一人選，是舊金山聯邦準備銀行總裁約翰．威廉斯（John Williams）。不過，到二〇一八年一月底，他推舉威廉斯擔任副主席的所有努力不幸付諸東流，因為這位貨幣政策專家並未能讓白宮團隊留下深刻的印象。

由於提名威廉斯一事看來已沒有指望，鮑爾轉而支持六十歲的哥倫比亞大學經濟學教授克拉里達出任副主席。克拉里達曾擔任小布希政府時期的財政部首席經濟學家。歐巴馬也曾考慮延攬克拉里達，要他擔任聯準會的某個職務，不過，那個職位最終由鮑爾出任。當年，克拉里達其實自願退出了角逐行列，因為早在更多年前，他已接下債券市場巨擘品浩公司（Pimco）的高薪顧問職務。

不過這一次，當川普政府向克拉里達招手，他隨即表示他有意願。就這樣，克拉里達展開了七輪面談，包括和科恩、梅努欽與白宮經濟顧問凱文．哈塞特（Kevin Hassett，他早在一九九〇年代就認識克拉里達，當時他們同為哥倫比亞大學的教職員）等人的會談。

鮑爾也邀請克拉里達到聯準會一敘。他們兩人雖互不認識，卻有許多共同朋友。他們的第一場會面在聯準會的「特殊圖書室」進行，那是一間以精緻木作裝潢而成的華麗房間，裡頭擺著一九一四年的第一任理事使用過的會議桌。這場聚會原訂三十分鐘，但相談甚歡的兩人最後花了一個多小時才結束這次會面。

克拉里達開始研究經濟學之前，對音樂最有興趣。他父親曾經擔任學校樂團的指揮，所以克拉里達學過單簧管、薩克斯風、吉他以及鋼琴，還曾參加高中爵士與搖滾樂團的表演。

一九七五年時，克拉里達就讀伊利諾大學厄巴納－香檳分校入學（University of Illinois in Champaign–Urbana），原本計劃主修會計。對一個來自伊利諾州南部赫林鎮（Herrin）的小孩來說，這是個非常務實的策略：取得一個搶手的學位、加入芝加哥的會計事務所，然後在市郊買一間不錯的房子。不過，上過幾堂必修的入門課後，克拉里達發現，成為一名經濟學老師會更有意思。

事實證明，他在學術研究方面的大轉彎是個好決定。一九八三年，克拉里達取得哈佛大學的博士學位，並到耶魯大學教書，同時利用休假年擔任雷根經濟顧問委員會的經濟學家參謀；接著，一九八八年他加入哥倫比亞大學教職員行列，直到二〇一八年為止都在那裡任教。克拉里達最為外界所知的事蹟，是他對經濟衝擊預測模型的研究（也就是預測經濟體系在遭受衝擊時將發生什麼反應的模型）。目前那些模型已成了聯準會及其他主要國家央行例行使用的重要工具，各國央行利用這些模型來分析不同貨幣政策對經濟體系的影響，並評估中央銀行該如何應對那些衝擊。

鮑爾要找的團隊夥伴必須有能力協助他領導整個聯準會，並一同檢討政策、制定策略。克拉里達擁有鮑爾所欠缺的學術資歷，所以，他能為這項任務加分。克拉里達告訴鮑爾，他希望能參與每一場和策略有關的辯論，也主動表示願意擁護他們所做的任何決策，來作為交換。克拉里達向鮑爾承諾，未來他絕對不會發表任何會讓鮑爾感到意外的演說，並表示未來他的公開說辭絕對不會偏離他們公開宣達的目標。

接著，他又補上了一段他知道肯定能讓鮑爾產生共鳴的自我推銷內容，事實也證明，他的自我推銷比他們兩人當時所知道的更有先見之明。克拉里達說：「希望你了解，如果我加入，我的目的絕對不是捍衛這些模型。這些模型是我一手建立的，所以我最了解這些模型的優點與缺點。我一定會直言不諱告訴你們，何時應該不理會這些模型。我加入的目的是為了告訴你們，我們何時應該留意這些模型，何時又該不予理會。」

當鮑爾告訴克拉里達自己也會彈吉他時，克拉里達心想，他應該已經搞定鮑爾了。鮑爾說：「下次來的時候，我們要不要中場休息一下，一起彈彈吉他？」

川普打電話給鮑爾討論副主席人選時，鮑爾便表明他要克拉里達。其實早在二〇一八年二月十四日，梅努欽和科恩邀請克拉里達到橢圓辦公室謁見川普並進行簡短會議時，兩人就已經認定他是適合的人選。那場會議多半只有川普在發言。談到聯準會獨立性的主題時，川普照本宣科說出了科恩力促他講的話：「呃，你知道的，聯準會是獨立的。我懂。」「我們已創造了一個偉大的經濟體，希望你能了解這一點。」

不久後，川普就任命克拉里達擔任聯準會副主席。川普總統解釋：「我安插了鮑爾到那裡。傑伊．鮑爾是個好人，而鮑爾需要你，梅努欽也需要你，所以，我希望你接下這份職務。」奇怪的是，針對這個職務的另一位候選人穆罕默德．伊爾艾朗（Mohamed El-Erian），川普也問了克拉里達的想法。克拉里達解釋，他們曾在品浩公司共事長達十二年。克拉里達一開始就說：「他曾是我的上司。」

川普突然插話：「有些人提到他。」「但鮑爾和梅努欽真心想要你擔任這個職務，所以我現在就要任命你。」兩個月後，白宮正式提名了克拉里達，參議院也在二〇一八年八月二十八日批准了他的任命案。

R-Star 迷

所有聯邦準備銀行中，紐約聯邦準備銀行掌握的權力最大，且它的權力遠遠大過分布全美各地的其他聯邦準備銀行。紐約聯邦準備銀行位於華爾街北面幾個街區外，是美國政府的耳目，協助政府監督每天在全球市場上流動的數兆美元。它的市場部門負責管理資金的流動管道，部門本身也是資金流動管道的主要參與者——當聯準會為了落實利率設定決策而干預資金流動管道，或是需要清除流動管道裡的所有堵塞時，都是這個部門出面執行相關的作業。二〇〇八年的危機期間，紐約聯邦準備銀行的市場部門就曾火速設計了一系列饒富創意的緊急放款計劃來應對當時的緊急狀況。它也負責執行聯準會的購債振興計劃，並設計了一些能在事後扭轉那些操作的新工具。

不同於其他十一家聯邦準備銀行的總裁及聯準會理事會的理事，紐約聯邦準備銀行總裁的任命案必須獲得白宮的簽准放行。其他聯邦準備銀行的總裁則是由每一家銀行的民間部門董事遴選而來，符合整個聯邦系統的正字標記：聯準會可是歷經了民間部門在一九一三年的調解與妥協後才得以成立。總之，整件事代表儘管白宮沒有選擇威廉斯擔任副主席，鮑爾還是可能有另一個機會將威廉斯納入決策核心。

威廉斯在加州的沙加緬度（Sacramento）長大，他父親是一名辯護律師，連續為四位州長工作，包括雷根與傑瑞．布朗（Jerry Brown）。威廉斯對公共政策較有興趣，對政治則興趣缺缺，所以，他選擇在加州大學柏克萊分校（University of California at Berkeley）研習經濟學。大學畢業後，他在當地頗受歡迎的布朗迪披薩（Blondie's）擔任了四年的總經理，隨後他進一步深造，最終取得史丹佛大學的博士學位，泰勒正好是他的論文指導教授。

和以往的紐約聯邦準備銀行總裁不同，威廉斯缺乏市場經驗。不過，鮮少人能漠視他深厚的貨幣政策知識，以及他對聯準會系統的了解。他幾乎一輩子的職涯都在聯準會度過，先是擔任理事會的參謀經濟學家，接著又在葉倫擔任舊金山聯邦準備銀行總裁之際，成為該行的經濟學家；二〇〇九年，葉倫任命他擔任該行的研究處處長，兩年後，當葉倫接受歐巴馬任命並遠赴華盛頓後，他便接任葉倫留下的總裁一職。

一如克拉里達，威廉斯擁有堅強的學術背景。一九九九年，威廉斯發表了一篇研究報告，內容旨在探討當一個國家的低通膨（而非高通膨）已成為困擾時，該如何明快調整貨幣政策。儘管當時看來，這篇研究報告裡探討的概念似乎無關緊要，後來卻變得舉足輕重，因為大衰退過後，那些概念成了政策討論的核心議題。威廉斯還曾和湯瑪斯．勞巴赫（Thomas Laubach，一名談吐溫和的德國經濟學家，二〇一五年被拔擢為聯準會貨幣事務部門主管，該部門在聯準會內部極具影響力）就政策設定規則和估算自然利率水準的模型等主題，合著了一份頗具發展性的研究報告。

鮑爾也透過他和威廉斯各自在FOMC的職務，和威廉斯建立了不錯的私人關係。每年，舊金山聯邦準備銀行總裁都必須和一位聯準會理事聯袂展開為期一週的亞洲行，而在此之前三年，鮑爾和威廉斯每年都一同走訪北京與其他亞洲國家首都。

話雖如此，紐約聯邦準備銀行的董事們在考慮該行的總裁人選時，最初鎖定的主要是花旗集團負責投資銀行業務的聯席董事長雷蒙．麥奎爾（Raymond McGuire）。遴選委員會非常重視多元候選人的聘任，而麥奎爾正好是華爾街最傑出的黑人高階執行主管之一。他們對麥奎爾的印象非常好，所以請求鮑爾和他會面。不過，鮑爾對麥奎爾在花旗集團任職一事心存許多疑慮，畢竟二〇〇八年危機爆發後，花旗集團是靠著政府紓困案——也就是所謂「問題資產紓困」

計劃（Troubled Asset Relief Program）的鉅額援助——才得以度過難關。華盛頓的官員擔心，如果此時他們選擇那樣背景的候選人來領導紐約聯邦準備銀行，勢必會引發一場公關災難。總而言之，麥奎爾和花旗集團的關係毀了他的候選資格。

二〇一八年四月三日當天，紐約聯邦準備銀行宣布選擇威廉斯擔任該行總裁。五十七歲的威廉斯是個著名的電玩迷，也是龐克音樂與經典搖滾樂的瘋狂愛好者；他不愛打領帶，還經常喜歡在演說時引用齊柏林飛船樂團（Led Zeppelin）和衝擊合唱團（The Clash）的歌詞。他離開舊金山前往紐約時，幕僚群送給怪咖總裁威廉斯一件 T 恤，他們用澳洲搖滾樂團 AC/CD 樂團識別標誌所用的那種歌德式字體，在這件 T 恤的正面印上 R-Star 字眼——這是經濟學家用來指稱自然利率的術語——還在 T 恤背面印著他管轄的那個地區設有聯準會分行的城市名稱。總之，這件 T 恤令人聯想到巡迴音樂會商品。

選擇威廉斯的決定並不符合某些人的期待，他們認為，這個職位應該交由更重量級的金融圈人士擔綱。威廉斯甚至可能對成功的華爾街交易員不屑一顧，就算是最成功的交易員亦然，因為交易員的經濟信念是出了名的反覆無常。他曾吹噓自己不太留意金融市場波動，因為他連一台彭博終端機（交易部門的必備工具）都沒有。不過，他接任紐約聯邦準備銀行總裁的第一個月，就花了一個小時接受跟這項裝置有關的訓練課程。

貨幣政策圈的吉米．史都華

一接任最高階職位就馬上結交到親密盟友，說起來是很了不起的成就，只不過這項成就的重要性常被低估。畢竟即使貴為高官，難免還是會遭到掣肘，就像當年的伏克爾就經常被忠於雷根總統的高階領袖陷害。核心團隊一到位，鮑爾就開始營造一種直言不諱的親和力，使得在他領導下的聯準會變得比柏南克時期更容易理解。他樂於公開演說，也認為自己精於此道。葉倫擔任主席初期，美國央行養成了一種只在每季記者會前的會議上宣布重大政策調整的模式。鮑爾曾鼓勵葉倫更頻繁召開記者會，但對向來習慣一絲不苟安排事前準備工作的葉倫來說，太頻繁召開記者會真的很浪費時間。二〇一八年六月，鮑爾宣布他將在每一次表定例會後舉行記者會，他認為這樣才能讓聯準會更靈活安排政策行動順序。可惜更定期的公開溝通並未能阻止川普總統批判聯準會，還好，那些批評並沒有造成傷害。

從對話風格便可看出，鮑爾希望能把訊息傳達給有時容易被聯準會忽略的群眾，也就是非從事市場相關職業、且不需要靠聯準會主席的發言維生的人。這些人知道聯準會很重要，但除此之外可能一無所知。在新聞簡報會上，鮑爾總是用簡短的方式回答提問，他不僅使用易懂的語言，說起話來也比幾位學術圈背景的前輩生動活潑許多；一位前資深聯準會經濟學家形容鮑爾是「貨幣政策圈的吉米．史都華（Jimmy Stewart，注：美國著名演員）。」

就聯準會的對外溝通來說，最重要的部分在於，要如何在遭遇極度艱難的局勢時，好好和五百三十五位國會議員溝通，因為這五百三十五位議員的決定，足以決定鮑爾的日子會變得更痛苦，還是會更好過。鮑爾認為，這是聯準會主席能力所及範圍內最重要的工作之一，而他向來也不避諱讓外界知道這個想法。二〇一八年七月十二日，他在廣播節目訪問中說：「我將盡力在國會山莊的大廳裡奔走，誠心與國會議員當面溝通，就算踏破國會山莊的地毯，也在所不惜。」[10]

認識鮑爾夠久或與他有過長期互動的人都認同一件事：他擁有絕佳的情商。他的性格說不上外向，但深諳與人為善之道。凱雷集團的共同創辦人之一魯賓斯坦曾言：「他不是浮誇的人。他不會到處吹噓自己有多了不起。就算你在餐廳偶遇到他，和他聊天一個小時，你也不會知道他是聯準會主席——他不會主動向你透露身分地位。」這個優點在他因職務之需而得和國會議員互動時，尤其顯得彌足珍貴。

在任命案取得國會批准之前，鮑爾就已經和國會議員有過許多非正式討論，他非常享受和他們的對話。事實上，他還在擔任理事時就很喜歡這類非正式溝通。這類會議往往是相當平實的會面，鮑爾經常順道去國會議員的辦公室和他們聊聊經濟狀況，並聽聽他們有什麼憂慮，前後通常花不到三十分鐘。鮑爾也經常提醒他們，他不是經濟學家；而這樣的說法讓他在多數國會議員面前很吃得開，因為他們也不是經濟學家。

鮑爾利用這些會談和國會議員建立了友好的關係，並從中釐清聯準會可從哪些方面來改善並擴大服務範圍。他也提醒國會議員，根據美國的體系，聯準會直接對國會負責——這也間接表明聯準會**不是**對總統負責。國會議員很欣賞鮑爾這種建立關係的方式，而這點也在他被歐巴馬與川普總統提名時，發揮了助攻的力量。

此外，鮑爾強烈要求聯準會應保持謙卑。他在正式宣誓就職的典禮上說：聯準會應該「嚴肅考量到我們也有可能會犯下某種錯誤。」[11]

鮑爾在參議院獲得八十四票同意票，比葉倫和柏南克分別在二〇一四年和二〇一〇年得到的票數還要多。對鮑爾來說，高得票數是一個充滿希望的訊號，代表不管國會在金融危機後對聯準會有什麼不滿，此時此刻開始，修補關係的契機已經浮現。經濟擴張速度看起來或許很慢，但至少已開始收到成效。總之，鮑爾看到了一個機會：他認為，儘管當年柏南克和葉倫採取的政策不見得受歡迎，但實際上已經漸漸收到成果。所以，此時此刻開始，先前為他們兩人政策背書的鮑爾有可能會獲得大多數人的支持。他心想：**這是一個全然不同的時刻，這是我的機會**。

就這樣，鮑爾突然意識到，他說不定能趁這個時機，為聯準會建立一個品牌，讓它從此成為一個非關政治、只認真從事分析工作的模範機構——綜觀歷任主席的狀況，似乎只有他擁有這項獨特的能力。他的改革或許不像柏南克的**開放政策**（glasnost）或通膨目標制改革等那麼恢弘，而且，他的改革可能並不需要柏南克那種正面迎戰危機的勇氣，也不需要葉倫那麼細膩的手法就能完成（她以非常巧妙且細膩的手法展現出非常規寬鬆政策是有可能逐漸扭轉的）。但如果鮑爾有能力促使黨派對立非常嚴重的國會一致認同聯準會該保有一些自由，未來說不定有無限大的可能。鮑爾獲得兩黨的廣泛支持後，他心想：**如果可以的話，我決心堅持到底**。

貿易戰：「贏來全不費功夫？」

對鮑爾來說非常可惜的是，白宮捍衛經濟政策的立場也從那時開始崩解。川普的中庸派助理漸漸遏制不了他那股好鬥的經濟民族主義衝動。後來，科恩不得不利用川普對股票市場的執迷，讓川普理解「放手讓聯準會設定它認為合適的利率水準」有多麼重要。科恩深知川普總統痛恨高利率，所以，他也警告川普，必須做好利率上升的準備——尤其一旦白宮提出的租稅與監理政策開始為經濟體系挹注「燃料」（川普不斷吹噓他的租稅政策與監理政策能為經濟體系挹注動能），利率的調升更將勢在必行。

梅努欽的辦公室裡懸掛著一份用畫框裱起來的《華爾街日報》，報紙內容充分體現了川普總統的目標。川普用黑色簽字筆，在報導梅努欽的任命案的那一版《華爾街日報》上簽名，還寫了一個斗大的目標：**五% GDP**。上一次GDP成長率突破五%，已經是一九八四年的事了，當時川普還是國家美式足球聯盟（United States Football League）紐澤西將軍隊（New Jersey Generals）的老闆。

川普上任後那一年間，科恩和梅努欽原已說服他不要發動貿易戰，因為川普需要向來支持貿易的參議院共和黨議員為他亟欲推動的一兆五千億美元減稅計劃護航。但隨著川普終於在二〇一七年年底達成減稅計劃，他開始將注意力轉向他偏好的另一項工具：關稅。科恩設置的專業經濟政策黨機器（為了讓混亂的西翼辦公室恢復秩序而打造）在鮑爾上任後幾個星期就開始分崩離析，因為川普宣布對中國課徵關稅，並宣稱「貿易戰很好，贏來全不費功夫。」科恩因此掛冠求去。

科恩的離職導致白宮和聯準會之間最強大的屏障頓時消失。他的離職也像一記當頭棒喝，讓幕僚們記起一個殘酷的事實：只要川普相信，任憑天王老子都無法動搖：**關稅是好的。貿易赤字很糟。低利率是好的，高利率很糟**。二〇一八年四月，即將離職的紐約聯邦準備銀行總裁達德利代替FOMC的多數成員發聲：「我真的不認為貿易戰是能夠取勝的主張。」[12]

取代科恩上任的是溫文儒雅的電視節目主持人庫德洛，他也反對關稅。川普政府上任初期，他曾是某個職務的候選人，可惜最後未能雀屏中選，但他一直渴望在白宮謀得一官半職，所以這一次他寧可在關稅的立場上退讓。隨著第一波顧問陸續被一批更懂迎合上意的忠誠追隨者取代，西翼辦公室的其他部門也開始出現了這種「佞臣上位、專家退散」的趨勢。庫德洛最初是伏克爾在紐約聯邦準備銀行時期的助手之一，後來，他在華爾街擔任經濟學家，期間曾短暫擔任雷根第一個任期裡的預算助理。不過，原本在職涯上看似大有可為的庫德洛，卻在一九九〇年代染上毒癮與酒癮，並因此自毀前程。幸好他戒了毒也戒了酒，並以保守派專欄作家與電視名嘴學者的姿態重新出發。

庫德洛並不鼓勵政府當局攻擊聯準會，不過，他也認為「魯賓法則」是一種讓中央銀行得以豁免當責的誇張慣例，其他政府機關並沒有這樣的「特權」。正好當時也有部分白宮官員認定，記者與經濟學家對聯準會獨立性的盲目崇拜已流於病態，所以庫德洛和他們自然而然連成一氣。庫德洛原本支持沃許與泰勒接任聯準會主席大位，因為他擔心鮑爾會過於順從一心一意追逐模型的聯準會職員。更糟的是，庫德洛懷疑川普根本完全不了解這些狀況，所以，一旦經濟體系創造愈多就業機會，聯準會的模型將更堅定指向**提高利率！**

說句公道話，庫德洛確實曾嘗試將川普那稜角分明的貿易政策修飾得更圓滑一些，不過，時間證明，他根本無力阻止川普任性「做自己」。在白宮內部人眼中，庫德洛只是一個技巧圓熟的溝通者，缺乏促成協商的堅定決心，也稱不上政策高手。

三月二十二日當天，也就是庫德洛接下職務後一週，川普升高了對中國的貿易戰。那個星期，道瓊指數重挫超過一千四百點，是兩年多來最大單週跌幅。一位分析師告訴《華爾街日報》：「六個月前……你找不到任何賣股票的理由。」「但如今，你卻找不到任何持有股票的理由。」[13]

•••••••••

眼見股票市場激烈動盪，川普開始找替死鬼。一開始，川普對聯準會的碎念並沒有造成明顯傷害。老愛用貶抑字眼為政治對手取綽號的川普總統，一開始甚至沒有指名道姓提到鮑爾。七月十九日星期四當天，川普總統在橢圓辦公室外接受CNBC某帶狀節目的訪問時說：「我把某位非常好的人安插到聯準會……但我不盡然認同（提高利率）。我必須說，我真的不認同。」「我不會因為（經濟景氣）上升而心驚膽跳，但每次經濟景氣上升，他們又要提高利率。」[14]

這樣的初期對峙雖不激烈，卻值得注意，不僅是因為超過四分之一個世紀以來，從未有總統如此直白批判貨幣政策，也因為就歷史標準來說，當時的利率根本還處於非常低的水準。那時，聯準會的指標利率大約只有一．九％，調整通膨後（經過多年，通貨膨脹好不容易才終於慢慢上升到聯準會設定的二%目標），這項指標利率甚至處於些微負數的水準。在此同時，失業率降至接近四%，經濟體系則剛實現了多年來最強的成長率。如果在這樣的環境下，聯準會還不能提高利率，那要怎樣的狀況才能提高利率？

貿易戰不是說贏就贏的戰爭，不過，貿易戰卻將引導川普以他特有的混沌與迂迴手段，得到他想從聯準會那裡拿到的籌碼。

第五章

艱難處境

每年八月，世界各國的中央銀行官員都會齊聚位於懷俄明州大蒂頓國家公園（Grand Teton National Park）內的傑克森湖莊園（Jackson Lake Lodge）；早上的時間，他們會討論學術研究報告，到了下午，則安排他們去健行、泛舟或是釣魚。一九八二年，負責安排這項活動的堪薩斯城聯邦準備銀行之所以選上這個寧靜的地點，主要是希望引誘熱愛釣魚的伏克爾離開一到夏季就潮濕難耐的華盛頓。二〇一八年，與會官員被引領到附近的一座農場，觀賞一場馬語（horse whispering）表演。幾個星期之前，這座農場才剛主辦過嘻哈界超級明星肯伊．威斯特（Kanye West）的《耶》（*Ye*）專輯發表派對。那場吵鬧的狂歡派對一直到午夜過後都沒有停止的意思，以致主辦單位威脅切斷肯伊一行人的電源。不過，中央銀行官員不需要那樣的警告。

八月二十四日星期五早上，鮑爾利用在傑克森霍爾（Jackson Hole）研討會上發表開幕演說之便，對某些央行同儕嚴格依循總體經濟傳統常識的慣性，表達一點點的懷疑。即使葛林斯潘已在菲利浦曲線的知識架構上戳了一個大洞，但隨著失業率愈來愈低，聯準會裡裡外外的經濟學家，卻還是非常擔心通貨膨脹將隨著失業率的降低而走高。直覺上這是說得通的：當某種事物（勞工）的供給降低，那個事物的價格（工資）就會上漲，最後，企業將會把那些新增的成本轉嫁給消費者，並進而形成揮之不去的通貨膨脹。

雖然每個人都認同利率是聯準會用來冷卻經濟的最佳工具，但聯準會究竟應該提高利率多久，卻還是未解之疑。屆時，促使聯準會停止提高利率的因素會是什麼？

為了解答這個疑問，過去二十年間，官員們歸納出幾個更精密的模型。他們估計出了經濟處於均衡狀態（equilibrium）下應普遍採納的「自然」（neutral）利率。自然利率就像是不踩油門也不踩煞車的一項裝配。如果經濟需要更多動能，聯準會將會降低利率，也就是將利維持在「自然」水準以下。而如果經濟需要更多牽制，聯準會便可以將利率提高到自然水準以上。這是把隱形的箭射向隱形標靶的另一個例子。

那日，新任聯準會主席踏上講台的那一刻，他有非常多理由感到歡欣鼓舞。在這之前，他的同事終於把利率提高到〇％以上，而且緩步縮減聯準會高達四兆五千億美元的資產組合（拜連續幾輪量化寬鬆之賜）。換句話說，他們已成功解除了柏南克與葉倫在危機時期所面臨的政策難題，尤其和歐洲與日本比較起來，美國的政策成果明顯好很多，因為那些國家／地區的中央銀行還在忙著設法推高通膨或利率。

演講過程中，鮑爾對傳統的隱形箭與隱形標靶提出嚴厲的警告。他以一個不同的隱喻來討論自然利率以及自然失業率，他說，它們就像在公海上引導水手順利航行的天體。鮑爾說：「根據星星的位置來航行，聽起來可能好像沒什麼不妥。然而，近來實務上以星星來作為政策指南的做法，卻遭遇了非常大的挑戰，因為我們對星星所在位置的最精準估計值已經大幅改變。」「有時候，星星實際所在位置和我們所認定的位置相差甚遠。」[1]鮑爾盛讚葛林斯潘在一九九〇年代中期所採用的方法「非常有魄力」，當時，當利率達到一般認為的自然水準後，聯準會並沒有隨即升息，而是為了等待通貨膨脹確實已成為威脅的事證，而延緩升息。

瞬息萬變的經濟狀況也顯示不宜過度依賴從前的舊模型。一九九〇年代期間與之後，拜科技與全球化之賜，先進經濟體得以在維持較低失業率的同時，不再面臨一九六〇年代那麼嚴峻的通膨壓力。工會勞工的減少也代表自動調漲工資型的工資契約漸漸變得不那麼盛行。儘管如此，各國央行還是將調整後的菲利浦曲線奉為圭臬，畢竟當時沒有更好的替代模型可用。

鮑爾的演說顯示，當時聯準會正處於典範轉移（paradigm shift）的邊緣。鮑爾在公開市場操作委員會裡的幾名同事已對菲利浦曲線產生愈來愈多的懷疑，因此更不樂意草率地踩下煞車。明尼亞波利斯（Minneapolis）聯邦準備銀行總裁尼爾．卡什卡利（Neel Kashkari，他在二〇〇八年負責管理漢克．鮑爾森的七千億美元銀行紓困案，從此跨入了公共服務領域，但在二〇一四年以共和黨人身分角逐加州州長時，不幸失利）說：「我們太過聚焦在失業率數字了。」[2]卡什卡利認為，經濟學家太過關注這個不可靠的衡量標準。這項衡量標準的最大缺陷在於：許多潛在勞工還保持觀望而沒有積極求職，所以尚未被列入失業人口統計。但若經濟景氣轉趨熱絡，他們便可能加入勞工行列，這將使勞工的供給變得比失業率所顯示的更有彈性。

不過，諸如此類的聲音畢竟還是少數。許多凱因斯學派經濟學家擔心，川普以鉅額赤字來支應的減稅計劃可能會造成一種「高糖效應」（sugar high，即食糖後興奮感），最終引爆投機泡沫或是通貨膨脹，尤其是在失業率如此低的情況下。前兩次經濟衰退（二〇〇一年與二〇〇七年）令人記憶猶新，衰退都是發生在泡沫（分別是科技股泡沫與房市泡沫）破滅之後。二〇一八年夏天，多數聯準會官員認為自然利率——也就是他們的隱形標靶——可能落在三%上下。由於當時的利率還略低於二%，表示聯準會可能至少還要再升息一年，才能暫停踩煞車。幾位負責制定聯準會政策的官員（包括幾年前還強烈抗拒升息的幾位官員）甚至認為，利率必須提高到前述的自然利率水準以上才夠。

這些聯準會官員並不孤單，央行外部也有很多經濟學家與金融圈大師抱持相同的觀點。那年夏天，一位在某大型避險基金工作的前聯準會經濟學家在《金融時報》上發表了一篇名為〈聯準會必須甦醒，承認經濟正開始過熱〉的專欄文章。他將一般約定成俗的觀點歸納如下：「在派對進行期間，處於高壓狀態下的經濟（high-pressure economy，注：指總體需求強勁且就業市場緊俏的經濟狀況）確實感覺很棒。但隨後一旦經濟陷入衰退，後遺症有可能非常殘酷。」所以，最好是「承認經濟正開始過熱，而不要妄想它沒有過熱，同時也要對外宣布，政策將比一般預期的更快變得更緊縮，而且要延續那樣的緊縮措施。」[3]

演說到最後，鮑爾小心翼翼使用措辭，避免顯露出自己是哪一派的堅定支持者。鮑爾那席演說的意思是指，他認為聯準會應該繼續升息，直到經濟體系出現某種問題後，再停止升息嗎？還是，他指的是聯準會可能會停止升息，並依循葛林斯潘的前例，也就是鮑爾剛剛表示讚許且引用的那個前例？這些問題的答案可能必須視市場與經濟的發展而定。

離自然利率還遠得很

十月三日星期三當天，鮑爾坐在一張白色皮沙發上，接受電視節目《大西洋概念節》（*Atlantic Ideas Festival*）的記者茱蒂．伍德拉芙（Judy Woodruff）訪問。這種無腳本訪問形式，正好能展現鮑爾向來有話直說的那種直率吸引力。整場訪問大致上相當順利，直到鮑爾突然不怎麼靈光地試圖扭轉民眾對聯準會利率政策的猜測時，氣氛才頓時改變（當時外界猜測聯準會可能有必要將利率調升到自然利率水準以上，才能蓄意減緩經濟活動）。他對伍德拉芙說：「我們正逐步邁向自然（利率）的位置……或許有朝一日，我們會把利率提高到超過自然的水準，但此時此刻，我們離自然利率應該還遠得很。」

如果只從表面看，鮑爾的即興言論暗示聯準會有必要繼續大幅升息。由於這個隱形的「自然」目標何在，牽涉到各種莫衷一是的猜測，鮑爾的話語遂啟動了一波瘋狂的解讀。

星期四與星期五，隨著投資人對通膨的壓力愈來愈不安，債券殖利率遂顯著上升，股票則應聲大跌。過了一週，股票繼續下跌，投資人紛紛開始尋找造成這一切的罪魁禍首，並開始將矛頭指向鮑爾「離自然利率還遠得很」那番評論。從十月三日到十月十一日，道瓊工業指數共重挫逾一千七百七十五點，跌幅大約是六．六%。

眼睜睜看著華爾街展開大屠殺的川普當然氣炸了。十月十日，他參訪賓州伊利市（Erie）時向記者表示：「聯準會已經瘋了。」當時股票已下跌了八百三十二點。那天晚上，川普還在福克斯新聞網（Fox New）上高調指責「聯準會瘋了，他們沒理由那麼做。」川普並沒有打電話對鮑爾大吼大叫，但他實際上已透過媒體做了這件事——換句話說，他把杜魯門、詹森和尼克森私下對付聯準會主席的行徑，轉化為一場公開演出。十月二十三日，川普接受《華爾街日報》訪問時，他這麼批評鮑爾：「每次我們做了很棒的事，他就提高利率。」

「你他媽的怎麼比得過那招？……他理應是個偏好維持低利率的傢伙。但事實證明他根本不是。」[4]川普在橢圓辦公室的幾場會議上，為了梅努欽當初推舉鮑爾一事對他大發雷霆，他說：「如果我沒記錯，你跟我說他一定會好好表現。」[5]但即使是川普的顧問，都不把一開始的這類言語攻擊當一回事，因為鮑爾在執行最初幾次微幅升息計劃之前，都已做過廣泛的事前溝通，所以，金融市場普遍早就對那幾次升息做好心理準備。

追根究柢，川普的挫折感源自他對中國的貿易戰不怎麼順利。不僅如此，德國、日本和中國疲弱的經濟成長加深了全球經濟趨緩的恐懼，並導致股票市場在十一月底陷入低迷。川普向來毫不掩飾他對北京那種嚴密管理型經濟體系的欽羨，而在那樣的經濟體系之下，央行獨立性的概念就像新聞自由一樣，令人感到陌生。十一月二十六日，川普告訴《華爾街日報》：「此時此刻，聯準會是遠比中國更大的問題。」[6]

即使鮑爾從未公開表現出退縮的模樣，川普對聯準會連續不斷的攻擊，還是讓他陷入進退兩難的尷尬處境。就算鮑爾認為經濟情勢的發展真的允許聯準會改變政策（也就是停止提高利率），他改變政策的決定看起來也會像是在對川普投降。二〇一二年與鮑爾同期加入聯準會的理事施泰因（但他在兩年後又回到哈佛）說：川普的攻擊「（讓聯準會）困在無法暫停的狀態。」「在那個時刻，你必須選擇自己要成為保羅・伏克爾，還是要當亞瑟・伯恩斯。」

沒有人想成為第二個伯恩斯——被尼克森罷凌到調降利率的聯準會主席。二〇一八年秋天，鮑爾告訴一名記者：「我寧可被史書記載為一位糟糕的聯準會主席，也不願被寫成一位向惡勢力低頭的聯準會主席。」[7]

十一月二十八日星期三當天，鮑爾在紐約經濟俱樂部（Economic Club of New York）發表了一場他籌備已久的演說，希望藉此釐清外界這陣子以來對「離自然還遠得很」那番評論的錯誤解讀。這場演說實際上只陳述一個基調：聯準會目前的利率「僅略低於」自然利率區間的估計值。經過這場演說，鮑爾終於解除了這段時間以來的壓力。完成這場演說的表定問答程序後，從葛林斯潘時代以來就負責打理每任聯準會主席溝通策略的蜜雪兒．史密斯遞了一張提詞卡給鮑爾，上面寫著：**上漲五百二十八點**。這個場景充分說明鮑爾言談的威力，也顯示投資人直到此時才終於真正了解他的政策用意。

鮑爾守則

隨著川普的砲火攻擊變得愈來愈猛烈，在公開場合，鮑爾開始依循幾個不成文的規定：

守則一：不談論川普

第一個守則常引來旁人乾笑、面面相覷以及尷尬的沉默。鮑爾十月分在波士頓與一群經濟學家共進午餐時，對他在央行組建的團隊讚不絕口，但當話題轉向川普對聯準會的批判時，他隨即默默坐在席間，一聲不吭。

守則二：被挑釁時不要還擊

十一月，在達拉斯聯邦準備銀行進行的另一場台上訪問中，銀行總裁羅伯·卡普蘭（Robert Kaplan）巧妙地提到川普的攻擊。卡普蘭對著觀眾席間的緊張笑聲說：「觀眾的問題是：『欸，我從報紙上得知，你這個幾月很常被政治領袖點名耶。』」鮑爾只是回答：「羅伯，此事說來話長。」

守則三：堅持經濟話題，不談政治

在那場訪談裡，鮑爾適時轉向守則三：堅持經濟話題。每當有人問到他被川普攻擊的感想時，鮑爾就會回答，他只聚焦在低失業率與穩定的通貨膨脹。鮑爾說：「我們不會試圖控制我們無法控制的事。」「我們只會嘗試控制可控制的事。」[8]

守則四：培養橢圓辦公室以外的盟友

國會的共和黨議員一致讚賞鮑爾的行為舉止，這清楚表明他將觸角伸向國會山莊的做法，正開始收到額外的成效。有一次，他走訪國會山莊，在會議前的等待時間，一位還待在參議院大會堂外的共和黨籍議員走向鮑爾，並對他說：「我只是想告訴你，這裡有很多人支持你，你的支持者多到超乎你的想像。」另一位共和黨人則是抓住他的手臂：「什麼都不用說，我只是想給你一點回饋。」「你處理這件事的方式真的太有智慧了。就該這麼做，不要輕易上鉤。」鮑爾笑了出來，並向他道謝。

在聯準會內部，鮑爾的同僚更是團結一致，捍衛主席。克拉里達早在二〇一八年十月就意識到，如果他和鮑爾之間出現任何間隙，川普政府絕對會試著見縫插針。所以他下定決心，只要在公開場合，就絕對不讓外人有機可趁。為此，CNBC記者史蒂夫．利斯曼（Steve Liesman）有一次還取笑克拉里達，說克拉里達在接受電視訪問時，大約有一半的言談是以「鮑爾主席說……」開頭。

每回只要川普攻擊鮑爾，鮑爾的收件匣就會爆滿，信件主要是各聯邦準備銀行總裁、企業高階執行主管以及華爾街名人等寫來表達支持的短箋。伏克爾看過鮑爾在某場記者會上的表現後，寄了一封恭賀信給他，伏克爾說：「我告訴他，他表現得非常好。」「他做了我做不了的事。」[9]

二〇一八年十二月初，鮑爾與克拉里達兩人在聯準會一年一度的聖誕樹點燈活動上（在聯準會大理石中庭舉行），罕見地一同對著中央銀行職員表演聖誕歌曲，鮑爾主席負責彈吉他，克拉里達則負責演唱。活動進行到「送惡作劇禮物給理事會各部門主管」的橋段時，鮑爾從長襪裡拿出一塊煤炭，並宣布這只襪子來自一個不具名的「華盛頓特區郵戳」（注：西方習俗中，好孩子會收到聖誕老人的禮物，壞孩子則會收到煤炭）。在場每個人都心照不宣，大笑出聲。

關稅人

十二月一日星期六當天，投資人終於鬆了一口氣，當天川普在布宜諾斯艾利斯的全球領袖高峰會期間，與中國領導人習近平共進一次重要的晚餐，並在餐敘後宣布貿易戰暫時休兵。川普盛讚這是一場「不可思議、成效卓著且將有無限可能性的會議」，他還同意延緩實施某些關稅。星期一早上，川普發了一篇推文：「與中國的關係大幅躍進！很棒的事將會發生。」就這樣，貿易戰暫時劃下休止符。不過到了星期二，川普隨即在推特上改口，宣稱：「我是個關稅人。」

這句話導致市場情緒急速墜落。科恩向他的白宮前同事表示，總統的這次大爆發，讓他最重視的道瓊指數折損了兩千點——道瓊指數從十二月三日的兩萬五千八百二十六點，一路跌到十二月十七日（也就是重要的FOMC會議召開前一天）的兩萬三千五百九十三點。[10]

那個星期一早上八點三十分，川普向聯準會提出一個此時已見怪不怪的要求。他在推特上寫道：「在美元極度強勢且幾乎沒有通貨膨脹的情況下……聯準會甚至還在考慮要再升息一次，這實在令人難以置信。見好就收吧！」隔天，川普又補充，他希望聯準會停止縮減資產組合（二〇一八年秋天，聯準會允許每個月縮減資產組合五千萬美元）。川普總統告誡：「別讓已經缺乏流動性的市場變得更缺乏流動性。」「停止每個月縮減五千萬美元資產。感受一下市場溫度吧，不要只看毫無意義的數字。」

川普在聯準會為期兩天的FOMC會議召開前夕，公開要求聯準會不要提高利率，這可說是史無前例的舉措，尤其聯準會官員之間，其實早就對會議中的升息細節預先做過廣泛的溝通。萬神殿總體經濟公司（Pantheon Macroeconomics）的首席經濟學家在這場會議開始之前，在一份客戶報告中，以一段話概述了這場會議的根本思維：「傑伊．鮑爾不想被史書寫成任由一個經濟文盲總統擺布的聯準會主席。」[11]

美國經濟數據看起來依舊相當亮麗。零售商與餐廳的銷售狀況顯示，假期購物季有個好的開始。失業率維持在三．七％（四十九年來新低），工資也持續上漲。鮑爾能輕易在他的彭博數據終端機（華爾街無所不在的工具）上，找到足以顯示投資人依舊預期將升息一次的債券市場報價，形同為升息開了一張通行證。

十二月之亂

十二月的集會前，十二位聯邦準備銀行總裁當中，只有三位反對提高利率，而他們三位在會議上都沒有投票權。另外雖有幾位委員希望鮑爾能更明確釋出未來將停止升息的訊號，但委員會中某些最受敬重的經濟學家（包括芝加哥聯邦準備銀行總裁查爾斯．艾文斯〔Charles Evans〕與紐約聯邦準備銀行總裁威廉斯）都認為，聯準會需要繼續提高利率，所以，若鮑爾此時此刻就暗示要暫停升息，將有言之過早的嫌疑。

十二月十七日星期一下午一點三十分，鮑爾在辦公室與威廉斯和克拉里達進行了一場私下會議。他們的頭頂上懸掛著一個馬爾梅松城堡（Chateau Malmaison）古董吊燈的複製品，而馬爾梅松城堡是拿破崙（Napoleon Bonaparte）在法國最後的居所。

鮑爾對兩人說：「兩位，現在還不會太晚。」「我們可以在這場會議暫時打住。我們不需要升息。」

在市場重挫與總統猛烈攻擊的夾擊之下，這彷彿是個雙輸的主張。如果聯準會此刻放棄升息的既定計劃，情況會變得好像聯準會已被市場——或川普——所控制。克拉里達告訴他們兩人：「我們現在才剛達到自然水準的最低估計值。」克拉里達本人也懷疑是否有必要在二〇一九年繼續將利率提高到自然利率水準之上，但那是以後的問題。他說：「如今，失業率已降到五十年最低、通膨高於二%，經濟成長率也高於長期趨勢，此時我們若不回到自然利率水準，更待何時？」

他們的意見很明確：升息勢在必行。於是，鮑爾將宣布提高利率二十五個基點，同時他將透過談話暗示，聯準會未來將考慮採納較緩慢且較彈性的升息路徑，也就是所謂的**鴿派**升息。不過，這些布局都沒有發揮效果。

下午兩點，聯準會發布聲明後，市場最初僅僅溫和下跌。似乎並不擔心近期市場動盪的鮑爾在記者會上展現了他的信心，他表示，最近的波動性「基本上並沒有導致未來展望發生什麼變化。」但這番評論卻啟動了一股狂亂的賣壓。隨後一位記者詢問鮑爾，聯準會是否可能配合川普的期待，停止縮減資產負債表，鮑爾試圖打斷那類話題。他解釋，委員會最初希望維持「自動駕駛」，並藉由利率來緊縮貨幣政策。這番話頓時讓華爾街的交易員苦不堪言。**自動駕駛**一詞嚇壞了投資人，他們認為，那樣的字眼代表聯準會正繼續朝緊縮貨幣政策的既定路線前進。

事後，有位分析師事表示：「他根本不了解別人的感受。」

記者會一結束，鮑爾就知道他所謂的**鴿派升息**，外界並不買帳。記者紛紛打電話探詢其他同業的意見，報價螢幕則是一片慘紅（注：根據美國股市報價，跌價是以紅色顯示）。鮑爾發表談話之際，道瓊指數一度暴跌五百一十三點。十年期公債殖利率也重挫，表示債券投資人對未來經濟成長較不樂觀。十一月初，殖利率一度高達三・二四％，此時已觸及二・七八％。

短短幾個月前，鮑爾才公開主張他反對過度自信地依賴「天上的星星」所體現的那類隱形估計值，沒想到，此時的他卻形同推翻當時的說詞，亦步亦趨地根據那些隱形估計值來力促升息。如果他事後回顧，想必也會認為那個做法是錯的。那天下午，鮑爾告訴記者：「到了這個節骨眼，我們已不需要寬鬆的政策，政策可以轉趨自然了。」某些評論家擔心，聯準會這次決心升息，純粹和川普的攻擊與會議前的低迷市場狀況有關——川普的攻擊增強了聯準會捍衛自身獨立性的決心，此外，聯準會擔心若不依照計劃升息，會讓人誤以為它是為了回應低迷的市場而停止升息，而這兩項考量導致鮑爾和同事誤入歧途，執意走向一條基本上幾乎已經沒有優點可言的途徑。

市場的崩跌走勢延續到週四及週五，只不過，這波跌勢之所以如此慘烈，有部分也和白宮的政治糾葛有關。國防部長詹姆斯・馬提斯（James Mattis）在川普出人意料地命令軍隊撤出敘利亞後火速辭職，此舉震驚了整個華盛頓領導圈。在那之後，總統因為不滿他打算用來興建墨西哥邊境牆的資金沒有被列入預算，而推翻了兩黨為避免政府關門而做的所有努力，導致政府在那個星期六正式關閉。那是股票市場自二〇〇八年危機以來最黑暗的一週：累計下來，那個月道瓊指數共重挫了一六％，而那斯達克指數更是從夏末秋初的高點大跌了二〇％——這樣的跌幅已符合空頭市場的門檻。

回顧二〇一七年九月，也就是鮑爾為了聯準會主席職位而和川普進行面談後幾天，鮑爾在華盛頓市中心的五月花酒店（Mayflower Hotel）遇到一位在老布希政府時期與他共事過的同僚威廉·海曼（William Heyman），兩人曾共同合作應對一九九一年的所羅門兄弟危機。此時，海曼已是某大型保險公司的最高階投資執行主管。當時，保險公司、退休金以及其他承諾長期提供固定報酬的機構，都因二〇〇八年金融危機後長期未作調整的低利率政策而深受其害。

仔細考量過鮑爾擔任聯準會主席的前景後，海曼給了他一些建議：「如果你爭取到這份職務，你真的應該試著將利率正常化。而且，你得將利率正常化到整個市場都對你很感冒為止。」

看來，鮑爾真的達成任務了。

第六章

笨蛋

美國政府在二〇一八年聖誕前關閉，逼得川普總統取消他在海湖莊園（Mar-a-Lago）的棕櫚灘假期。

川普被困在紐約，開始對當年挑選鮑爾擔任聯準會主席的所有顧問大發雷霆，他說，選擇鮑爾是他總統任內最糟糕的決定。川普哀嘆，鮑爾會「害我變成胡佛。」——他指的是一九二九年大崩盤（而大崩盤又引發了經濟大蕭條）之際擔任總統的赫伯特．胡佛（Herbert Hoover）。[1]

川普的熱門電視節目《誰是接班人》總是會在每週節目接近尾聲時，以「你被開除了！」的固定結語收尾。市場崩潰走勢促使怒不可遏的川普質問顧問群，他能否解雇鮑爾。「總統解雇聯準會主席」堪稱核彈級的事件：這件事有可能徹底且永遠催毀「聯準會享有獨立性」的假象。川普一度指示經濟顧問庫德洛就總統的撤職權與白宮的律師進行商議。庫德洛和律師事後向川普回報：你不能基於利率上的爭端而解雇聯準會主席。法律規定，七位聯準會理事的任何一位可「因故」被解職，但根據法院的解讀，所謂的「故」指的是怠忽職守，而非單純的政策意見不合。不過，該條文的內容含糊不清，所以，這是否代表擔任四年主席任期的理事可以被剝奪主席職位，並因而讓川普得以將鮑爾降職，則還很難說。

梅努欽和庫德洛不需要別人的提點也知道，一旦川普按下這個核彈啟動鈕，市場絕對會加速失控。鮑爾已對內言明，不管是什麼情境，他都不會離任。也就是說，如果川普非要鮑爾下台不可，必然會引發一場憲政危機。庫德洛也知道鮑爾向來多麼殷勤與國會議員打好關係，所以，他推斷，如果川普試圖剝奪鮑爾的聯準會主席職位，總統和參議院的關係將會受到傷害。隨著川普震怒的消息不斷傳出，梅努欽和鮑爾也在假期間不斷以簡訊來回溝通。鮑爾詳細說明他嘗試執行鴿派升息但不幸失敗的來龍去脈，而梅努欽則明確表示將支持鮑爾。他扮演和事佬的角色，面對鮑爾時，他總是說：**你的工作真的非常艱鉅**；面對川普時，梅努欽則會心平氣和言道：**最終，你會非常慶幸有他助你一臂之力**。

十二月二十二日星期六，川普對聯準會主席不滿的耳語傳開，梅努欽在他個人的推特上張貼了一篇推文，上頭寫著：「我從未建議開除傑伊．鮑爾主席，我也不認為那麼做是正確的。」並表示那是川普總統的意思。星期日當天，川普最新的幕僚長米克．穆瓦尼（Mick Mulvaney）上美國廣播公司（ABC）接受訪問，並表示總統「現在理解」他不能基於政策爭端而將聯準會主席免職。[2]

那天稍晚，梅努欽發布了一則古怪的聲明，聲明中提到，市場未能維持正常運作，所以他打了電話給美國幾家最大銀行業者的最高主管，他們向梅努欽保證，銀行業擁有「充沛的流動性」可放款給消費者。這篇聲明感覺有點矯枉過正，就好像你只是因為扭傷了腳踝去看醫生，結果醫生卻告訴你沒有理由擔心癌症。

隔天，也就是十二月二十四日早上，上述種種亂象讓導致市場更加不安，於是，道瓊指數又重挫了六百五十點。梅努欽安排與鮑爾及其他金融監理人員通話後，川普總統又推文了：「我國經濟的唯一問題就是聯準會。他們對市場的狀況麻木不仁，他們不了解貿易戰的必要性，不了解強勢美元，也不了解民主黨關閉邊境牆協商大門的後果。」

聖誕節那早，川普邀請記者進入橢圓辦公室，一同參與他和海外士兵的視訊會議。有人問川普，鮑爾是否保得住他的官帽，川普儒然答道：「我對他們有信心。」所謂的他們，指的是聯準會。隔天早上，經濟顧問委員會主席哈塞特也被問了相同的問題。哈塞特在西翼辦公室的車道上回答：「當然保得住，百分之百保得住。」這話使得道瓊指數收盤時上漲了一千零八十六點，漲幅達五％。川普隨即打電話給哈塞特，向他道賀。[3]

鮑爾急轉彎

到了二〇一九年一月，情勢顯示，十二月的升息似乎是個錯誤的行動，這讓鮑爾更堅定相信他先前的想法才是對的，也就是不要過度依賴天上的星星。局勢的發展迫使他的聯準會同事不得不開始應對一個看起來全然不同的新經濟常態：一個無法根據菲利浦曲線或其他標準預測工具所建議的法則來應對的新常態。失業率已降到遠低於自然失業率的水準，也就是應該會促使通膨上升的那個神奇轉折點；不過，實際上，通膨並沒有上升。如果未來鮑爾打算依循「有幾分證據做幾分事」的原則，那麼，他就必須改變聯準會的傳統政策做法。

二〇一九年一月二日星期三的早上，鮑爾在辦公室和克拉里達開會，身在紐約威廉斯則是透過電話參與這場會議。他們都同意聯準會必須釋出訊號，讓外界得知聯準會將暫停執行事先計劃好的升息行動。鮑爾將利用先前敲定的一場訪談（他將和柏南克與葉倫同台接受訪談），公開揭示這個轉折。訪談過程中，鮑爾為了避免出差錯，還利用了回答某個開放性問題的機會，朗讀他事先準備好的便條。他說，比預期更疲軟的通膨數據將使聯準會得以保持「耐性」。

向來留意傾聽聯準會主席言談的投資人當然很清楚這些言論有什麼意涵，這代表此時此刻，聯準會的升息行動將告一段落。市場因此大漲。鮑爾並沒有時間諮詢FOMC的其他成員，不過，接下來幾個星期裡，沒有任何同事對他提出抱怨。

一月十日，克拉里達在曼哈頓發表了一席演說，並援引了一個有點尷尬的假設，來暗示聯準會正在發生某種根本的變化：「就算模型預測通膨將會飆漲，聯會基於先發制人的立場而打算在通膨明顯飆漲之前、根據模型預測來提高利率的同時，也必須考慮到模型有預測錯誤的可能，並設法彌補因此可能衍生的代價。」[4]

且讓我們把他的說法翻成白話文，他的意思其實是：**未來，我們不會像從前那樣那麼倚重模型**。聯準會的觀察家應該想都沒想過，這一連串未經精心修飾的話，會出自一名聯準會理事之口，畢竟中央銀行領袖通常不會公開暗示他們有什麼缺陷。

鮑爾於一月三十日召開的聯準會會議即將結束之前，認可了克拉里達對古老傳統常識的那番重新評價，他還清楚說明，即使失業率遠低於自然失業率的多數估計值，央行也不打算再次升息，除非通膨上升到遠高於聯準會的二%目標。鮑爾此言形同揚棄菲利浦曲線——這對聯準會而言是個劃時代的轉變。不僅如此，聯準會官員也宣布了將維持較大資產組合的計劃，代表他們將在幾個月後停止降低聯準會的公債持有部位。

聯準會是個龐大又保守的機構，所以對它來說，二〇一九年一月那種明快且根本的路線調整實屬罕見。當時，聯準會在利率與資產負債表兩方面都進行了非比尋常的一百八十度大轉彎修正。不過，這些路線調整比平常的修正更令他們無地自容，因為這些調整正好呼應了川普一直以來的高調要求。

與川普共進晚餐

市場在聖誕節前夕陷入緊張狀態之後，川普對聯準會全面開戰，於是，庫德洛與梅努欽提出一個想法：也許川普應該和待人向來和善的鮑爾吃個飯。總統會見聯準會主席是再正常不過的安排，但由於川普的行徑乖張，這場晚宴說不定會導致外界猜測央行可能被迫服從總統的要求與命令。葛林斯潘說：「如果總統利用這場會談，命令聯準會主席要如何執行聯準會的政策，我寧可不接他的電話。」[5]

鮑爾當然極度抗拒和川普共進晚餐。不過，川普畢竟是總統，鮑爾也不打算婉拒。他在一月分告訴克拉里達，如果他和總統的晚餐真的依照計劃進行，梅努欽將會參加——所以，鮑爾希望克拉里達也一同前往，好當他的後援。二月一日星期五當天，就在克拉里達收拾行李、準備去巴黎出差之際，鮑爾來電了。白宮的晚宴訂在下週一，那天正好是鮑爾的六十六歲生日。

看來，巴黎之行得緩緩了。

二月四日星期一，聯準會通訊部主任史密斯在鮑爾辦公室召開的一場會議中，向他們兩人提出一份計劃。那份聲明稿只有四句話，整份稿件謹守鮑爾向來的信條：低調、非關政治，以及以證據為本的經濟政策。

史密斯說：「我的建議是，不管他們在晚宴席間說些什麼，你們都要在走出餐廳的那一刻發布這份聲明稿。」川普行事反覆無常，沒有人知道和他之間的會議會怎麼進行，但至少此時他們兩人知道會議該怎麼收尾。

那天晚上，鮑爾和克拉里達搭著一輛武裝休旅車抵達華麗的財政部大樓，再搭上一部私人電梯到梅努欽的辦公室，在部長用餐室和他會面。鮑爾從公事包拿出媒體聲明稿，遞給財政部長。

鮑爾告訴梅努欽：「我們現在不是在跟你商量，而是跟你說一聲，我們將在晚餐結束後發表這份聲明。」

梅努欽回答：「沒問題，但顯然我們必須將這份聲明給呈交給總統。」

那年冬天，華盛頓的氣候異常溫暖，但這三個男人在走向白宮的短短路程中，卻特別戰慄不安。梅努欽與鮑爾兩人都非常緊張，因為這頓晚餐很有可能是一場後果堪憂的鴻門宴。克拉里達至少保持了比他們兩人更專業的姿態，不過，他的內心也一樣忐忑，因為他即將在總統的私人餐廳和總統共進晚餐，這可不是常有的機會。在走向川普的寓所與總統會合的路上，梅努欽告訴他們兩人，這也是他第一次在家屬宿舍用餐。

一開始，川普友好地和他們閒話家常，他用他和湯姆·布雷迪（Tom Brad）與比爾·貝里奇克（Bill Belichick，新英格蘭愛國者隊的四分衛與總教練，在這場晚宴前一天，這支球隊剛贏得超級盃）成為哥兒們的故事來款待他的賓客。川普主動示好：「他們是我堅強的支持者。」他還細述了自己最近和老虎．伍茲（Tiger Woods）以及傑克．尼克勞斯（Jack Nicklaus，兩位皆是高爾夫球史上最偉大的運動員）之間的一場高爾夫球友誼賽。由於在場人士知道川普滴酒不沾，所以，當幕僚要為他們侍酒時，他們全都婉拒了。

至於餐桌座位的安排，鮑爾坐在川普的右側，對面則坐著梅努欽。克拉里達坐在川普對面，也就是說，接下來一個小時，他將不斷和這位三軍總司令進行眼神交流。席間大部分是川普在說話。他開始對鮑爾提出一些非常基本且單純的問題，像是「你對未來經濟展望有什麼看法？」。鮑爾則是重新敘述了他在最近一場ＦＯＭＣ會議後所發表的那席溫和談話的要點。

不過，整場對話還是有幾度差點轉向令鮑爾與克拉里達冷汗直冒的方向。例如川普說：「你說的是二〇一九年。」「我真正關心的是你對二〇二〇年經濟的展望。」幸好梅努欽每一回都竭盡所能將話題從危險邊緣拉回來，盡可能不涉及選舉年的敏感政治議題。

眾人享用炭烤肋眼牛排和奶油菠菜時，川普突然用幾句話概述了他對聯準會的挫敗感。他開口說：「你們都知道，我當了一輩子的商人。」「我在造勢大會上和兩萬人站在一起，還走下舞台和建築工人說話。我只是覺得，你們這群人花太多時間研究方程式和模型了。我呢，則是走出去接觸一般美國老百姓。我能感受到你們感受不到的經濟脈動，因為你們把時間都花在尋找模型之類的東西上。」

鮑爾和克拉里達並沒有回太多話。即使川普說得有理，他對思慮周詳的經濟意見交流也沒那麼有興趣，他真正在乎的是：要確保聯準會不要成為他連任之路上的絆腳石。

一直到晚餐結束，都沒有人提到那天是鮑爾的生日。梅努欽從公事包裡拿出鮑爾交給他的那份聲明稿，說：「總統先生，這是聯準會想要發表的聲明。」上面寫著鮑爾「並沒有討論到他對貨幣政策的期望」，而聯準會將「完全根據謹慎、客觀且非關政治的分析」來制定決策。

川普讀了那份聲明稿兩次，什麼話也沒說。接著，他稍做沉吟，最後說：「可以。」

離開前，川普帶著賓客參觀林肯的臥房。如果那場晚宴代表雙方之間劍拔弩張的關係稍微趨於緩和，那樣的氣氛也僅僅維持幾個星期。

適時採取行動

到了春天，儘管經濟狀況看起來相當穩健，川普總統卻還是不斷要求聯準會將利率降回到前幾次升息之前的水準。不過，聯準會還是無視川普的要求。五月三日星期五當天，勞工部公告，四月分的雇用人數大增，這個數字緩解了經濟趨緩的憂慮。鮑爾對聯準會「靜觀其變」的立場感到欣慰，但這樣的好心情沒有維持多久，等到他再次對聯準會的立場感到欣慰，已經是許久以後的事了。

兩天後，也就是星期日晚上，川普總統宣布了兩件重創商業信心的事件。其一是美國和中國的貿易談判破裂；為了報復，總統宣布將強制徵收新關稅。幾個星期後，川普更是突然出乎所有人意料威脅墨西哥，他表示，若墨西哥未能頒布更嚴格的移民限制措施，他將對墨西哥課徵新關稅——儘管他才剛簽署了一份重新議定的《北美自由貿易協定》(*North American Free Trade Agreement*)。商界高階執行主管不禁納悶：如果貴為總統的川普都能那樣自打嘴巴，那是否代表過去簽署的所有協議都沒有價值可言？

二〇一九年五月，十年期政府公債殖利率從二．五％降至二．一三％——當投資人變得風險趨避，或是對經濟成長感到悲觀，這項殖利率便會傾向降低；而當長期殖利率跌破三個月期國庫券殖利率，便會形成華爾街向來戒慎恐懼的「殖利率曲線倒掛」(inversion of the yield curve）動態。一旦出現這個現象，投資人就會預期央行官員可能需要緊急降低短期利率來應對經濟衰退，因為當殖利率倒掛，經濟往往會在接下來的一至兩年間陷入衰退。

六月初，鮑爾在芝加哥聯邦準備銀行發表演說之前，又找了克拉里達與威廉斯磋商。他們同意在鮑爾的開場白中加入一個關鍵片語：鮑爾誓言聯準會將「適時採取行動」，維護經濟的擴張。市場將這句話解讀為「聯準會已確定將降息」，並創下鮑爾在一月四日那天表示要保持「耐性」以來的最大漲幅。

總而言之，聯準會在五個月之間立場大變，從升息轉變為可能降息。而在改變立場的同時，他們也知道，一定會有很多評論家宣稱他們是在白宮的威脅下才改弦易轍。

某種意義來說，鮑爾確實是在川普的逼迫下降息，因為川普推行了讓華爾街與許多大小企業都痛恨的貿易政策。鮑爾害怕全球經濟展望因這些貿易政策的陰霾而變得一片黑暗，若聯準會還是堅持不降息，有可能導致舉債成本上升，並使其他金融情勢趨於緊俏。而製造業、投資活動與貿易的更廣泛趨緩，將可能波及經濟體系受消費支出驅動的更大領域。

不過，聯邦公開市場操作委員會對此並未達成共識。那年夏天，鮑爾面對的是一個比先前更加分化的委員會，眾委員對於聯準會該如何應對川普的貿易戰，看法分歧到史上罕見。到了七月，鮑爾、克拉里達和威廉斯聯手主張應採取一種「風險管理」的態度，如果採取這個路線，就有理由在經濟數據明確趨緩的證據浮現前，先行調降利率。到ＦＯＭＣ開會時，克拉里達率先在政策討論階段發言，威廉斯則是倒數第二位發言，最後則是由鮑爾發表談話，並引導眾人達成共識，他們指出，研究顯示，當央行因利率已接近〇％，因而面臨幾乎沒有降息空間的情境時，就應該及早且迅速使用它可用的有限戰鬥手段。

威廉斯告訴記者：「非必要時不採取行動的概念，實際上是個錯誤的概念。」「如果擔心將有負面衝擊或風險發生，就更需要一個能在衝擊來襲時保持強勢的經濟體系。」

是條硬漢

那年夏天，鮑爾正慢慢邁向降息之路，不過，他的步調不夠快，難以滿足川普的要求。鮑爾要解決的挑戰是，一旦川普公開要求聯準會提出一份行動方針，那麼就算中央銀行最終是根據本身的步調降息，它也沒有辦法證明聯準會的行動是獨立的，非受川普指使。六月十四日，ＡＢＣ的記者喬治．史蒂芬諾普洛斯（George Stephanopoulos）問川普是否擔心自己的要求形同把鮑爾困在「箱子裡」時，川普回答：「沒錯，我的確擔心，但我橫豎會這麼做，因為我已經等夠久了。」[6]

六月二十五日當天，鮑爾試圖改變猜測風向，希望能洗白他聽從川普命令的無能形象。鮑爾在紐約的討論會上說：「我們有非常重要的工作……而且我們不想在更廣泛的政治議題上扮演任何角色。」當時，他的成年子女就坐在觀眾席間。「我們也是人，我們一定會犯錯……但我們不會犯正直或品格的錯。」

隔天早上，福克斯新聞網的瑪麗亞．巴蒂羅姆（Maria Bartiromo）透過電話訪問川普（那是川普常見的馬拉松式電話訪問），並對他極盡煽動之能事；她問川普，鮑爾有什麼反應。川普告訴巴蒂羅姆：「他試圖證明自己是條硬漢，因為他不會被我牽著鼻子走。」「要不是我提拔，他到現在還是個無名小卒，但他現在卻想彰顯他是條硬漢！好啊，他想證明自己是條硬漢，就讓他去證明。他根本沒把事情做好。說他沒把事情做好已經算客氣了。」

幾個月前，也就是二月分，鮑爾到川普的總統寓所共進晚餐之前，庫德洛早已建議將那種會面正規化。他建議梅努欽、鮑爾和他每季謁見川普一次，一同討論經濟狀況。艾森豪與甘迺迪也曾和馬丁主席安排過類似的會面。不過，川普拒絕了，因為他太生鮑爾的氣了，根本不想跟他共處一室。

另一方面，聯準會官員也在竭盡所能排解來自總統的攻擊。二〇一九年一整年，奎爾茲——川普在二〇一七年七月挑選的第一位聯準會理事人選——以更廣闊的歷史視角來看待並化解川普的無禮攻擊。奎爾茲的太太是荷普．艾克斯（Hope Eccles），馬瑞納．艾克斯是她的伯公。她祖父總愛跟訪客說，他經常跟孩子們述說「馬瑞納伯伯」挺身力抗杜魯門總統的故事。

鮑爾沒興趣跟川普玩硬漢較量的遊戲。他最重視的首要目標，是要確保美國經濟的擴張不會在他任期之內結束（到二〇一九年七月，那將是有史以來最長的擴張期）。不過，第二個目標也一樣重要，那個關鍵個人使命的輪廓正漸漸成形：確保聯準會成為被川普摧殘多年後仍然完整倖存的機構。

川普提名的其他官員也發現總統對他們的逆耳忠言置若罔聞，紛紛掛冠而去，包括司法部長傑夫．塞申斯（Jeff Sessions）與國防部長馬提斯。然而，對鮑爾來說，他的去留與個人榮辱無關，而是牽涉到聯準會的獨立性，他的去留決定牽涉到的利害關係實在太重大了。那年七月，時任眾議院金融服務委員會（Financial Services Committee）主席的加州民主黨眾議員瑪克辛．華特斯（Maxine Waters）在一場國會聽證會上提出以下假設性的問題：

「主席先生，如果你今天或明天接到總統的來電，他告訴你：『我現在就要開除你，把東西收一收，你該滾蛋了。』你會怎麼做？」

整個委員會因她的提問而陷入一片死寂。

鮑爾以溫和的語氣回答：「呃，我當然不會照做。」

華特斯用唱歌般的聲音回答：「我聽不到你的聲音喔。」這引爆旁聽席的大笑，鮑爾也咧嘴一笑。

他更大聲回答：「我會回答他：『不要。』」

私底下的鮑爾甚至更直白。那年春天，鮑爾告訴一位記者：「不管發生任何情況，我永遠不可能自願離開這個職位，除非任期屆滿。沒有其他可能。你不會看到我跳進救生艇逃離的畫面。」「我想不到有任何可能導致我不做滿主席任期的情境，除非我死掉。」

二〇一九年七月三十一日的FOMC會議後，聯準會宣布將降息二十五個基點。幾天後，川普下令對中國課徵更多關稅，並導致市場陷入動盪。長期殖利率因此重挫。這次降息帶來的緩和效果（如果有的話）隨即因此遭到抹滅。

最大的死敵

平日，鮑爾為了抒解壓力，經常從他位於馬里蘭州切維崔斯那綠意盎然的家，騎約十三公里的腳踏車，行經岩溪公園，到聯準會位於華盛頓中心霧谷區（Foggy Bottom）的宏偉總部辦公室上班。在那樣的時刻，他的維安護衛隊也會騎著電動腳踏車，尾隨在他身後幾百公尺。下班後，他有時會彈彈吉他自娛，這時，他家的小獵犬琵琶（Pippa）就會乖乖窩在他的腳邊。到了週末，鮑爾多半還是會工作，但偶爾也會穿插一點高爾夫球賽。他會用自己的私人推特帳號保存最新的經濟辯論內容和動物視訊影片。在機場或餐廳，偶爾會有陌生人攔下他，對他在砲火隆隆聲中依舊保持優雅的表現給予讚許。他太太艾莉莎暫時擱下多數的影片工作後，開始擔任切維崔斯管理局的主席；二〇一九年，她因職務的關係，不得不插手解決一場因鄰里狗公園問題而起的小鎮衝突。除此之外，她平日更重視的是營造盡可能沒有壓力的居家環境。

那年夏天，川普在他的推文中抨擊「一無所知的」鮑爾是個「沒有膽量」的「爛溝通者」，「極度缺乏遠見」，還說他領導了一群「笨蛋」。川普要求聯準會將當時略高於二%的利率降低一整個百分點，並要求它恢復購買債券；問題是，購債是極端緊急狀況下才會啟動的行動。由於貿易戰的發展對川普總統不利，股市因而重挫，並引發了更深的絕望。八月二十一日，川普推文表示：「和中國與其他國家之間的貿易協商進行得非常順利。」「我們現在唯一的問題是傑伊·鮑爾和聯準會。他就像缺乏手感的高爾夫球手，連推桿都不會。」

八月底，鮑爾回到巍峨的懷俄明州蒂頓山脈，參加堪薩斯城聯邦準備銀行舉辦的年度例行學術座談。鮑爾預訂在八月二十三日星期五當天發表備受期待的開幕主題演講，但就在他發表演說前幾個小時，中國宣布將對幾乎所有尚未課稅的美國進口商品課徵報復性關稅。顯而易見，川普的貿易戰正開始失控。

鮑爾知道，如果川普繼續升級貿易戰並對經濟體系造成更大的傷害，聯準會能提供的助力終究有其極限，所以他利用這場演說，針對經濟體系面臨的風險，提出了到那時為止最嚴厲的警告。鮑爾說：「應該用怎樣的政策應對措施來因應當前的局勢？我的答案是，近年來，沒有任何前例可供我們依循。」聯準會「無法提供一組固定不變的標準規則，來作為應對國際貿易問題的準則」。但為了安撫市場，他也暗示聯準會很有可能在下一場會議中（預訂於九月中召開）再次降息。

語畢，鮑爾回到他第一排的座位，沒幾分鐘，川普在推特上發動反擊。誤以為聯準會那天早上是為了討論是否降低利率而集會的總統表示：「一如往常，聯準會**毫無作為**。」「到底誰才是我們最大的死敵？是傑伊·鮑爾，還是習主席？」川普稍後又發表了另一則更古怪的推文，他寫道：「『特此命令』美國企業做好撤離中國的準備。市場聞風重挫。

儘管參加這場座談會的人不斷來回傳遞智慧型手機，鮑爾卻如同一尊人面獅身像一動也不動，坐在裝飾著鹿角吊燈且以精緻木作裝潢而成的豪華宴會廳最前方。史密斯用電子郵件把川普的推文轉傳給克拉里達，問題是，他的座位離鮑爾太遠，無法把手機遞給他。

他回傳簡訊：「唉呀……慘了。」[7]

那天晚上，鮑爾和太太在傑克森霍爾，沒事兒一樣隨著鄉村西部樂團的歌聲起舞；另一方面，在白宮草坪上，一名記者詢問川普會不會要求鮑爾辭職。總統回答：「且讓我這麼說好了……如果他要走，我不會攔他。」

聯準會傾聽之旅

就在眾人目光全被川普與聯準會之間的角力吸引之際，聯準會在二〇一九年所做的最大調整，卻和白宮或經濟狀態毫無關係。接任主席之前，鮑爾就已下定決心要開始檢討聯準會的基本政策設定框架。這個想法對聯準會來說有點不尋常，甚至可說非常大膽；畢竟打從聯準會在二〇一二年將通膨目標正規化之後，就再也沒有做過如此大手筆的改革。鮑爾認為，歷經了因金融危機與多次量化寬鬆而起的政治風暴後，聯準會的地位已漸趨鞏固，終於能勇敢走到陽光下，自信且豁達地接受外界的檢驗。克拉里達在二〇一八年九月接任副主席的第一天，鮑爾就要求他擔任這項專案的先鋒。鮑爾希望舉辦類似路演（road show）等和央行那種與世隔絕特性格格不入的活動，比方說，打著「聯準會傾聽之旅」的旗幟，舉辦公開的巡迴活動。

他的前提很簡單：如果聯準會將更常固守在這種接近零利率的政策，二%的通膨目標是否依舊可行？

在這段經濟擴張期間，實際通膨率多半都低於二％的目標。聯準會裡裡外外還是有人質疑，就算通膨不是二％，而是一．六％，那又怎樣？有必要那麼擔心嗎？這樣的疑問確實頗具說服力，畢竟通貨膨脹的衡量方式本來就不完美。但對鮑爾來說，真正令人擔憂的是，他們長期以來遲遲未能達標，也就是通貨膨脹持續低於二％。中央銀行官員擔心家庭與企業將因這樣的現象而預期未來的通膨會繼續滑落，最後演變成經濟學家所謂的「預期制約不受控」（unanchored）。

與此同時，二〇一九年的聯準會傾聽之旅闡明了較低失業率的好處。這個目標雖代表聯準會的雙重目標之一，但由於政策性決策向來以菲利浦曲線作為重要指南，所以聯準會官員似乎總是把失業率視為雙重目標中較不重要的一個，換句話說，他們好像認為低失業率的重要性不如低通膨率。二〇一九年六月，克拉里達在芝加哥發起一場主要研究會議，其中，一場大約僅一小時的非經濟學家專題小組會議，在那場為期兩天的學術簡報會中搶盡風頭。芝加哥城市學院（City Colleges of Chicago，在學學生共八萬人，多數為弱勢生）校長朱安．薩爾加多（Juan Salgado）表示：「聽說美國處於完全就業狀態，但我所處的現實環境並沒讓我感受到完全就業。我們的社區實際上就沒有達到完全就業。」鮑爾認真做筆記並提出疑問，看來他真心樂於參與這些會議。

隨著二〇一九年接近尾聲，情況顯示，他們推動的這項政策檢討作業，似乎真的有可能實現某些重要的變革。當時，聯準會並沒有將通貨膨脹長期頑固地高於或低於二％的狀況列入考量。但自此以後，聯準會將會想辦法在景氣良好的階段達到稍微高一點的通膨，以便將過去通膨未能達標的狀況列入考量；換句話說，聯準會此舉形同向投資人發出信號，讓投資人知道一旦經濟走下坡，聯準會將會更長久地維持較低利率水準。

令人不安的和平

不過，聯準會內部的意見並非完全一致——鮑爾領導聯準會同僚調降利率之際，有幾位聯邦準備銀行總裁卻表示異議。當然，那些異議和白宮內部的氣氛比起來，根本可說是無關痛癢。川普夏天的古怪舉措已引起他個人高級經濟顧問團的激烈反彈。庫德洛利用十月分在橢圓辦公室舉行的一場會議，安排了幾位外部顧問參加，用意是打算警告川普：若總統不迅速設法找出解決方案，他和中國之間的貿易戰一定會危及他個人的連任之路。果不其然，這場會議過後不久，美國和中國官員很快就展開了一系列較小範圍的貿易談判。

到了十月底，聯準會已完成了二〇一九年以來第三次降息，並暗示不可能進一步降息。二〇一九年十二月，失業率達到五十年來的低點，僅三．五%。對鮑爾來說，二〇一九年是焦頭爛額的一年，不過，這場嚴酷的考驗卻強化了他在華盛頓民選官員與央行同儕之間的地位。羅德島（Rhode Island）民主黨籍參議員傑克．瑞德（Jack Reed）在普羅維登斯（Providence）的一場商會晚宴致詞之前，曾向鮑爾的「臨危不亂」與非關政治的做事方法致敬。瑞德那席溫馨的介紹詞促使在場七百五十名會員全體起立，給了鮑爾又長又熱烈的掌聲。[8]

華盛頓與北京當局達成「第一階段」的貿易協議後（這將使雙方在美國選舉年得以暫時休兵），股票迅速創下歷史新高。二〇二〇年一月十五日當天，川普總統在白宮的簽署儀式上，對中國副總理劉鶴讚譽有加，投資人聞風積極搶進股票，並促使道瓊指數當天的收盤價突破兩萬九千點大關，達到歷史新高。那時，川普瞥見觀眾席裡的沃許——也就是他兩年前為了挑選主席人選而會見的那位前聯準會理事——他又忍不住再次藉機挖苦鮑爾。川普說：「我本來可以借重你的一點長才，為什麼你來求職時不表現得更積極一點呢？」「如果你來當聯準會主席，我跟你應該會相處得非常愉快。」

第一階段貿易協議簽署儀式後一個星期，也就是一月二十一日，中國政府確認，武漢在此之前的幾個星期，爆發了某種新型冠狀病毒的人傳人病例。同一天，亞特蘭大疾病控制與防治中心回報，華盛頓州也出現了美國首位確診病例，這名男子從武漢返國後四天發病。

就這樣，病毒來襲。

第七章

送進急診室

每年一月，各國元首會到瑞士的高山滑雪勝地達沃斯（Davos），與金融業和工業界巨頭齊聚一堂，參加世界經濟論壇（World Economic Forum）中一系列浮誇且僅對受邀者開放的研討會、會議和派對。隨著這場活動的影響力顯著上升，它也陸續吸引了一些名流與維權主義者加入。舉個例子，二〇二〇年的主角不僅有歐洲央行總裁克莉絲蒂娜・拉加德（Christine Lagarde）和金融家索羅斯，還包括氣候維權主義者格蕾塔・童貝里（Greta Thunberg，注：曾因全球暖化與氣候變遷等議題進行罷課行動的瑞典少女）以及寶萊塢明星暨心理健康大使荻琵卡・帕都恭（Deepika Padukone）等人。二〇二〇年的「大思潮」是「利害關係人資本主義」（stakeholder capitalism），內容包括一系列與性別平等和科技軍備競賽有關的研討會。

在二〇二〇年一月二十三日的晚宴專題小組討論會上，講到氣候變遷與貿易的話題時，財政部長梅努欽發表了一席言論。他問，為什麼沒有任何人對整個世界此刻面臨的最重要議題——導致中國華中一帶最多人口的都市陷入封城窘境的致命新型冠狀病毒——提出隻字片語？那天稍早，北京當局宣布下令禁止所有人與貨物進出武漢，因為這座城市是一場不斷惡化的公共危機之震央所在。梅努欽向晚宴上的賓客表示，他非常擔心這場疫病對中國經濟造成的衝擊，會進而顯著影響到全球經濟成長——只不過，他並不認為這種病毒會對美國經濟構成嚴重的威脅，也不認為它會傳播到世界各地。[1]

就算此地的另一位明星級貴賓川普總統也對這個問題深感憂慮，他也掩飾得毫無破綻，因為他完全不動聲色。川普表示，他預期美國將創造史上罕見的強勁經濟表現，並促使他在十個月後成功連任，他還輕描淡寫、一語帶過所有可能對他個人前景造成影響的威脅，包括這種新型冠狀病毒。他告訴CNBC的喬．克爾南（Joe Kernen）：「只不過是一個從中國入境美國的人染疫，何況我們已經控制住情勢，一切都不會有問題。」[2]

在接受訪問的過程中，川普把更多時間用來反覆叨絮聯準會二〇一八年升息過快的話題。川普說：「那是很大的錯誤，他們也承認那是錯的。」——聯準會根本沒有那樣承認。

一個星期過去，一月二十八日當天，聯準會主席鮑爾和同事齊聚一堂，召開他們那一年第一場聯邦公開市場操作委員會會議，為期兩天。會議結束後，鮑爾在例行記者會上回顧了前一年的狀況，並因成功避免經濟衰退而顯得沾沾自喜。他說：「我有充分理由認為目前的全球經濟展望『審慎樂觀』。」「但最好留意一下冠狀病毒來襲的問題。」

那個星期結束之際，白宮的國家安全顧問對持續散播的病毒愈來愈憂心，於是川普針對特定人士發布了一項全國旅遊禁令：過去十四天內到過中國、且不具美國公民身分的人（但不含美國公民及永久居民的直系親屬），禁止因旅遊目的入境美國。

二月五日當天，經參議院表決，川普的兩項彈劾案獲判無罪。幾天後，正竭盡所能將所有精力投入秋季競選活動的川普總統打電話給鮑爾，斥責他拒絕配合繼續調降利率。

下一週的星期二，也就是二月十一日，鮑爾到國會山莊作證，他指出，聯準會沒有計劃調整利率（此時介於一．五％至一．七五％）。經濟表現憂喜參半。那個月的月初，中國股票在漫長的農曆年假結束後大跌，但美國市場大致上還沒有把病毒當一回事。過去二十年，雖然這個世界曾爆發過幾次險惡的流感（包括二〇〇三年的SARS以及二〇〇九年的H1N1禽流感），但美國都幸運逃過一劫，所以，美國民眾多半不認為這類疫病會對美國造成明顯的威脅。

然而，短短九天後——也就是鮑爾參加在沙烏地阿拉伯舉辦的G20金融領袖會議之後——他意識到，這一回，美國人不能再對疫情漠然不顧。

「醒醒！」

通常來說，聯準會大約每六個星期會開一次會，因此在每一次會議之間，聯準會往往有非常充足的時間可以評估經濟的表現，並進而判斷是否要調整利率。聯準會的經濟學家會在每次集會的間隔期間耐心蒐集資料，作為後續決策的參考依據。不過這一次，經濟狀況惡化的速度比平常還要快。儘管如此，二月二十五日星期二，就在鮑爾從沙烏地阿拉伯返國當天，也是庫德洛對外說明病毒「已受到……相當接近滴水不漏的遏制」當天，克拉里達正對一群民間部門經濟學家發表演說。隨後的問答時間，他還是堅守聯準會的官方說法（雖然這套說法很快就會失去時效性），表示：「此時此刻，即使只是推測」病毒將使經濟展望發生什麼變化，「都還言之過早。」

克拉里達發言一週之前，達利普．辛格（Daleep Singh）剛辭掉巴西某避險基金的資深策略分析師一職，加入紐約聯邦準備銀行的市場小組，擔任組長。他曾在二〇一一年離開高盛，加入財政部，並在那裡飛黃騰達，升遷相當迅速。這時年僅約四十五歲的辛格早已在世界各地累積了非常多人脈，也有非常多前同事可諮詢。透過人脈傳來的消息令他非常不安。中國的人脈告訴他，二月中旬，愛迪達（Adidas）的銷售量重挫了八五％，而且那個月，捷豹汽車（Jaguar）在中國的汽車銷售量直接掛零。接著，辛格又聽到倫敦的交易員說，當地的海運運費創下歷史新低。石油市場也一天比一天疲弱。

星期二，克拉里達一發表完上述談話，辛格的簡訊收件匣馬上湧進金融圈舊同事寄來的大量抨擊性信件。那些信件寫道：**聯準會完全脫離現實。醒醒吧！**向來受密切關注的波動性指標VIX飆升至二七．八五（VIX是芝加哥期權交易所的波動性指數，也就是所謂的「恐慌指數」，因為這項指數會隨著投資人的焦慮感起伏），打從二〇一八年的市場劇烈震盪期以來，這項指數從未達到這麼高的水準。這幾個星期，市場雖然密切關注武漢的每日病例數變化，卻對這種病毒不怎麼擔心。然而，從二月底開始，情況明顯改變，我們可以從簡單的每日表格報告看出，此時投資人已因一個可能遠比想像更具威脅性的全球性事件而迅速繃緊神經。

隔天晚上，川普在記者會上宣布，副總統彭斯將擔任美國政府新冠病

2020 年 2 月 25 日（星期二）

全美病例數	全美死亡數	道瓊工業指數	VIX 恐慌指數
10	0	27,081（↘ 879）	27.85（↗ 2.82）

毒專案小組的領導人。不過，儘管總統這麼做好像是為了展現他的冷靜沉著以及應對這場巨變的能力，他卻馬上推翻了這個刻意營造的形象。當時，長年擔任美國國家過敏與傳染病研究所（National Institute of Allergy and Infectious Diseases）所長的安東尼・佛奇（Anthony Fauci）博士語帶保留地向記者解釋，儘管有幾項疫苗可望通過核准，但任何一項疫苗都至少要一年才能真正開始施打。這個消息傳到川普耳裡，他提出了天馬行空的幻想，說：「這場疾病有點像普通流感，只要打個流感疫苗就能應付過去。基本上，我們會以非常快的速度讓國人注射疫苗」；他還提醒美國人，季節性流感每年都會導致兩萬名民眾死亡。「把這次的疾病當成流感就好。」

當時，美國只有十五例登記在案的冠狀病毒病例。川普說：「不出幾天，十五例就會降到接近零例。」

這就是我們擔此職務的理由

那個星期，聯準會理事布蘭納德剛從阿姆斯特丹返國不久，便向鮑爾轉達她的評估：她認為這種病毒將重創美國，鮑爾也同意她的觀點。即使此時其他政府單位還不太了解他們應該扮演什麼角色，但布蘭納德和鮑爾覺得，他們彼此之間對於未來的危險以及潛在挑戰的規模等等，看法愈來愈趨一

2020 年 2 月 26 日（星期三）			
全美病例數	全美死亡數	道瓊工業指數	VIX 恐慌指數
15	2	26,957 （↘ 124）	27.56 （↗ 0.29）

致。布蘭納德告訴鮑爾，愈是這樣的時刻，民眾就愈需要政府的支持。「這就是我們擔此職務的理由。」

布蘭納德的父親是一名美國外交官，她生於西德的漢堡。由於她父親後來接下華沙（Warsaw）的某個職務，所以，在成長過程中，她分別居住過冷戰時期歐洲鐵幕的兩端。後來她提到，西歐與共產黨執政時代的波蘭之間，生活水準落差非常大，這是她對經濟學產生興趣的重要原因。根據布蘭納德的形容，當時波蘭的生活狀況非常嚴峻，酒精中毒率非常高，經濟「在沉重國家政黨機器的高壓之下奄奄一息」。[3]當時，波蘭經濟體系最成功的環節是「最少繁文縟節、且最能鼓勵民眾發揮主動精神」的農業和小型企業。[4]

布蘭納德畢業於衛斯理大學（Wesleyan University）與哈佛大學，並於一九八九年取得哈佛大學的經濟學博士學位。二〇〇九年，蓋特納指定身為民主黨註冊黨員的布蘭納德出任財政部的國際事務次長。想當年，傑克遜總統曾在隸屬這項職務的辦公室裡，靜候亞伯拉罕·林肯（Abraham Lincoln）的遺孀離開白宮（注：一八六五年，林肯遇刺，傑克遜繼任美國總統），而此時這間辦公室的外觀已被還原為當年的模樣。到了二〇一四年，布蘭納德被任命為聯準會理事。

有些人對她相當不滿，認為她缺乏耐性，也老是不願意從事有時難免較枯燥乏味的行政工作（但身為理事，那類行政工作在所難免）。有些幕僚最初也把她當作民主黨安插在聯準會裡的黨機器。基於這些理由，布蘭納德有時會在咖啡休息時間回到自己的辦公室，不和其他FOMC成員交際。不過，隨著她漸漸適應這份職務並虛心聽取回饋，某些同事注意到她明顯調整了自己的態度。她靠著自己的力量，成了在貨幣政策設定方面擁有扎實經濟專業能力與敏銳直覺的專才。鮑爾擔任主席後，她也接下很多最初沒那麼有興趣的低調任務。

由於鮑爾缺乏正式的經濟學訓練，加上當時聯準會理事會出現了有史以來最多的四席理事懸缺，布蘭納德因而得以在政策端發揮更大的影響力——在葉倫擔任主席的時代，剛加入聯準會的布蘭納德在這方面並沒有太大的揮灑空間。即使布蘭納德經常對鮑爾主導的放寬金融監理規定等政策投下不同意票，但兩人之間的共同點其實比外界理解的更多。例如，他們兩人對自己與直屬幕僚的期望都非常高，且都擅長消化、綜合評估大量資訊。

•••••••••

鮑爾認為，以傳染性與破壞力那麼高的病毒來說，一旦紐約市出現六個病例，代表實際上有可能已經有六十、甚至六百個病例存在，屆時學校與公司行號將被迫關閉。沒有人知道這樣的痛苦期會延續多久，一切但憑猜測；不過可以確定的是，一旦民眾被迫撤離正常生活，總體需求勢必會受到巨大的打擊。無論如何，此時鮑爾已確知他女兒的普林斯頓大學春季畢業典禮可能會被迫取消。另外，和一位身為國家籃球聯盟（National Basketball Association，簡稱ＮＢＡ）高階主管的朋友聊過後，鮑爾推測，所有職業運動賽事很有可能在三個星期之內停賽。

鮑爾的腦海裡浮現了一個愈來愈有可能成真的情境：杳無人跡的購物中心，提早放學的孩童，還有電視上不斷重播往年ＮＢＡ決賽等畫面。眼前的情況看起來不太像千禧年——當年政府為了防範一場可能的災難而預先進行過多的整備，結果那場災難並未真的發生。這一次，經濟似乎更可能遭受嚴重且漫長的衝擊。

此時的聯準會面臨兩個截然不同的經濟問題。隨著工作場所關閉、全球供應鏈遭到擠壓，第一個問題和經濟體系生產商品與勞務的產能所受到的衝擊有關，換句話說，第一個問題和經濟體系供應端所受的衝擊有關。這個問題難以用較低的利率來解決。不過，聯準會倒是能協助緩解第二個問題：需求衝擊，也就是家庭與企業暫停支出或投資的問題。雖然降低利率不盡然能立刻提振需求，卻可能有助於抒解家庭與貸款人的財務狀況，從而降低猝然爆發金融衝擊的風險。

二月二十七日星期四下午四點四十五分，鮑爾打電話給剛和耶魯大學教職員與學生開完會的克拉里達，他們兩人首度討論是否有必要採取某種更強有力的行動。

適時採取行動

二月二十八日星期五早上，鮑爾和梅努欽每週固定的早餐會議剛結束，他原本應該和各國央行總裁展開一輪例行的電話溝通，不過，他決定先發布一份聲明，以實際行動來宣示聯準會隨時做好降息的準備。再次和克拉里達與威廉斯商議後，他們下定決心：這份聲明的內容必須能夠傳達「我們充分且清楚掌握狀況」的訊息。於是，鮑爾一一打電話給各地聯邦準備銀行的總

2020 年 2 月 27 日（星期四）			
全美病例數	全美死亡數	道瓊工業指數	VIX 恐慌指數
15	2	25,766 （↘ 1,191）	39.16 （↗ 11.6）

裁，預告他將發布這份聲明，幾乎所有總裁都支持這項決定。

下午兩點三十分，聯準會以鮑爾的名義發布了簡潔有力的政策聲明。過去，類似的聲明只出現過一次（一九八七年十月的黑色星期一股市崩盤之後）。這份聲明是這麼寫的：儘管經濟基本面依舊強勁，「這種冠狀病毒卻有導致經濟活動急轉直下的風險。」「我們將使用我們的工具，適時採取行動支持經濟。」

適時採取行動的宣示再次出現了。前一年的六月，鮑爾為了公開宣示聯準會可能降息的立場，曾使用過這些字眼。聯準會貨幣事務處處長勞巴赫是鮑爾在利率政策方面最資深的顧問，他曾警告，諸如此類的所有聲明，有可能促使市場預期聯準會將在下一次的表定FOMC會議（三月十七日與十八日）之前調降利率。在兩次FOMC例會之間調降利率的做法非常罕見，只有在特別敏感的時刻才會發生，包括二〇〇八年金融危機期間，以及九一一恐怖攻擊之後。聯準會雖然稱那類行動為**非表定會議**，但媒體還是免不了將這類會議貼上**緊急會議**的標籤。

聯準會突如其來企圖安撫投資人的作為，促使市場在下午四點收盤前幾分鐘猛烈上漲，不過，其實那週截至當天為止，道瓊指數累計已下跌了一二·四％（也就是下跌超過三千五百點），是二〇〇八年金融危機以來最糟的跌幅。那天下午，鮑爾在辦公室檢討，若作為中央銀行的聯準會將利率降回〇％，且再次膨脹資產負債表，接下來，聯準會還有沒有其他招數可用？他的

2020 年 2 月 28 日（星期五）

全美病例數	全美死亡數	道瓊工業指數	VIX 恐慌指數
15	4	25,409 （↘ 357）	40.11 （↗ 0.95）

答案是：有，但必須前往國會山莊，和梅努欽並肩作戰，一同強力爭取國會通過財政救濟方案。

聯準會一開始就對這個醞釀中的問題提高警覺，這樣的表現讓定期以眾議院金融服務委員會首席共和黨籍議員身分與鮑爾及奎爾茲對話的北卡羅萊納州眾議員派屈克・麥亨利（Patrick McHenry）感到非常驚艷，畢竟聯準會的幕僚群裡並沒有醫療專家。他說：「他們是政府單位中最先察覺到後續可能發展的人。」

如果外星人入侵，該怎麼辦？

彭斯接下新冠病毒專案小組首長後，梅努欽與庫德洛隨即加入該小組，針對防疫措施對經濟的影響提供他們的見解。不過，川普和庫德洛還是堅持，唯有聯準會才能提供所有必要的經濟應對措施，其他政府單位沒有這個能力——一直到三月初，他們兩人都堅持這個立場。但在聯準會官員眼中，他們倆的立場既危險且愚蠢。因為如果經濟活動大規模停擺，「降低利率」充其量只能帶來最微不足道的利益。

何況，此時聯準會的利率已經處於歷史低檔區——經過聯準會官員在二〇一九年七月至十月的三次降息，此時的利率僅介於一．五%至一．七五%。過去兩次經濟陷入衰退時，聯準會都有高達五個百分點的降息空間（指距離〇%利率），但以此刻的狀況來說，那根本是不可能的任務。

在香港，政府為了遏制新冠病毒傳播而採取的措施已導致經濟陷入衰退，於是，當地政府宣布，將對每一位居民發放相當於一千兩百八十四美元的一次性現金給付。相形之下，白宮還在等待國會核准一項區區八十億美元的撥款法案；即使這個金額是川普政府開口要求的二十五億美元的三倍，卻依舊少得可笑。美國經濟體系一個小時就能產出約二十億美元的產值，而且，若換算成每人分得的金額，這筆微不足道的總撥款金額，相當於每個美國人只能分配到二十四美元。

上個星期一，鮑爾走出從利雅德飛回美國的班機時，就在思考是否有必要在三月的會議中降息。但他發表那份簡潔聲明後，短短五天（也就是星期五當天），情勢的發展就逼得他不得不懷疑：他們可能沒辦法再等十九天。時間似乎正加速前進。過去一個星期發生的種種事態證明，他最擔心的事正一件接著一件發生。於是，鮑爾判定，如果聯準會決定要緊急降息，最好馬上付諸實行。唯一的問題只剩下該如何安排相關步驟的順序。

二〇二〇年，七大工業國（G7）的主席碰巧輪到美國輪值（其他成員國包括加拿大、法國、德國、義大利、日本與英國）。梅努欽在那個週末告訴鮑爾，他將在三月三日星期二當天，透過電話召集一場G7財政部長會議。鮑爾決定，如果聯準會打算降息，那麼把降息行動和那場會議掛鉤在一起，會更有意義。G7將召開電話會議的消息在星期一提前走漏，促使投資人認定當局將採取大手筆的行動——類似二〇〇八年十月各國央行聯合降息的那種行動。於是，道瓊指數隨即飆漲近一千兩百九十四點（五．一%），是二〇〇九年三月以來的單日最大漲幅，也是有史以來最大上漲點數。

那個星期一下午，川普在白宮和製造業的高階執行主管開會，有人問他，白宮是否應該準備經濟振興方案，但他不但不管那個問題，還說道瓊指數正在大漲。反正梅努欽手上也沒有任何規劃好的大手筆振興方案，其他國家的財政部長或央行官員也一樣，畢竟當時只有幾個英語圈國家（加拿大、澳洲和英國）的央行實際上還有調降利率的空間。

當天晚上七點，鮑爾和大約二十位身處華盛頓的聯準會官員一同前往聯準會的特殊圖書室集會，那是大廳旁一間擺滿書櫃的陰暗小協商室，正好在大會議室對面。他們坐在視訊會議的螢幕前，與從全國各地打電話進來的各地區聯邦準備銀行總裁對話。當時，克里夫蘭聯邦準備銀行總裁洛麗泰·梅斯特（Loretta Mester）為了一場演說而前往倫敦，她也在當地時間的午夜，以電話加入這場視訊會議。到猶他州鹽湖城（Salt Lake City）度週末的奎爾茲，則是從聯準會當地的分支辦公室打電話進來。

幕僚群先簡略敘述了經濟展望快速崩壞的種種現象。研究與統計處處長史黛西·特芙琳（Stacey Tevlin）提出一個惡劣的全新可能情境：若情勢發展到她推估的那個狀態，經濟將會陷入溫和衰退，失業率則將上升至六%。只不過，後來的事實證明，特芙琳的預測顯然低估了事情的嚴重性。往昔，聯準會處理過非常多因大型銀行或避險基金破產、勞工資遣案激增或天然災害等導致國內某一領域的成長暫時遭到壓縮的狀況，不過，它幾乎沒有應對過這種會蔓延到全國各地的傳染病。不論是經濟學家還是其他政策制定者，全都難以理解經濟體系怎會如此突然且劇烈下滑，最終甚至完全停擺。

2020 年 3 月 2 日（星期一）

全美病例數	全美死亡數	道瓊工業指數	VIX 恐慌指數
72	11	26,703（↗ 1,294）	33,42（↘ 6.69）

鮑爾向與會人員解釋他召集ＦＯＭＣ成員開會的理由。他原本希望至少等到四月的表定例會再降息，不過，事到如今，那已不再是個合理期待。美國境內的確診病例已超過五十人，這些病例散布在超過七個州，且經確認已有十一人因此疾而亡。他說，這種病毒已對經濟前景構成了具體的風險，所以，聯準會必須發出清晰的訊號，讓外界知道它了解眼前種種事件的影響有多深遠，因而更果斷採取行動，對抗日益緊縮的金融情勢。

鮑爾發表了他即將在隔天早上十點（也就是Ｇ７電話會議後幾個小時）宣布的提案：調降聯邦資金利率〇．五個百分點，也就是將利率降到一％至一．二五％。直到這時，鮑爾還是認為美國仍有相當高的機率能避免陷入衰退，不過，聯準會必須竭盡全力來提高這項機率。鮑爾說：「**全世界都指望我們做這件事，而且，此時此刻，這麼做是正確的。**」幾位聯邦準備銀行總裁提醒，這麼做可能會有過度反應之嫌；只要聯準會採取某種出人意料或不尋常的行動，就有可能造成反效果，不僅無法提振信心，反而會帶來動盪，因為那類行動會導致華爾街瘋狂猜測**聯準會究竟掌握了什麼我們不知道的訊息？**

在正常的情況下，聯準會官員並不會浪費太多時間煩惱這個問題，因為只要是聯準會內部的經濟學家能取得的官方經濟數據，通常外界人士也都拿得到。不過，眼前驅使聯準會制定決策的因素是醫療方面的發展，而非經濟數據。由於情況的變化非常迅速，到處都充斥著錯誤的訊息。華爾街流言蜚語四起，說聯準會已取得ＣＤＣ的機密簡報（其實沒有），華爾街人士更是斷定，聯準會一定比一般民眾更了解病毒的威脅有多嚴重（其實沒有）。奎爾茲暗自忖度：**如果我能做決定，我不會調降〇．五％，那太多了**。不過，礙於他曾向鮑爾承諾，如果他有任何建議，只會私下向鮑爾坦承提出；在公開場合，他將支持鮑爾的所有選擇。所以，他當下並沒有公開發難。

這場會議耗時大約一個小時，所有與會者全體一致通過這個決定。基於程序上的理由，鮑爾等到隔天早上才投票，這樣聯準會才能暫時不宣布他們的決定，等到G7電話會議結束後再對外公布。星期一那場會議結束後幾個小時（也就是紐約時間晚上十點半），澳洲央行搶先宣布將利率調降二十五個基點，達到〇．五%的歷史新低水準。

凌晨一點三十分，川普再度以他一貫憤恨不平的謾罵方式，在他的推特上標記澳洲央行的決策：「傑伊．鮑爾領導下的聯準會打從一開始就預測錯誤。悲哀！」

星期二當天，梅努欽主持的G7電話會議從早上七點開始，但只花了二十三分鐘就宣布散會，會後的聲明也只是敷衍了事地提到各國誓言將做好採取行動的準備。對市場來說，這份聲明根本就是個大空包彈。當天早上十點，聯準會宣布降息之際，梅努欽正好在一個國會專題小組的聽證會上作證，聯準會的決定引來國會山莊那個委員會會議室裡的一陣小聲咒罵。鮑爾那天早上已預先告知梅努欽，聯準會將降息〇．五個百分點，但當梅努欽拿起他的iPhone，看到一則關於這個決策的新聞快報時，卻顯得很訝異。

與此同時，克拉里達正在巴爾的摩水岸一間沒有窗戶的旅館會議室裡，參加G7副財長與央行副總裁會議。事後回顧，那場會議成了接下來一年多最後一場能親自出席的國際財經官員會議。聯準會宣布這項訊息時，克拉里達也即刻向在場與會的官員朗讀這份聲明，整個會議室頓時傳來一陣倒抽一口氣的聲音。

打從葛林斯潘自一九九四年開始對外公開宣布聯準會的利率調整決策以來，FOMC只在四個其他情境下，在表定會議日期尚未來臨之前就批准降息：一九九八年避險基金巨擘長期資本管理公司（Long Term Capital Management）破產之際、二〇〇一年經濟衰退之前，以及二〇〇八年金融危機期間的兩次降息。

這份聲明被發送到各個新聞網時，渣打銀行（Standard Chartered）外匯市場操作研究部部長史蒂芬・英格蘭德（Steven Englander，他是擁有耶魯大學博士學位的經濟學家）正好在這家亞洲投資銀行的紐約交易部任職。他說：「那個當下對市場來說，就像走『狗屎運』的時刻。」「很多人不斷說：『這是怎麼回事？他們還要兩個星期才會開會耶。目前的情況並沒有明顯惡化，但他們卻採取了以前只有在緊急狀況時才會採取的行動。』」

聲明宣布之後大約十五分鐘，市場聞風大漲。幾位歐洲央行官員趁機取笑聖路易斯聯邦準備銀行總裁詹姆斯・布拉德（James Bullard），他們語帶戲謔，對他說：「如果外星人入侵地球，華盛頓的第一個反應應該是降低利率。」

那天早上大約十點四十五分，川普再次於推特上宣稱：「還不夠寬鬆，要繼續降息！」十五分鐘後，鮑爾在倉促安排的記者會上解釋，不管市場的立即反應如何，他都迫切認為有必要採取行動，以免大大小小企業的舉債成本進一步增加。由於和病毒有關的負面新聞報導可能會變得更令人驚慌，聯準會只希望竭盡所能，阻止金融市場停擺的可能性。鮑爾說：「我們當然知道降息不會降低感染率，也無法修復中斷的供應鏈。」

到那天結束時，原本樂觀看待聯準會降息行動的心態突然全部轉為恐懼。隨著投資人倉皇尋找避險天堂，十年期公債殖利率重挫到一％以下，這是有史以來首次出現的狀況。剛在前一天創下有史以來最大漲幅的股票，也吐回了昨日一半以上的漲幅，以下跌近八百點收盤。股市的下跌透露了降息政策有其極限的現實，降息終究不是萬靈丹；另外，股市的重挫也凸顯出鮑爾認定川普的立場（川普主張把所有問題「全丟給聯準會處理」）過於輕率的看法是正確。

鮑爾想得沒錯——他強力主張，這場對抗大流行病的戰爭需要各方採取廣泛的應對措施，包括公共衛生政策乃至國會、州長與市長等層級，都必須群策群力才行。不過，某些評論家卻認為聯準會這次的行動有流於恐慌之嫌，他們認定聯準會的利率降幅過大、太早降息。在柯林頓總統任內擔任財政部長、並在歐巴馬總統任內擔任資深經濟顧問的賴瑞・薩默斯（Larry Summers）主張，中央銀行的過度反應比病毒更讓民眾感到害怕。他在一場電視訪問中說：「我建議他們放慢腳步，這樣情況會好很多。」「有時候，備而不用的武器比已經發射、但未產生顯著效果的武器更有影響力。」[5]

畫面轉回巴爾的摩，各國的副財政部長進行完一整天的會議之後，一同享用晚餐，但大家的情緒都相當緊繃，個個愁容滿面。準備在星期三的定期例行會議中降息的加拿大央行的官員原本考慮提前二十四小時，和聯準會同步宣布他們的決定；不過，他們後來又決定不這麼做，以免讓人覺得情況變得更加緊急。國際貨幣基金組織（International Monetary Fund，簡稱

2020 年 3 月 3 日（星期二）

全美病例數	全美死亡數	道瓊工業指數	VIX 恐慌指數
114	11	25,917 （↘ 786）	36.82 （↗ 3.4）

IMF）的資深官員托比亞斯．阿德里安（Tobias Adrian）把克拉里達拉至一旁，主動提出他的意見，他說：「你們知道萬一情況惡化，你們將不得不做得遠比這次還多吧？」

最壞的打算

就在鮑爾從利雅德歸國短短九天後，聯準會與整個國家（在這件事情上）深深陷入未知的領域。政策制定者的個人生活很快就陷入連經濟危機時期都不常見的顛覆狀態。二〇〇八年金融危機期間，聯準會眾理事和各個聯邦準備銀行總裁雖然常常睡眠不足，但那時他們並不需要擔心家族成員或同事會因染上某種鮮為人知、且具極端傳染性的病毒而被送進醫院治療——甚至死亡。此時公共衛生的應對措施完全不可靠，聯準會的官員對此幾乎束手無策，也幾乎無力緩解這種無形的傳染病帶給投資人或消費者的恐懼。過去一整年，光是推敲川普衝動的「推特治國」風格會對經濟造成什麼潛在影響，就已經夠讓聯準會官員頭痛了，但此時此刻，他們還得擔心川普抗拒承認新冠病毒威脅的思維，會對經濟造成什麼傷害。

聯邦政府慢郎中般的回應，讓波士頓聯邦準備銀行總裁艾瑞克．羅森格倫（Eric Rosengren，他是十二位聯邦準備銀行總裁中在任最久的一位）不得不提高警覺。波士頓聯邦準備銀行的某位前董事（他正好是某醫院的高階執行主管）與其他當地的專家不斷提供羅森格倫醫療局勢的最新相關資訊。羅森格倫的女兒在康乃狄克州擔任醫師，她也向父親表達了憂慮。二月底，位於波士頓的生技公司百健公司（Biogen Inc.）召開了一場資深經理人策略會議，事後證明，那場會議成了超級傳播活動——會議結束後兩週，麻州的衛生部門公告，該州有七十位被推定或確認感染的病患，和百健公司的會議有關。

這一連串不祥的消息，促使羅森格倫開始為家人囤積N95口罩、不易腐爛的食物，以及其他生活用品。波士頓聯邦準備銀行還下令員工不得前往疫情爆發的國家旅遊（此時這樣的國家已愈來愈多），總之，該行的指引比CDC的指示更加嚴格。三月四日星期三，羅森格倫與波士頓市長馬提．沃爾什（Marty Walsh）開會時，羅森格倫告訴市長，他可能「很快」就會被迫封鎖整座城市，但市長似乎對他這番說法甚感詫異。[6]

羅森格倫對後續衛生狀況的看法相當悲觀，這樣的想法也影響到他的經濟預測：他對經濟前景的看法也同樣慘澹。羅森格倫事後解釋：「當你把每個人都關在家裡，勢必會在經濟體系造成巨大的漣漪效應。」「當時我個人的觀點是，我們即將陷入非常嚴重的困境。如果繼續允許民眾搭飛機，病毒遲早會抵達我們的國門。所以，我們理應非常憂慮才對。」

那個星期五，羅森格倫將與其他五位聯邦準備銀行總裁參加一場在紐約舉行的研討會——不過，他怕被病毒感染，所以缺席了前一晚的晚宴。他交代波士頓聯邦準備銀行的員工，從下週一開始居家辦公。研討會當天，羅森伯格也在演說時提出警告，他說，聯準會的眾多傳統工具有可能無法妥善應對這種病毒所造成的公共衛生衝擊。基於這個理由，羅森格倫進而提出一個引發爭議的意見：他建議調整聯準會的治理章程，以便賦予中央銀行購買更廣泛資產的迴旋空間，包括公司債。

要聯準會官員修訂《聯邦準備法》，大概就像要他們在未接受麻醉的情況下接受根管治療一樣令人卻步。更大的職能或許能改善他們執行貨幣政策的能力，但一旦動到這份法案，也代表國會可能會趁機硬塞一大堆聯準會避之唯恐不及的修訂條文到整套法案裡。根據現有的法律限制，中央銀行只能購買美國公債、政府擔保的不動產抵押貸款證券，以及短期市政債券。不過，長年採行近乎零利率政策的日本與歐洲央行早已展開更大手筆的購債計劃，包括購買公司債。

這項提案肯定會上頭條新聞。羅森格倫對聯準會那一年的三次降息都抱持反對立場，因為他擔心較低的利率可能會助長激進的風險承擔行為，進而促成危險的泡沫。不過，此時的他站在一群聯邦準備銀行總裁面前，大聲疾呼應擴大聯準會的新職權，以便為放款市場提供最終擔保。坐在觀眾席裡的芝加哥聯邦準備銀行總裁艾文斯心想：**「哇嗚！」「他變得很不一樣呢！」**

羅森格倫事後提出了他的理論基礎：「很明顯，我們的利率將會降至〇％下限。顯然，我們將會實施某種規模的QE。而且，當時的情勢已清楚顯示，最有效率的做法就是允許我們購買其他型態的證券，只不過，那時候我們並沒有那項職權。」

事件的演變馬上證明他的觀點是正確的。儘管那天早上公布的二月分就業報告還算正向，指標十年期公債殖利率卻跌到另一個歷史新低點：〇．七％。二〇〇八年危機過後，聯準會曾為了振興經濟而壓低長期利率，但如果長期利率已趨近於零，這個方法可能就不太管用了。

羅森格倫也在演說的過程中懇請國會與白宮出手。他說：「或許我們對貨幣政策的期望太高了。」「在利率非常低的環境下，我們應該花更多時間思考如何讓財政政策發揮它應有的作用力。」

到那個週末，美國至少已有六位州長宣布轄下的州進入緊急狀態，美國有三十個州共出現四百名確診病例，還有二十六人死亡。史丹佛大學表示將改採虛擬視訊教學。更糟糕的是，檢驗量能嚴重低於檢驗需求——CDC只完成一千五百八十三件檢驗，公衛實驗室也只完成五千八百六十一件。相形之下，人口只有美國的六分之一的南韓，**每天**卻進行了一萬件檢驗。[7]這個現象代表，實際上感染病毒的病例數遠高於被檢測出來的病例。美國人光是看到官方公布的確診病例數就已經夠驚恐了，但實際的情況遠比那些表面數字嚴重非常多。

那個週末，川普總統也召集了一場特別嚴肅的新冠病毒專案小組會議。梅努欽離開會議室時對庫德洛說：「病毒來了，而且來勢洶洶。」庫德洛雙眼直直地盯著梅努欽，應道：「你的看法恐怕是對的。」

2020 年 3 月 6 日（星期五）

全美病例數	全美死亡數	道瓊工業指數	VIX 恐慌指數
445	26	25,864 （↘ 257）	41.94 （↗ 2.32）

第八章

分崩離析

三月八日星期日當天，達拉斯聯邦準備銀行總裁卡普蘭帶著他五歲的兒子去觀賞那孩子人生的第一場籃球賽，那是達拉斯獨行俠隊（Dallas Mavericks，注：前稱達拉斯小牛隊）主場對上印第安那溜馬隊（Indiana Pacers）的賽事，當天共有兩萬名粉絲齊聚美國航空中心球館（American Airlines Center）。獨行俠隊最終以一一二比一〇九的些微得分差距飲恨。三天後，整個聯盟停止營運——直到七月底，這兩支球隊才恢復賽程。

那場比賽結束時，達拉斯聯邦準備銀行的首席能源分析師打電話給卡普蘭，提醒他注意形勢：那個週末，俄羅斯與沙烏地阿拉伯未能就石油減產達成市場預期中的協議。這個發展的時機非常糟。因協商失敗而起的油價之戰肯定會導致美國中部一些負債累累的能源探勘商陷入破產邊緣；禍不單行，此刻的華爾街也正因疫情的可能負面影響，而一天比一天緊張。

直到那時，儘管每天的股票與債券成交價及成交量持續大幅波動，市場的運作卻還算相對平穩。不過，隨著新冠病毒的相關限制開始適用到工作場所，空氣中瀰漫了一股新的恐懼，大家擔心，一旦華爾街的銀行業者與經紀商開始要求交易員遠距上班，或甚至全面實施居家上班令，這些銀行業者和經紀商要如何維持原本的功能？而此時的油價之戰，就像對已經搖搖欲墜的金融市場補上重重的一拳。

二〇一五年當上達拉斯聯邦準備銀行總裁的卡普蘭曾在高盛公司任職二十三年，接著在哈佛商學院任職九年，他說：「誠如我們的理解，光是應對新冠病毒應該就已經夠棘手了。」「俄羅斯人和沙烏地人星期日所做出的決定進一步加重了此時的壓力，因為能源在信用市場占有重要的一席之地，這項令人意外的聲明已在信用市場上掀起一股波瀾。」

由於世界各地愈來愈多國家加入中國的行列，陸續實施封城令，全球原油的需求因此重挫，產油國被迫面臨兩個選擇：一是減少原油生產量，以支持目前的價格；二是繼續維持原來的生產水準，但放手讓價格下跌。為了搶奪莫斯科的市場占有率，沙烏地阿拉伯選擇了後者作為採行的戰術。於是，石油供過於求的憂慮迅速在美國週日深夜時間開盤的亞洲金融市場蔓延。

病毒株倍增

隔天早上六點十五分，紐約聯邦準備銀行總裁威廉斯離開他位於曼哈頓市中心的獨立產權公寓，前往辦公室參加一場中央銀行官員虛擬研討會。這場會議通常是在瑞士的巴塞爾（Basel）舉辦，但旅遊禁令導致實體會議無法召開。鮑爾則是從華盛頓的辦公室參與這場會議。他們都已做好準備，迎接這場即將來襲的衝擊——但事實證明，所有的發展都和他們預期的一樣糟糕。

由於非常多石油公司發行了大量垃圾債券（也就是低於投資等級的債券），一旦能源公司承受壓力，那些壓力往往就會蔓延到石油產業之外。相關的原因包括基金經理人有可能因持有數十億美元「有行無市」的能源公司債券而陷入困境，一旦出現那樣的狀況，成百數千家利用垃圾債券來進行融資的企業（包括但不僅限於石油企業）都會面臨舉債成本上升的窘境。

由於石油開採企業所發行的債券為數龐大，沙烏地與俄羅斯的油價之戰遂在華爾街啟動了一波拋售潮，且拋售的對象不僅止於能源企業。早上九點三十分，美股一開盤就因股價跌幅過大，觸動了二十三年來第二次的熔斷機制（circuit breaker）——這是為了避免一九八七年黑色星期一市場崩盤事件重演而設計的冷靜期。交易被凍結十五分鐘，重新開盤後，賣壓繼續快速湧現。原油價格重挫三〇%，十年期公債殖利率則達到另一個歷史新低點，跌破〇・五%。

這波金融恐慌導致各國瘋狂搶買美元。那個星期一的中午十二點十五分，威廉斯與經驗豐富的紐約聯邦準備銀行的市場權威羅莉・羅根（Lorie Logan）一同打電話給鮑爾、克拉里達與華盛頓的幕僚群，進行一場電話會議，除了討論市場現況，也詳列了後續的因應對策。羅根的團隊發現，美國公債的賣壓正在加重，因為巴西乃至墨西哥等國的央行正為了捍衛本國通貨，爭相提高美元。此外，歐洲國家的中央銀行與日本央行——這些國家的本國通貨相當健全——也加入搶購美元，目的是為了確保**它們本國的**商業放款機構有能力繼續應付當地對美元的需求。

鮑爾和他的首席副手依照眾多應對計劃的可行制定速度與頒布速度，將應對這場恐慌的計劃案分成三類。第一類包括極快速承作更多所謂附買回交易（repurchase agreement，簡稱 repo）的短期貸款，也就是「附買回貸款」（repo loans）。基本上，聯準會平日就會把現金借給諸如摩根大通（JPMorgan）、巴克萊銀行（Barclays）、富國銀行集團（Wells Fargo）以及花旗集團等經批准的經紀自營商。這些大型銀行會接著將從聯準會借來的資金，轉貸給避險基金與其他機構，同時換回諸如美國政府債券等超級安全的擔保品。這種交易行為能為金融體系增加一種特殊型態的電子現金，稱為準備金（reserves）；而當經濟體系的現金增加，金融齒輪理當有了潤滑，並得以維持正常運轉。

聯準會自二〇一九年開始縮減資產負債表後，已從九月開始供應更多附買回貸款，作為縮表的搭配措施，因為聯準會斷定，中央銀行縮減資產負債表的舉措，已從經濟體系抽走太多準備金。如今，他們更考慮啟動一項更激進的操作：承作更多二十八天期的放款，而不是只承作傳統的隔夜貸款或兩週期貸款。

第二類計劃包含無法立即宣布、但那個星期稍晚或許可以展開部署的計劃，包括所謂的美元「交換額度」(swap lines）：在這個交換額度的架構下，聯準會將以固定期限將美元借給外國的中央銀行。那些央行可進而將取得的美元借給它們的本國銀行，好讓那些銀行償還它們的美元計價債務。而聯準會將因出借美元而收到一筆等值的外幣貸款，作為交換。總之，這些交換額度將有助於抒解國際間瘋狂搶購美元的緊張狀況。

第三類計劃包括因尚未就緒而無法在短期內宣布或實施的計劃。

最後一個政策行動項目凸顯出一個疑問：「FOMC有必要在下週三前採取任何行動嗎？」——為期兩天的表定FOMC會議將在三月十八日星期三結束。短短一個星期前，聯準會才剛緊急降息〇．五個百分點，此時要進行第二次緊急降息嗎？那將會是史無前例的作為。

鮑爾和克拉里達暗自希望他們不會淪落到需要嚴肅考慮此選項的地步。

那個星期一收盤之際，道瓊指數重挫了二〇一三點，跌幅達七・八%，是二〇〇八年以來最糟糕的跌幅，也是道瓊指數有史以來第一次單日下跌兩千點以上。組成標準普爾五〇〇指數的十一個產業全數下跌，能源產業的跌幅特別深，當天重挫了二〇%。這樣的跌幅使長達十一年的股票多頭市場接近告終。油價出現一九九一年一月波斯灣戰爭以來最嚴重的跌幅。三十年公債殖利率則有史以來首度跌破一%，達〇・九三八%。VIX指數飆升，當天一度達到六十二點，是二〇〇八年十二月以來最高水準。

大約下午五點，鮑爾發了一則訊息給克拉里達與威廉斯，提醒他們留意，一些嗅覺敏銳的聯準會觀察家和其他外部分析師已經預測，利率將在三月十八日之前降至〇%。鮑爾表示，他並不願意那麼做，但那些人的看法也透露了整個局勢的惡化速度有多快。

如果在愈來愈嚴重的混亂之中還有一線希望存在，那就是市場正在逼迫川普與國會山莊的議員更嚴肅正視經濟體系可能遭受的潛在衝擊。那個星期一，白宮顧問在橢圓辦公室裡，針對如何設計救助方案一事展開了激烈的唇槍舌戰，會議的氣氛極為緊繃，因為川普連珠砲似地不斷指責財政部長梅努欽未能加緊逼迫鮑爾降息。[1]

2020 年 3 月 9 日（星期一）

全美病例數	全美死亡數	道瓊工業指數	VIX 恐慌指數
1,061	35	23,851 （↘ 2,013）	54.46 （↗ 12.52）

輪到財政政策上場

隔天，川普、庫德洛與梅努欽前去參加參議院共和黨議員的每週政策午餐會議。川普總統堅決希望國會能通過停徵薪資稅九十天的議案：雇主可因此停止預扣六・二％的稅金（代表員工應付的那部分社會安全稅）。不過，他的想法並沒有得到支持。南卡羅萊納的參議員林賽・葛瑞姆（Lindsey Graham）說：「我得考慮考慮。」「這可不是一筆小錢，能不能把這些資金用在刀口上，更妥善應用到實際上受衝擊的經濟部門？」[2]

會後，參議院多數黨領袖米契・麥康納（Mitch McConnell）宣布，梅努欽將代表共和黨和眾議院議長南西・裴洛西（Nancy Pelosi）談判，因為幾個星期前，總統彈劾案提出以來，川普總統就拒絕和眾議院議長說話。就這樣，面對即將來襲的這場經濟危機，川普漸漸變成一個看熱鬧的旁觀者。這場會議結束後，他只給了記者一個不知所云的評論：「做很多事的感覺真棒。」

•••••••••••

一個星期前，歐巴馬總統的前首席經紀顧問傑森・福爾曼（Jason Furman，此時在哈佛大學教書）在《華爾街日報》上寫了一篇專欄，提出應實施大型經濟振興方案的理由，並主張這項振興方案必須遠大於民主與共和兩黨政治人物當時正考慮採行的方案。他提出的建議案估計將耗資三千五百億美元，這份建議案包羅萬象，其中心組成要素呼籲對所有納稅的美國公民或居民發放一次性的一千美元補助，並發放五百美元給每一位孩童。隨後，民主黨籍的重量級眾議員邀請福爾曼在三月十一日星期三到民主黨幹部會議上概要說明他的計劃。

病毒以及相關的局勢發展令福爾曼愈來愈不安。哈佛大學已在前一晚宣布學生將轉為全體遠距教學。相較之下，在國會山莊迎接福爾曼的民主黨人卻顯得一派輕鬆，讓福爾曼感到很絕望。某些國會議員告訴他，他們也認同應該大手筆採取行動，正因如此，他們計劃在五月——也就是兩個月後——提出一份基礎建設法案。另一位國會議員則表示：**每個人都把癥結推給病毒，但眼前的所有憂慮不是和石油輸出國家組織（OPEC）與股市有關嗎？**

福爾曼為了闡明他的論點，並讓那些議員認清國會有必要花更多錢，於是他把重點放在流行病學而非經濟學，他解釋：**美國和歐洲受病毒感染的人數每三天就增加一倍。美國充其量只比歐洲落後一週。看看義大利與西班牙的曲線，兩國的染疫人數都呈現指數增長。**

福爾曼告訴這些國會議員，他認為除非國會馬上採取行動，否則即將發生的狀況將比二〇〇八年金融危機更加駭人，且後果可能會更嚴重。他點名參議院內掌握稅法大權的財政委員會中、民主黨第一把交椅——奧勒岡州的榮恩·魏登（Ron Wyden），並問他：**你難道不知道，將會有五十萬人死亡嗎？**

歷史將證明福爾曼的看法是正確的，但當時沒有任何與會人士願意信他。

談話結束後，在場的國會議員確實有點動搖，但福爾曼前腳剛走，裴洛西似乎又打算否決他發放現金的想法。總之，福爾曼想像中的巨大財政政策

2020年3月10日（星期二）

全美病例數	全美死亡數	道瓊工業指數	VIX恐慌指數
1,497	37	25,018（↗1,167）	47.30（↘7.16）

振興方案不可能在短期內實現。政治機能失調、對問題嚴重性的缺乏理解，以及過度依賴聯準會管理經濟問題的能力等，代表此時球還是掌握在鮑爾手上，一切全看他下一步要怎麼走。

恐慌開始

全球金融市場存在的目的，是為了適時將資金轉移到需要資金的地方，而受到世界超級強權美國這個國家擔保的美國公債（通常簡稱國債），是終極的「無風險」資產。美國公債被用來作為其他（規模達數十兆美元的）金融工具的價格設定基準、作為美國政府的融資工具、作為投資與避險工具，且被聯準會用來作為落實貨幣政策的工具。所以，美國中央銀行最重要的根本責任之一，就是確保這項無風險資產能保持徹底的流動性；而所謂徹底的流動性，指的是投資人能在隨心所欲的時刻，將美國公債瞬間換為現金。

美國公債的安全性往往能發揮使金融市場自我穩定的效果。通常來說，當投資人聽到不好的經濟消息，就會購買美國公債。當其他金融商品的投資人一窩蜂試圖規避風險，債券的價格就會上漲。美國公債既是能平安度過風暴的完美場所，也是能賺取利潤的避險工具。不過，三月十一日星期三當天，這樣的傳統關係開始瓦解，而這個關係的崩解，有可能透過一系列更廣泛的融資市場，引爆一場災難性的崩潰。如果連美國公債都變得不安全，全球金融恐慌幾乎已在所難免。

那天早上，新聞快報指出，波音公司（Boeing）計劃最快在週五全額動用一筆一百三十八億美元的放款工具——那是一筆事先安排好的信用額度，從前該公司從未耗盡這些額度。此時，航空旅遊已完全停擺，所以波音和航空公司面臨營收幾乎全面崩潰的窘境。投資人認為波音這項聲明代表它已走投無路，於是開始拋售該公司的股票，使得波音股價重挫。不僅如此，永利度假村（Wynn Resort）與希爾頓酒店（Hilton Hotels）也追隨波音的腳步，開始動用信用額度，以免在需要現金來維持營運時，變得無錢可使。隨著營收消失，愈來愈多企業開始猜測它們未來可能無法取得新融資，於是紛紛開始透過現有的信用額度動用借款，以便儲備發放薪資與償還帳款等所需的現金。

高盛公司的財務主管貝絲．漢馬克（Beth Hammack）負責管理並監督公司高達一兆美元的資產負債表，她說：「通常我們認為，透過這種企業工具借款會留下非常負面的汙名。不過，這場迅速蔓延的大流行病讓人產生了不同的想法。」「在這種時刻，如果你身為企業的財務主管卻不動用那些工具，反而會顯得你好像徹底失職；而一旦許多企業都這麼做，當然會對銀行體系、乃至公司債市場帶來極大的壓力。」[3]

由於非常多企業在同一時間動用了信用額度，華爾街的銀行業者遂面臨沉重的現金壓力。紐約聯邦準備銀行的分析師察覺到，金融機構漸漸無法取得定期融通資金（指銀行業者與其他金融機構之間較長天期的貸款）。這個情況顯示，在經濟體系流通的資金明顯不足。

畫面轉向達拉斯：卡普蘭接見一群投資業高階執行主管時，某大型私募基金的老闆突然打電話來，他走出辦公室和對方通話。對方告訴他，有消息傳出，包括黑石集團（Blackstone）與凱雷集團等私募基金公司，正指示旗下投資組合裡的企業動用它們的信用額度。

卡普蘭回座後，問其中一位高階執行主管：「你們在搞什麼？」「這個消息屬實嗎？你們知道嗎？現在媒體到處在傳這個消息。」

那位高階執行主管一臉心虛，低聲回道，他們還沒有發布正式的命令；更何況，他們當然也不想讓那些指示公諸於世。**太遲了**。卡普蘭心想：**損害已經造成，你們已經製造恐慌了**。

通常，企業只會在極度害怕日常現金需求（例如發薪）沒有著落的時候，才會動用這些備用放款來源應急。

銀行業本身的財務長也對當時的現象非常緊張。試想，如果每個貸款人都在同一時間動用貸款額度，銀行業者勢必得爭先恐後設法鞏固自家的資產負債表。根據銀行業者在三月十一日結束那一週申報的資料，新工商業貸款的金額增加了兩百七十億美元，比原來增加了一％，而這兩百七十億的新貸款幾乎都導因於企業動用了它們的信用額度。但接下來一週，那類的放款又暴增了一千四百二十億美元，也就是增加六％，是一九七三年聯準會開始發布那類數據以來，最大的單週增加金額。

總之，企業界看似理當審慎的作為，卻製造了一股恐懼感。一如所有最嚴重的金融恐慌，這股恐懼感迅速形成了一個自我實現的循環。

投資人竭盡所能，火速把能賣的都賣了。債券價格和股票價格因此同步下跌，導致長天期政府公債殖利率上升。投資人的行動充分透露了他們沒有說出口的想法：**我們迫切需要現金，所以連美國公債都要賣掉**。在這個瘋狂爭奪美元的過程中，美國公債不再能發揮傳統的市場避震器功能，而這個現象導致投資組合經理人更積極拋售手上所有的部位，狂搶美元的風潮也因此愈演愈烈。

紐約聯邦準備銀行的市場處處長辛格說：「無處可藏。避險天堂已不復存在。」「對我來說，二〇二〇年真正最令人驚懼的是，國庫債券殖利率竟然在股票市場崩盤之際急速竄升。從市場的視角來說，這是一種無法對沖的風險。」

交易的平倉

當時，美國公債市場還承受了另一股壓力：避險基金所謂「基差交易」（basis trade）的普遍性套利（arbitrage）交易的崩潰。這種交易原本是利用利率市場上的微小訂價差異來獲益，而因為訂價差異非常小，所以企業必須用透過隔夜「附買回」市場借來的大量資金，從事大量這類交易，才能真正獲得有意義的利潤。通常這種交易的風險非常低。不過，此時此刻，隨著市場波動性轉趨異常，原本這類極低風險的基差交易，竟開始發生嚴重虧損；當然，這也迫使避險基金不得不出清它們的基差交易部位，除了力求變現，還要避免虧損擴大。與此同時，許多避險基金也面臨融資追繳(margin calls)的命運，代表它們必須提供更多擔保品，否則就會被斷頭；而為了避免慘遭斷頭，避險基金紛紛選擇自我了斷，也就是拋售它們的美國公債部位。於是，在這個堪稱史上最惡劣的時刻，融資追繳令又觸發了美國公債市場的更大賣壓。事後，聯準會的經濟學家推算，在三月分的公債拋售潮當中，有高達一千七百三十億美元的賣壓要歸咎於這類交易。[4]更糟的是，平常理當會利用這類極端混亂狀況所衍生的套利機會獲益的投資人，此時也無法從事他們的套利交易，原因很簡單：他們貸不到資金來從事新的交易。

在美國公債最初承受賣壓之際，紐約聯邦準備銀行的幕僚群就發現，附買回市場有可能再次發生去年九月的狀況。聯準會的下一步，就是再度擴大它提供的附買回貸款金額。那天下午，羅根的團隊將總放款額度大幅調高到五千億美元。他們盤算，即使市場沒有立即接受聯準會提供的較高總貸款額度，至少能讓投資人清楚了解到中央銀行有意穩定市場，而一旦投資人理解央行的意圖，信心就有機會回升。不過，這項聲明並沒有在當天造成明顯的影響。因為資金根本無法順利通過流通管道。

不是只有聯準會未能有效安撫市場。在倫敦，英格蘭銀行於當天早上緊急降息，把利率調整到該行三百二十五年歷史以來的最低水準。在宣布降息決定的同時，英國央行還公布了一項包含大型政府支出振興計劃的更廣泛方案。

即將在四天後結束任期的英格蘭銀行總裁馬克．卡尼（Mark Carney）表示：「這是因應重大局面的一個龐大方案。」不過，雖然倫敦金融時報一〇〇指數（FTSE 100）最初短暫大漲，當天收盤卻還是創下四年來的新低。

銀行業的額外努力

三月十一日，高盛公司執行長大衛．所羅門（David Solomon）到國會山莊對一個兩黨合作聯盟的國會議員（從那天開始，大家見面不再握手，而是改為碰肘）發表談話，當時那個兩黨合作聯盟正為了爭取更多的救助基金而對白宮展開遊說活動。紐澤西民主黨的眾議員喬許．戈特海默（Josh Gottheimer）說：「他沒有粉飾太平，但大局令人欣慰。」[5]

那天下午，所羅門與銀行業高階執行主管在白宮內閣室的會議室裡開會時，也傳達了類似的訊息。他告訴總統：「我們一定能度過這個難關，不過，我們全都需要一些指引。」在場的銀行業執行長輪番上陣，鼓勵川普提供更多救助給暫時失業的人、小型企業以及醫療產業。

美國銀行執行長布萊恩．莫伊尼漢（Brian Moynihan）從正向積極的觀點來表達他的遊說內容，他說：「從檢驗乃至建造醫院……如果我們能把林林總總的事情做好，過不久一定能戰勝病毒。」問題是，川普有搞懂他所要傳達的訊息嗎？川普雖點頭表示同意，接著卻像隻鸚鵡一樣，選擇性重複莫伊尼漢的說詞（但只說他覺得受用的部分）：「如果我們迅速擺脫這個問題，一切就會迎刃而解。我們不需要振興方案。」

會議在下午四點鐘破局。那些高階執行主管查看一下手機，發現道瓊指數又下跌了五％。從二月十二日的高點兩萬九千五百十一點至今，道瓊已重挫了二〇％，這代表二〇〇八年金融危機以來，長達十一年的多頭市場已正式成為歷史。打從道瓊指數一八九六年彙編以來，從未出現過指數在那麼短的期間內，從歷史高點轉為空頭市場。更不妙的是，債券價格也和股價同步下跌，促使三十年期國庫長期債券殖利率從前一天的一．三％竄升至一．四九％，而那個星期一，該殖利率只有〇．九八％。花旗集團的股價則是重挫了八．六％。

下午五點鐘，克拉里達與鮑爾和威廉斯一同進行一場電話會議，他提醒二人留意一篇彭博社的報導，內容提到，基差交易的平倉行為正導致美國公債市場原本已經很不尋常的壓力變得更加沉重，他說，這篇報導所言不假。即使克拉里達自認相當熟悉利率套利市場的所有環節，他最初的反應卻也認為，平倉交易所帶來的衝擊將會在兩天之內結束。另一方面，身在紐約的羅根和威廉斯則開始準備大幅增加聯準會將在隔天提供的低成本附買回貸款額度，期待這些低成本的貸款額度能促使銀行業者開始透過金融體系轉移更多資金。

封城

那天下午，梅努欽到內閣室會議室與銀行業高階執行主管開會之前，已經和其他官員先在川普的橢圓辦公室裡辯論過，是否要暫時禁止歐洲人來美國旅遊；不過，梅努欽覺得自己將成為辯論敗北的一方。那天稍早，世界衛生組織（World Health Organization）正式宣布新冠肺炎已演變成全球性的大流行病。不久前才被任命為新冠病毒專案小組協調員的陸軍醫師暨前美國全球愛滋病協調員黛博拉・柏克斯（Deborah Birx）在這場會議裡主張，若能阻止所有確診個案進入美國，就能防止動輒數百名病例的新群聚事件發生。

但梅努欽卯足全力反對那樣的禁令。他警告：「這一定會導致經濟陷入蕭條。」「航空公司將被擊垮，波音也會被擊垮！」梅努欽繼續：「更別說球賽、競選活動了！」[6] 儘管與會者當中也有其他人私下表示深有同感，但這位比較喜歡別人稱他「史蒂芬」的財政部長，卻是在場唯一提出這類論述的人。

川普說：「史蒂芬，反對的只有你這一票喔。」

由於這場會議耗時超過原訂計劃，所以，他們後來又轉移陣地，到內閣室繼續開會，並改由彭斯主持整場討論。柏克斯要求查看梅努欽的數據。她說：「我有數據顯示，就算我們夠幸運，我國的死亡數還是會遠遠超過二十五萬人。」「而如果我們此時此刻採取強力壓制的手段，我國的死亡人數將是二十五萬人。你呢？你有什麼數據？」

梅努欽正緊急擬定某種計劃，以避免政府實施柏克斯所提議的那種流於過度反應的措施。**我們能不能基於保護的目的，將老年人與高風險人口隔離起來，不讓其他任何人接觸到他們就好？**會議室裡的其他人立刻反駁這個想法：**你打算怎麼做？安排他們住進旅館嗎？**馬上就有人附和：「那不就有點像把他們安排到遊輪上？待在遊輪上就比較安全嗎？」

國家過敏與傳染病研究所所長佛奇先前早就警告，情況即將嚴重惡化，《紐約客》（*The New Yorker*）雜誌的一篇評論指出：「美國境內沒有任何地方有可能維持正常的商業活動。就算今天開始採取減緩病毒擴散的措施，時效上也延誤三個星期了。」[7]就往年的狀況來說，一場嚴重的流感季就可能足以導致六萬名美國人死亡。但如今，這種病毒的致命率比嚴重流感病毒還高二十倍。

和銀行業者開完會後，川普重新召集專案小組開會，討論要如何發布新聞。此時梅努欽已被派去向美國主要航空公司的執行長轉知最新的旅遊禁令。那天晚上九點，川普在橢圓辦公室發表一席罕見且嚴肅的談話，並表示，他將要求國會採取緊急行動，使「受病毒衝擊的美國人能安心待在家中，不需要擔心財務陷入困境。」不過，所有人卻只記得，他宣布將從那個星期五的午夜開始，對來自歐洲的人員與貨物實施三十天的禁令。貨物禁令最令人訝異，因為那代表美國和歐洲之間一年高達一兆美元的貿易往來，將不得不局部暫停。期貨市場因而大跌。於是，總統的助理迅速更正總統的談話，指出這項禁令並不構成對美國公民的限制。一個小時後，川普也針對自己的演說，在推特上發布了一段修正內容，說明這項禁令不適用於貨物。

猶他爵士隊（Utah Jazz）與奧克拉荷馬市雷霆隊（Oklahoma City Thunder）原本排定在川普發表全國演說前一個小時，在奧克拉荷馬市市中心的切薩皮克能源球場（Chesapeake Energy Arena）進行一場比賽。不過，這場賽事經過三十七分鐘的延遲後，麥克風傳來一個聲音，宣布比賽延期：「今晚請各位遵守秩序，慢慢離開球場。我們很安全。」

事後，球迷們才得知，原來爵士隊的中鋒魯迪・戈貝爾（Rudy Gobert）經病毒檢驗後，呈現陽性反應。這場賽事暫停後不到一個小時，NBA就宣布整個賽季將無限期停賽。隔天，迪士尼樂園（Disneyland）也表示將在星期六封園，這座主題樂園成立六十五年來只封園過兩次，一次是在一九六三年甘迺迪總統遭到暗殺之後，另一次則是在二〇〇一年九月十一日美國遭到恐怖攻擊之後。

接下來，美國各地開始陸續封城。

2020 年 3 月 11 日（星期三）			
全美病例數	全美死亡數	道瓊工業指數	VIX 恐慌指數
1,915	43	23,553 （↘ 1,465）	53.90 （↗ 6.6）

第九章

超越極限，爭取達陣

財政部長史蒂芬．梅努欽與傑伊．鮑爾每個星期會輪流在各自的正式用餐室，進行一次固定的早餐會議。過去兩年間，鮑爾不斷聽說（不是直接聽到梅努欽說），川普將他對聯準會的不滿遷怒於財政部長，他怪梅努欽當初力薦鮑爾。在這場大流行病爆發之前，川普對財政部長的訓斥已成了橢圓辦公室的日常。但自始至終，梅努欽都沒有找鮑爾吐苦水，也沒有請他幫忙安撫總統的憂慮。鮑爾也自始至終認為，梅努欽是他的忠實後盾，因此，他們對彼此關係的信任程度，遠比在公開場合上看起來的更加穩固。

三月十二日星期四早上，向來守時的梅努欽遲到了。早上八點鐘，他還坐在艾克斯大樓外一輛怠速的黑色休旅車裡，深色的車窗將他與外界隔絕，他正忙著打電話和眾議院議長裴洛西，討論下一個紓困方案的概要內容。

梅努欽深知裴洛西協商非常有一套，既精明又沉著。但他也知道，在二〇〇八年金融危機最危急之際，她曾循序漸進透過一個不受歡迎的銀行紓困案，一步步幫助小布希政府擺脫那場危機。如今，成功紐約銀行家之子梅努欽和巴爾的摩政治大老之女裴洛西，正聯手安排政府的應對措施，處理這場持續蔓延的危機。參議院共和黨人與川普的會議破局之後，總統在參議院多數黨領袖麥康納勉為其難的默許下，把尋找解方的責任交給梅努欽。

新一波市場崩盤走勢讓梅努欽與裴洛西更深刻感受到這個任務的急迫性。星期三當天，他們已針對後來的一千九百二十億美元補助計劃之具體內容進行過兩次討論，內容包括免費新冠病毒檢驗、提高食物券補助資金，以及給予感染這項大流行病的勞工十四天的有薪病假等等。星期四當天，他們又透過電話聯繫了八次，早上那通電話是第一通。此外，梅努欽也定期把最新的協商進展轉達給眾議院的共和黨領袖以及川普總統。

打從前一年秋天的一場外交政策會議以來，裴洛西就再也沒會見過總統，因為川普在那場會議中對這位民主黨領袖發動強烈的人身攻擊，導致她怒氣沖沖，離開那場會議。川普經常在公開場合嘲笑她是「瘋子南西」，不過，他們之間的仇恨在二月分達到最高點。僥倖逃過眾議院彈劾並被參議院宣告無罪的川普拒絕在國情咨文（State of the Union）演說中和裴洛西握手。當時，在擠滿達官顯要的會場上，裴洛西站在川普身後，大剌剌地把手上的川普正式演說稿當場撕毀。隨著川普和裴洛西之間的關係降到冰點，金融市場的疑慮明顯加深，因為那代表美國迫切需要推動的財政救濟方案可能會遲遲無法落實，甚至連在議會上通過都有問題。

因此，國會和白宮能否即時應對這場迫在眉睫的經濟災難，取決於梅努欽與裴洛西的協調結果。

一如裴洛西，鮑爾也是不受川普歡迎的人物，不過，他和梅努欽之間向來維持著一種有建設性的關係。那天早上，鮑爾和梅努欽好不容易終於可以坐下來喝咖啡，享用水果與優格等早餐，兩人的話題旋即轉向「最糟可能情況」的應變計劃。二〇〇八年金融危機期間，柏南克緊急啟用了聯準會章程中鮮少被動用、但威力強大的**〈第十三條第三款〉**條文。這項條文允許中央銀行在危機爆發期間廣泛對外放款，但七位聯準會理事當中，必須有五位投票支持打造那樣的放款工具。總之，唯有聯準會認定「局勢例外且緊急」時，才能行使這項職權。

即使聯準會並未被授權直接購買諸如公司債或有毒的不動產抵押貸款型資產等較高風險的資產，卻能在它認為局勢「例外且緊急」時，行使特殊放款權；而一旦聯準會開始行使這項特殊放款權，它就能創設一家有限責任公司，進而利用這家公司購買那類高風險資產。

聯準會在二〇〇八年危機爆發期間與結束後所實施的那些緊急放款計劃曾引起極大的爭議，最終甚至促使國會透過二〇一〇年的金融監理修法案《多德－弗蘭克法》對那類緊急放款權設下新的限制。從那時起，聯準會沒辦法再像拯救貝爾斯登與ＡＩＧ那樣，動用「例外且緊急」的權力，為個別銀行業者或金融機構紓困。國會要求，一旦聯準會動用那類放款，就必須更雨露均霑。具體來說，除非預定獲得援助的機構至少達到五家，否則聯準會就不能引用那條條款。

國會議員也要求，聯準會在啟動〈第十三條第三款〉相關的任何計劃之前，必須先取得財政部長的簽准。此外，由於聯準會認定政府方面不允許央行發生放款損失，所以，它可能會先取得財政部對它的損失補貼保證，以確保一旦聯準會因購買尚未獲得政府擔保的證券或貸款（包括公司債，或被綑綁在一起、重新以證券的形式對外銷售的汽車貸款與信用卡貸款）而發生虧損時，財政部願意負擔那些損失。

梅努欽說：「隨著情況持續惡化，我們已開始思考是否有任何無須取得國會同意的工具可用。」[1]

放款最後擔保計劃的準備工作落在聯準會理事布蘭納德的頭上。從三月初開始，她就忙著打造聯準會本身應對病毒風險的規定，包括取消差旅，以及對獲准進入聯準會各大樓的人數設限等等。鮑爾知道布蘭納德和他一樣，支持以積極的貨幣方法來應對這場即將到來的風暴。

布蘭納德十年前在財政部任職時，就在幕後與歐洲官員合作，根據某個歐陸銀行危機應對策略設計了幾項關鍵工作計劃，當時她表現得非常出色。在那場危機最嚴重之際，各國財政部官員曾召開多次會議，一位與會者回憶，布蘭納德在某一場會議中指揮若定，吩咐其他國家的財政部官員應該要實現什麼目標。與會者表示：「她沿著會議桌來回踱步，並用手指頭指著『我們要你做這個、這個，還有這個。』」「當時的情況真的很不尋常，那些官員忙著記筆記，而且打算照著她說的去做。」

那個星期，鮑爾要求布蘭納德加入他和克拉里達與威廉斯的行列，在可預見的未來，與他們共同打造應對政策。於是，三巨頭成了所謂的「三巨頭加一」。後來，她也成了鮑爾在這場大流行病危機期間最信賴的副手。

戰地醫學

市場開始崩跌後，川普在星期三晚間發表的演說更是讓投資人徹底心死。投資人原本指望川普能透過這場演說詳細說明華盛頓當局將要如何具體協助勞工與企業。然而，新聞頭條不是報導歐洲旅遊禁令，就是報導ＮＢＡ賽季暫停，這些報導內容讓民眾原本難以憑空想像的經濟損失變得清晰可見。

星期四早上，由於投資人不清楚當局還有什麼法寶能收拾當前的局勢，華爾街的緊張氣氛進一步惡化。企業界開始實施所謂的業務韌性計劃——二〇〇一年九月十一日恐怖攻擊後，相關企業奉命設定設定這些企劃，並在二〇一二年超級風暴珊迪（Hurricane Sandy）導致下曼哈頓關鍵基礎建設受創後再度修訂（當時各交易所因這場風暴的重創而休市兩天）。在芝加哥期貨交易所交易大廳營業的芝加哥商品交易集團（CME Group）宣布，將在星期五結束營業後關閉交易大廳，這是美國大型交易所有史以來首度發出這類預警。標普五〇〇指數聞訊下跌，於是，股市剛開盤沒幾分鐘，就因下跌超過七%的限制而暫停交易十五分鐘。

星期四早上八點三十分，克拉里達發了一份「計劃草案」給鮑爾，並針對下週聯準會會議的內容，提出幾個不同方向的建議。這份草案建議，將聯邦資金利率降至接近〇%，並為證券經紀商提供幾乎無限額的隔夜與短期融通額度。

除此之外，克拉里達還提議將貼現率降至接近〇%，貼現率是銀行業者直接向央行貼現窗口貸款時，必須支付給聯準會的另一項利率。即使是在二〇〇八年金融危機期間，聯準會都沒有調降貼現率。幾十年來，貼現率大致上已漸漸成為一種象徵性的利率，除非遭逢極度危難的時刻，否則銀行業者不會輕易訴諸貼現窗口。但這一次有可能就是極度危難的時刻，而聯準會想要鼓勵銀行業者多多使用貼現窗口。最後，克拉里達建議至少購買五千億美元的美國公債；一旦這個計劃宣布，市場將會立即把這個舉動視為另一次的大規模購債——也就是即量化寬鬆——只不過，這項措施曾在十年前引起非常大的爭議。克拉里達建議，從那個月開始到年底，每個月購入六百億美元的美國公債，他還建議，或許可集中購買非最新發行、且交易最不活絡的非指標公債（off-the-run），也就是最新發行的特定期限（maturity）指標長期公債或中期公債以外的其他所有長期與中期公債，因為那類美國公債正導致市場的運作變得一團混亂。

克拉里達已在一個星期前回到他位於康乃狄克州韋斯特波特（Westport）的家，他原本只打算回家度個週末，不過，隨著整個美國東北走廊地區的健康疑慮明顯升高，他只好繼續留在家裡。克拉里達的居家辦公室也兼作錄音室，幾年前，他曾在這個房間錄製過他的原創民謠搖滾專輯《亙古不變》（*Time No Changes*）。三月十二日當天，他在這間從錄音室轉為辦公室的房間裡，登入一台聯準會發放的惠普（HP）筆記型電腦（這是他取得聯準會加密電子郵件與連接聯準會加密視訊系統的唯一管道），加入和鮑爾、威廉斯與聯準會高階幕僚群的會議。正當眾人討論，實施更大規模的美國公債購債計劃會有什麼好處時，某些人因為不知道該怎麼精準對外說明此時實施大型購債計劃的基本理由，而表現出遲疑的態度。難道投資人不會以**量化寬鬆**來稱呼這項計劃嗎？

聯準會內部平常的確是以「量化寬鬆」等字眼來形容旨在壓低長期利率以振興經濟的那類計劃，不過，「壓低長期利率以振興經濟」並非此時需要實施那類計劃的真正原因。聯準會內部普遍認同，聯準會勢必要更大手筆介入市場，但威廉斯等人一向不太情願承諾購買較長天期的債券。聯準會當然能以「維護市場正常功能運作」的理由，來解釋為何要購買債券，但克拉里達擔心，如果市場很快就恢復正常運作，聯準會對外所聲明的這個基本理由，反而可能會逼得他們不得不在克拉里達認為還不宜退場之際，就停止購債。

其他同事主張採取循序漸進的應對措施，且對提高整體購債額度有所遲疑，這讓克拉里達感到很挫敗，所以，他試圖鼓勵這個團隊跳脫語義上的擔憂。

他說：「我才不管外界是否稱它為去他的ＱＥ。」

果不其然，市場很快就變得幾乎無法維持正常運作，道瓊指數重挫了兩千兩百五十點。到了這個節骨眼，已經完全沒必要計較計劃的名稱了。

在離證券交易所只有幾個街區之遙的紐約聯邦準備銀行，羅根的團隊提出了兩個和央行市場干預行動有關的大規模變革。第一個建議是，他們將對外宣布一個非常高的附買回貸款總額度，但實際上則會提供無上限的附買回貸款。如果鮑爾批准，他們將在當天稍晚提供價值五千億美元的三個月期貸款，並在星期五提供另外兩組各五千億美元的額度。總計他們將承諾向經濟體系投入一兆五千億美元的現金，之後還會每個星期提供一兆美元的一個月期貸款。不過，即使聯準會提供更多資金供銀行經紀商使用，也不代表那些公司已經準備好拿那些資金來放款。

一旦遇到這個情境，就該換第二項變革上場了。紐約聯邦準備銀行的市場部門老鳥羅根，先前已獲得ＦＯＭＣ授權每個月購買六百億美元的美國國庫券（即一年內到期的債券），以促使去年九月以來降至過低水位的準備金回到正常水準。如今，她打算建議購買較長到期期限的美國公債，因為此時三十年期的長期公債市場承受了極大的壓力，賣壓正源源不絕湧出。交易員發現，就算彭博終端機螢幕上列出了特定證券的報價，但實際上根本找不到願意以那些報價購買那些證券的經紀商。換句話說，全世界最具流動性的債券市場正一天天枯竭。

為了落實這些購買計劃，鮑爾援引了FOMC對紐約聯邦準備銀行的年度方針裡一項鮮為人知的條文，那項條文允許他「為了適當解決美元融資市場操作上或高度不尋常性質的暫時中斷問題……而進行交易。」這項緊急授權是FOMC官員是在二〇一三年超級風暴珊迪來襲之後加入的，但鮑爾也認為，若他們真要採取那樣的行動，至少得先徵詢FOMC票委的意見才行。於是，鮑爾、克拉里達和威廉斯三人便分頭致電給其他十一位聯邦準備銀行總裁。

中午十二點三十分，紐約聯邦準備銀行用一份簡潔的聲明來宣布它的計劃，宣布之後，道瓊指數收復了早盤的部分跌幅，少跌了一千點。不過，聯準會在下午一點四十五分開價出售的第一筆五千億美元附買回協議的交易結果顯示，銀行業者只接受了七百八十四億美元的融資。讓威廉斯大感意外的是，儘管聯準會的融資增加了，問題卻沒有解決——這和去年九月準備金短缺時的狀況截然不同。如果聯準會為銀行業者提供了廉價的可用現金，但銀行業者卻不願意進一步把那些廉價的現金借給顧客，那就代表銀行業者正試圖保全自家的資產負債表。

憂鬱的科學家

二〇〇八年金融危機過後，柏南克責成四位經濟學家建構一個專責金融體系穩定性的新部門。聯準會的研究與統計、國際金融、貨幣政策與銀行業務監理等部門，一共延攬了數百位博士級的經濟學家。不過，在金融危機爆發之前，聯準會從未專門成立單位來監控潛藏於華爾街陰暗角落、且可能造成金融不穩定的那類威脅——也就是會導致央行面臨猝不及防險境的那類威脅。

二〇一七年，五十一歲的經濟學家安德烈亞斯・李諾特（Andreas Lehnert）開始擔任這個部門的處長，他向來對災難的相關研究十分熱衷。他家書房裡的書櫃上擺著一系列描述民眾在國家公園死亡的書籍，包括《優勝美地死亡事件》（*Death in Yosemite*）、《大峽谷死亡事件》（*Death in the Grand Canyon*）與《黃石公園死亡事件》（*Death in Yellowstone*）等等，還有不少描述民眾在其他野外災難中死亡的書籍。此外，他的書櫃上也有一些描述如何經營大型內陸都市的醫院的書、描述厄運連連的《挑戰者號》（*Challenger*）如何做出發射決定的書；更有一本書，名為《建築物為何會倒塌》（*Why Buildings Fall Down*）。李諾特從小就沉迷閱讀，他父母還擔心他過度沉溺在書籍的世界，一度將他的書鎖起來。結果，有一天，父母回到家後，發現李諾特竟然在閱讀電話簿，並研究各種不同撥號代碼。有一次，在奧克拉荷馬州東北部巴特列斯韋爾市（Bartlesville）的菲利浦斯石油公司（Phillips Petroleum）工作的父親，帶了一本《經濟學人》（*Economist*）雜誌回家，李諾特隨即對這本雜誌愛不釋手，並自此深深愛上這項憂鬱的科學。

一九九八年，李諾特加入聯準會。早在不動產抵押貸款市場從熱潮轉為崩潰前，他就升任首席研究經濟學家，不過，他差點在升遷之前離職。當時的聯準會主席葛林斯潘對一群信用合作社高階執行主管發表演說時，引用了李諾特針對指數型不動產抵押貸款（adjustable-rate mortgage）的利益所做的一些研究。葛林斯潘的意見引起住宅融資遊說團體的強烈反彈，更重要的是，這些團體的勢力非常龐大。李諾特對於自己的研究導致「大師」陷入爭議一事感到非常沮喪，於是他在一場幕僚會議中遞出辭呈，但葛林斯潘只是揮揮手，對他說：「別鬧了。」「只不過是政治操作罷了。」

身為威脅研究處的部門主管，李諾特每年一月都會選擇一個年度主題，作為該部門員工的基本研究框架；這些年來，這個部門的人員也慢慢擴編到大約五十人。先前某一個年度，他的團隊其實曾做過一輪和大流行病有關的規劃。不過，他們並沒有認真設想過當局實施廣泛居家令的可能性（此令會導致經濟活動驟然停擺，包括產出的大幅崩減，或是對現金的極端高需求等等）；他們只檢討了較高死亡率的風險——所謂的**超額死亡**（excess mortality）——有可能導致人壽保險公司承受極大壓力等問題。

二〇二〇年，李諾特選擇「危機管理」做為年度主題，當初選擇這個主題的主要考量在於，他擔心他的團隊已漸漸失去和操作、後勤運籌、溝通等方面的某些機構記憶（institutional memory，注：指整個組織所有人員的概念、知識與經驗等的總和），也漸漸沒那麼了解聯準會打擊危機的現成工具組合。沒想到新年度才剛展開短短幾個星期，他們為了預演規劃會議而擬定的計劃，就被新冠疫情的實彈演習打斷。

工具備忘錄

二月底，李諾特的團隊開始編製和每日金融發展有關的完整概要報告，並發送給聯準會理事會。這份報告主要著眼金融體系當中有可能迅速瓦解的環節。即使市場上有一百萬件不同的事物有可能出差錯，可能導致金融體系迅速崩潰的瓶頸點畢竟相對來說少一些；他們主要聚焦在不同的融資市場，並從中密切觀察是否有哪些領域的壓力正開始蔓延到其他領域。

李諾特也開始整理一份他所謂「工具備忘錄」的Word文件，這是一份概念組合，整份文件雖稱不上嚴謹，當中卻包含一系列的措施，可供聯準會在情況急遽惡化時推行。備忘錄還包括聯準會在二〇〇八年危機期間曾使用過的緊急放款操作，此外，這份備忘錄也審慎考慮為短期公司借據（IOU，即所謂的商業本票〔commercial paper〕，是企業用來進行日常商業營運融通的工具）重新啟動某種最後擔保，同時打算為防範另一波貨幣市場基金（很多投資人將之視為約當現金）擠兌而事先做好防範措施。然而，由於聯準會從二〇〇八年以來所採取的緊急措施至今仍高度具政治爭議，所以他不敢確定是否應該加速推動工具備忘錄內所登載的計劃。

到了星期四早上，一場規劃會議讓李諾特找到了答案。

鮑爾和梅努欽一起用完早餐，便召集幕僚到一間改裝後的會議室開會——一九七〇年代以前，艾克斯大樓這間會議室向來被當成正式的餐廳使用。幕僚齊聚一堂，針對更積極干預市場的優、缺點提出簡報。中央銀行是天性謹慎的機構，本來就不會吸引喜歡承擔風險的人才加入；不難想見，央行官員偏好花一點時間等待，看看狂野的市場起伏會不會在一天、兩天或三天後自動消失。更何況，有時候採取大膽的措施形同對老謀深算的投資人提供紓困；然而由於這種投資人會蓄意從事高槓桿且高風險的投機性操作，所以對這種投資人紓困很容易引來外界的撻伐。撻伐的理論基礎大致上和「道德風險」有關，與批判一九九一年新英格蘭銀行紓困案時所持的理論基礎大同小異。會中一位處長級的聯準會幕僚警告：**避免他們虧錢並不是聯準會的工作。我們真的要救助這些明知投資低流動性非指標美國公債的風險較高、但又執意為之的避險基金嗎？**

會議進行沒多久，鮑爾就介入了。此時此刻，美國正面臨世界主要經濟體同步關閉的重大危險局面。他說：**這是一生難得一見的全球歷史性災難**。鮑爾說：「我們手上確實有這些工具。」「而如果我們不充分使用這些工具，我實在不知道將來要怎麼對大眾交代——我要怎麼向大眾解釋，為何我們明明有工具可用，卻沒有即時使用那些工具來扭轉局勢。目前的局勢和我們曾經歷過的所有其他局勢都截然不同。」

李諾特走出會議室時，他已毫無懸念，準備開始積極協調，促成所有同僚採取一致的行動。他心想：**好，讓我們一起超越極限，爭取達陣吧！**

我們集會的目的不是為了弭平利差

同樣是那天早上，歐洲央行在一棟閃閃發亮、直入法蘭克福天際線的四十五層大樓裡召開會議，審慎考慮應對病毒的下一個方案。歐洲比美國更早受到病毒的侵擊，疫情也明顯比美國更嚴重；此時，義大利的死亡人數已超過一千人。遺憾的是，歐洲央行總裁拉加德比鮑爾更左支右絀，她沒有那麼多工具可用來振興經濟成長。多年來，聯準會官員一直擔心低利率政策可能會導致他們對抗經濟萎縮的火力不足，相較之下，歐洲央行的利率更是早就降至〇％以下：

此時為負〇・五%。因此，歐洲央行投票反對將利率降至更低的負數水平——它決定採取一套購債振興措施。

紐約時間早上九點半，拉加德在記者會上一坐定，隨即就宣布了歐洲央行的救助方案。八年前，時任歐洲央行總裁馬里奧・德拉吉（Mario Draghi）發表了有史以來最成功的央行官員演說，那時拉加德也在場。話說二〇一二年七月，歐元區的種種經濟問題對歐元造成了沉重的壓力，並導致整個歐洲貨幣同盟面臨了瓦解的風險。隨著義大利與西班牙的歐元計價債券殖利率飆升，某些人更開始推測這兩個國家將分別回歸里拉（lira）和比塞塔（peseta）等本國通貨。當時，德拉吉告訴倫敦的聽眾：「歐洲央行已準備在我們的法定委任範圍內，不惜一切代價保全歐元。」接著，他停頓了一下，補充了一句戲劇性的誇詞：「相信我，這樣就夠了。」

他的演說內容一傳出，交易員紛紛決定停止放空歐元。**不惜一切代價**自此成了一個代表性的用語，因為這些字眼傳達了德拉吉含蓄但堅定的承諾，也就是：如果沒有投資人願意購買義大利或西班牙的債券，能隨心所欲印製無限歐元的歐洲央行一定會取代投資人的位置，出手購買那些債券。事後，歐洲央行並沒有採取任何顯而易見的行動，市場就在幾乎不費一兵一卒的情況下趨於平靜，歐元也明顯轉強。

曾任八年國際貨幣基金總裁的前法國財政部長拉加德，於二〇一九年十一月一日接續德拉吉的職務，擔任歐洲央行總裁。她接手的是一個支離破碎的歐洲央行委員會，整個委員會由歐洲各國央行官員組成，其中，作為歐元區最大經濟體的德國，特別激烈反對德拉吉的擴張型政策。拉加德和鮑爾一樣是律師出身，沒有受過經濟學家的訓練。當時，歐洲各國政府遲遲無法就財政應對措施採取聯合一致的行動，讓拉加德感到非常沮喪，因為在缺乏財政支援的情況下，中央銀行承擔的壓力也相對變得更加沉重。

那天早上的記者會上，她的表現嚴重失態，結果造成了和德拉吉**不惜一切代價**那番說詞幾乎完全相反的效果。事情的原委在於：相對於德國債券殖利率，當時義大利的主權債券殖利率正大幅飆升，導致義大利公債與相對幾乎零風險的德國公債之間的利差擴大，所以一位記者問她，歐洲央行能為義大利等特別遭受重創的國家做些什麼。

拉加德回答：「我們集會的目的並不是為了弭平利差。」「這不是歐洲央行的功能，也不是歐洲央行的使命。有其他工具能弭平利差，實際上也有其他參與者正在應對那些議題。」

她的失言嚇壞了投資人。一位法國經濟學家表示，她的說法「和**不惜一切代價**恰恰相反。」義大利債券殖利率聞言飆升，當然，這番評論也隨即引來羅馬當局的譴責。

後來，拉加德試圖在幾個小時後的CNBC訪問裡，為她的評論消毒。她說：「我會百分之百致力於避免歐元區在艱難時刻分崩離析。」不過，對於正受病毒肆虐與美國旅遊禁令等雙重打擊的歐洲來說，那席話的損害已經造成。星期四當天，泛歐Stoxx六〇〇指數創下了有史以來最大單日跌幅，重挫一一%。

二〇二〇年三月十二日星期四，道瓊工業指數下跌了一〇%，以兩千三百五十二·六點作收，是二〇〇八年金融危機以來最大的單日跌點。有史以來，道瓊指數只有三天的單日跌幅超過那一天，包括一九八七年的黑色星期一，以及一九二九年十月二十八與二十九日，那兩天的股市重挫引發了經濟大蕭條。更糟糕的是，債券與股票價格延續前一天的下跌模式，並波及其他資產類別。

當時的經濟局勢發展導致投資人被迫面對一場比二〇〇八年更加嚴重、且直逼一九三〇年代的災難。如果企業被迫結束營業，民眾也不得不蟄伏在家，最終可能會有高達數百萬人失去工作。

你們聽過TALF嗎？

星期五清晨六點鐘，鮑爾火速發了一封電子郵件給克拉里達，詢問他的意見：週末降息是否尚屬合情合理？還是要等到下個星期三的FOMC會議再採取行動？

克拉里達回覆：「星期日降息很合理。」此時此刻，第一優先要務在於，一旦利率降到〇%以後，要如何微調他們的基本訊息。他們的共識是：**我們已經做很多了，而且預期將會有好的結果，但是我們當然也做好了採取更多行動的準備。**

那天早上九點，一位首席貨幣事務官員將FOMC的最新提案寄給鮑爾和副手們，提案的主要內容是：將聯邦資金利率降至接近〇%，並至少在十二月之前，每個月購買一千億美元的美國公債。

那天清晨，克拉里達用另一份便箋詢問鮑爾和威廉斯，財政部是否願意

2020年3月12日（星期四）			
全美病例數	全美死亡數	道瓊工業指數	VIX恐慌指數
2,592	52	21,200 （↘ 2,353）	75.47 （↗ 21.57）

透過梅努欽可動用的特別資金預算來籌集緊急放款計劃所需的資金。克拉里達附帶補充：「但願我們不會走到那一步。」鮑爾回覆，梅努欽已經參與了。

如果聯準會打算購買較高風險的資產，它將需要財政部或國會保證它不會發生虧損，因為儘管沒有法律明文規定聯準會只能承作有把握不會發生虧損的貸款，但聯準會的內部政策規定它不能因放款而發生虧損。聯準會固然可藉由收取較高的手續費來抵銷可能的債務違約損失，但如果手續費過高，導致沒有人願意貸款，所有的努力也等於白費。

向國會開口要錢會把事情複雜化，而且曠日廢時，所以，面臨緊要關頭，最吸引人的資金來源就是所謂的外匯穩定基金（Exchange Stabilization Fund，簡稱ＥＳＦ）。嚴格根據法律來說，這個帳戶裡大約九百億美元的資金，理應供財政部干預外匯市場所用。外匯穩定基金由國會與羅斯福政府在一九三四年成立，最初設立的目的，是讓美國退出金本位後，可用外匯穩定基金來穩定美元的價值。不過，雷曼兄弟於二〇〇八年破產，並導致金融市場陷入最恐慌局面之際，財政部曾宣布將動用外匯穩定基金裡的五百億美元，為某幾檔貨幣市場基金共超過三兆美元的存款提供暫時的擔保。當時，財政部未取得國會的同意就採取行動，事後國會正式追認了這項擔保計劃，並補足了外匯穩定基金的資金。不過，從那時開始，國會也禁止財政部再次動用外匯穩定基金來提供那種擔保。

三月的第二個星期結束時，紐約聯邦準備銀行的市場處高階執行主管辛格開始和梅努欽的首席幕僚群接洽，辛格提出：「**你們聽過ＴＡＬＦ嗎？**（Term Asset-Backed Securities Loan Facility，注：定期資產擔保證券貸款機制）**這是我們在二〇〇八年與二〇〇九年啟動的一系列**

放款機制。我們正在重溫這些內容，或許你們也該溫習一下——尤其是財政部提供權益資金（equity）給聯準會吸收損失的那部分內容。」

二〇〇八年金融危機爆發期間，財政部從銀行紓困基金中撥出兩百億美元，給聯準會執行一項名為TALF的特殊放款計劃。定期資產擔保證券貸款機制這個名稱本身就頗具爭議，因為它提供廉價貸款給退休基金、避險基金和其他不良債權的投資人，讓它們得以用這些貸款來大量收購諸如信用卡、汽車貸款與商業不動產抵押貸款相關的較高風險證券。這項行動旨在重振多半在銀行體系外運作的那類債務的市場，具體做法是由聯準會出面，協助民間部門參與者重振市場。

到這刻為止，白宮經濟顧問庫德洛已默默推廣財政部－聯準會放款機制的概念一個多星期（先是向梅努欽說明，稍後又向川普進言，不過，川普依然執著於利率，也就是逼迫聯準會降息）。和幾乎所有金融恐慌爆發時的情境相同，此時的問題癥結在於信用的供給，而非信用的價格。儘管梅努欽最初似乎對那種放款操作的必要性心存懷疑，但隨著經濟崩潰程度有可能一天比一天惡化，國會領袖很快就意識到，梅努欽正努力和裴洛西協商的那個目標性救助法案的規模太小，不足以扭轉局勢。

三月十三日星期五，梅努欽在市場開盤前接受CNBC的訪問，他提到：「第一回合是八十億美元的法案，這是第二回合。」他說，第二回合的第一優先待辦事項將是救助航空公司與中小型企業。

電視節目主持人問梅努欽，傳聞指稱市場即將休市是怎麼一回事。梅努欽答覆：那些傳聞

「荒謬至極。」「我們會竭盡所能維持市場開盤。」

CNBC的吉姆．克瑞莫（Jim Cramer）詢問梅努欽，財政部是否和國會與聯準會之間維持密切的合作關係——他這麼問的目的是要提醒梅努欽，在二戰之前與戰爭期間，幸好羅斯福總統的財政部長（摩根索）和聯準會主席（艾克斯）「攜手合作」，才能度過難關。梅努欽卯足全力安撫市場，他表示，白宮不會在這個緊要關頭退縮。他說：「無論如何，我們財政部、聯準會或國會都將提供流動性，提供流動性將是全體政府單位在總統的領導之下共同採用的方法。」

當訪問的討論內容轉向市場一九八七年十月黑色星期五當天重挫了二二%的話題，梅努欽試圖用對比的方式加以說明：「一九八七年時，我還是一名年輕的交易員，當時的狀況比現在可怕得多好嗎！」

梅努欽試圖提振士氣的說法並沒有讓任何人相信，他會和德拉吉一樣**不惜一切代價**採取行動，不過，至少政府方面終於有人發出慎重的訊息來安撫市場了（只不過，好鬥成性的川普似乎不會履行梅努欽所傳達的訊息）。那天早上梅努欽聲稱，聯準會一兆五千億美元的銀行放款額度堪稱「史無前例」。他還暗示財政部將推出其他放款計劃，儘管國會已經對那類計劃設限。

兩人的話題繼續。講到隨著愈來愈多企業動用信用額度，銀行業者可能面臨嚴峻的挑戰時，梅努欽鼓勵銀行業者在必要時向聯準會的貼現窗口尋求緊急貸款：「它們應該毫不猶豫取用貼現窗口的資金。對銀行業者來說，那是用來承作企業放款的另一個絕佳流動性來源。」

這場訪問正好在股票市場開盤之際結束，道瓊指數在開盤幾分鐘之內飆漲了一千零二十五點。

但就在梅努欽信誓旦旦表示，這是「全體政府單位在總統的領導之下共同採用的方法」之後不久，川普又在推特上發文猛烈攻擊聯準會：「聯準會**最終**必須將聯邦資金利率調降到和其他主要國家央行相當的水準。傑伊．鮑爾和他的團隊導致我們的經濟與生理狀態處於劣勢。這絕對不是應有的做事方式。還有，給我**振興方案！**」

最後一輛計程車問題

星期三與星期四，紐約聯邦準備銀行開始送職員回家。星期五當天，羅根搭乘威廉斯為她安排的轎車（這樣她就不必從上西城搭地鐵通勤），抵達該行位於梅登巷（Maiden Lane）的總部。此時此刻，搭乘公共運輸工具似乎非常不智，那得承擔不必要的感染風險。

美國公債市場最新的交易數據顯示，情勢已極為險峻。三十年期政府公債委買與委賣之間的價差（也就是最低委賣價和最高委買價之間的差價）達到近期平均值的六倍以上，二〇〇八年金融危機以來，這種狀況從未出現。

不過，二〇二〇年並不是二〇〇八年。二〇〇八年的金融危機是從信用市場率先爆發，也就是從較高風險的不動產抵押貸款產品的市場開始爆發，接下來幾個月，再透過銀行業者與短期融資市場，從金融體系的邊陲地帶逐漸向中心蔓延。但如今情況正好相反，隨著這場大流行病來襲使經濟活動趨於停擺，各方搶奪現金所引發的恐慌，有可能在幾小時或幾天之內，從金融體系中心向外蔓延。諸如政府擔保型不動產抵押貸款證券市場等無數市場的定價，都是參考美國公債的定價而來。一旦美國公債的市場崩潰，所有其他市場也將無法倖免於難。

那天傍晚，一位科羅拉多州的不動產抵押貸款銀行人員告訴《華爾街日報》：「此時此刻，我們的市場已完全關閉。」「沒有人出價購買任何型態的（政府擔保型）不動產抵押貸款產品。」[2]

如果屋主無法談妥不動產抵押貸款的利率，就不會買房或進行再融資（refinance）。通常來說，一旦聯準會降息，就會引爆一波再融資潮，因為再融資能使家庭的月付款立即降低，從而產生類似減稅的效果。不過，如果美國公債市場無法正常運作，藉由降息來讓貸款變得更便宜的種種努力，就會付諸流水。

當時市場正在經歷巨大的**流動性**衝擊（流動性是指快速將某項資產轉換為現金，或將現金轉換為某項資產的成本；只是一個籠統的用語）。三月中，每個持有高流動性資產的人，都只想牢牢抱住那些資產。沒有人想購買風險資產（即使那些風險資產看起來很便宜），因為沒有人知道資產價格後續會怎麼演變。天上掉下來的利刃有誰敢接？

身為交易圈老手的TD證券公司（TD Securities，某大型加拿大銀行的分支機構）利率與外匯部部長克里斯多福．沃吉爾（Christopher Vogel）表示：「當時的情況絕對像一條單向道，每個人都站在賣方。每個人都一心一意只想籌現金。」「如果（手上的部位）只虧個一%、二%、三%或四%，大家就會斷然賣出。我們看到猛烈的贖回潮，但買方則全數縮手。」

這個現象造成了美國公債的巨大賣壓，因為美國公債是最容易變現的資產。

高盛公司的財務主管漢馬克說：「當現金變得奇貨可居，你一定會想盡辦法拋售所有能賣得掉的東西，而那樣的拋售行為可能違背你的本意。」[3]

二〇〇八年的金融危機促使國會大規模修訂監理規定，其中，《多德－弗蘭克法》的主要立意，就是要降低具系統重要性的大型銀行（通常被稱為「大到不能倒」的銀行）所帶來的風險。不過，打造該法案的人應該都沒料到眼前這類危機會發生，這一切始料未及：基本上所有的銀行都相當健全，只不過，所有銀行經紀商都因整個經濟體系遭受到的衝擊——這場大流行病——而做出相同的決定：守住現金。

經濟學家與監理者將這個現象稱為「最後一輛計程車問題」。午夜，火車駛進車站，正好有一輛計程車停在計程車候客區，這時，一名疲憊的旅客滿心歡喜走向那輛車。無奈的是，他和司機打過招呼後，司機告訴乘客，由於本地法令規定，車站內至少必須隨時有一輛計程車待命，所以這名司機不能提供載客服務。這場危機爆發時，各大銀行也發生了類似的動態：大型銀行雖然空有非常多現金準備，但受制於銀行本身的風險承擔規定，它們不願輕易動用那些現金。即使銀行業者就是為了因應諸如此類的時刻而強化自家的資產負債表，但一旦危機真正來襲，它們還是不願意承作可能導致它們實力減弱的業務。

投資人深知銀行業已建立了相當程度的資本緩衝來對抗嚴重的衝擊，不過事到臨頭，業者又拒絕適當對外釋出這些資本。金融機構提高流動性的管道包括：動用自家準備金、在債券市場上尋求額外的短期借貸機會，或是出售資產等等。不過，如果同一時間有非常多家機構做這些事，就可能形成一個正向的回饋循環，導致借款成本上升，同時驅使資產價值降低，最終連原本沒有遭遇任何流動性危機的企業或機構，也紛紛面臨資金緊縮的窘境。如果這時銀行業者又進而降低顧客放款額度限制，屆時既無法取得銀行貸款、又無法在信用市場上舉借短期貸款的企業，就有可能違約、不償還它們原來的其他貸款，並被迫開始裁員。

星期四當天，聯準會原本認為只要供應大量的廉價資金給銀行經紀商，就能解決這個流動性問題。不過，情勢的發展隨即清楚顯示，這些資金並沒有在經濟體系流動。這時，官員們才恍然大悟：他們必須採取不同的做法，而且事不宜遲。威廉斯說：「我們單方面供應了大量資金，試圖讓這些資金流進整個金融體系，但在極短期間內，金融體系卻又無法處理這些資金。」「於是，我們非常明快地修正了我們的判斷：我們必須以某種方式介入，抽走基於某種原因而導致整個體系堵塞的那些資產。」

星期五早上，克拉里達發了一封電子郵件給鮑爾與威廉斯，向他們說明華爾街方面緊急請求協助的呼聲。克拉里達寫道：「此時此刻，避險基金與資產管理公司正努力設法針對它們的信用投機操作與美國公債的現貨－期貨套利等交易執行停損，從來沒有那麼多基金與資產管理公司同時提出那麼大量的特殊懇求。」問題是，只要有任何蛛絲馬跡顯示，聯準會正出手拯救那類交易員（因為那些交易員的投機操作部位正面臨被大屠殺的命運），勢必會馬上引起軒然大波。克拉里達說：「講白一點，保障他們不會發生虧損並不是我們的職責。」所以，他建議繼續「聚焦在維持市場正常運作的議題，這些議題雖和基金平倉／虧本的問題相關，卻不等同於直接拯救那些基金。」

根據鮑爾星期四的授權（一個月內購買八百億美元的美國公債），羅根建議在幾個小時內先購買三百七十億美元的公債。紐約聯邦準備銀行從未在任何一天內購買超過幾十億美元的公債。如果要購買那麼多公債，紐約聯邦準備銀行必須在一天之內舉辦多次標售會，且每場標售會的標售規模都必須達到前所未見的水準。問題是，此時該行的員工已分散到許多偏遠的地點上班或居家上班，人力負荷將成為一大問題。儘管如此，紐約聯邦準備銀行還是在早上十點鐘宣布這項計劃，表示：「這些購買行動旨在解決高度不尋常的市場崩潰。」

身在華盛頓的鮑爾也沒閒著，他正忙著準備星期日的緊急聯準會會議。在紐約聯邦準備銀行的聲明發布後一個小時，他為了構思要如何溝通聯準會資產收購計劃的理論基礎，徵求克拉里達的意見。克拉里達比較在意的是，他認為，宣布這項計劃時，最好公布整個計劃的總額度，而非只是公布每個月的承諾收購金額。「不論我們怎麼稱呼這個計劃，我真心認為，在星期日發布的聲明稿中，真正重要的是：我們要一口氣把直接購買美國公債的總計劃金額公諸於世（至少五千億美元）？還是為了要保留每個月收購金額和收購期間的彈性，而逐月公布每個月的計劃？」

那天早上，聯準會行動計劃的另一個關鍵環節（對外國央行提供美元交換額度）也準備就緒。由於有非常大量的全球金融活動必須使用美元才能完成，所以，一旦外國投資人瘋狂搶奪美元（例如先前購買美元計價公司債的日本保險基金，或是已舉借美元計價貸款的墨西哥與土耳其公司），有可能會引爆更大的金融危機；這些外國投資人有可能為了籌措現金，而在最糟糕的時機尋求拋售它們的資產。那個星期稍早，羅根和位於華盛頓的聯準會國際金融處的處長貝絲・安・威爾森（Beth Ann Wilson）就已在市場一片兵荒馬亂之際，開始和五家中央銀行對話（日本央行、歐洲央行、瑞士國家銀行、英格蘭銀行與加拿大銀行），討論提高美元交換貸款的頻率、將期限展延到幾個月，以及降低價格等議題。威爾森寫道：「所有央行都認同，美元融資市場的情勢已急速惡化。」

總之，聯準會火力全開，將在利率、資產負債表、市場正常運作、銀行流動性與全球美元融資等方面全力以赴。

星期五當天，由於市場高度期待梅努欽與裴洛西終將就病毒相關紓困措施的「頭期款」一事達成協議，大受激勵的股票市場在尾盤前顯著上漲，道瓊指數收盤飆漲了兩千點。就在市場開始大漲之際，川普在玫瑰花園舉行一場記者會，正式宣布這場大流行病為**全國緊急狀態**：「這六個字非同小可。」他試圖展現出冷靜沉著的模樣，並宣布當局計劃大幅提高檢測試劑組的產量，他還說：「我們將撤除或廢除每一個必要障礙，以便為我國民眾提供需要且有權得到的照料。我們絕對會投入所有資源。」

那天傍晚，梅努欽宣布他已和民主黨人達成共識——這是他那一天和裴洛西互通十八次電話的成果。午夜剛過，眾議院就以三六三：四〇的懸殊比例，表決通過眾議院版本的救助法案。

撤職的權利

即使星期五的股票市場收復了星期四的多數跌幅，債券市場卻依舊一團混亂。三十年期公債殖利率在星期一創下〇．九八%的低點後，連續四天

2020年3月13日（星期五）			
全美病例數	全美死亡數	道瓊工業指數	VIX恐慌指數
3,450	57	23,185 （↗ 1,985）	57.83 （↘ 17.64）

上升，並在星期五收盤時達到一．五六%，和典型逃向避險天堂的模式正好相反。十年期公債的狀況也一樣，殖利率從星期一的〇．五四%低點，回升到星期五收盤的〇．九四%。更不祥的是，其他市場的壓力也開始沸騰，尤其是所謂商業本票的超短期公司債市場——其規模高達一兆一千億美元。

星期日早上八點鐘，布蘭納德向鮑爾等三巨頭報告聯準會可能有辦法在多短的時間內，對商業本票市場上的動亂做出回應。她已經組織一個團隊來草擬最新版的商業本票融資機制（Commercial Paper Funding Facility），團隊成員分別來自李諾特在華盛頓的部門，以及辛格在紐約的部門。商業本票融資機制是聯準會在二〇〇八年十月創設的最新「例外且緊急」操作之一。不過，新版本的機制要到星期一才能正式上線。

與此同時，鮑爾與梅努欽聯繫，希望了解財政部方面是否能承諾以外匯穩定基金的資金來為可能的損失提供最後的擔保——打從二〇〇八年以來，財政部就沒有提供過這樣的最後擔保。梅努欽對短期融資市場了解甚深，也明白這些市場一旦凍結，將會造成什麼後果，所以，根本不用等鮑爾開口，他早就打算提供這項支援。他告訴鮑爾：**無論你需要什麼，我都會提供支援**。

當時，其他民主國家的中央銀行也採取聯合行動來提振信心。那個星期三，英格蘭銀行總裁卡尼與英國財政部長里希．蘇納克（Rishi Sunak）相繼公布了降息與景氣振興支出的雙箭對策，並在事後一同現身。即將在那週卸任的卡尼表示：「如果我們處理得當，這場衝擊沒有理由變成第二個二〇〇八年危機——那場危機導致許多經濟體陷入失落的十年。」

加拿大人也在星期五下午展現了類似的團結行動。財政部長比爾．莫諾（Bill Morneau）邀請加拿大央行總裁史蒂芬．波洛茲（Stephen Poloz）與他一同出席在渥太華舉行的記者會，莫諾計劃在會中宣布一個大型財政方案。波洛茲最初擔心一旦他們二人同時現身，可能會傷害央行獨立性的表象。不過，和央行治理委員會討論過後，央行官員不僅同意他出席這場聯席記者會，也順利通過由波洛茲順勢在那個場合來個意外宣布降息。這一切發生得太快，以致於記者會幾乎無法準時召開，因為加拿大央行必須火速為波洛茲準備開場演說的法文譯本。

星期六早上，梅努欽和川普、彭斯參加了一場新冠病毒專案小組的會議，在橢圓辦公室舉行。會後的記者會上，梅努欽站在川普身後（當時川普戴著一頂深藍色棒球帽，上面紋著大大的白色**USA**字眼）。一位記者詢問總統為何老是不斷攻擊聯準會：「如果你那麼不滿，幹麼不乾脆開除聯準會主席？還是你認為，你沒有權力那麼做？」

川普回答：「不，我認為我有權利那麼做，也就是說，我有權利撤掉他的主席職務。」「到目前為止，他做了很多爛決策。」當天稍晚，鮑爾聽到川普和記者之間這段交流，驚訝到下巴差點掉下來，因為被記者激怒的川普無異是說：沒錯，我會在市場最混亂的時刻按下核彈按鈕。

川普一如往常大吐和鮑爾有關的苦水，包括抱怨美國的殖利率高於德國之類的。川普總統表示：「我們現在正好碰上天賜良機，但鮑爾卻不肯寬鬆貨幣。」

在場有人告訴川普，他不能開除鮑爾，於是，他馬上提出一個屬於法律灰色地帶的想法：他打算將鮑爾降級。川普堅稱：「我有權利撤他的職。」「我只是不想那麼做罷了。我有權利把他降到一般的職位，再找其他人來主管這一切。但對於這件事，我還沒有做任何最後的決定。」

記者繼續大聲向他提問。不過，川普一轉身，頭也不回，走出記者會的現場。

第十章

吃了類固醇的白芝浩

到二〇二〇年三月十五日星期日為止，鮑爾已連續兩個星期浸淫在一場持續擴大的雙前線戰爭裡。他不斷試著以愈來愈極端的貨幣措施來應對這場萌芽中的金融恐慌，不過，危機非但沒有趨緩，還持續擴大。更糟的是，當初設計並成立聯準會的初衷，正是為了正面迎戰這類災難，可是它偏偏對此時此刻重創經濟體系的另一股動力無能為力，因為那是一場公共衛生緊急事件，而聯準會對此根本幾乎無從使力。

中央銀行是個由眾多學者幕僚組成的龐大文官機構，行動往往非常緩慢，且行事相當謹慎，因為經濟體系本身的變化也是逐漸而緩慢的。不過，此時此刻的狀況可說是前所未見。面對這樣未知的隱形敵人，恐慌的美國人開始瘋狂囤積衛生紙、漂白劑和來舒（Lysol）消毒紙巾。如果民眾知道即將壓垮金融部門的問題有多嚴重，說不定他們會改道，前往銀行提款機前排隊。

十三天前，鮑爾召集了聯邦公開操作委員會的成員，一同討論該委員會的第一次緊急降息。到了三月十二日星期四當天，委員會的成員再次透過視訊會議集會，迅速針對金融市場上一系列不祥的新發展交換意見。再過幾天就是他們的表定例行會議了，但鮑爾斷定，再等下去恐怕會無力回天，因為市場承受的壓力已經過量了。

那個星期日早上十點鐘，鮑爾召集了第二場緊急會議，地點在聯準會的會議室。鮑爾不僅在他的議程裡建議降息，還提出一套行動方案，希望展現聯準會將以必要的壓倒性力量來應對此時此刻種種問題的決心。金融恐慌多半是心理層面的問題，所以，聯準會必須說服投資人相信，中央銀行不會放任愈來愈緊急的公衛緊急事件惡化到徹底失控。

當天有幾十位幕僚和另外兩位聯準會理事親自出席。他們都知道，此時的健康風險已愈來愈高，所以每個人的座位之間都安插了一個空位。會議開始前與結束後，每個人都像世界各地所有民眾也開始學習的那樣，尷尬地保持身體距離。布蘭納德認為，貴為主席的鮑爾必須隨時保持明顯可見的健康狀態，所以，她對鮑爾親自舉行這類實體會議的做法表達憂心，即使出席人數已明顯比往常來得少。

當時還待在康乃狄克自宅的克拉里達搭上一輛黑色休旅車，歷經一個小時的車程，抵達紐約聯邦準備銀行位於曼哈頓下城的大樓，那棟大樓的外觀猶如一座要塞。整個紐約市街道的景象讓克拉里達覺得自己好像到了沙漠。走進大樓後，克拉里達先前往威廉斯的會議室與他會合，再一起和幾位資深顧問（包括羅根，她當時管理聯準會的債券及其他資產的投資組合，總額達四兆六千億美元）一同在那間以精緻木作裝潢而成的會議室裡，參與這場緊急會議。

紐約聯邦準備銀行距離世界貿易中心（World Trade Center）大樓僅僅幾個街區之遙，羅根已在此安然度過另外兩場危機。大樓位於自由街（Liberty Street），是一棟新佛羅倫斯式要塞型建築，整棟建築的周邊圍著嚴密的鐵柵欄。世貿中心大樓在二〇〇一年九月十一日早上倒塌後，羅根和同事在這棟建築物的地下室裡避了幾個小時的難。這個地下室位於曼哈頓島岩床約八十英尺深之處，裡面有一間擺滿了數十萬個金條的金庫（這些金條分屬世界各國所有）。紐約聯邦準備銀行向來扮演著央行在華爾街的耳目，並代表整個聯邦準備體系執行所有的金融市場交易。

恐怖攻擊當天下午的某個時刻，羅根和一位同事在銀行警衛的守護下，回到樓上察看市場狀況。交易大廳裡空無一人，只剩響個不停的電話。許多銀行業者打來詢問潛在放款操作的指引，但沒有人接聽電話。另一次危機是二〇〇八年，當時羅根提早結束產假，回來幫忙應對那場金融危機。

奎爾茲也以虛擬的方式參加了星期日早上的那場緊急會議。在這之前，奎爾茲離開華盛頓特區，回到他位於鹽湖市的家度週末。他自行開車到舊金山聯邦準備銀行位於猶他州首府的分行，參與這場會議。

委員會的其他成員和克拉里達與奎爾茲，則是透過視訊會議一同出席這場緊急會議——他們的影像被排進《好萊塢廣場》（*Hollywood Squares*）式的網格，再投射到聯準會會議室二十六英尺高天花板上的巨型投影螢幕上。二次世界大戰期間，美國與英國軍官曾利用這間會議室（當時華盛頓最大的空調室之一）策劃聯軍入侵諾曼第（Normandy）的行動。物換星移，如今，齊聚在這間會議室裡的眾人，也滿心期待能終結一場不同類型、但卻同樣影響深遠的國際戰爭。

那天早上的會議異常嚴肅，不過，鮑爾卻以過去罕見的明快步調來引導這場會議的節奏。

不同於平日為期兩天的從容商議，鮑爾希望當天下午就對外宣布他們的計劃；這代表聯準會將在亞洲市場開始營業前，釋出它的強烈許諾。

會議一開始由羅根率先進行簡報，她詳述了金融市場有哪些範圍的運作已全面失靈。由於美國公債市場崩跌，波動性遂創下歷史新高。在正常的情況下，美國公債就像避險天堂：當股票下跌，債券價格就會上漲／殖利率降低，這在金融市場上早已形成了一種行之有年的可預測模式。不過，此時此刻的狀況正好相反：股票與債券價格雙雙下跌，令人不得不對美國公債「零風險」的地位產生質疑。在非近期發行的舊公債的市場上，已有某個區隔不再能有效運作。不僅如此，公司債、市政債券與外幣兌換美元的外匯市場等其他市場，也同樣透露出崩潰的訊號。

幕僚這次提出的經濟預測和以往大不相同。不同於平日那種精心調整、且經嚴謹辯論的經濟預測，此時與會的眾人只大略勾勒出兩個說明性質的預測情境：一個是經濟將在那一年下半年開始反彈，第二個是經濟將長期衰退，並到二〇二一年的某個時刻才開始走出衰退。未來的前景變得非常模糊，這相當罕見，而「前景不明」正是引爆這場金融市場風暴的癥結。沒有人知道國內生產毛額（Gross Domestic Product，簡稱 GDP）將會是多少，也沒有人知道企業盈餘會出現什麼變化。在這種情況下，還有誰會想介入金融市場？

鮑爾除了提議降息一整個百分點——那將使聯準會的短期利率降至趨近於〇％——還概述了幾個更大規模的救助措施。到目前為止，聯準會最大膽的作為包括：授權羅根的團隊至少購買五千億美元的美國公債以及至少兩千億美元的不動產抵押貸款證券；把聯準會對銀行業者提供的緊急貸款貼現率降至〇．二五％，使這項利率達到二〇〇八年金融危機以來最低水準；活化相對便宜的美元「交換」貸款網路（這個網路包括聯準會與其他五個國家的中央銀行），好讓外國企業可以更輕易舉借美元計價的貸款等等。此外，他們還將宣布新的監理指引，鼓勵銀行業者利用現金緩衝，繼續對企業與家庭放款。

由於美國公債市場崩跌，鮑爾提出的這些市場穩定措施，並沒有在緊急會議中遭遇到太大的反對意見。那一天，每位與會人士都意識到，經濟體系正陷入一場痛苦的巨變。不過，眾人對於這場巨變能否經由利率的設定來解決，則意見分歧。有幾位聯邦準備銀行總裁以及兩位理事擔心，鮑爾提議的降息計劃有可能產生適得其反的惡果。奎爾茲和另一位聯準會理事蜜雪兒（蜜琪）·波曼（Michelle "Miki" Bowman）並沒有被說服，他們並不認為眼前的經濟問題能靠貨幣政策解決。畢竟貨幣政策無法重啟理應在體育場館和競技場進行的活動。而且，一旦利率降到〇％，就有可能長期停留在那個水準，進而對銀行體系構成新的挑戰。

愛好歌劇的博士經濟學家梅斯特（二〇一四年接任克里夫蘭聯邦準備銀行總裁）也反對將利率調降整整一個百分點，她主張應該溫和一點，調降〇·五個百分點即可，因為如果此時採取較大的利率降幅，未來委員會就不再有進一步降息的空間，屆時如果經濟體系需要更多協助，聯準會將變得更束手無策。梅斯特回憶：「對金融市場來說，缺乏流動性是必須優先解決的實質問題之一，所以，我認為我們應該聚焦在這個問題上。」[1] 她主張，委員會大可等到市場恢復正常運作後，再主動多降一些利率。

總之，這場辯論的核心議題在於：聯準會究竟應該保留一點子彈，還是提前火力全開？哪個做法才是對的？另外，還有一個可能性不能排除：一旦聯準會採取極端的行動，反而有可能導致民眾更加不安，最終使恐慌進一步惡化。畢竟十二天前聯準會才剛調降一次利率，如果此刻再次大手筆降息，難保投資人會質疑，究竟情況糟到什麼程度，聯準會才會等不及到幾天後的例行會議再宣布降息？投資人也可能會揣測，說不定聯準會已經掌握到兩星期前還不清楚的嚴重訊息。

聖路易斯聯邦準備銀行總裁布拉德說：「我們試圖在星期日下午五點做出決定的舉措，將對市場造成很大的震撼，畢竟我們把原訂短短三天後就要做的決定，提前到今天來做。」[2]

不過，也有幾位原本抱持懷疑態度的人，在會前主動向鮑爾再三保證：**我們將支持這個決定。不過，如果病毒緊急狀態很快就解除——如果事實證明那只是個假警告——請向我們保證，委員會將以合理的明快速度，將這幾次降息調整回來。**他們認為發生那種狀況的機率不低，所以他們告訴鮑爾：**否則我們將顯得太大驚小怪了。**

這對鮑爾來說並不是什麼困難的承諾。他心想：**放心，那種情況不會發生。**

鮑爾的首席副手都堅定支持他的提案。聯準會副主席克拉里達表示，如今，廣泛實施的社交距離規定、成千上萬場取消的活動，以及大型集會的限制等等，已成了「現實生活的一部分，並將延續一段時日。」「生活和經濟活動被擾亂的程度，至少是二〇〇一年以來首見，甚至打從一九一八年從未發生。」

克拉里達透過懸空的螢幕發言，並對近期企業債務激增可能加劇經濟衰退程度一事表達憂慮：「某些企業將會破產，許多企業也會被調降評等。投資公司將卯足全力把部位變成現金，而它們交付給投資人的款項，最後將會逃向美國公債、美元以及我們的銀行準備金存款，因為這些資產是安全的。」

但在那個還算初期階段的時間點，克拉里達還有點心存僥倖，他心想：也許聯準會的應對措施能幫助經濟體系避免陷入「產出連續兩季萎縮」的窘境（這是經濟衰退的專業定義）。他告訴與會的同事：「政策制定者很難得能在真正源自外部的衝擊（遇到這種衝擊時，如果不正面對決，它本身就足以將經濟推向衰退）發生的當下，即刻發現衝擊的發生。」「今天我們面臨的就是那樣的衝擊。」

與會人士擔心，若這一次如此重磅出手，一旦後續還有其他衝擊發生，聯準會將捉襟見肘，沒剩多少工具可用。克拉里達察覺到他們的憂慮，於是言道：「如今民眾已體認到新冠肺炎正對經濟體系構成明顯且迫在眉睫的危險，所以這個論點站不住腳。」換句話說，當凶猛的敵人正以勢如破竹的速度兵臨城下，還有什麼理由節省彈藥？

布蘭納德的發言則強烈偏好採納「三管齊下策略」，即（一）恢復美國公債市場與短期融資市場的正常運作，（二）提供最大程度的貨幣寬鬆，以及（三）確保銀行業者知道監理機關希望它們掏出現金緩衝，繼續放款給企業與家庭。布蘭納德也預告她即將和紐約聯邦準備銀行聯手敲定的緊急放款計劃，這項計劃的目的，是要為所謂商業本票的短期公司借據市場提供最後的擔保。

同樣，威廉斯認為，委員會必須展現出「中央銀行擁有修復美國公債市場的能力」的徹底說服力。眼下不是循序漸進的時機，因為此時投資人已經預期聯準會會把利率降至〇%，若到這個節骨眼還瞻前顧後，投資人反而會感到意外，並以訛傳訛，誤會聯準會的決心。威廉斯事後說道：「問題一向是『要分階段處理？還是要採取漸進式政策？』但在眼前這種局勢下，萬萬不可三心二意。」「我們必須展現堅強的魄力，盡可能當機立斷。」[3]

經過那天長達四個小時的辯論後，鮑爾提出的全方面震撼配套方案——融合了降息、購債、美元貸款與銀行業指引——終於獲得了廣泛的支持。唯一投下反對票的是梅斯特，她偏好較小幅度的降息。下午兩點四十分，鮑爾宣布散會，並旋即開始為幾個小時後將舉行的簡短電話記者會做準備。

鮑爾深知這次行動牽涉到的利害關係有多大。待辦事項多如牛毛。後續聯準會將實施緊急放款計劃來提振關鍵的短期企業貸款市場，因為問題正開始蔓延到金融市場中所謂貨幣市場基金的角落，主要是投資短期公司債與市政債券。不過，鮑爾期待聯準會能及早且全力出手，藉此激起某種程度的市場信心，好為官員們爭取幾天的喘息時間。

二〇二〇年三月十五日星期日下午五點，美國聯準會發布了一份只有六百六十三個字的聲明，這項聲明宣布聯準會將調降利率，並購買美國公債。聲明以聯準會那種典型簡潔且超然的語句作為開場白：「新冠病毒的大爆發已傷害到社區，並擾亂了許多國家的經濟活動，包括美國。全球金融情勢已受到顯著的影響。」

然而，在內部人眼中，這幾句話相當於紅色粗字體的警語：**市場狀況已糟糕到無以復加**。

最佳進步獎

同一時間，川普剛剛結束與新冠病毒專案小組的午後簡報會議，那是另一場嚴峻的會議。

他走在通往白宮簡報室的走廊上，身後跟著一群科學家與政策制定者。一位顧問大喊：「跟他說，鮑爾剛剛把利率降到〇%了。」

川普停下腳步，轉過頭來，露出一副真心驚訝的表情：「哇，這可真是驚人之舉。」

總統停頓了一秒鐘，接著出口緩和一下緊張氣氛，他說：「這下鮑爾得到最佳進步獎了。」他身邊每個人都笑出聲。

下午五點十五分，在擠滿人的白宮簡報室裡，川普打著淡藍色領帶走上講台，一開口就先談起聯準會剛剛發布的那份聲明。川普總統開口：「誠如你們都知道的，這是幾分鐘前的事……我要恭喜聯準會。」「我必須說：我很開心。他們一口氣把利率降到〇%，而不是分成曠日廢時的四個階段來降息。」

那天稍早，川普剛和沃爾瑪（Walmart）與其他大型雜貨店的執行長談過話，當時的對話提到供應鏈以及緊張的民眾恐慌囤積物品等問題。不過，在整個總統任期內不斷對調降利率執迷不悟的川普，此時似乎被聯準會大手筆降息的消息給震懾到了，於是他鼓勵所有人不要過度囤積日常雜貨、家庭清潔用品與紙類用品。他說：「民眾不該盲目外出採買。我們將一切安好。我們將好得不得了，聯準會的決定真是個非凡的消息，而我們要做和它一樣了不起的事。」

同一時間，大量美國人的生活即將猝然停擺。紐約市與周遭的郡紛紛加入位於洛杉磯的美國第二大教育系統的行列，宣布隔天將停課（洛杉磯早在兩天前就已宣布停課）。愈來愈多州的州長禁止所有餐廳與酒吧的室內用餐行為。CDC建議取消五十人以上的活動，或至少延後八個星期再舉辦。

幾分鐘後，還因降息的消息而神魂顛倒的川普並沒有接受提問，逕自步下講台。他說：「剛剛發生了一件很了不起的事……我不知道從前是否曾在星期日發生這樣的事。」「不過，我認為許多華爾街人士一定非常開心。」

迫切想要零利率的川普不僅達到目的，還得到比他意料得還要多的收穫。

解除所有限制，大膽放款

同一個星期日下午，蘇菲亞・德洛索斯（Sophia Drossos）帶著她的小孩去買薄餅時（這是暫時離開他們位於曼哈頓上西區公寓一個小時的好藉口），她的手機跳出了新聞提示，和上述強力貨幣手段有關。在華爾街某避險基金擔任顧問的德洛索斯消化了一下聲明，心想：「這肯定將成為轉折點。」的確，聯準會馬上就展開了大規模的購債行動。

一九九七年，德洛索斯剛進入職場，在紐約聯邦準備銀行擔任市場分析師，後來她加入摩根士丹利（Morgan Stanley），擔任首席外匯策略分析師。她說：「我從沒看過聯準會做這樣的決策。他們簡直是在對市場進行全場施壓，這個決策通盤考量到每個不同角度。」

她隨即想到了曾擔任葛林斯潘的首席副手、後來又被提名為柏南克的副主席的唐納・科恩（Donald Kohn）。雙子星大樓（Twin Towers）倒塌後，科恩對德洛索斯的主管發出了堅定的指示：「我希望你解除所有限制，對每一個有需要的人大膽放款。」

事隔十九年，德洛索斯從未忘記這個建議。**解除所有限制，大膽放款**。聯準會目前的作為看起來就是如此，不過，投資人最初的反應卻是恐懼，而非感到安慰。

德洛索斯聽到聯準會的聲明時，紐約證交所還要十六個小時才會開盤（也就是星期一）。不過，投資人依舊可在所謂的盤後市場（after-hours markets），就他們對股票價值波動的預測進行投機操作。下午六點鐘，也就是聯準會大手筆貨幣挹注計劃公布後的一個小時，盤後市場竟然重挫了五%，達到自動停止交易的限制。德洛索斯實在百思不解其解：誰會在救兵即將趕到之際賣掉股票?「何況這次趕來的不只是救兵，他們還帶來榴彈砲！」

和醫療端新冠病毒應對方案有關的不確定性，是導致市場緊張不已的主要因素之一：萬一病毒像野火般開始蔓延到位於紐約的美國金融基礎建設，到時候交易要怎麼進行？國會何時才會進一步以更大規模的救助措施，來幫助被迫休假的勞工與空轉的產業界？醫療主管機關能以多快的速度，阻止受病毒感染的病例呈現指數上升？

德洛索斯說：「這個星期我們要擔心的不只是金融市場。我們還得擔心政府能否正常維護整個社會的日常生活秩序。」

身為三個孩子的母親，德洛索斯已開始利用新鮮直送（FreshDirect）宅配服務來訂購日常雜貨，並囤積了一箱箱的飲用水。紐約州州長安德魯．古莫（Andrew Cuomo）暗示他正考慮對紐約市實施封城的消息傳出，德洛索斯馬上告訴她先生，她必須再去鄰近最具代表性的食物商店札巴爾（Zabar's）一趟。她把車子加滿油，還從提款機領了些現金。

聯準會從未在連續兩次緊急會議後相繼調降利率。鮑爾在下午六點三十分的電話記者會中強調，為了讓市場回歸較正常的流動性運作，聯準會有必要採取這項史無前例的行動。「這是我們的根本職責。實際上，這就是成立中央銀行的初衷之一：在金融體系承受壓力之際提供流動性，如今我們只是嚴肅地承擔起職責罷了。」

「工具備忘錄」危機管理特派專員李諾特也參加了這場令人顫慄的緊急會議，不過，會議進行過程中他坐立難安，不斷想著會議究竟何時才會結束，因為他急著趕回辦公室，完成他的團隊一直希望能儘速完成的緊急放款機制。

漫長的一天結束之際，克拉里達心有戚戚，想著若非鮑爾的激勵，同仁們不會那麼迅速採取行動，於是匆匆寫了一則訊息向鮑爾致意。隔天早上六點五十六分，鮑爾回覆：「目前將焦點百分之百轉向流動性，我們可能得在這方面多加把勁！」當時根本沒有時間停下來思考。

三月十六日，鮑爾已準備好迎接一個波濤洶湧的交易日。即使聯準會宣布將採取一系列令人眼花撩亂的緊急行動，前一晚的國際市場還是不為所動，繼續大幅下跌。亞洲股票市場和美國早盤交易先後重挫，但鮑爾萬萬沒想到，接下來華爾街竟然幾乎凍結，當然，他也沒有為這個景象做好準備。鮑爾從那一天起開始居家上班，以精緻木作裝潢而成的居家辦公室牆邊，擺著一排排的書櫃以及他的五把吉他。電視機頻道不是轉到ＣＮＢＣ，就是轉到彭博電視台，但幾乎長年都保持靜音狀態。他的辦公桌是一張老舊的圖書館桌，從兒時家裡（距離現在的家只有幾個街區遠）客廳搬來的。

美國市場在紐約時間早上九點三十分開盤時，ＣＮＢＣ就閃爍著一條紅色警告訊息：道瓊工業指數重挫了一〇％，即兩千兩百五十點。如此大的跌幅導致交易暫停十五分鐘。

鮑爾和同事都已孤注一擲了，但還是平息不了病毒所引發的金融恐慌。梅努欽表示：「這是一個令人驚懼萬分的經濟時刻。整個經濟體系崩解的程度遠甚於二〇〇八年金融危機期間。」[4]

•••••••••

這是一股傾巢而出的恐慌。前聯準會與財政部經濟學家納森．席茲（Nathan Sheets）表示：「顯然很多投資人在星期一掛出賣單，不管聯準會（前一晚）公布了什麼計劃，一切似乎都已經不重要了。」「這是一場全面性的崩盤。」

德洛索斯十分納悶：究竟是誰被強制賣出？

資產管理規模高達一千六百億美元的橋水聯合公司（Bridgewater Associates）是可能的嫌疑人之一。那個週末，橋水公司創辦人瑞．達里歐（Ray Dalio）坦承，他旗下這家全球最大的避險基金公司在混亂之中押錯了方向，公司的旗艦基金因此縮水了二〇％。達里歐告訴《金融時報》：「我們不知道要如何安然度過這場病毒威脅，所以乾脆選擇不要強越關山，因為我們並不認為，在這個節骨眼上我們擁有任何操作優勢。」「事後回顧，我們理當砍掉所有的風險部位。」[5]

他的想法或許可以解釋為何聯準會都已展現了穩定市場的更大決心，賣壓卻還是那麼沉重。德洛索斯說：「我真的被達里歐的想法嚇壞了。」「因為我知道他們的規模有多大，而且我知道（潛在賣方）不只有他們。」

位於曼哈頓市中心現代藝術博物館（Museum of Modern Art）對面的ＴＤ證券，最近才因新冠病毒規程而關閉交易大廳，交易員坐在那裡乾瞪著螢幕，沒有進行任何交易。ＴＤ證券利率與外匯部部長沃吉爾說：「市場完全凍結。」「市場就像被封印似的。」這位曾任海軍的市場人士雖然試圖保持冷靜，但他的手卻不聽使喚，手指頭忍不住反覆敲著電腦鍵盤上的 **F9** 鍵，不斷重新載入所屬團隊的操作部位損益數字。「我不斷說：『天啊……我的美國公債部位那麼多，現在可虧大了。』」

例外且緊急

從十九世紀開始，各國央行向來依循以下原則：中央銀行除了必須維護穩定的通貨，還應在恐慌時期扮演最後貸款人的角色，以穩定整個金融體系。英國媒體工作者暨經濟學家華特·白芝浩（Walter Bagehot）曾在一八七三年出版的《倫巴德街》（*Lombard Street*）一書裡，提出一系列阻止銀行擠兌的權威法則。這份著作以通俗易懂的語言描述英格蘭銀行如何成功解決一八六六年的倫敦恐慌事件。儘管他的建議是一百四十年前提出的，卻依舊適用於現代的市場（在現代的市場上，只要按下一個按鍵，價值數十、甚至數百億美元的交易就會完成）。總之，他的建議迄今仍被各國央行官員視為聖經般的存在。

白芝浩主張，只要中央銀行願意在取得優質抵押品的前提下，不設上限對尚有償債能力的企業放款，就有可能及早阻止金融恐慌的蔓延。那等於是把所有資金放在窗口上展示，讓存戶知道他們根本不需要領走他們的現金。必要時，這種放款可以收取高額的利息，也就是附加「懲罰利率」，以阻止企業濫用央行的援助。

白芝浩寫道：「一言以蔽之，恐慌是某種神經痛，根據科學法則，神經痛絕對不能用節食來解決。」[6]「持有現金準備的人不僅必須做好保留現金以償還個人負債的準備，還要更大方把這些現金用來放款給其他人，讓其他人也有能力償還負債。只要能取得優質的擔保，持有現金準備的人就必須放款給商人、小型銀行家，還有『普羅大眾』。在警報狂催的時期，一旦一家企業倒閉，就會導致許多企業倒閉，而防範這種骨牌式倒閉潮的最好方法，就是阻止最初引發一連串倒閉案件的第一個倒閉案。」

國會在一九一三年成立聯準會時，作為中央銀行的聯準會只能透過銀行業者向其他企業放款。不過，一九三二年七月，隨著大蕭條期間的銀行破產潮導致信用緊縮情勢惡化，並使企業完全無法取得營運資金，國會遂在高速公路建設法案中插入一條曖昧的條款，大幅度膨脹聯準會的潛在放款水龍頭；這項作為使得貨幣政策與信用政策之間的界線不再那麼涇渭分明。這項條款就是所謂的〈第十三條第三款〉，根據該條款的規定，在「例外且緊急」的情境下，聯準會可行使一項特殊職權，動用它憑空創造貨幣的權力，指定十二家準備銀行中的任何一家，向銀行體系以外的企業、個人或合夥公司（也就是非受聯準會監理的實體）購買資產，或貸款給這些實體。

不過，從一九三二年至一九三六年，聯準會在行使〈第十三條第三款〉職權時，可說是非常節制：它只承作了一百二十三筆貸款，貸款的總額也不過區區一百五十萬美元——調整通膨後，那筆金額僅相當於二〇二〇年的兩千八百萬美元。其中最大一筆貸款是對某打字機製造商承作的三十萬美元貸款，其次則是對某蔬菜種植商承作的二十五萬美元貸款。[7]

到了一九五〇年代，聯準會甚至準備徹底停止這項業務。時任聯準會主席馬丁在一九五七年告訴國會議員：「唯有讓聯準會主要致力於……引導貨幣政策與信用政策的政府才是優質的政府，這才堪稱優質的中央銀行業務。」

隔年，國會實現了聯準會的願望。國會廢除了聯準會承作營運資金貸款（working-capital loans）的職權，並將那件工作轉給甫成立不久的美國小型企業管理局（Small Business Administration）。聯準會還是擁有原始的「例外且緊急」職權，但在二〇〇八年三月十一日之前，它都不願意再動用這項緊急放款職權。二〇〇八年的那一天，羅根和紐約聯邦準備銀行的同事啟動了一項證券放款操作，來解決導致貝爾斯登投資銀行倒閉的那一波融資需求狂瀾。但即使在那個當下，由於市場極度狂亂，聯準會甚至沒有公開表明理事會已無異議通過援引「例外且緊急情境」條款，因為一旦大眾知道聯準會是七十二年來首度採用那項極端武器，很有可能只會產生反效果，並使市場動亂進一步惡化。

然而，聯準會一開始行使這項緊急職權，就在那個星期，一連實施了兩次緊急放款措施，不僅如此，時任主席柏南克還在雷曼兄弟公司於二〇〇八年九月十五日倒閉後，再次高度倚重〈第十三條第三款〉的職權來解決問題。引起更大爭議的是，聯準會還動用這個「例外且緊急」的例外條款來拯救已破產的大型保險公司AIG（美國銀行和花旗集團也透過相同的緊急放款措施向聯準會取得信用擔保，不過，這兩家銀行最終並未向聯準會要求任何實際上的資金）。截至二〇〇八年十一月，這些計劃的未結清信用額度已超過七千億美元。

但事後證明，這些放款的風險並不像質疑者所想的那麼高。當時聯準會並沒有因這些計劃而虧掉一毛錢；事實上，聯準會最後還因此賺到一些錢。事實也證明，金融危機結束後，這些計劃也相對容易終止。

這病毒很難搞

二〇〇八年的金融危機也以實例證明，只要靈活運用法律上的變通方法，聯準會在購買資產方面所受到的限制並不像最初所想的那麼嚴格。《聯邦準備法》規定，中央銀行只能購買政府債券、政府擔保的不動產抵押貸款證券，以及短期市政債券。不過，從所謂商業本票融資機制的個案就可看出，聯準會可以再次發揮創意來規避法規的限制，來行使「例外且緊急」的職權。話說二〇〇八年十月，商業本票市場迅速崩壞。由於在尋常的狀態下，這些商業本票並不符合聯準會的購債條件，如果聯準會為了解決危機而打算出手購買這類證券，它可以打造一個「例外且緊急」的放款計劃，並經由這個計劃指定一家準備銀行（二〇〇八年商業本票市場危機爆發時，是指定紐約聯邦準備銀行）成立一個專門購買商業本票的新企業實體。唯一的潛在困難在於，聯準會官員必須有把握不因此虧錢，因為一旦聯準會虧錢，勢必會引來國會議員的嚴格審查。

時至二〇二〇年三月，援引「例外且緊急」情境條款可能會嚇壞投資人的想法已顯得非常落伍，此時的聯準會已不再需要像十二年前那麼擔心援引這項條款的後果。當然，一旦聯準會動用這項「貨幣武器」，還是有可能會引來極大的政治爭議，但即使如此，眾多華爾街人士都認同，在二〇〇八年那場危機期間，這些武器的確為柏南克提供了非常大的砲火助力。二〇二〇年三月十六日星期一當天，聯準會已動用了多數其他彈藥，但市場依舊持續下跌。投資人和其他市場觀察家不禁猜想，究竟聯準會何時才會開始展開「例外且緊急」的應對措施。

星期一正午前幾分鐘，庫德洛在白宮草坪上嘲笑一篇即將發布的聲明。他語帶譏諷：「聯準會擁有巨大的權力、超級大的權力。」「看來他們將開始把這項權力用在它和財政部與總統之間的業務往來上。」

那天下午稍晚，三點二十分，川普總統回到白宮簡報室，針對美國眼前面臨的風險，發表了一篇和他個人風格格格不入的嚴肅報告。他鼓勵所有美國人——即使是年輕且健康的人——盡可能在家上班或上課。他像讀稿機般照著稿子唸：「避免十人以上群聚。」「避免隨意旅行。避免在酒吧、餐廳和大眾美食廣場飲食。若能落實諸如此類目標明確的行動，相信幾個星期過後，我們就能迅速扭轉局面。」

記者七嘴八舌向川普提出問題：**這場病毒之亂會延續多久？**川普總統說：「他們說到七月或八月之類的……有可能更久。」「這病毒很難搞。它真的非常難搞。它的傳染性太強了。」

川普當天下午發言過後，稍早受到重創的市場隨即進一步下跌。市場在下午四點收盤之際，總統還站在講台上。道瓊工業指數下跌了兩千九百九十七點，接近一三%，是有史以來最大的跌點，也是一九八七年十月的黑色星期一以來的第二大跌幅，更比一九二九年崩盤期間的任何一個交易日的跌幅更大。幸好當天聯準會買了創下新高記錄的四百億美元政府公債後，至少美國公債的殖利率下降了。在此之前，債券市場已延續了一整個星期的不祥走勢，而債券在當天的反彈行情，堪稱一個可喜的突破。不過，除了公債，幾乎所有其他資產的貸款成本都持續上升（包括不動產抵押貸款、公司債和市政債券），而且指的是還有信用可言的資產。

評論家再度抨擊聯準會是搞砸一切的元兇。品浩公司前高階執行主管伊爾艾朗（他曾角逐克拉里達的職位）表示：「聯準會的『為』與『不為』都有很大的問題。」中央銀行「理應先更精準聚焦在發生市場失靈的領域……等到廣泛降息真能產生影響，再進一步採取更廣泛的降息行動才對。」[8]

的確，聯準會的緊急降息未能帶來立即的舒緩效果，當然也未能替央行爭取到任何時間來落實其他強化措施。鮑爾對市場表現的最初反應是**唉……該死！**但他隨即轉念，以更堅忍的態度來面對——**好吧，事到如今，只能硬著頭皮繼續勇往直前了**。他並不後悔他們做的任何決定，不過，他馬上就領略到，若要讓市場恢復原狀，就必須採取更果敢的行動。眼前的市場正殷殷期盼國會和白宮以廣泛救助配套方案的形式，提供遠比聯準會更大的援助。最重要的是，這個國家需要它的公衛體系證明，它已經著手處理日益惡化的緊急衛生事件。

當然，二〇二〇年的大流行病危機還有一個額外的「例外且緊急」面向：病毒的傳播速度迅雷不及掩耳。回顧二〇〇七年和二〇〇八年，市場壓力是花了好幾個月的時間才慢慢醞釀累積而成，但如今，沉重的市場壓力卻是在短短幾天內就形成。更重要的是，聯準會被迫關閉。星期日晚上在艾克斯大樓舉行的那場緊急會議結束後，一位資深幕僚建議鮑爾，也許聯準會應該開始實施居家辦公了。換句話說，正在和諸多金融問題搏鬥的鮑爾與副手，再也不能齊聚於擺滿了咖啡與健怡可樂的會議室裡，一同制定策略與戰術。

於是，在居家辦公室裡被書籍和吉他圍繞的鮑爾，就這麼眼睜睜看著星期一的災難上演。此時此刻，他不需要聯準會辦公室裡的正式壁爐、枝型吊燈，也不需要賽巴斯提奧．薩加多（Sebastião Salgado，注：巴西紀實攝影師）拍攝的大幅黑白照片印刷海報。只要有一台轉到CNBC的電視，加上一台聯準會專案配置、可連結到彭博社數據終端機的筆記型電腦，他就能得心應手地回應外國央行總裁、國會議員、梅努欽，以及同樣避居在家中上班的聯準會團隊成員打來的電話。不過，種種現象也不斷提醒鮑爾，這場危機的侵略性真的不容小覷。

星期一清晨不到六點，羅根就已抵達紐約聯邦準備銀行，她想察看無擔保放款利率是否還高到令人不安。即使聯準會已經將新的利率目標降到〇％至〇．二五％，聯邦資金利率的交易水準還是處於該目標區間的上緣，甚至更高。這些數據告訴羅根，融資市場依舊承受著非常顯著的壓力，而那些壓力正開始蔓延到商業本票市場，使市場情勢迅速惡化。如果企業無法展延貸款，就可能面臨無力發放薪資、或無法取得日常營運所需財源等等新問題。此時，三個月期的貸款成本一天比一天貴，即使是信用評等最高的美國企業，也難逃短期貸款成本上升的壓力——此時企業三個月期的貸款利率甚至高於美國政府十年或甚至三十年期債務的利率。為了滿足現金需求，貨幣市場基金不得不拋出它們原本持有的商業本票，使得高盛和摩根大通囤積了遠遠超過它們所需的商業本票庫存。

紐約和華盛頓的聯準會官員正努力和時間賽跑，希望能儘速敲定二〇〇八年商業本票融資機制的重啟方式與時程；一旦這個機制重啟，聯準會就能開始向擁有健全信用評等的企業購買三個月期的公司債。精明的梅努欽仔細檢閱了聯準會向財政部提出的投資條件書（term sheets），他不需要聯準會就當前的狀況對他提出任何解釋，因為他對這一切了然於胸。不過，他認為聯準會設定的融資利率應該要比二〇〇八年更高一點。最後，他核准從財政部的「戰備存糧」（羅斯福時代成立的外匯穩定基金）中撥出一百億美元來彌補那類貸款的損失。此舉讓聯準會官員鬆了一口氣，因為梅努欽的首肯，讓他們內部無須就聯準會是否承擔過高風險一事展開困難的辯論。聯準會和財政部共同同意將作為這項機制的定價的懲罰性利率，設定在指標隔夜拆款利率加碼兩個百分點的水準。不過，這將是一個可重新檢討的議題，後續財政部——而非聯準會——可敦促聯準會提高利率，或採用更嚴格的條款。

此時，還有另一個迫在眉睫的挑戰必須應付：財政部外匯穩定基金的可用財政彈藥充其量只有九百億美元。因此，聯準會官員已經開始考慮其他可能在所難免的緊急放款計劃。克拉里達和鮑爾與聯準會總法律顧問馬克・范德維德（Mark Van Der Weide）進行一場電話會議後告訴威廉斯：「我想我們都很清楚，那筆錢就只有那麼多。」

星期一稍晚，美國八大銀行業者公告，他們已開始向聯準會的貼現窗口借錢；不過它們強調，動用這項工具並非出於恐慌，那只是改善那類貸款的公開汙名的更廣泛做法之一。各聯邦準備銀行總裁也開始敦促較小型的銀行業者向貼現窗口尋求協助，不過，很多較小型的銀行業者還是擔心會因此發生聲譽風險。於是，為了不讓外界知道哪些銀行可能已經動用這項緊急貸款，聯準會決定停止每週例行公布的逐區貸款金額報告。

寄送支票

沒有任何事比股票市場崩盤更能引起華盛頓兩黨領袖的關注。截至三月十七日星期二早上，股票在短短五個星期內，已累積了三二%的跌幅。相較之下，從二〇〇七年至二〇〇九年間，市場雖下跌了五四%，卻是花了更久的時間（十八個月）才累積那樣的跌幅。聯準會已竭盡全力使出所有必要手段，但到星期一當天，股票還是對官方的所作所為視而不見，繼續重挫，這一切的一切，都被參議員與他們的資深幕僚看在眼裡。

那天早上十點四十五分，聯準會啟動了商業本票融資機制，梅努欽也宣布他核准動用一百億美元來作為那類放款的最終擔保。那是二〇〇八年金融危機以來，聯準會首度動用〈第十三條第三款〉職權來進行的放款計劃，也是有史以來第一個需要取得財政部部長核准的這類計劃。

大約一小時後，梅努欽與川普一同在白宮向記者進行簡報。猶他州參議員米特・羅姆尼（Mitt Romney）已為福爾曼更早之前建議對每一個美國民眾發放一千美元的提案背書，如今，梅努欽更是動用了白宮的影響力，來支持這項計劃。梅努欽說：「我們正設法立即發送支票給美國民眾。」「此時此刻，美國民眾需要現金，而總統希望能馬上發出現金。我說的『馬上』，指的是未來兩個星期內。」

2020 年 3 月 16 日（星期一）			
全美病例數	全美死亡數	道瓊工業指數	VIX 恐慌指數
7,449	102	20,188 （↘ 2,997）	82.69 （↗ 24.86）

這個消息提振了市場信心，那一天，由於有跡象顯示國會與白宮方面可能加速研擬一套總額高達一兆美元的救助法案，股票市場一整天都表現得相當強勢。當天，梅努欽向共和黨參議員進行簡報，並在會後幾個小時向記者透露：「數字非常龐大。」但後來的數字又進一步加碼。

其實，白宮團隊已經開始草擬一項初步方案，包括對航空業的五百億美元援助，以及對中小企業不超過五千億美元補助等等。同一時間，民主黨也研擬了幾項提案，希望能延長遭資遣勞工的失業保險請領期間。

某日，梅努欽和參議院共和黨人共進午餐時，對他們發出了直率的預警。身為財政部長，梅努欽私下針對即將面對的經濟後果，向在場人士表達憂慮：他認為這次的傷害將比二〇〇八年更嚴重。為了更具體傳達他的觀點，他警告國會議員，若未能採取足夠的行動，失業率有可能會飆到二〇%。這是個令人屏息的評估。打從勞工部自一九四八年開始執行官方失業調查以來，失業率只有兩次達到一〇%：一次是在一九八二年年底至一九八三年年初的經濟衰退期，當時的聯準會主席是伏克爾；另一次則是金融危機後的二〇〇九年十月，但那一次失業率超過一〇%的時間前後僅延續一個月。二〇%的失業率代表將有接近兩千七百萬名原本有工作的美國人丟掉飯碗。

那天晚間，梅努欽的冷靜估算被公諸於世（這激怒了川普），但市場已因預期國會將通過更大規模的支出法案而飆漲。道瓊指數上漲了一千點，漲幅達五%。華爾街情緒的好轉為績優企業短暫開啟了集資的大門——儘管企業界在星期一沒有賣掉一毛錢的債券，卻成功在星期二當天，經由債務型工具募集到兩百八十億美元。其中，艾克森公司（Exxon）經由發債而募到了八十五億美元，百事可樂（Pepsi）則募到了六十五億美元。高盛公司一察覺債券市場已重新開啟，也隨即介入。不過，此時即使是名聲最響亮的企業，都不得不接受貸款成本持續上升的命運。舉個例子，那個星期二，高盛公司經由發行十年期公司債而募集到二十五億美元，但它的利率比政府公債利率高三個百分點。相形之下，在此前一個月，高盛透過十年期公司債募集到二十億美元，當時的利率只比十年期政府公債利率高〇．九五個百分點。[9]

似曾相識：貨幣基金單位淨值跌破一美元

儘管市場大漲、投資人轉趨樂觀，卻還是有一些令人憂心的趨勢漸漸浮上檯面。星期二當天，美國公債殖利率開始劇烈上升。投資人是因為擔心政府舉債金額暴增將促使利率進一步升高，才拋售美國政府公債嗎？這是可能的答案之一。不過，殖利率上升的幅度看起來大得不尋常，更令人不得不回想起前一個星期的波動性。

接著，美國公債市場的壓力逐漸蔓延到貨幣市場共同基金，這種基金是數百甚至數千萬美國人眼中的安全現金儲存工具。當然，民眾的這種觀念不見得正確。二〇〇八年，一檔投資大量資金到雷曼兄弟短期公司債的貨幣市場基金，就曾引爆一場恐慌，因為該基金通知投資人，它的單位淨值已比通常的一美元略低幾美分；問題是，在投資人的心目中，貨幣基金「單位淨值跌破一美元」的狀況是不可能發生的。這個發展很有可能會引爆一場「主要」貨幣基金擠兌潮，而由於貨幣基金投資非常多短期公司債，一旦它們面臨擠兌，政府將不得不介入。因為如果投資人搶著從這些基金撤回資金，不僅儲蓄者會遭受重創，向來仰賴貨幣基金來購買自家商業本票的大型美國企業，也可能會馬上面臨資金嚴重吃緊的窘境。在這個領域素有所長的波士頓聯邦準備銀行（很多大型共同基金的總部設在新英格蘭）稍早已提出另一個對銀行業者放款的「例外且緊急」計劃，這項計劃將使銀行有財力向貨幣市場基金購買商業本票，最終達到保護這些基金的目的。

波士頓聯邦準備銀行總裁羅森格倫曾警告，證券交易委員會在二〇〇八年危機過後實施的零星改革，根本不足以正本清源。如今果不其然，相同的問題再次發生。二月底時，主要投資到商業本票的貨幣市場共同基金一共持有一兆一千億美元的資產，其中六千二百億美元的資產屬於大型機構法人投資人。從三月四日開始，那些機構投資人的資產已縮水了一二%，也就是八百億美元。從前，貨幣基金也多次遭遇過資金大量流出的問題，但這一波贖回潮的速度實在太快，且幾乎沒有任何警訊可言。羅森格倫馬上就接到眾多大型共同基金的求救電話，那些基金紛紛表示它們正面臨被擠兌的風險。他說：「這些基金擔心它們的單位淨值將跌破一美元。」[10]

於是，羅森伯格開始向聯準會理事會以及紐約聯邦準備銀行的官員發出信號彈，並召集曾應對二〇〇八年危機的老手，期能依據他們原始的救市操作，設計一套新版本的計劃。羅森格倫說：「問題是，我們真心認為我們能安然度過這次危機嗎？我們真心想再次紓困主要貨幣市場基金嗎？」「我們來來回回、大量討論，但後來情勢清楚顯示，問題並不只是牽涉到貨幣市場基金而已。整個短期信用市場完全凍結，根本無法交易。」[11]

鮑爾在下午三點三十一分發給克拉里達的電子郵件中寫道：「財政相關的消息促使市場好

轉，但貨幣市場基金仍極度堪憂。」

眼光放遠，把格局做大

由於已經有數十位聯準會幕僚正努力研擬緊急放款機制，鮑爾遂將注意力轉向如何確保國會理解聯準會目前的所作所為。鮑爾擔心，降低利率以及實施各項最後擔保放款計劃，有可能無法真正解決因需求遽降而衍生的根本問題。早在一九三三年，凱因斯就曾寫信向羅斯福總統解釋，經濟體系需要的是更多的支出，而不是更寬鬆的信用。他說，更寬鬆的信用就像是「為了增胖而購買更長的腰帶。」此刻的狀況和當時頗為相似。[12]

於是，此時鮑爾加入其他人的行列，齊聲呼籲政府實施更高額的救助型支出計劃。然而，由於疫情的關係，他不能親自到國會山莊走透透，只能透過電話遊說。下午兩點鐘，鮑爾打電話給眾議院議長裴洛西，告訴她：「請把眼光放遠，把格局做大，現在利率很低（注：因為利率很低，所以擴大財政支出可能衍生的利息支出相對沒那麼沉重）。」[13]

鮑爾也和另外八位負責管理另一項草擬中法案的國會議員通話。無論那些國會議員各屬哪個黨派、職位為何，鮑爾都對他們傳達相同的訊息：這是個大問題。不管你們能提供什麼樣的財政支援，請即刻提供，而且要以補助金的形式提供，不能以貸款的形式提供。聯準會的放款實力雖足以為企業、城市或州提供幾個星期、甚至幾個月的協助，但最終來說，決定花錢幫助個人與家庭的大權，還是掌握在國會手中。

這些元老級的國會議員雖然向來樂意廣納建言，難免還是會有自身的偏狹考量。舉例來說，裴洛西擔心州與地方政府即將被徹底打垮。隨著華爾街人士更大規模從所有不可能在短期內發生風險的標的撤出，市政貸款人無一不遭受重創（包括醫院），所以舊金山民主黨人擔心，地方政府很可能在不得不花更多錢提供救助之際，面臨貸款無門的窘境。更糟的是，封城只會對地方政府的稅收造成更大的衝擊，而此時梅努欽正打算提出一份延後三個月報稅的提案（從原本的四月十五日延到七月十五日），有可能導致平日只能仰賴稅收來支應逐月支出的各州面臨極大的壓力。總之，此時此刻，這些州等於是在幾乎無法舉債的情況下，面臨資金短缺的窘境。

所以，裴洛西也對鮑爾說：「請把眼光放遠，把格局做大，幫助各州政府。」「因為它們已飢不擇食，它們需要更多的資源。」[14]

事實證明，鮑爾早就看得很遠，並放大應對的格局。共和黨參議員帕特．圖米（Pat Toomey）和其他國會議員已表達他們願意在某種程度上，同意對財政部提高資金額度（好讓聯準會承作更多以較高風險資產擔保的放款）。如果聯準會獲得高額的最後擔保，讓它得以彌補更多潛在虧損，它就能將商業本票融資機制的基本概念，應用到規模高達九兆三千億美元的公司債市場以及三兆九千億美元的市政貸款市場上。

為龐大的各色放款市場布置更大的安全網雖有助益，卻也有可能踩到各式各樣的紅線。即使是在二〇〇八年那種緊急事態之下，聯準會都排除了干預市政債券市場的可行性。市政債券市場非常支離破碎，和公司債市場完全不同，所以，市政債券市場操作的挑戰比公司債市場操作困難得多。況且，市政債券市場還是個政治地雷區——一個散布著五百三十五個潛在爆炸物的地雷區（注：指五百三十五位國會議員）。一旦跨進這個領域，難保會有某些旨在監督聯準會委員會的國會議員，提出以下這類令人坐立不安的疑問：**你們為什麼購買那幾位國會議員的選區的債券，而不買我的選區的債券？**或是**為什麼你們以較低的利率向白人為主的學區購買債券，但以較高的利率向黑人為主的學區購買債券？你們為什麼獨厚民主黨色彩較濃的都市，棄共和黨色彩較濃的鄉村地區於不顧？**何況如果向聯準會借錢的都市發生債務違約情事，又該怎麼處置？

身為一個機構，聯準會向來習慣性對有可能導致它陷入政治困難處境的政策敬而遠之。鮑爾或其他聯準會官員從未打算要求任何一個城市或州，基於取得貸款或償還貸款的目的而增稅、或削減警察／消防員等公務人員的薪資。儘管如此，奉鮑爾之命監督所有緊急放款計劃的布蘭納德認為，這場迅速蔓延的大流行病危機有可能會逼得聯準會不得不那麼做。於是，她強力展開遊說，希望說服國會議員同意由聯準會吸收那些虧損，並讓聯準會跨越紅線。

一旦聯準會涉足公司債市場，它一定會面臨到截然不同的挑戰。鮑爾和同事近幾年的作為，令外界擔心聯準會可能會因囤積愈來愈多企業債務而面臨風險。另外，聯準會為公司債市場提供最後擔保的政策，可能再次導致它遭受批評：一如二〇〇八年金融危機過後，外界批判聯準會只忙著幫助大型貸款人，放任小貸款戶自生自滅。

鮑爾認同布蘭納德的觀點。他認為隨著這場危機持續發展，聯準會遲早將不得不採取一些讓它感到為難的行動。但鮑爾認為聯準會不宜預設立場，應該用更開放的態度來檢視它願意跨越哪些紅線。

那天傍晚，鮑爾打電話給克拉里達，問他：「你怎麼想？」

克拉里達對這類放款一向抱持保留的態度，但他也建議可以依據白芝浩的名言，用懲罰性利率來為那類最後擔保定價，以鼓勵各州、城市或企業優先尋找其他舉債的管道，萬一行不通，再訴諸聯準會。

克拉里達答道：「我們遲早得推動這項計劃，畢竟這場衝擊沒人料到，也沒有人事先做好保險。儘管如此，我們必須用正確的方式把這件事做好。」

•••••••••

鮑爾願意突破既有界線的態度，凸顯出這場危機的某個最大諷刺。多年來，幾乎所有介紹鮑爾的新聞文章都提到他沒有經濟學博士學位。但如今陷入法律、企業財務與政治等危急問題的聯準會，卻因有這位在企業財務方面擁有深厚歷練、且頗具政治手腕的前律師來擔任主席而顯得非常幸運。鮑爾或許不是一名經濟學家，他的背景卻讓他成為此時此刻幾乎最完美的聯準會主席人選。

負責銀行監督事務的副主席奎爾茲道：「多數擔任央行官員的經濟學家會說：『此時此地，貨幣政策不是適當的工具。』或說：『我們必須謹慎，因為我們是中央銀行官員，我們必須思考長期的效應。』」「但像鮑爾這種學經歷背景的人，則比較可能會說：『好，我們目前面臨什麼問題？我們能怎麼解決問題？我們要如何做到這一點？』這就是鮑爾採用的方法。我認為，正因他過去的學經歷與一般央行官員不同，他才會比較願意思考許多央行官員認為不宜正式列入考慮的應對方法——即使嚴格來說，那些方法是可行的。」

奎爾茲最初也很抗拒鮑爾為擴大聯準會應對措施而採取的一些作為。「我認為事件的發展證明，傑伊明顯是對的。事實上，如果換作歷任其他聯準會主席面對這個處境，幾乎每一位前主席應該都會做得遠比他還要少，他們的回應速度也應該都會遠比他緩慢。」

事實上，三月以來這兩個星期，連某些最熟識鮑爾的人都對他的行動感到訝異。鮑爾的一位多年老友說：「我壓根兒不認為他是愛好彈珠台賽局之類的老賭徒，但這是異常迫切需要推動的事。我很納悶，他真敢放膽去做嗎？」「但他真的放膽做了，而且他還鞭策其他人也這麼做。」

同一時間，鮑爾還是懷抱著信心，持續與國會議員對話，和他們討論應該為那些無法在資本市場上舉債的企業做些什麼。兩位共和黨籍議員提議大幅提高小型企業管理局對小型企業的放款額度。不過，那個計劃無法嘉惠到中間市場規模的企業，也就是規模小到無法在資本市場集資、但又大到無法申請小型企業貸款的企業。基於這個考量，曾擔任維吉尼亞州州長的溫和派民主黨人兼成功商人馬克·華納（Mark Warne）參議員，遂著手為聯準會打造一份允許聯準會直接對這類企業融資的提案。

鮑爾也催促梅努欽、參議院多數黨領袖麥康納與其他人，盡可能設法廣發補助金，不要一味依賴聯準會提供貸款。不過，梅努欽要頭痛的事實在太多了，他當時正在要求國會授權財政部實施對航空業與貨運公司的補助計劃。何況民主黨人並不信任川普政府，他們擔心，經由財政部主導推行的貸款計劃有可能會把貸款導向白宮在政治上偏好的團體。

如此一來，衍生了這場大流行病危機的第二個大諷刺。二〇〇八年，聯準會因動用了最後貸款人工具，而被國會議員施以薄懲——國會事後強行實施一些限制，好讓那些主管機關更遵守民主當責規範。一言以蔽之，當時國會議員所傳達的訊息就是：「聯準會，下不為例。」

但如今，兩黨的資深領袖卻紛紛傳達另一個大不相同、但極度諷刺的訊息：「聯準會，請明快採取行動。」

聯準會將成為吃了類固醇的白芝浩。

2020 年 3 月 17 日（星期二）			
全美病例數	**全美死亡數**	**道瓊工業指數**	**VIX 恐慌指數**
9,577	126	21,237 （↗ 1,049）	75.91 （↘ 6.78）

第十一章

金流幾乎完全停擺

三月十八日星期三是簡直是惡夢一場。

傑伊．鮑爾一覺醒來發現，美國公債的殖利率繼續攀升，股票期貨的交易也顯示，股市一開盤就將重挫。看來，一個星期前那種令人為難又困惑的複雜動態即將再次上演。當美國公債殖利率朝著和股票漲跌相反的方向波動，美國公債就會失去作為避險工具的能力，無法緩和市場漲跌所帶來的衝擊。那天清晨六點五十八分，鮑爾火速發了一則訊息給同仁：**十年期公債殖利率是怎麼回事？**

貨幣事務處處長勞巴赫透過電子郵件，針對市場機能失調風險再次浮現的現況做了一番評估。和財政支出增加有關的大量報導「是說明殖利率為何會上升的好理由之一，但這無法解釋股票為何會下跌。」他說，那說不通。「也許，債券本身還有一些問題正導致債券在規避股票風險方面不再那麼有吸引力。」鮑爾以文字回覆：如果長期利率竄升是「市場對較高供給量的理性回應，那就另當別論。」「但如果這代表美國公債市場的流動性再次消失，那我們就得出手解決這個問題。」

這陣子以來，鮑爾天天都忙著倉促推出聯準會某些最極端的工具，不過，似乎沒有一項工具真正發揮作用。病毒感染病例持續攀升，導致民眾對公衛局勢一面倒地不看好，而普遍認為前景黯淡的心態，當然會導致市場恐慌加劇。這場衛生危機將演變成金融危機，而金融危機又會進一步導致後續的經濟危機大幅惡化。

礦坑裡的金絲雀

美國公債市場向來被視為全球最大、且流動性最高的債券市場。第二大且流動性第二高的市場，則是所謂「政府擔保的不動產抵押貸款證券市場」。這個市場向來是聯準會用來影響經濟體系的關鍵管道之一，因為這個市場所促成的短期利率變動，將會經由漣漪效應影響到不動產抵押貸款的利率。不過，此時此刻，政府擔保的不動產抵押貸款證券市場和美國公債一樣，都被捲入劇烈的經濟不確定性激流當中——這兩個市場的賣方都不斷拋售證券，導致證券價格下跌，殖利率上升。

早在幾年前就退休的品浩公司不動產抵押貸款與資產擔保證券部門的前主管史考特．賽門（Scott Simon），為了所謂不動產投資信託（REITs，real estate investment trusts 的縮寫）的組合型不動產抵押貸款投資工具開始內爆一事，打電話給克拉里達（克拉里達是他以前的同事）。賽門急切地說：你知道這些公司是礦坑裡的金絲雀吧？（canary in the coal mine，注：由於金絲雀對有毒氣體極為敏感，礦工會帶金絲雀至礦坑，偵測天然氣是否外洩。當金絲雀出現異狀，礦工即可藉著這個警訊，提早撤出礦坑、保全性命。後引申為領先指標或早期預警的概念）他警告，即使這些公司的規模很小，它們所面臨的挑戰卻不該輕忽，因為這些公司的問題，進一步象徵著投資等級債券與政府擔保型債券的基金圈子所承受的壓力。此時此刻，連持有最安全大型企業公司債的債券基金都面臨非常大的壓力，投資人為了籌措現金，連那種相對安全的資產都急著拋售。

賽門告訴克拉里達，如果你不導正最高評級債券的市場，「它就會棄你而去。」愈來愈多市場被這股新狂熱席捲——包括不動產抵押貸款 REITs、貨幣市場共同基金、投資公司債的開放型基金等各式各樣商品的市場。不僅如此，還有更多市場漸漸被捲入這場風暴。

地獄來了

到此時為止，多數美國人還只是忙著囤積衛生紙，而非囤積紙鈔。不過，聯準會現金管理服務部門的官員已經在加班趕工，確保各地的提款機和銀行備有充足的現金庫存，以免更多民眾突然察覺到，他們手頭正需要保留現金的時候卻領不到現金。明尼亞波利斯聯邦準備銀行總裁卡什卡利聽一位銀行業人員說，有一位顧客一次提領了六十萬美元的現金——他剛幫那位顧客處理好提領作業。美國銀行位於公園大道（Park Avenue）與五十二街（52nd Street）交叉口的分行（距離資產管理業巨擘貝萊德公司〔BlackRock〕的總部僅幾步之遙），百元美鈔更是暫時被提領一空。[1] 聯邦存款保險公司在星期三發布的一份聲明中指出：「聯邦存款保險公司提醒美國民眾，有參加 FDIC 保險的銀行，依舊是保存個人資金最安全的處所」。FDIC 還在這份聲明中，以粗黑字體補充：「**從一九三三年迄今，沒有任何存款人損失過任何一分一毫受FDIC保險的資金。**」局勢已經夠嚴峻了，此時如果再出現一堆美國人在提款機前，以間隔一．八公尺的距離排隊等待領錢的畫面，情況將會更加難以收拾。

聯準會平日就會為這類現金需求激增的情況做準備。三月時，在經濟體系流通的紙鈔金額增加了七百億美元，也就是增加了二．五%。聯準會在短短幾個星期內，將大約七億美元的百元美鈔挹注至經濟體系裡，這是西元二〇〇〇年一月一日以來最大手筆的百元美鈔挹注量——二〇〇〇年，聯準會為了緩和民眾對千禧年的恐懼曾採取過這項行動，不過，當年的官員可是花了幾個月的時間才做好準備工作。

身為處理過二〇〇八年危機的老手，卡什卡利在當天錄製的《六十分鐘》（*60 Minutes*）節目訪談中，呼籲民眾保持冷靜。他說：「就算每個人都在同一時間受到驚嚇，並要求領回資金，聯準會也會妥善處理。」

美國人真的需要從銀行提領現金嗎？他說：「你不需要這麼做。提款機很安全，銀行也很安全。金融體系有足夠的現金，而且，聯準會的現金取之不盡、用之不竭。」

也有其他人針對囤積貨幣的潛在健康風險提出警告。科羅拉多銀行業公會（The Colorado Bankers Association）以廣告宣傳，你手上的每一張美元鈔票可能已經轉手過一千次，上面很可能有三千種不同的細菌。該產業公會團體表示：「把錢存在銀行是防止被細菌感染的穩健做法。」

億萬富翁投資人比爾．艾克曼（Bill Ackman）則在CNBC長達二十八分鐘的午後直播訪問中，慷慨激昂地呼籲關閉經濟體系三十天。他說：「地獄來了。」「我們必須關閉經濟體系，而且要即刻關閉。」接著他說，早在一個月前，他就從銀行領了一大筆現金。

道瓊指數在艾克曼接受訪問之際重挫，最多下跌了兩千點；市場在川普上任總統之後累積的漲幅幾乎全被抹除（川普上任後，市場飆漲成了家常便飯）。這波重挫導致市場在下午一點前不久，再度啟動了十五分鐘的暫停交易機制。新聞標題愈來愈令人絕望。底特律三大車廠宣布將停止所有工廠的生產活動。美國也關閉了對加拿大的邊境。萬豪酒店（Marriott）則是公布了數萬名勞工強迫休假的計劃。

紐約聯邦準備銀行的市場交易處處長辛格，依舊幾乎快被各方人脈傳來的訊息淹沒，那些訊息清一色催促當局停止市場交易。辛格說：「這是十足且純粹的恐慌，這次的恐慌程度遠比二〇〇八年至二〇〇九年還嚴重。嚴重非常、非常多。」二〇〇八年危機爆發之際，他在高盛公司的倫敦利率交易部門任職。停止市場交易的想法尤其令人沮喪。「停止一切交易的想法非常『不美國』，但我們似乎又無法擺脫這個宿命。」

梅努欽表示，他永遠不會考慮休市。他說：「那理當是最糟糕的情境下才會推行的選項。我的想法是，一旦休市，市場交易就會非常難以重啟。九一一事件之後的休市措施殷鑑不遠。」[2]

我們做得還不夠

市場的崩盤顯示投資人進一步朝瘋狂變現的模式前進。道瓊指數收盤時重挫了一千三百三十八點，跌幅超過六%，而油價則跌到九一一恐怖攻擊後那幾個月以來的最低水準。更不妙的是，美國公債殖利率進一步急速上升。迫切籌措美元的外國政府是公債的最大賣方之一，這些政府在三月的前三週共拋售了一千億美元以上的美國公債，拋售金額創下了歷史記錄。

克拉里達一整天都忙著接聽電話。市場收盤後，他發送一則訊息給威廉斯和鮑爾，列出他們下一個討論會的議程。他說：「我知道大家都忙得一團亂，但我們今天下午／晚上應該試著談一談。」他們必須「進一步提高美國公債／不動產抵押貸款證券的購買額度，因為持續釋出的供給量已經超過市場的吸納能力了。」

克拉里達回報：此外，不動產投資信託的變現潮正導致不動產抵押貸款證券市場「遭受重創」，而華爾街的經紀商也無力吸收投資人拋售出來的大量部位。最後，他轉達一個訊息：急於搶奪美元的外國央行準備金經理人，正在拋售他們持有的美國公債部位。

幾分鐘後，威廉斯回覆訊息：「我們得到的消息也一樣。」

在那個星期稍早，紐約聯邦準備銀行的資產經理人羅根已公布將每天購買四百億美元美國公債的計劃，但此時她正在盤算，一旦她的團隊重新取得對市場的控制權，他們將開始降低收購金額。不過，星期三當天，紐約聯邦準備銀行反其道而行，出手購買了四百五十億美元的美國公債。威廉斯回報，他們正準備在星期四進一步將購買金額提高到五百億美元。為了向因需款孔急而拋售政府擔保不動產抵押貸款證券的賣方提供現金，紐約聯邦準備銀行還考慮快速翻新這些買賣交易的結算方法。威廉斯寫道：「看起來大有可為。」「羅根不久後將會發送更新版。」

克拉里達即刻回覆：「我認為，我們的購買（美國公債）金額可能必須遠高於五百億美元——今天的賣壓顯示，我們做的還不夠。」

因為外國政府在紐約聯邦準備銀行有開立銀行帳戶，所以羅根能輕易查到究竟是哪些國家拚命為了將美元匯回本國，而積極拋售美國公債。下午五點三十分，羅根從紐約聯邦準備銀行回報：「我們聽到準備金經理人正在拋售非常大量的部位。」每個人仍繼續大量拋售美國公債，包括外國的中央銀行。

羅根建議設計一個允許那些國家暫時以它們持有的美國公債來交換美元的新放款計劃，若這個計劃付諸實行，就能抒解美國公債市場上的關鍵賣壓來源之一，否則聯準會若想穩定美國公債市場，將不得不繼續購買愈來愈多的美國債券。

儘快採取行動

長久以來，聯準會向來被視為「最後貸款人」，換句話說，這個機構能以夠快的速度、用夠大的力量來挽救陷入恐慌的美國金融市場。不過，聯準會一向抗拒成為整個世界的最後貸款人。但二〇二〇年三月十八日當天，它放棄了長期以來所堅持的保留態度。

二〇〇八年時，聯準會曾暫時（但有點不情願）擴大美元交換網路（dollar-swap network），納入額外九國的中央銀行。下午五點四十八分，鮑爾發了封電子郵件給FOMC，希望能取得它對此案的簽准放行。「鑑於（海外美元）市場的壓力持續升高，我們將在大約一個小時內寄送文件給各位，期盼各位在這次記名投票中，支持再次將這九國的央行納入美元交換額度的範圍內……我對如此匆促的通知深感抱歉，但情勢的發展實在太過快速……這個交換額度計劃確實迫切需要推動。懇請各位儘速針對這個議題採取行動。」

星期日當天，其他國家的中央銀行也升級了緊急措施。隨著倫敦金融市場上處處瀰漫著巨大壓力，英格蘭銀行當天稍早已宣布，將對商業本票市場提供無限量的融資。

晚上六點過後，克拉里達接到菲利浦．蘭恩（Philip Lane）的電話，蘭恩是克拉里達以前的學生，一年前剛當上歐洲央行的首席經濟學家。他說，歐洲央行將在大約一個小時後（也就是歐洲央行總部所在地法蘭克福的午夜時分前）宣布一個高達七千五百億歐元（八千一百八十七億美元）的新購債計劃，目的是要避免歐元區經濟體系因病毒的肆虐而受創。這個大流行病緊急購債計劃（Pandemic Emergency Purchase Program）傳達了一個強烈的訊號，它讓外界清楚知道，歐洲的最後貸款人將堅定支持已做好作戰準備的各國政府，尤其是義大利與西班牙。先前已遭病毒重創的義大利與西班牙，近幾天又面臨舉債成本飆升的窘境，令人擔憂近十年前讓歐陸苦不堪言的主權債務危機，有可能捲土重來。克拉里達向鮑爾與威廉斯轉達歐洲央行的這個決定（這個決定是在一場未事先排定時程的午夜電話會議中緊急定案）。

接著，克拉里達在下午六點十六分發了一則訊息給鮑爾、威廉斯和羅根，他在訊息中強力建議採取更積極的購債行動。他說：「我們都聽到……美國公債市場依舊未能正常運作——今天的賣壓、股票的下跌，以及和避險基金和 REITs 拋售／變現等有關的大量報導，在在讓我感到我們應該嚴肅考慮提高每日操作的規模——實質利率正在飆升——損益兩平點已重挫到歷史新低。「不僅國內的賣壓沉重，外國人也持續拋售，所以我們還得再加把勁。」

與監理局之間的齟齬

過了好幾個小時，忙得焦頭爛額的鮑爾才終於回覆這則訊息。那天傍晚，聯準會正加緊腳步敲定對貨幣市場共同基金的最後擔保計劃，這項計劃將由波士頓聯邦準備銀行負責執行，而梅努欽將為這項計劃提供另外一百億美元的融資。波士頓聯邦準備銀行要等到下個星期一開始時，才能做好啟動這項計劃的準備，不過，官員們斷定，應該提早做出宣示，讓外界知道這項計劃即將上線，以達到「試營運」的效果。羅森格倫表示：「這項宣誓明顯是為了防止貨幣市場基金在星期五、星期六、星期日和星期一關閉。我們連一天的時間都沒有。」[3]

不過，這項宣示卻遭到美國貨幣監理局（Office of the Comptroller of the Currency）主計長約瑟夫．歐汀（Joseph Otting）的阻攔。聯準會和貨幣監理局與聯邦存款保險公司共同承擔監理本國銀行的責任。貨幣監理局於一八六三年成立，是財政部旗下的一個獨立局處，負責核發本國銀行的執照以及聯邦特許的外國銀行分行執照，也負責監理這些銀行。由於聯準會的貨幣市場基金擔保計劃將會透過銀行部門實施，所以，該計劃需要貨幣監理局暫時擱置自有資本（regulatory capital，又稱最低資本）的規定。根據這個計劃，銀行業者將向波士頓聯邦準備銀行借錢，再利用這些資金向貨幣市場基金購買資產，最後再將買來的資產質押給聯準會，作為它們向聯準會貸款的抵押品。

這當中存在一個障礙：聯準會需要貨幣監理局暫時擱置它原本的規定——也就是要求銀行業者必須擁有足夠資本來吸收這類資產的潛在損失的規定。畢竟如果屆時銀行收購的資產跌價，承擔風險的將是聯準會——因為持有這些資產的是聯準會，而非銀行業者（因為銀行已將這些資產用來作為向聯準會貸款的抵押品）。基於所有實務上的目的，這些貸款對受貨幣監理局所監理的銀行業者而言，並沒有任何風險。

但貨幣監理局主計長歐汀堅決反對這麼做。他告訴聯準會副主席奎爾茲，他不會暫時擱置資本規定。

梅努欽和歐汀兩人是朋友，也曾是事業上的夥伴。梅努欽曾在二〇一〇年延聘歐汀領導第一西部銀行，二〇一七年更延攬他擔任貨幣監理局主計長。如今，儘管貨幣市場基金很可能加速陷入恐慌，歐汀卻對聯準會表示他愛莫能助。於是，奎爾茲和鮑爾打算委請梅努欽介入，搞定他的前事業夥伴。

星期三晚上，歐汀在電話中重申了他嚴謹但頑固的立場——他反對為了讓聯準會支持銀行業者協助購買資產的計劃，而放寬既有的規定：「我不會配合。」他擔心聯準會會為了救助那些不屬於他管轄的市場環節，而強迫他在全國銀行體系的資本標準上妥協。

梅努欽簡直不敢相信自己的耳朵。他的語氣聽起來非常激動。

梅努欽說：「歐汀，你說你不會配合是什麼意思？」「我們現在談的可是牽涉到國家安全的問題！」經過一番脣槍舌戰與折騰，歐汀終於勉強同意。

羅森格倫不認為聯準會還有任何時間可消磨，聯準會和貨幣監理局之間的僵局很有可能導致聯準會無法即時發布那份聲明。事後他表示：「我們已經知道，如果再這麼等下去，一定會爆發全面性的貨幣市場基金關閉潮。」幸好聯準會終於得以在晚間十一點三十分宣布計劃。

隔天，一位華盛頓分析師以一篇「危機夜未眠」為題的報導，概要說明聯準會的行動速度有多麼明快。一位華爾街經濟學家也以相似的方式發表評論：「在午夜發布聲明，顯示確實有為經濟體系設置安全網的急迫性。」[4]

劇烈惡化

晚間九點十八分，鮑爾回覆了克拉里達的郵件，他詢問是否應該提高美國公債的總購買金額。克拉里達寫道：「由於美國公債的供給量非常大，這是選項之一」。不過，此時此刻，他比較在意的是，要如何把十年期政府公債的狀況控制下來，以便重建外界對這項投資標的的信心，畢竟它被視為全世界最安全的投資標的。

那天晚上兩人通話時，鮑爾的聲音聽起來累壞了，這是過去兩週危機加速惡化以來，他首度顯得那麼疲憊不堪。他要求克拉里達概述一下美國公債與不動產抵押貸款證券市場機能失調的狀況。克拉里達告訴他，情況看起來就像一場完美風暴（perfect storm）——外國投資人（包括外國央行）大量拋售，無獨有偶，避險基金和其他投資人也在平倉他們的部位。當時的國庫券殖利率已轉為負數，這是投資人恐慌逃向現金的更顯明證據。

過去一整天，克拉里達不斷反覆詢問幕僚一個問題：「這麼做有成效嗎？」此時，他向鮑爾承認了這個顯而易見的事實：「我們的購債規模已經夠龐大了，但並沒有發揮成效。」新近發行的美國公債利率仍舊和非近期發行的公債利率背道而馳，這是聯準會購債規模不足的重要危險訊號之一。

鮑爾嘆了一口氣，問道：「你是說，我們應該朝殖利率曲線控制（yield-curve control）前進嗎？」殖利率控制是指為了實現特定的殖利率水準，而不預設上限購買大量債券。自二戰以來，聯準會沒有做過這種無限額的承諾。

克拉里達答覆：「此刻我不建議這麼做，不過，我們的行動只許成功，不許失敗。」「所以，就最低限度來說，我們得再加把勁，必須控制住十年期公債殖利率才行。」

克拉里達心想：**有非常多其他工具會隨著十年期公債的殖利率波動，所以，把它的利率控制在低檔，並壓抑波動性，理應就能為不動產抵押貸款市場、企業貸款人和其他人帶來極大的利益**。他提出一個想法：賣掉已轉為負殖利率的短期國庫券，買進較長天期的國庫票據與長期債券。

晚間十點十五分左右，羅根發了一份憂喜參半的更新報告。她回報：「根據市場參與者的回報，我們的購債行動正開始產生正面的效果，而且，我們也從數據看到其中的部分正面效果。」「然而，多數市場參與者提醒，劇烈的波動性和拋售潮也掩蓋了這些正面效果。」有鑑於此，紐約聯邦準備銀行已經在那天傍晚公開宣布將在未來兩天收購一千億美元債券的計劃。這麼一來，聯準會等於是在短短一週之內就買進兩千兩百五十億美元的債券，占FOMC上星期日核准的「至少五千億美元」購債額度的一半左右。

羅根繼續說：「我們正在考慮是否能進一步提高明天的操作額度，例如總額七百五十億美元之類的。」「然而，就一天內的購債金額來說，這筆錢實在太大了。儘管我們認為這件任務可行，但風險在於我們……在操作的過程中被迫接受非常不利的（高）價格。」但克拉里達認為，支付太高的價格不是什麼需要憂慮的事。

羅根又補充，如果經過預訂在星期四早上進行的討論後，高階官員能安心接納那些風險，那麼「整個團隊已做好準備，能在討論結束後迅速採取行動。」

羅根接著繼續回報不動產抵押貸款市場的狀況。聯準會的購債行動一直都有產生助益，「但今天局勢突然嚴重急轉直下。因此，我們計劃進一步啟動額外的購買行動。」此外，根據聯準會系統的設計，它購入的不動產抵押貸款證券要花大約一個月的時間才能完成結算（這是那類債券的標準交易慣例）——問題是，此時取得購債所需資金的利率極高。所以，羅根的團隊已迅速探討調整交易及結算程序的可行性，希望那類交易的結算作業能在幾天內完成，這是中央銀行過去未曾嘗試過的做法。她表示：「這牽涉到作業上的風險，但我相信冒這個險是值得的。」「我們明天的目標是希望購買一百億美元的那類證券。如果有必要，我們星期五還會加碼。」

最後，羅根將話題轉向正漸漸趨於穩定的隔夜資金市場。某些銀行對現金的需求非常大，導致聯邦資金利率達到它的法定區間上緣，且居高不下；所以羅根警告，聯邦資金利率可能還是會停留在區間的最高點，甚至會高於那個水準。羅根說：「我們已擬定好計劃，必要時將打電話給這些銀行，鼓勵他們未來多利用貼現窗口，不要支付那麼高的利率。」

那是個了無希望的畫面。午夜過後，克拉里達就寢前心想：**我們完了**。

後續幾天和幾個星期，他用另一個比喻向家人述說那晚的感覺：「我們在七十五年來最嚴重的一場風暴中，坐在一架飛在三萬英尺高的巨大噴射機裡。從兩方面來說，我們的儀表板（美國公債市場）已完全失靈，一來我們完全不相信那些市場所傳達的訊息，二來當我們按下操作鈕，它也沒有出現我們預期中的反應。」儘管先前七十二小時進行了鉅額的干預，美國公債市場還是未能恢復正常的機能運作。

凡事總習慣作最壞打算的克拉里達暗忖：**何況我們的彈藥即將用罄，畢竟如果我們花光財政部的資金，就不能繼續實施這些放款計劃。我們不僅得將這駕飛機穩定下來，還要在大霧與狂風之中，將飛機平安降落到地面上。問題是，我們得先設法找到一座機場，將飛機降落在黑暗的跑道上，還要確保它不會滑入海裡。**

損害分類療法

隔天，三月十九日，鮑爾做的第一件事就是寫電子郵件給克拉里達，他在郵件中詳述他最新的想法。聯準會主席鮑爾表示：**我們必須加碼購買美國公債與不動產抵押貸款。**鮑爾說，全球各地充斥著強烈的負面情緒，代表市場正處於崩潰邊緣，他再次詢問克拉里達對於殖利率曲線控制有什麼想法。前一天晚上十一點三十分，澳洲央行已推出殖利率曲線控制計劃，並承諾在必要時將無限量購買政府公債，以便將期限在三年以上的債券殖利率維持在接近〇%的水準。

2020 年 3 月 18 日（星期三）			
全美病例數	全美死亡數	道瓊工業指數	VIX 恐慌指數
12,934	152	19,898 （↘ 1,338）	76.45 （↗ 0.54）

接著，鮑爾突發奇想：聯準會是否應該提出一個既能購買現有公司債、又符合〈第十三條第三款〉規定的機制？這又超出了他們先前打算購買新發行的公司債的想法。鮑爾想，既然聯準會已取得財政部外匯穩定基金裡的一點點作戰基金作為後援，他們應該可以預先公告這整個計劃，接著一旦國會通過（如果有通過的話）救助方案（這個方案即將在國會山莊的協商下合而為一），聯準會就可以提高可用融資金額。這個策略將使他們得以將目前所有作為的利益最大化。鮑爾寫道：**目前正是採取必要手段的時刻**。

那天早上八點，羅根向高階官員簡報他們的計劃：他們打算把當天的美國公債購買金額從五百億美元提高到七百五十億美元。鮑爾和理事會都同意這項提案。這個金額比過往的操作規模都大非常多。想當初，在聯準會實施極具爭議性的第二輪量化寬鬆期間，就已引來茶黨、保守派經濟學家和其他團體的猛烈批判。而此時此刻，聯準會竟然計劃在一**天內**購入它在二〇一〇年與二〇一一年間一**個月內**的購買金額！

早上九點鐘，聯準會宣布要擴大美元的交換額度網路。那個星期截至那個時刻為止，美國的中央銀行已經為歐洲央行提供了一千一百二十億美元的貸款，並為日本央行提供了另外三百二十億美元的貸款。由於聯準會將美元導引到海外的這項承諾牽涉到非常鉅額的資金規模，這項行動也成了聯準會最意義重大、但也最鮮為人知的擴權行為。穩定海外美元市場是避免全球市場爆發更大動盪的關鍵作為——因為這些動盪將回過頭來對美國經濟造成極大的後座力。

舉個例子，在南韓，大型券商為了應付融資追繳而努力試著籌募美元。這些券商原本貸款購買了數十億美元連結到美國、歐洲與香港股票的衍生性金融商品。然而，隨著各地的股票重挫，那些券商的貸款人開始要求它們補繳更多現金，於是引發了瘋狂搶奪美元的風潮，而這股風潮導致韓圜兌美元匯價在三月十九日當天貶值到十年來的最低點。英格蘭銀行的首席市場官員安德魯．豪瑟（Andrew Hauser）表示：這些美元放款額度「堪稱國際金融穩定安全網中相當鮮為人知、但又最重要的環節。」[5]

由於這些交換額度逼得聯準會從國內貨幣政策的戰場「轉戰」外交政策的戰場，所以，一如其他擴大職權的行為，這些交換額度也為聯準會帶來了新的政治問題：如果美國總統或國務卿命令聯準會提供交換額度給它認定可能風險過高的國家，它該怎麼辦？（這不純然是個假設性的問題：在接下來幾個星期，土耳其總統雷傑普．塔伊普．艾爾段〔Recep Tayyip Erdogan〕的政府就向聯準會與美國國務院求助，希望能取得聯準會的交換額度，但華盛頓當局已拒絕對方的要求）。[6]

理論上，各國可以向國際貨幣基金尋求財務支援，但IMF通常只在特別嚴峻的情況下，才會核准那類請求，況且，較富裕且較先進的經濟體也會擔心，向IMF提出這類的要求會留下汙名。例如南韓就有一個笑話說**IMF**代表**I'M Fired（我被解雇了）**的意思。

2020年3月19日（星期四）			
全美病例數	**全美死亡數**	**道瓊工業指數**	**VIX恐慌指數**
17,540	203	20,087（↗ 188）	72（↘ 4.45）

燈火即將熄滅

星期五早上大約十一點三十分，克拉里達從他的彭博社終端機發送了兩張圖表給鮑爾。其中一張圖表是未來一年兩年期公債殖利率的隱含波動率。這項波動率已降至過去幾年以來的最低水準，代表市場預期聯準會不會調整利率。但未來一年十年期公債殖利率的隱含波動率，卻創下二〇一三年以來從未見過的高水準。克拉里達驚呼：「這是減債恐慌以來第一次這麼高！」他擔心聯準會購入過多的短期與中期美國政府公債，但買進的長期政府公債不足。

那天晚間的稍晚時刻，克拉里達在一則訊息中表示：「我們為了讓非近期發行、且交易最不活絡的政府公債變得更正常運作而實施的兩百多億美元購債計劃已經失敗。」

不僅如此，為學校、醫院、運輸系統等眾多實體提供財源的市政債券市場正漸漸失靈。儘管多數州都設有平衡預算規定，以防止州政府像財政部一樣發生赤字，但各州的稅收往往起伏不定，且稅收通常無法在應付帳單到期時入帳。因此，各州向來都藉由發行債券來解決這類現金流量挑戰。那個星期，由於投資人從投資市政債券的共同基金與指數型基金贖回了創下記錄的一百二十二億美元基金，市政債券價格因此重挫。

康乃狄克州住宅融資署（Connecticut Housing Finance Authority）的財務長哈茲姆・泰伯（Hazim Taib）說：「糟透了。」「流動性理應很高、運作理應很順暢的市場，如今再也不能維持高流動性與順暢運作，所以，如果你希望別人購買你的債券，你就不得不被人家敲竹槓。」[7]

為了應對這個情況，鮑爾建議，聯準會的商業本票融資機制和貨幣市場基金流動性機制應該納入短期市政債券。鮑爾要求其他理事在星期五早上九點二十分核准這項調整。不到兩個小時，聯準會就公布了這項擴大涵蓋措施。這個決定代表聯準會又跨越了當年（二〇〇八年）柏南克不願跨越的另一條紅線：當時聯準會的官員原本考慮購買市政債券，後來卻又否決了這個想法。那個星期五，股票又重挫了四．五%——二月十二日以來，道瓊指數已暴跌了超過一萬點。不僅如此，紐約州也加入加州和伊利諾州的行列，命令該州的勞動人口留在家中。此外，美國關閉了墨西哥與加拿大的邊境，禁止所有的非必要旅行。

這時，摩根大通公司的首席經濟學家麥可．斐洛利（Michael Feroli）發表了一篇報告，名為「經濟體系裡的處處燈火即將熄滅」。[8] 在這之前，這家投資銀行已將它對美國第一季經濟年化成長率的預測值降至負四%，第二季降為負一四%，這是所有人有記憶來最糟糕的經濟收縮幅度。高盛公司則警告，下一週可能會有超過兩百二十五萬名美國民眾新申請失業津貼，這個預估值打破了一九八二年創下的前高數字：六十九萬五千人。

但對聯準會來說，情況並非已經了無希望，一線曙光出現了：十年期公債殖利已率降至〇．九二%——這是非常大的降幅，也顯示聯準會的購債行動確實產生助益。不過，如果各個城市、各州以及企業界無法順利舉借到貸款，且若公司債市場幾乎凍結，那麼，公債的殖利率再低也幾乎無濟於事。

2020 年 3 月 20 日（星期五）

全美病例數	全美死亡數	道瓊工業指數	VIX 恐慌指數
23,640	273	19,173（↘ 913）	66.04（↘ 5.96）

情勢急速惡化，官員們不得不擔心只有坐擁最多現金的健全企業（例如谷歌或微軟）有能力在資本市場上以非常大的溢價舉債。一旦那種情況發生、且每個企業的財務長和投資人都得知，連優質企業都得支付那麼令人不悅的代價，勢必會在更廣大的市場上引發大洗牌效應，並逼得較為羸弱的企業不得不支付有如天文數字的舉債成本。

恐懼是地表最強的傳染病

波克夏海瑟威公司（Berkshire Hathaway）是美國最有錢的企業之一，它持有大約一千兩百四十億美元的現金與國庫券。巴菲特事後曾向股東解釋，該公司持有那麼多現金與國庫券的原因在於：「我們連朋友的善意都不想依賴，因為金流難免會有幾乎停擺的時候。有趣的是，我們正好碰上其中一次……大約是在三月二十三日前一、兩天。」

當然，多數企業不會持有和波克夏公司一樣多的現金部位，誠如巴菲特的解釋，全國各地的企業財務長「向來被諄諄告誡必須追求利潤最大化」，這代表他們非常依賴債務，包括商業本票、銀行的信用額度，以及公司債。當危機爆發，「情勢有可能惡化到連美國政府公債市場（全世界最深的市場）都開始有點失序。相信我，當那樣的情況發生，國內每一家銀行和每一位企業財務長一定都對情況心知肚明，並出現恐懼反應。而在我們想像得到的範疇中，恐懼是地表最強的傳染病。恐懼當前，病毒看起來就像個膽小鬼。」巴菲特推斷：三月二十一日那個週末，金融體系「非常接近信用完全凍結的狀態，連全球最大的企業都無法取得信用。」[9]

德意志銀行（Deutsche Bank）的兩位分析師在三月二十二日星期日發表的一篇報告裡寫道：「最近推出的措施不足以恢復信心與穩定。」「必須推出更多措施，我們主張聯準會目前必須直接出手處理公司債市場。」交易狀況顯示，投資等級的公司債市場「幾乎可說已經瓦解。」[10] 他們寫道，國會必須批准聯準會行使新職權，允許它購買公司債。因為多數企業根本已經沒有資源可用，只能眼睜睜看著營收歸零，並繼續維持在零營收的狀態。

在那個煎熬的星期結束時，鮑爾告訴同事，他覺得他們像是一群跟在快艇後頭游泳的泳客。此時聯準會是緊急依照二〇〇八年那個時期的劇本演出，這雖只是權宜之計，卻對此時的情境攸關重大。只不過，鮑爾打趣說，一路上他們落實這個權宜之計的方式，讓聯準會看起來像個獨臂的壁紙工人，成天忙著應付一堆一貼好就迅速脫膠的壁紙；他的意思是，聯準會為了改善局勢而採取的所有作為，全都無法圓滿達成目的。不用說也知道，如果美國的金融體系瓦解，這個國家根本不會有對抗病毒的機會。

那個週末，他們終於有機會趕在市場崩潰之前取得一些進展。鮑爾命令李諾特的團隊利用一整個週末準備一系列投資條件書，鉅細靡遺地解釋聯準會準備跨越哪些額外的紅線。

第十二章

事不宜遲，上船出航！

三月二十日星期五當天，川普總統在白宮簡報室裡召開每日的例行記者會，為了健康起見，每名記者的座位之間都隔著一個空位。本來，川普還忙著向在場人士吹噓抗瘧疾藥物羥氯奎寧（hydroxychloroquine）可能會是「扭轉局面」的關鍵藥物，誰知此時突然有人提出一個問題，讓他頓時繃緊全身的神經。

國家廣播公司新聞網（NBC News）的白宮特派員彼得・亞歷山大（Peter Alexander）語氣堅定地向總統直言，說他的樂觀態度不切實際，接著提出一個問題：「話雖如此，你有什麼話要對驚慌失措的美國民眾說？已經有兩百人死亡，大約一萬四千人染病。如你所見，此時此刻有數百萬、甚至數千萬人的內心都很恐懼。你有什麼話要對此刻正在收看新聞轉播且惶恐不安的美國民眾說？」川普聽罷，毫不遲疑地回答：「我要說的話是，你真是個糟糕透頂的記者。」他本來作勢要其他人提問，但隨即改變心意。

他用手指頭指著亞歷山大，開始大發牢騷：「我認為，你提的問題是個非常骯髒的問題，而且我認為你正透過這個問題，向美國民眾發出一個非常糟糕的訊號。」

亞歷山大瞠目結舌，比著自己，做出一副不可置信的誇張表情。川普說：「美國民眾要的是答案和希望，而你卻在那邊危言聳聽。」[1]

川普總統說得沒錯：當時美國民眾**確實忙著**尋找答案和希望，被擊垮的市場也一樣——但不管是民眾還是市場，都不可能從羥氯奎寧找到答案。他們需要的答案和希望，有一部分來自國會在過去七十二小時間，以閃電般的速度整合各方意見後所完成的大型救助方案。然而，就在川普總統任期內最影響深遠的這些立法行動正如火如荼進行之際，他本人卻多半像個旁觀的局外人。

厄運循環

通常在危機爆發時，財政部和白宮的高階官員或許會向國會徵詢意見，但國會提出的想法可能不盡理想，所以，政府官員或許會好心聽完國會議員的意見，再對他們說：「這些想法還不錯，不過，我們實際上打算……」接著提出自己的計劃。但這一次，情況正好相反：危機應對計劃多半是由國會提出，財政部和白宮則是被動參與。

一位參與多次協商的資深國會幕僚說：「這個過程讓我感到訝異第一件事是，在那樣的情境下，做決定的似乎不該是國會，但他們實際上卻放手讓國會做決定。」「財政部沒有計劃。白宮也沒有計劃。最後只好靠國會的各個委員會設法提出計劃。這很詭異。每個委員會都被告知：『請坐下來提供你們的想法。』」這個過程的最後結果，就是一系列（就規模和成本而言）

不斷往上加碼的配套方案。

經濟學家葛蘭恩．哈伯德（Glenn Hubbard）早在三月中就注意到，這整個過程缺乏白宮的積極領導和參與。哈伯德在共和黨內有非常深厚的人脈，他已經算出要多大金額的計劃才足以替代小型企業因疫情影響而可能流失的營收。他和美國企業研究所（American Enterprise Institute）的另一位保守派經濟學家麥可．史特蘭（Michael Strain）一同估算了企業與企業員工可能需要多大金額的協助，才能順利度過十二週的停工（十二週是參考中國為期三個月的封城經驗而來）。兩人得出的結論是：要花一兆兩千億美元的成本，才足以替代服務業部門在十二個星期內流失的八〇％營收。

當時川普執迷於調降薪資稅的想法，但多數經濟學家認為這個想法很荒謬，哈伯德也這麼想。對於被強迫休假或被解雇的勞工來說，調降薪資稅根本無濟於事；沒有失業的人根本也不需要這項援助。後來，哈伯德將注意力轉向兩位共和黨參議員馬可．盧比歐（Marco Rubio）和蘇珊．柯林斯（Susan Collins），因為麥康納把研擬小型企業救助計劃的責任，託付給這兩位參議員。

某些共和黨人無法接受哈伯德與其他人提出的支出估計值。哈伯德的想法是，到目前為止，積極的財政行動是打破他所謂「厄運循環」的較低成本選項（他擔心大規模的供應鏈衝擊可能會轉變為需求衝擊）。如果貿易中斷或衛生預防措施逼得企業只得讓工廠閒置或是關閉商店，將會有更多勞工領不到薪資，而這絕對會進一步導致需求降低，並逼得企業進行更激烈的裁員。接下來，一旦民眾或企業繳不出租金，或是爆發一連串的破產案件，地主也會開始承受極大的壓力，進而對銀行體系造成壓力。哈伯德事後表示：「原本或許只會發生短暫但劇烈的經濟衰退，但若不善加應對，就有可能演變成漫長且持久的經濟衰退、大衰退或甚至蕭條。」[2]「那就是我們正努力防範的局面。」

•••••••••

三月十六日星期一的深夜，麥康納召集梅努欽與庫德洛，前往位於國會大廈二樓的曼斯菲爾德廳（Mansfield Room）開會。這個富麗堂皇的房間位於參議院議場的旁邊，相較於麥康納的私人會議室，這個場所比較好為出席的參議員安排適當的安全距離。大約有十二位共和黨參議員坐在這個房間的巨大枝型吊燈下，聽取梅努欽與庫德洛針對此刻只價值一兆美元的《新冠病毒援助、救濟和經濟安全法案》（*Coronavirus Aid, Relief and Economic Security Act*，簡稱《CARES法案》）所做的簡報。上個週末，共和黨人因被迫接受裴洛西與梅努欽聯手打造的方案而非常惱火，而如今，麥康納已拿下了這個即將成為第三個專為因應病毒而打造的支出法案的主導權。參議院的共和黨人認為，眾議院的法案（聚焦在有薪假條款）和當前的局面根本就牛頭不對馬嘴。共和黨參議員抱怨：**如果根本沒有就業機會，談什麼休假？有薪假又有什麼用？**所以，麥康納在這個週末開始改變他的焦點，他不再打算修訂眾議院原本的方案，而是計劃另提第三個救濟法案；而且，這一次他將設法確保由共和黨掌握這項法案的主導權，而非由裴洛西或梅努欽主導。由於此時眾議院已經休會，眾議員甚至不在城裡，所以他如獲東風相助。

麥康納很擔心二〇〇八年總額七千億美元的問題資產救助計劃實施後的政治災難再次發生（因為那個銀行紓困計劃很快就變得有害無益）。由於再過幾個月就要選舉，麥康納當然不希望眼下這個最新的配套方案成為國會議員今夏和今秋最議論紛紛的爛方案。為了避免二〇〇八年的局面重演，也為了能快速採取行動，麥康納指派了四個不同的工作小組，責成他們分頭提出這項法案的不同組成要素。為法案加派人手不僅能節省時間，也會讓大家對最後的成果更有責任感。那個星期一傍晚，參議員率先針對截至目前為止的工作進度提出更新報告，以免稍後發生任何不愉快的意外狀況。庫德洛在會議進行中看著麥康納，搖了搖頭，表示：「我認為總額必須遠高於一兆美元。遠高於一兆。」

整間會議室頓時陷入一片死寂。

有人問：「兩兆美元夠不夠？」

庫德洛不怎麼篤定地說：「可能夠吧。」

這是個驚人的總額。阿拉巴馬州的參議員理查・謝爾比（Richard Shelby）不懂為什麼共和黨會採納一次性支付的想法：**把那些錢花在失業的民眾身上不是比較好嗎？**南卡羅萊納州的參議員葛瑞姆則主張等到封城解除後再發放那些款項，他告訴記者：「沒有人能振興得了被封鎖的經濟體系。」[3] 稍後，梅努欽為了庫德洛勇於發聲（保守派人士認為庫德洛為人比較可靠）而向他致謝。

薪資保障計劃

星期四，麥康納責成參與打造法案的參議員向他提出了最完備的想法。接著，他說了一句那些參議員鮮少聽到他說的話：**你們務必親力親為，而不是丟給幕僚去做**。麥康納指示：「你們必須共同積極參與這項作業。可以讓幕僚協助擬定細節並提供背景資料，但這個案件不能全都交給幕僚處理。你們必須自始至終事事躬親，直到完成為止。」

平常國會議員不在華盛頓時，每天從早到晚都得應付極度緊湊的行程，每個行程大約只能停留五分鐘的時間。不過，隨著全國各地開始封城，國會大廈走廊和咖啡廳裡不再擠滿了商會團體、律師和遊說人員，每個國會議員的日程表遂開始有了許多空閒時段。

盧比歐帶著一台筆電，在參議院小型企業委員會的聽證室裡開了間「工作室」。這段時間，他的幕僚一直有一搭沒一搭地思考要如何將中小企業管理局貸款擔保計劃的最大貸款額度提高一倍（變成一千萬美元），以補貼企業的薪資成本。在此同時，柯林斯也持續尋找為小型企業提供貸款豁免（loan forgiveness）的方法。後來，兩人把這兩個想法結合在一起，並開始遊說共和黨人接受他們的建議。國會議員分別從各自選區的不安選民口中，聽到了學校停課與企業停班的後續影響。盧比歐和柯林斯構思的這套混合計劃能輕易擴大實施規模，為美髮沙龍、乾洗店、酒吧與餐廳等店家提供資金奧援。

某些民主黨議員較偏好以失業保險的形式提供更多援助。另外還有一群民主黨議員在非正式討論場合提到了一個截然不同的想法：為合格的企業提供部分的所得替代（一如大英國協、澳洲和多數歐洲國家的做法）。

三月十八日星期三大約晚上十一點，正當幕僚群七手八腳地忙著潤飾業務中斷貸款提案的最後法案文本之際，盧比歐突然走進顧問的辦公室，說：「我們將把這個計劃稱為ＰＰＰ——

薪資保障計劃（Paycheck Protection Program）。」他們一起將這份計劃送到麥康納的辦公室。

再三衡量，力求一次搞定

那天稍早，麥康納派遣賓州參議員圖米透過參議院銀行委員會，另外研擬一項大約兩千億美元的單獨計劃，供財政部為航空公司、貨運公司與其他可能因病毒的攻擊而陷入困境的企業提供最後擔保型貸款。與小型企業援助計劃不同之處在於，申請這種貸款的企業必須還款。

那個星期，鮑爾持續向圖米通報聯準會以「例外且緊急」的放款行動來支持融資市場的所作所為。不過圖米心知肚明，那些作為根本不夠，二人早就開始討論對財政部挹注更多資金的可行性，唯有如此，聯準會才能進行更廣泛的放款。最初，圖米的幕僚認為只要大約五百億美元，就能為外匯穩定基金提供充足的增援，但圖米並不贊同，他說：「需求將遠高於那個金額。」

不是只有圖米抱持那個觀點。星期四深夜，梅努欽和眾議院金融服務委員會的首席共和黨眾議員麥亨利通電話時，就提出了為聯準會的放款計劃挹注五百億美元資金的可能性。

麥亨利問：「為什麼是五百億？」「這個金額夠嗎？」

梅努欽詳細算給他聽。國庫裡的每一美元都能讓聯準會輕易承作十美元的安全放款，「這五百億美元將使聯準會獲得五千億美元的放款量能。」梅努欽進一步補充：「如果金額不夠，等到這個案子通過，我們隨時都能回來向國會要更多錢。」

共和黨籍的麥亨利聽了為之氣結，回道：「你可千萬**別**那麼做。」「一旦我們通過這個案件，你可千萬別再回過頭來找國會幫忙。否則到時候就算你只是想透過國會再要個十億美元，也得付出非同小可的代價。」

梅努欽說：「那好吧，我們就規劃個一千億美元好了。」（你沒看錯，某些大決策就是這麼做成的：即興又急就章）

麥亨利心想：**謝天謝地，你終於採取行動了。但這一切讓我看清一個事實：你並沒有真的算清楚究竟需要多少資金**。

梅努欽的討論一結束，麥亨利就打了通電話給前眾議院議長保羅．萊恩（Paul Ryan）。萊恩已在二〇一八年從國會退休，但他還是擁有一定的影響力，而且他很想貢獻一己之力。想當年，國會出手應對二〇〇八年的金融危機時，麥亨利還只是個初到華府短短四年的國會菜鳥，沒有資格參與任何大格局的辯論；萊恩則是非常了解先前危機應對的方案細節。當麥亨利轉述自己和梅努欽的電話討論內容時，萊恩插了話：

「他想事後再回來找國會幫忙？萬萬不可！誰負責起草這項法案？我要打電話給誰？」

答案是愛達荷州的麥克．克拉普（Mike Crapo），也就是參議院銀行委員會的主席。不久後，克拉普徵調前共和黨委員會幕僚安德魯．歐爾曼姆（Andrew Olmem，他曾是庫德洛在國家經濟委員會時期的副手）到銀行委員會的房間暫住，協助起草這項法案。

那個週末，麥康納和資深幕僚也接收到萊恩直接傳來的訊息，他表示有必要大幅提高財政部可使用在聯準會放款用途的作戰基金。這個案件的重點——為外匯穩定基金取得大量資金——顯示國會正設法將聯準會的大部分繁重工作轉移給其他實體。麥亨利敦促共和黨國會議員同僚將此事列為第一要務。麥亨利向眾議院少數黨領袖凱文．麥卡錫（Kevin McCarthy）解釋：「那得是一大筆錢。」「必須要有一大筆錢才能阻止所有問題發生。」

麥亨利也設法確保鮑爾知道，他百分之百支持鮑爾。麥亨利事後回想：「我是很傳統的共和黨人。」「我要的是枯燥乏味的金融監理，我要的是枯燥乏味的市場。我要的是枯燥乏味的聯準會。但身處這場風暴，我知道它有多可怕。我們都能清楚看見選民身上發生了什麼悲慘的事，也清楚見到現實世界的狀況有多麼緊急。」[4]

圖米也透過華爾街的人脈得知，整個體系的運轉變得很不正常。他說：「當時所有人一致認定，最好的可行方案就是準備夠讓市場趨於冷靜、並回歸正常運作的大量彈藥。」「因此，我確信……我們應該從善如流，通過更大的數字。」[5]

到那個週末，梅努欽最初提出的五百億美元數字已膨脹到原來的十倍，圖米、麥亨利與其他共和黨人開始討論是否要對財政部挹注五千億美元的資金，其中七百五十億美元可能被指定為受嚴重衝擊的產業專用的企業貸款，剩下的金額則將被用來增強聯準會「例外且緊急」的放款能量，這些資金可能足以為大型美國企業以及央行判定可因彈藥支援受益的其他所有實體打造一個巨大的安全網。

不過，圖米也向梅努欽、鮑爾和參議院共和黨同僚表達他的堅持：聯準會職權擴大只是暫時的。令人訝異的是，當他首度對同事提出五千億美元這個數字時，他們並沒有反彈。

立法部門的處方箋

早在NBA取消賽季前的三月初，民主黨參議員馬克·華納（Mark Warner）就曾召集他的資深幕僚，提醒他們要提高警覺，並指示：「這種病毒將會造成非常嚴重的問題。我們必須將這些信件如實送達所有人的手中。」

他的幕僚隨即如火如荼展開行動，寄發緊急信件給各監理機關與其他機關的首長，詢問他們打算採取什麼措施來保護消費者、承租人以及界款人。

華納也開始向曾在歐巴馬政府的財政部工作的政策顧問群徵詢要如何借力使力，擴大聯準會的放款權力。共和黨提出的企業振興法主要只照顧到極大型（大到符合申請盧比歐的薪資保障計劃援助的資格）與極小型的企業（小到具備申請財政部經由外匯穩定基金〔已取得新資金挹注〕提供的所有直接放款的資格），規模介於這兩類企業之間的中間市場規模企業（middle-market companies，例如區域型連鎖電影院、健身房、旅館等）則很可能被遺漏，因而求助無門。有鑑於此，華納草擬了一項提案，建議從財政部打算用來為聯準會某項計劃提供最後擔保的資金提撥一部分出來，直接放款給這些主要商業區的公司。

鮑爾認為這個想法非常好，但他不希望聯準會承擔這個計劃的責任。第一個原因在於，華納希望這些低利貸款有朝一日可得到豁免，而且他也打算作此規劃，但這是聯準會做不到的事。

鮑爾告訴華納：「這個想法固然很棒。」「但此事應該由國會來做。別要求我們做這件事。」他解釋，聯準會確實能幫助企業一段時日，但前提是，聯準會只願意援助它認定有能力在特定時間點償還貸款的企業。

華納稍後說：「從鮑爾先生作為聯準會主席的制度立場來看，我能理解他的想法。」「但我並不認同。」

對民主黨人來說，這件事純粹只是一個信任問題。他們不信任川普，但信任聯準會。二〇〇八年危機過後，柏南克和葉倫撇開不合時宜的「通貨膨脹歇斯底里症」，積極推動提振方案，後來的鮑爾則是以高明的手腕四兩撥千斤，將川普的恫嚇化為無形——這一切的一切國會議員都看在眼裡。華納個人雖和梅努欽之間正漸漸培養出一種真心對待又麻吉的友誼，他也非常肯定曾為投資銀行家的財政部副部長賈斯汀．穆茲尼奇（Justin Muzinich），但其他民主黨的核心小組成員對於把資金交付給財政部一事，都抱持非常審慎的保留態度。

華納表示：「聯準會比較可靠。」「沒有人知道財政部能否在不過度政治偏頗的情況下運作這項計劃。一直以來，只要是和川普有過衝突的企業，都會被川普政府『點名做記號』，這一切我們都看在眼裡。」

他們也認為聯準會比梅努欽帶領的財政部能幹許多，因為財政部的高階幕僚組織實在太單薄了。從財政部空蕩蕩的辦公室便可看出，梅努欽的財政部同事形容他凡事總想一把抓，並非完全空穴來風。這個現象造成的結果就是聯準會擁有較大的「馬力」——與財政部相比，聯準會能更快且更完善地推動這些計劃。

另一方面，二〇〇八年金融危機期間與結束後，一向對聯準會應對措施非常不滿的共和黨議員此時態度反而大轉彎，徹底支持由中央銀行扮演應對危機的進攻指揮官。由於聯準會已經公布緊急放款機制，圖米說：「我認為繼續推動已經開始進行的流程似乎合乎邏輯。」

鮑爾和同事明白，一旦國會明確指定由聯準會承擔華納版的主要商業區放款計劃之責，屆時他們除了咬牙承擔，並沒有太多其他選擇。原因在於，二〇〇八年金融危機期間，聯準會曾利用危機對抗工具來協助大型銀行，但沒有為主要商業區的查封潮提供明顯協助，這個做法事後對聯準會造成嚴重的政治風險；儘管金融危機已經過了超過十年，但對於從二〇〇八年就在央行服務的幕僚群而言，那類政治風險至今仍記憶猶新。

隨著協商持續進行，民主黨議員對這些貸款施加了更多限制條件，使得本已非常複雜的計劃變得更加盤根錯節。屆時申請貸款的企業得在公衛緊急狀態結束後四個月內，重新雇用至少九〇%的員工。此外，接受貸款援助的企業也不能將就業機會轉移到海外，且不能在償還貸款後的兩年內，修改現有的團體勞資協定（collective-bargaining agreements）。

聯準會向來非常排斥將白芝浩式的「最後貸款人」擔保轉化為一種涵蓋面更廣的精密工具，用以設計為勞工乃至整個社會提供援助的細部政策行動方案。問題是，聯準會的律師通常不會深入參與立法程序。聯準會的總法律顧問范德維德一度冷冷地向國會山莊的幕僚拋出一個共同話題：「你們明明知道，我們聯準會通常會抗拒立法部門的處方箋。」他的意思是：**最後貸款人行動原本就牽涉到許多錯綜複雜的專業細節，在採取最後貸款人行動時對諸多專業細節處處插手，可能會導致事倍功半。**

因此，最後的法案文字最後被簡化到並未明確指示聯準會該做什麼具體的事項，只提供一些建議，但聯準會可以置之不理。

我們又不能透過視訊會議來通過立法

共和黨議員在星期四提出「最初開價」後，麥康納問他的資深幕僚：「接下來呢？」現在，球權已轉到參議院少數黨領袖恰克・舒默（Chuck Schumer）的手上。

那天稍晚，民主黨議員否決了麥康納的「最初開價」。美國勞工聯合會與產業工業聯合會（AFL–CIO，簡稱勞聯–產聯，美國最大的工會組織）主席理查・川卡（Richard Trumka）在推特上發文：「徹徹底底的恥辱。」「它免費為大企業提供資金……但那對維護民眾的工作機會沒有幫助，也沒有幫到失業的民眾。勞工運動將竭盡全力反對這項以主要商業區資源來紓困華爾街的計劃。」

兩黨在三月二十日星期五展開協商之後，議員們為該法案每一項計劃編列的金額持續增加。個人所得達七萬五千美元以上者，將收到一千兩百美元的一次性現金給付，為人父母者還可領取每位小孩五百美元的給付，這兩個項目加起來，要價就接近三千億元。接下來兩天，梅努欽得知一個鮮少人注意到的條款，並因此得以先聲奪人，授權FDIC可在二〇二〇年的任何一個時間點，重新啟用它在危機時代採行的計劃：為銀行業者發行的債券以及超過二十五萬美元上限（注：存款保險給付上限）的零利率存款提供最後擔保。

民主黨議員在兩方面爭取到聯邦失業給付的大幅加碼。首先，新版「大流行病失業資助」計劃，將對數百萬通常不符合請領失業救濟金資格的失業民眾提供每週失業津貼，包括自雇型勞工或「零工」型勞工。其次，這項計劃將暫時每週增發六百美元的津貼，直到七月為止——與國會在二〇〇八年過後核准的每週二十五美元相比，實為大幅增加。在協商過程的某個時刻，民主黨參議員魏登利用 iPhone 的計算機功能，向梅努欽說明發放四分之一個月的失業津貼將會花多少錢。梅努欽看過後勉強同意。[6] 其他條款規定，將暫時禁止查封與驅趕租客數個月，同時也允許不動產抵押貸款的大多數借款人申請延遲六至十二個月還款。

梅努欽暫時住到舒默在參議院辦公室轉角附近一間華麗的休息室，在那裡逐條閱讀整份法案的條文。後來，這間位於國會大廈的臨時辦公室漸漸成了一個活動蜂巢，四個不同工作小組的幕僚輪流在此發送最新消息，或設法找出各種僵局的解方。儘管他們懷抱著在週五達成協議的雄心壯志，但那天晚上十點半左右，談判最終還是破裂。不過，幕僚成員依舊連夜趕工。隔天早上，負責的人員再次聚首。

此時，國會山莊高達數千名的職員多半已根據衛生預防措施，停止在國會大廈的辦公室工作，只留下一組最基本數量的參議院助理，他們每天工作二十小時以上，比平日更加疲勞。國會議員試圖在委員會的會議室裡保持社交距離，一位工作人員說：「但幾乎沒有任何幫助。」另一位助理則定期帶著高樂氏濕紙巾（Clorox wipe）到參議院銀行委員會的聽證室，為這間以精緻木作裝潢而成的房間消毒，不過，那也幾乎沒有任何助益。

週五午夜前不久，舒默和華納的助理在一個房間裡與梅努欽一起工作，當時他正親自檢閱核准特定的相關條款。民主黨議員多半認為梅努欽是個公平且正直的中介者，只不過，如果參議院助理當中有人膽敢向他解釋資本市場機制的奧妙，他偶爾會對他們大吼：「我在華爾街做過事好嗎！這我知道！」俄亥俄州的民主黨參議員薛洛德・布朗（Sherrod Brown）經由免持聽筒電話加入協商，並對川普展開一輪政治惡評時（他說川普非常糟糕），梅努欽並沒有露出為難的表情，因為諸如此類的發言通常只是鏡頭前的蓄意作態罷了。

星期六當天，圖米和梅努欽努力設法解決他們之間關於航空公司援助方案的爭論：也就是航空公司未來是否必須把接受援助的資金還給政府。圖米要求梅努欽打電話向川普說情，但總統反對，他說：**你們自己想辦法**。

華納說：「我無法想像梅努欽的壓力有多大。」「因為民主黨人和共和黨人心中各有盤算，偏偏他又有一個置身事外的老闆——這位老闆心目中唯一的衡量指標是股票市場的漲跌。」一位共和黨籍高級顧問說：「（總統）剛被彈劾，白宮又不得不和裴洛西與舒默交手，梅努欽是可靠、中立且受信任的聲音。」

國會議員對梅努欽既感動又灰心，感動的是他親自出席、挽起袖子和大家一起打拚；灰心的則是他不願授權的習性，導致整個進度非常緩慢。梅努欽說：「這可是高達兩兆三千億美元的案件，而且我代表總統投入這個案件，所以我希望確保我精確了解這個案件的詳細內容。」[7]

整場協商還受到某個莫名因素干擾：他們擔心病毒可能傳遍整個國會大廈、導致許多國會議員被迫無法進到議會裡頭，最終使得法案變得不可能通過。眾議院的成員上個星期就回到各自的選區，參議院則為了能用簡單的口頭表決（voice vote）來通過這項法案，而努力確保他們的對策能獲得足夠的兩黨議員支持；如果不這麼做，這項法案將需要眾議院過半數的議員（兩百一十六席）回到華盛頓，進行實體投票。

麥康納明確表示，參議院將一直留到法案完成為止，但某些民主黨人並不怎麼接受這樣的宣示。畢竟參議院有一半以上的議員已年過六十三歲，是較容易被病毒感染的高危險族群。一位資深參議院助理表示：「議員們明顯擔心，我們沒辦法有效防堵這場大流行病在內部散播。」另一位資深幕僚則說：「如果國會無法迅速重新集會，我們只能用這個方式通過這項法案。」

第三位資深幕僚說：「這就好像在跟時間賽跑，也在跟新冠病毒賽跑。」「事後來看，所有的事似乎本來就注定會發生。不過，當下的你卻不斷煩惱會不會有人染上新冠肺炎、染疫的會是誰，又要煩惱說不定這件法案還沒完成立法，就有人確診了之類的。國會議員可能會生病，財政部長也可能染疫。但我們又不能透過視訊會議來通過立法。」

賄賂基金

這項法案的金額正漸漸逼近兩兆三千億美元——比加拿大的國內生產毛額還要高。現在的新法案包括提撥給財政部的五千億美元，其中四百六十億美元最終將指定用途，用在特定產業的紓困；另外四千五百四十億美元則是預留給梅努欽，好讓他能為聯準會的放款進行最終擔保。

梅努欽原本認為兩黨很有機會在星期日早上達成協議。不過，那個早晨舒默檢閱法案條文的最後一份版本時突然喊停，條文中為財政部長編列的那五千億美元作戰基金，讓他停下腳步。何況，直到此時，他還是不清楚共和黨人是否已同意先前民主黨人提議為醫院與醫療照護提供者提供高達一千五百億美元救助的計劃，即「馬歇爾計劃」（Marshall Plan）。就這樣，舒默和從舊金山飛回來加入談判的裴洛西突然躊躇不決，因為他們認為失業保險、醫院和州及地方政府需要更多資金。[8]

裴洛西以一段祈禱文作為那天早上某場會議的開場致詞，當時她引用了教宗方濟各（Pope Francis）的禱文。事後裴洛西回顧：「教宗祈禱有責任照顧民眾的人能受到啟發、勇於承擔責任，並明快採取行動。」[9]

她結束了祈禱文，梅努欽回應：「妳引用教宗的話，而我接著將引用市場的語言。」

麥康納堅持在那天稍晚進一步舉行一場程序性投票，這樣才能在星期一展開最終投票。不過，那天早上快要中午時，民主黨人突然激烈反對這項救助措施，其中，他們尤其強烈反對向外匯穩定基金挹注五千億美元的計劃。那個月稍早剛退出總統角逐行列的麻州參議員伊莉莎白·華倫（Elizabeth Warren）在推特發表了一篇長文。她的反對意見是：「川普要我們贊成他設立一個高達五千億美元的賄賂基金，來支持他偏愛的企業和企業高階執行主管。」「尤有甚者，如果梅努欽決定用納稅人的錢幫他老闆一個大忙……川普名下的酒店資產，例如海湖莊園等，似乎有可能獲得鉅額的現金，並在那之後解雇員工……如果這個計劃不加以導正，所有民主黨人都應該全體起立，投下反對票。」[10]

雖然這場危機和過往的危機截然不同，但政治圈的狀況卻被一股「二〇〇八年再現」的不祥氛圍籠罩。反對所謂**賄賂基金**的不僅僅是進步主義人士（progressives），參議院最保守的民主黨人西維吉尼亞州參議員喬·曼欽（Joe Manchin）也說，對財政部的撥款缺乏監督，是麥康納一向擅長的老把戲。「在主要商業區的一般從業人員眼中，這是不顧一切後果的魯莽行為；而對華爾街從業人員來說，這是驚天動地的好機會。」[11]總之，兩黨之間似乎無法達成協議，裴洛西甚至揚言要在眾議院從頭起草整個法案。

不過，那天下午，參議員們收到一則令人坐立不安的消息，這個消息就像一記當頭棒喝，讓他們想起此時此刻的決定牽涉到的利害關係有多麼重大：肯塔基州共和黨議員蘭德・保羅（Rand Paul）的辦公室在那天下午一點三十六分宣布，他的新冠肺炎檢驗結果呈現陽性；更糟的是，那天早上他曾到參議院健身房的游泳池游泳。這項聲明在參議院共和黨議員之間造成一波接著一波的衝擊。猶他州兩位參議員麥可・李（Mike Lee）和羅姆尼雙雙宣布，由於他們和保羅有過密切接觸，所以將開始接受隔離，以防萬一；其實當時已經有另外兩位共和黨議員處於隔離狀態。這個事件導致共和黨共有五名參議員無法參與投票。

為了結束眾人因這項法案而起的唇槍舌戰，麥康納在下午六點零三分宣布進行表決。這項法案需要有六十票贊成才能通過，不過，經過計票，贊成的不到六十票。四十七位出席的共和黨議員雖然全數投下**贊成**票，但有四十七名民主黨議員投下了反對票。麥康納指責，是舒默破壞了當天稍早看起來可達成的協議，並怒氣衝衝地離開國會大廈。[12]

圖米也一樣火大。他認為，民主黨人先前並沒有對監督不足的問題表達疑慮，卻在星期日中午剛過時，才宣布他們將基於監督不足的問題而反對這項法案。梅努欽在當天午夜離開國會大廈前，和舒默進行了那一天第六次的會晤（也是最後一次）。

梅努欽試著打圓場：「我們的意見已經很接近了。團隊成員將徹夜工作。」[13] 梅努欽深知外匯穩定基金的這五千億美元攸關重大，因為聯準會即將使出另一個渾身解數來應對這個問題。

敦克爾克大行動

那個週末，鮑爾全程待在家中，不時俯視著切維崔斯會會員專屬的第十洞。儘管鮑爾的家實際上只距國會與財政部大樓區區幾英里遠，他整個星期六和星期日卻花了非常多時間和梅努欽通電話。他們兩人正為了敲定兩個即將實施的緊急放款計劃的投資條件書而努力磋商——一個是要為剛在初級市場發行的公司債提供最後擔保，另一個則是要為次級市場的現有公司債提供最後擔保。

這些計劃代表聯準會實質上將直接向諸如沃爾瑪或通播集團（Comcast）等企業購買債券，以確保大型企業有能力在這場大流行病爆發期間繼續雇用員工，並維持正常的營運。執行這項職權的同時，聯準會再一次採取了前所未見的行動。

鮑爾和布蘭納德交換了他剛從國會議員那邊得到的最新訊息。她是留守聯準會辦公室的最後一批同仁，不過，到了週末，布蘭納德也回到她位於華盛頓西北區的家，在樓上用 WebEx 與 Skype 和其他人開會。李諾特則將阿靈頓（Arlington）家中的一間客房改造成臨時辦公室，並從那裡和聯準會的總法律顧問范德維德討論緊急放款計劃的結構。各方面的情勢都很不理想，但還沒有淪落到需要他們二十四小時全天無休的緊急狀態。

對專責管理最糟經濟情境的李諾特團隊來說，應對這場危機的過程簡直就像參加超級盃競賽。除了兩項公司債計劃，李諾特還在為重啟某個危機時代的計劃而做最後的安排，也就是所謂的 TALF——定期資產擔保證券貸款機制——該機制旨在為被綁在一起、並以證券形式出售的消費性貸款與企業貸款的市場提供最後擔保。

在這場危機爆發之前，李諾特經常喜歡在一天結束之際來杯紅酒，讓自己放鬆一下，但如今，他發現自己根本連一滴酒都無法消受。隨著危機持續惡化，他改掉了飲酒的習慣。而為了釋放壓力，李諾特每天早上日出前會出門慢跑，並利用 iPhone 上的冥想正念（Headspace）應用程式，花二十分鐘冥想。那年夏天，他訂閱了迪士尼串流播放服務（Disney+），以便和兒子一起欣賞他們反覆看過很多次的音樂電影《漢密爾頓》（*Hamilton*）。

鮑爾還是繼續設法敦促聯準會一改平日審慎的步調，以更快的速度向前推進。即使公布的計劃中不會詳列所有繁瑣的小細節，但在公布計劃時，最好還是一併公布可取得的細部資訊，日後再補上其他細節。鮑爾在一場訪問中回顧：「我到現在還記得一清二楚，我當時的想法是，『好，我們只有四或五天的機會可以真正同心協力付諸行動，並在這件事情上有所進展。我們將努力設法向前邁進。』」「我們將在星期一早上宣布大量的內容，以便達到這個目的。」[14] 不過，鮑爾這個「加速上路法」隨即就碰上來自機構端的阻力：**書面資料無法及時完成。聯準會以前從未在計劃完全就緒之前就倉促對外宣布**。鮑爾對此的回應是，聯準會的同事應該把他們在貨幣端的所作所為，想像成二次世界大戰期間盟軍從法國敦克爾克（Dunkirk）緊急營救英軍的那些努力：「這就像敦克爾克大行動——事不宜遲，上船出航！」敦克爾克行動在八天內集結了一支由八百艘軍艦組成的雜牌船隊，並順利營救出超過三十萬名的同盟國士兵——那是一個描述團結一致奮起迎戰關鍵時刻的奇蹟故事。

後來鮑爾又回頭提及這個比喻：「這是跳上船並召集可用之兵的時刻，別忙著核對什麼審查記錄。」15

星期六下午十二點三十七分，鮑爾以電子郵件發送了一份標題為「三月二十一日近期計劃」的Word文件，這份文件概述了布蘭納德和李諾特正快馬加鞭積極研究的所有事項。他寫道：「這將是一份持續演進的在製品……請不吝與聯準會同事分享。」「感謝大家令人驚艷的成果。」

在那個時刻，鮑爾了解到，審議中的立法案件將至少為這些計劃提供兩千億美元的財源。不過，由於國會要到在那一週稍晚才可能通過這項法案，所以，他們不得不（再次）仰賴外匯穩定基金僅剩的資源。梅努欽承諾為兩項企業放款安全網各提供一百億美元的最後擔保，並另外為TALF提供一百億美元的最後擔保，總計他已片面承諾由外匯穩定基金提供五百億美元額度的最後擔保。

不過，鮑爾和聯準會的理事們還是對中型企業放款計劃感到不安。克拉里達告訴鮑爾：「如果這項計劃的規模太龐大，我們將因為承作過於龐大的貸款而飽受外界批評，畢竟銀行業者永遠也不願承作那麼多的貸款。」「但如果這個計劃的規模不夠大，我們又會因為規模太小、出手太吝嗇而飽受批評。」

克拉里達也擔心聯準會最終可能會被迫應付借款人違約的潛在問題。如果聯準會放款給福特汽車（Ford Motor Company），而福特汽車遲遲無力還款，那該怎麼辦？換句話說，未來聯準會將不得不參與許多最終可能變得一堆爛帳的貸款試驗。到時候，新聞說不定會出現「聯準會對福特汽車說：去死吧！」之類的標題。

布蘭納德則一如往常，擔心一旦外界產生「中央銀行只會幫助最有錢的人，對其他所有人幾乎不聞不問」的觀感，經濟或聯準會的名望都有可能遭受損害。她主張：**如果聯準會計劃購買公司債，就必須對市政債券也使上一點力**。她打算等到聯準會稍後決定企業放款最後擔保計劃的收費標準時，詢問他們為何不考慮也比照這個收費標準來處理城市與郡發行的債券。

布蘭納德當時正設法催促聯準會與財政部接受更多風險。她主張，此時此刻就是承受虧損的最好時機：**華盛頓當局在二〇〇八年與二〇〇九年間推出的拯救方案並沒有虧錢，既然如此，我們何苦受二〇〇八年與二〇〇九年的標準所限？有什麼理由可證明那才是正確的標準？我們不該把它當成正確的標準**。

鮑爾是她堅強的後盾。聯準會官員深刻理解所得與財富落差等社會現象，也知道這場衝擊將使貧富差距明顯擴大，因為低所得的服務業勞工將承受最大的衝擊（他們無法居家上班，而且高度依賴大眾運輸工具）。鮑爾和布蘭納德雙雙認為，如果聯準會不承擔足夠的風險，已實施或計劃實施的多項緊急放款機制，很可能會導致所得與財富落差進一步擴大。但是聯準會內部的觀點不盡然和他們兩人一樣，只不過，所有人幾乎一致認同應該「竭盡全力」。

與此同時，聯準會官員也知道，國會要求聯準會在執行所有緊急放款計劃之前，必須先取得財政部長的核准，所以，三月二十二日星期日早上十一點半，鮑爾、布蘭納德、克拉里達和奎爾茲檢閱過最後一個版本的投資條件表後，就把那些文件寄給梅努欽核准。如果每個人都核准了，他們就會在星期一早上揭露這批令人目不暇給的新應對方案。

條條大路通貝萊德

同一時間，梅努欽在福克斯新聞網上承諾，將會促成「與聯準會之間的鉅額合作方案」的立法，「可供我們使用的流動性一共上看四兆美元。」范德維德從那個數字推算，如果假設債務－權益比為十比一，財政部將會有四千億美元可投資到聯準會放款計劃。他將一則報導這場訪問的新聞文章分享給同事。

鮑爾那個週末也頻繁地向梅努欽諮詢要如何規劃那些計劃的價格與結構，一開始是每小時諮商一次，之後是每隔一小時諮商一次。那些計劃將購買期限在五年以內、且至少具投資等級的公司債。鮑爾無須像梅努欽簡報一大堆晦澀難解的細部規劃，因為二〇〇九年時，梅努欽任職的第一西部銀行就曾從TALF借了三千四百四十萬美元來購買不動產抵押貸款相關的投資標的，所以他對這項機制瞭若指掌。[16]

至於未來將由哪個實體負責管理後台運籌作業，並為新一輪公司債購買計劃提供支援等，也是個頗費思量的決定，一不小心就有可能引來外界的批判。話說二〇〇八年，聯準會決定開始收購不動產抵押擔保證券時，就是仰賴幾家外部投資經理公司來落實這些購買行動，包括貝萊德、品浩與高盛。當時，聯準會和這些機構的關係就曾引來利益衝突的質疑。如今，聯準會將再度從眾多最大型的資產管理公司當中，選擇適當的合作對象。

那個週末，鮑爾和梅努欽迅速決定選擇貝萊德，但他們內心其實頗為忐忑。貝萊德公司是全世界最大的資金管理公司，它當然有足夠的資金與工具能迅速協助紐約聯邦準備銀行進行這些公司債購買計劃。但不管怎麼說，這個決定還是令人倍感壓力，因為他們和貝萊德之間的合作很可能會引來政治上的爭議。舉例來說，貝萊德正好是債券指數股票型基金（exchange-traded funds，簡稱ETF，是一種債券投資工具）最大的發行、管理與行銷商；而如今，聯準會又即將提議大量購買ETF，還打算在貝萊德的協助下執行這件工作，外界的評論家當然會質疑：**為什麼聯準會一次又一次尋求這個市場販子的協助，還打算購買它的某些產品？**不過，聯準會不認為有更好的替代選項：如果不找貝萊德協助，就得承擔經濟體系遭受損害的風險。**事不宜遲，上船出航！**

事後，從梅努欽的公開行事曆便可發現，他在那個星期六與星期日共接聽或撥打了六十通電話，包括和鮑爾之間的九通電話，以及和貝萊德公司執行長羅倫斯・芬克（Laurence Fink）之間的五通電話。儘管貝萊德在華爾街的競爭對手暗地裡中傷這個決定，但最終國會議員並未因這個合作案而對鮑爾或梅努欽施加太大的壓力。圖米說：「這件事必須由專業經驗豐富的人來參與以及執行，所以我認同那個決定。」

鮑爾還有最後一件事得頭痛：美國公債市場。聯準會即將依照原訂計劃，在那一週稍晚，正式出手購買承諾買進的五千億美元公債。嚴格來說，這次的公債收購行動並未設定上限，但市場卻逼迫聯準會必須說清楚、講明白。下午兩點，鮑爾以一場電話會議召集所有聯邦準備銀行的總裁，除了向他們說明最新的狀況，也爭取他們正式支持購債無上限的聲明。

聖路易斯聯邦準備銀行總裁布拉德那天稍早曾警告，政府為了阻止病毒擴散而計劃採取的公衛預防措施，有可能導致失業率上升到三〇%——這個說法明顯是在敦促國會盡快出手提供財政支援。布拉德向彭博新聞表示：「因為一種病毒而折損一整個大型產業，實在是太愚蠢了。」「我們憑什麼放任那樣的情況發生？」[17]

鮑爾希望能在美國時間星期一早上市場開盤前，對外揭露他們最新的軍火庫存量。由於國會那個星期日未能針對一項救助方案達成協議的消息已經傳出，海外市場的盤後交易狀況早已兵荒馬亂。梅努欽、鮑爾、庫德洛和芬克在晚上七點二十五分通了最後一次電話，一同檢閱隔天早上即將發布的聲明。

在白宮方面，川普有意推翻先前為了抑制病毒擴散而封閉經濟體系的措施。他在午夜前不久發布了一篇簡短的推文：「**我們不能矯枉過正。**」接著他建議，他可能會暫時撤銷聯邦政府要求實施的社交距離規定，為期十五天。

幹得好，傑伊

聯準會的聲明在三月二十三日星期一早上八點正式發布，這份聲明的措辭一反常態、相當直白：「巨大的不確定性揮之不去，情勢清楚顯示，我們的經濟體系將面臨嚴重崩潰的局面。為了避免就業機會與所得的折損持續擴大，公共與民間部門必須全面展開積極行動。」宣布這項聲明的同時，聯準會也宣布了它將向大型企業提供貸款的新計劃。

那天下午，摩根大通的美國首席經濟學家斐洛利發了訊息告訴客戶：「聯準會幾乎是在公開勸誡其他政府機關應該要有所作為（以前聯準會從未公開向其他政府機關提出類似的勸誡）。

廣義來說，聯準會實質上已從銀行業者的最後貸款人，變成更廣大經濟體系的最後貸款商業銀行。」[18]

儘管如此，外界還是非常擔心，光靠聯準會的行動可能還不夠。中央銀行的確跨越了過去從未跨越的紅線，但它也已快達到自身能力的極限，此外，財政部為了避免聯準會發生損失、而透過外匯穩定基金提供的最後擔保額度，也快達到最大極限值。

高盛的首席經濟學家詹恩．哈齊烏斯（Jan Hatzius）在聯準會的聲明發布後提出警告：「外匯穩定基金並沒有那麼龐大。」如果有更多企業的信評因營收大幅折損而被降到垃圾等級，那麼，只為投資等級企業提供的市場最後擔保，幫助可能還是有限。

此時此刻，球被牢牢握在白宮與國會手中。由於此時民主黨議員還是將外匯穩定基金抨擊為賄賂基金，所以圖米把握聯準會發布這份聲明的機會，詳細闡述為何國會必須補強外匯穩定基金，也說明了為何這件事如此重要。那天早上，圖米在CNBC上表示：「理論上來說，聯準會的資產負債表的確可以無限擴大，但聯準會部署資產負債表的方式受到極大的限制。因為聯準會只許賺錢，不許虧本。」聯準會宣布這項行動計劃之際，股票期貨短暫上漲。

幾個小時後，川普打電話給鮑爾——這一次是為了恭喜他，而不是要訓斥他。川普在早上十一點四十三分的一通簡短電話交流中，對鮑爾說：「幹得好，傑伊。你真的辦到了」。過去十八個月無視川普各種言詞侮辱的鮑爾，寬厚地感謝川普的道賀。那天下午川普總統告訴記者：「我以他為榮。那需要很大的勇氣。」「還有，我認為我們最終將得到回報，因為……他上個星期真的加快腳步了。」

市場繼續像坐雲霄飛車般激烈起伏。道瓊工業指數重挫幾乎一千點，但在國會可能有望達成協議的消息傳出後，收復了多數的失土；不過，接著投資人又因談判再次失敗而遲疑，道瓊指數最終以下跌五百八十二點作收。十年期政府公債殖利率則降至〇．七六三%，顯示聯準會的大規模收購行動正有幸開始緩解更多的壓力。

交手的藝術

那天晚上，梅努欽在舒默的國會山莊辦公室和他見面，這位民主黨議會領袖將一大塊木頭放進壁爐，兩人已有徹夜尋求妥協方案的打算。梅努欽同意提高對醫院的資金奧援。而為了解決民主黨對川普政府用人唯親的疑慮，國會指派五位議員進入一個監督委員會，專責監督將為大型企業與其他緊急貸款計劃提供融資的那五千億美元的使用狀況。這項立法也會禁止受川普、國會議員或內閣部長級人物控制的企業取得財政部這幾項計劃的貸款或投資。夜色漸深，會談終於結束，隨後他們便釋出了協商接近完成的訊號。

舒默和梅努欽一對外宣稱協商有所進展，華爾街頓時一片歡騰。星期二當天，股票飆漲了將近兩千一百一十三點，相當於一一．四%，是史上最大單日上漲點數，百分比漲幅雖略遜於一九三三年三月十五日（也就是在大蕭

2020 年 3 月 23 日（星期一）			
全美病例數	全美死亡數	道瓊工業指數	VIX 恐慌指數
50,998	582	18,591 （↘ 582）	61.59 （↘ 4.45）

條最嚴重之際，羅斯福宣布為期五天的銀行「休假」結束的次日），但也是史上第四大漲幅。不過，儘管市場歡欣鼓舞，雙方的交換條件卻還沒真正談妥。

星期三半夜一點三十七分，儘管梅努欽與舒默的工作尚未完全結束，他們還是共同宣布他們已達成協議。[19] 舒默和麥康納在參議院的議場見面。這兩位參議員「決定說我們已達成協議。」舒默說，這麼做「是為了保持前進的動能，並緩解市場的憂慮。」[20]

那天稍晚，參議院終於以九十六：〇的比數，投票通過《CARES法案》，對向來以行動超級緩慢而惡名昭彰、且一個月前才剛歷經一場嚴重分歧的彈劾程序的立法實體來說，這個表決結果堪稱異常值得喝采的成就。某些共和黨議員後來表示，麥康納這次的作為稱得上是他個人一生最傑出的時刻。國會批准為聯準會剛宣布的放款計劃提供資金，無疑是以投票的方式來展現國會對聯準會的支持，這個訊號非常重要，很有可能就此平息外界批評聯準會越權的聲浪。

某些前央行官員對於聯準會購買新發行的公司債、並直接放款給企業的決策感到極度震驚。二〇一五年卸下明尼亞波利斯聯邦準備銀行總裁職務的納拉亞納．科切拉科塔（Narayana Kocherlakota）寫道，這個發展是：「聯準會與政府方面試圖迴避國會監督的一項嘗試，但他們站不住腳。」他警告，聯準會「犧牲了它的獨立性，任白宮予取予求。」[21]

2020 年 3 月 24 日（星期二）			
全美病例數	全美死亡數	道瓊工業指數	VIX 恐慌指數
61,894	817	20,704 （↗ 2,113）	61.67 （↗ 0.08）

紐約聯邦準備銀行前研究處處長史蒂芬・塞克赫第（Stephen Cecchetti）以及花旗集團的前首席經濟學家克爾米特・休恩赫爾茲（Kermit Schoenholtz）則警告：「聯準會參與諸如此類決策後，最終將更難以回復它幾十年來努力捍衛的央行獨立性標準。」[22]

鮑爾當然知道這些決定有風險，但他告訴幕僚，他最後斷定，「只因為我們認為這件事令人感到非常不快」而放著聯準會明顯合法的職權不用，我們將站不住腳。「我們已經跨越很多界線，而且可能還得繼續跨越其他紅線。」與其因無所作為而難以為自身辯護，「釐清要如何退場」反而是令人愉快的問題，因為那表示，他們已經贏了這場戰爭。

鮑爾並沒有對承擔那類風險感到沾沾自喜。畢竟國會議員事後有可能會找上聯準會，要求它**解決氣候變遷問題**，或是要求它**利用他們的數位印刷機為每一件高速公路修復案件提供財源**等等。但鮑爾向他的幕僚表示：「我們也是會有向別人說**不**的時候。」

事後回顧，即使病毒還是繼續肆虐，感染率與死亡率達到毀滅級的水準，事實還是證明，三月二十三日那個星期是市場的轉折點。一如德拉吉的名言「不惜一切代價」，聯準會這次的例子清楚顯示，當官員勇於**承諾**將採取非常多行動，最終說不定無須真的積極出手就能度過難關。總之，聯準會阻止了一場可能將災難性經濟衰退轉化為全面性經濟蕭條的金融崩潰。從市

2020 年 3 月 25 日（星期三）

全美病例數	全美死亡數	道瓊工業指數	VIX 恐慌指數
74,551	1,058	21,200（↗ 496）	63.95（↘ 2.28）

場的恢復速度便可看出，當時鮮少人真正意識到，經濟體系其實差點就落入更悲慘的命運。

無限量的彈藥

三月二十六日星期四早上七點剛過不久，鮑爾試圖經由ＮＢＣ《今日》（*Today*）節目的訪問來展現他的冷靜姿態，這是一場極為罕見的現場直播電視訪問。他告訴主持人莎凡娜・賈西爾（Savannah Guthrie）：「就這個放款計劃來說，我們的彈藥永遠取之不盡、用之不竭。彈藥不會有用完的一天。」

他提出一張連外行人也看得懂的分布圖，說明聯準會如何依循白芝浩的建議來採取行動。鮑爾說：「現實的情況是，全世界的投資人都撤退到較低風險的資產。這是可以理解的，不過，那也代表平日為家庭與企業的舉債行為提供支援的很多資本市場環節——我是指不動產抵押貸款和汽車貸款等等——已完全停止運作。」「所以，我們可以動用我們的緊急放款權力，介入並取代那些資本市場環節，代為提供那類放款，而且我們一定會那麼做。」

當時，為了避免病毒壓垮美國的醫院與公衛基礎建設，經濟體系陷入相當於醫療上的人為誘導昏迷的狀態（medically induced coma），此時此刻的最大目標是要防止這些可能僅屬暫時性（但願是短暫的）破壞的事態留下永久的傷疤。一旦企業界發生倒閉潮，被強迫休假或被資遣的員工，將更難以在這場大流行病稍微緩解之後回到就業市場。所以勞工愈能繼續依附於原雇主，他們就愈不可能從勞動力撤退，也愈不可能失去寶貴的技能。二〇〇一年的經濟衰退與二〇〇七年至二〇〇九年大衰退過後的「失業復甦」（jobless recovery）經驗，清楚說明了持續性就業損失（employment losses）的代價有多麼慘痛。

勞工部固定在每個星期四早上公布美國五十州與哥倫比亞特區前一週各有多少人申請失業救濟金。二〇一九年的多數時間一直到二〇二〇年三月初，每週請領失業救濟金的人數都介於二十萬人至二十五萬人。早上八點三十分，也就是鮑爾結束《今日》節目訪問後一個小時左右，勞工部發表了三月十六日那一週的統計數據：估計有三百二十八萬三千名美國人請領失業救濟金。儘管那個總數幾乎已是天文數字，卻還是可能低估了企業的裁員數，因為當時各州的系統還來不及處理所有尋求請領救濟金的案件。這個數字是前高點——六十九萬五千人（一九八二年十月的數字，當時伏克爾的打擊通膨運動正進入尾聲）——的四倍

為了翔實闡述上述就業折損的規模，《紐約時報》在頭版下方刊登了一張垂直柱狀圖，在這張圖表裡，最近一週的數據自成一格，一路沿著整個版面的右側向上攀升。梅努欽一週前預測失業率將達到二〇％的說法，瞬間不再像是危言聳聽，而是合理的預測。一名被資遣的費城建築業工人告訴《華爾街日報》：「看來我沒辦法找到另一份工作。」[23]

2020 年 3 月 26 日（星期四）			
全美病例數	全美死亡數	道瓊工業指數	VIX 恐慌指數
92,143	1,371	22,552 （↗ 1,352）	61.00 （↘ 2.95）

前所未見的三個星期

星期五下午，川普坐在位於堅毅桌旁的褐色皮椅上，手裡拿著他偏愛的夏爾皮（Sharpie）黑色麥克筆，準備簽署《CARES法案》。這套接近兩兆美元的法案已在稍早時間由眾議院通過，不過，眾議院並沒有個別記錄投票時間，因為兩黨經過協商，同意避免要求四百三十五位眾議員全數回到華盛頓進行實體投票。畢竟此時已經有五位國會議員的病毒檢驗結果呈現陽性，還有一位正在醫院接受氧氣支持治療。

川普確認過，美國政府即將發給納稅人的每一張一千兩百美元支票上，都會印上他獨特的潦草粗黑簽名。梅努欽和麥康納站在總統的右後方，雙手叉著腰。川普平靜地對這項近兩兆美元規模的法案表達認可，他說：「我沒有簽署過上兆美元的案件。」「麥康納，我不知道自己是否應付得了。」

史上最漫長的就業市場擴張——連續一百一十三個月，增加兩千兩百萬個就業機會——此時已戛然而止。不過，儘管消息有可能變得更糟（而且是非常糟），但聯準會極端果敢的行動以及國會通過的大規模支出，就像是左右開弓的連續兩記重拳，開始產生奇效。

道瓊指數創下了一九三八年以來最大單週漲幅，儘管星期五當天回跌了九百一十五點，指數還是在那個星期上漲了一三％。其他衡量指標也顯示，前幾個星期的恐慌可能已經告一段落。VIX恐慌指數連續上升五個星期後，在那個星期終於降低。美國政府公債與投資等級債券之間的殖利率利差，也在創下二〇〇九年年初以來最高水準後，開始下降。

國會已用勢如破竹的速度重新補強了聯準會的放款能力，這對美國來說是個大好消息。在《CARES法案》的要求下，聯準會最終還是冒險介入了長久以來避之唯恐不及的信用與財政政策領域。政治人物把回應危機的更多責任託付給聯準會，形同對它投下了信任票，他們相信這些技術文官有能力在釐清細節的同時，設法避免自己因各種迫在眉睫的艱難抉擇而遭到非難。

鮑爾稍稍喘了一口氣，但沒有休息。美國的死亡人數將在幾天內超過兩千人，全國的確診病例數可能輕易超過中國官方報導的總數。紐約市各區的醫院人滿為患，於是，三月三十日，擁有一千張病床的安慰號醫療船（USNS Comfort）停泊到紐約市的港口，以便提供更多醫療照護。不僅如此，建築工人也火速在中央公園東區草原的草皮上，打造了以白色醫療帳棚組合而成的緊急野戰醫院，此處共有六十八張病床。

三月中還異想天開、打算在復活節實施全國解封的川普此時態度大轉彎。他在三月三十一日的記者會中說：「這可能會變成地獄般糟糕的兩個星期。」不過，他稍做沉吟，隨即更新了那個不祥的評估：「這將是我們前所未見的三個星期。」

2020年3月27日（星期五）			
全美病例數	全美死亡數	道瓊工業指數	VIX恐慌指數
111,358	1,782	21,363 （↘915）	65.54 （↗4.54）

第十三章

命運與歷史

國會、聯準會和財政部在短短幾天內，火速應用了二〇〇八年金融危機與後續那段難熬的復甦期所留下的兩個慘痛教誨：（一）出手要夠大方；（二）出手要夠明快。

在三月和四月的那幾個星期，鮑爾與聯準會簡直是經歷了一場「全面空襲」，那段期間，他們歷經了數不清的失眠夜晚和有時從清晨五點鐘（以鮑爾的居家辦公室而言）就開始的工作日。鮑爾說：「你會覺得時時刻刻都身處地獄。」「身體疲憊不堪、晚上睡不安穩，感覺遭透了——壓力非常大，而且你非常清楚，你的決策對民眾真的至關重要。此外，你也知道，外界將以放大鏡來檢視此時此刻你做的每一件事，所以，最好繃緊神經，認真把事情做好，別搞砸。」[1]

那時，鮑爾只有為了在媒體上露面才會離開家裡，而且，就算是在媒體上露面，他也是在艾克斯大樓的一間錄音室，預錄要發送給媒體的視訊。鮑爾深知他絕對得想盡辦法避免被病毒感染——畢竟在這個被恐慌籠罩的時期，「受人敬重的央行領導人病倒了」的消息，只會導致恐慌感受加劇。平常鮑爾是靠一位護衛人員開黑色休旅車護送他去上班；不過，在疫情來襲的此時，每當鮑爾有必要冒險到位於第二十街（20th Street）與憲法大道（Constitution Avenue）交叉口的聯準會總部時，他會開著他的特斯拉 Model S，獨自完成這十五分鐘的車程。

只要情況允許，鮑爾會在黃昏時和太太與女兒一同在附近散散步，但除此之外，他並沒有太多放鬆的方法。更糟的是，那段時間，他被家裡的一個帆布托特包絆倒，導致小腳指骨折，所以，他無法用家裡的室內腳踏車來運動。

市政債券市場

三月二十三日的聲明一發布，規模三兆九千億美元的市政債券市場成了當務之急。《CARES 法案》並沒有明確命令聯準會放款給州和自治市，只有指示梅努欽「努力設法」責成聯準會打造一個放款計劃，這項指示形成了一股強大的推力。

其實鮑爾並不需要別人的鞭策。就算是在川普簽署這項法案之前，鮑爾早就揚棄了內心所有的保留態度，不再對跨越這條紅線存有任何遲疑。他說：「我們就像處於一場戰爭。」「政府的基本功能是由自治市以及州與地方政府負責執行，很多醫療照護工作都得經由這些政府機構來落實與管理。我們擁有這項職權（注：為市政機關與地方政府提供資金的職權），所以我們不能因為排斥法律的那個特有條款，而不打算動用這項職權，因為那實在說不過去。如果市政債券市場真的被迫關閉，醫院就無法支付薪資給從業人員。我們絕對不能坐視那樣的情況發生。」[2]

前財政部官員肯特・希特休（Kent Hiteshew）和很多在紐約市外擁有第二套房子的有錢紐約人一樣，為了躲避三月中在曼哈頓爆發的新冠肺炎危機而離開曼哈頓，他的太太佩特・珍妮（Pat Jenny）也一塊同行。三月二十日星期五當天，也就是他們暫時移居康乃狄克州西北部鄉村地帶的隔天，希特休接到了布蘭納德打來的一通電話，她喋喋不休地問了一堆和市政債券市場現況有關的問題。在此之前，聯準會從未干預過這個市場，而且鮑爾和布蘭納德對這個市場的了解也相當有限。她問：**是哪個環節失靈了？我們能做什麼來因應？**

歐巴馬政府時代的多位財政部同事都極力推薦希特休。他被延攬為財政部的州及地方財政辦公室（這是一個新設的局處）主管之前，曾在貝爾斯登與摩根大通的公共財政部門服務長達二十四年的時間，所以，他堪稱這個領域的老手。當年導致底特律（與之後的波多黎各）陷入困境的破產潮，就是由希特休帶領聯邦政府人員處理的。此時，他在安永會計師事務所（Ernst & Young）擔任兼職顧問，已處於半退休狀態。

希特休解釋：**市政債券市場嚴重失靈，重要的是，這個市場通常並不會出現諸如此類的壓力**。散戶投資人已經從市政債券基金抽走了四百五十億美元的資金。各學區的新債發行計劃不是被迫暫時撤回、就是完全取消。那個星期五，梅努欽已要求國稅局官員將繳稅期限延長到七月十五日。這項措施雖然讓家庭與企業得到一點喘息空間，卻對州政府帶來全新的壓力，因為州政府的財庫端賴每年三至四月的所得稅稅收來支付帳款。家庭與企業繳稅期限的延後，導致州政府的預算出現一個大缺口，屋漏偏逢連夜雨，此刻它們幾乎不可能經由債券市場籌募資金。

希特休說：「眼下的情況是，各州明顯碰上了為期九十天的流動性問題，而且，它們無從得知銷售稅與所得稅會遽減到什麼程度。何況，此時這些發行者根本無法進入市場籌措資金。」[3]

儘管如此，地方自治貸款人的根本償債能力並沒有發生任何變化，所以，設法為這些自治市提供過渡性融資（bridge financing），實屬合情合理。雖然希特休不太清楚聯準會「例外且緊急」職權的具體法律規範，但他為布蘭納德點出了幾條途徑供聯準會參考，用以調整最新出爐的貨幣市場基金最終擔保計劃。

星期六當天，布蘭納德打電話給希特休，問他另一個問題：**你願意為聯準會工作六個月嗎？**希特休心想：**為什麼不？**反正他的克羅埃西亞自行車之旅已被迫取消，他和珍妮為期兩週的北歐度假行程也泡湯了。三月二十六日星期四當天，一輛聯邦快遞（FedEx）的貨車停在希特休康乃狄克州的家門外。貨車駕駛交付的包裹裡，放著聯準會編配的iPhone手機和筆記型電腦。**事不宜遲，上船出航！**

他隨即開始和布蘭納德、李諾特的團隊與另外幾位顧問攜手合作，包括紐約聯邦準備銀行的馬修·里耶伯（Matthew Lieber）。聯準會想恢復市政債券市場的正常功能運作，但又不想浪費時間判斷應該買哪幾檔個別的市政債券，因為這件挑挑揀揀的工作實在是吃力不討好，尤其此刻的局勢急如星火。不同於公司債市場，市政債券市場的流動性很差，非常不透明，而且支離破碎。這個市場上有高達成千上萬個發行者，其中某些債券並不常有換手交易發生。希特休擔心他最初的提案——聯準會編製某種市政債券指數，接著再購買組成這項指數的成分債券——得經過曠日費時的程序才能啟動，而他們沒有時間可以浪費。紐約州的財政年度即將在三月三十一日結束，所以，**此刻**在紐約州首府奧爾巴尼（Albany）的州議會議員正為了紐約州未來幾個月要如何自行籌措財源而傷透腦筋。

由聯準會直接放款給那些機關將會是一條較為簡單的途徑。希特休建議作為中央銀行的聯準會主動以預先決定的利率（根據發行者的信用評等來決定）向一系列合格的發行者開價購買新發行的市政債券。這種直接放款的利率將略高於民間市場在正常運作狀態下可能收取的利率。鮑爾決定，由紐約聯邦準備銀行來負責管理市政債券流動性機制（Municipal Liquidity Facility）——這又是另一個「例外且緊急」的計劃。

接下來，就是進一步釐清哪些城市和州符合資格了——這個問題和聯準會當時面臨的其他所有問題一樣，充滿政治色彩。他們最初的合格清單包括了每一個州和哥倫比亞特區、居民超過兩百萬人的所有郡，以及居民至少達到一百萬人的所有城市，總計有七十六個發行者符合資格。聯準會計劃向這七十六個貸款實體購買兩年期以內的債券，購買金額上限則為這些實體二〇一七年各自稅收的二〇%——這是個龐大的總額。梅努欽同意提供三百五十億美元來補貼這項計劃的（潛在）虧損。

希特休推算，如果每一個合格的發行者都向聯準會求助，且每一個發行者都向聯準會表明**請提供相當於我們的二〇%年度稅收的貸款，因為我們現在快完蛋了**，那麼，聯準會最終承作的放款總額可能達到三千億美元。然而，有鑑於聯準會信守「出手要夠大方、出手要夠明快」精神，聯準會對外宣布「市政流動性機制的總量能將達到五千億美元」——這個數字遠高於希特休的估算。聯準會之所以做出這個決定，當然是為了向市場展現它「兵來將擋、水來土掩」的承諾與決心。事實上，整個市政債券市場一年內的貸款金額甚至不到五千億美元。

歡迎來到債務嘉年華！

指數股票型基金ＥＴＦ（這種基金的買賣方式和所有其他股票一樣，但它們持有非常多證券）自一九九三年問世後，對投資活動造成了革命性的影響。儘管ＥＴＦ這類基金為投資人提供一種能隨即變現的管道（非常類似普通股投資），但這些基金本身持有的標的債券或其他資產，卻可能需要較長的時間才能賣得掉並變現。多年來，央行官員向來把這種類型的「煉金術」列為可能危及金融市場穩定的潛在風險。三月二十三日星期一當天，聯準會雖同意購買某些特定的ＥＴＦ，但他們心知肚明，這個決定有可能會成為最具爭議的決策。儘管如此，他們還是認為這是聯準會以最快速度介入公司債市場的最佳管道，畢竟他們還在努力思考要如何設計更廣泛的最終擔保計劃。

聯準會這個主張隨即讓證券交易委員會的資深官員高度繃緊神經。他們舉日本央行為例：日本央行已連續購買ＥＴＦ近十年了，它持有的部位即將在那年稍晚超過一檔巨大的政府退休基金；換句話說，日本央行即將成為日本國內股票的最大持有人。證券交易委員會的一位官員向李諾特表達異議：「你們將來打算如何出脫這些ＥＴＦ？」「你們會變得跟日本央行一樣。」

接下來幾天，鮑爾開始有一搭沒一搭地思考另一個更具爭議的問題：聯準會是否要購買非投資等級的公司債，也就是所謂的高收益債券或垃圾債券。多年來的寬鬆信用與低利率環境已促使企業大量舉債——不僅是美國企業，所有工業國家的企業都一樣；從公司債的市場規模便可見一斑：這個市場已自二〇〇八年的五兆五千億美元，成長到二〇一九年的八兆八千億美元。這個總額當中，包括了一兆兩千億美元以所謂「槓桿貸款」(leveraged loans）的企業資產來擔保的垃圾債務，二〇一五年起，「槓桿貸款」市場成長了幾近五〇%。

私募基金公司是這波公司債市場成長趨勢的最大貢獻者，它們舉借了數十甚至數百億貸款，用以購買諸如戴爾科技（Dell Technologies）與史泰博公司（Staples Inc.）等鼎鼎有名的企業的公司債，但它們投資的企業有時候甚至沒有足夠的現金得以安然度過再普通也不過的經濟衰退，遑論眼前如此嚴重的困境。鮑爾早在二〇一九年五月的一場演說中就坦承過這些風險存在。每當經濟走下坡，政策制定者就會擔心過度舉債的企業可能為了安撫放款人而解雇員工並降低投資，導致已存在的經濟問題雪上加霜。

讓鮑爾陷入兩難的原因在於，聯準會在三月二十三日發布聲明後，便成功促使公司債市場趨於活絡。發布聲明之後的兩個星期，擁有高信用評等的企業——此時它們發行的債券符合聯準會的購買資格，包括通用磨坊(General Mills）、萬事達卡(Mastercard）、Nike、甲骨文(Oracle）以及輝瑞（Pfizer）等——漸漸能以遠低於聯準會發布聲明前的殖利率，借到較大量的資金；在那份聲明發布之前，這些企業根本想像不到能以這麼好的條件籌募到資金。所以說，即使聯準會還沒有真正出手購買任何一筆公司債（且即使企業的盈餘正遭受前所未見的打擊），恢復信心的投資人還是投入這一波史詩般的購債狂潮。

聯準會的聲明確實有效提振了投資人的信心，而最能展現投資人信心恢復速度的例子，就屬全世界最大的巡航旅遊路線營運商嘉年華郵輪集團（Carnival）了。隨著新冠病毒導致世界各地的郵輪紛紛停止營運，該公司的業務如墜深淵，現金也如血流湧出。事態發展至此，破產對它來說已非不可能的情境。然而，為了度過這個難關，嘉年華還是慎重考慮是否要以懲罰性利率在市場上舉借數十億美元的債務。

三月中，由於債券市場形同凍結，嘉年華原本考慮向一個自稱「財團」的避險基金集團舉借一筆高利率貸款。在這之前短短一個月，擁有健全信用評等的嘉年華才剛以一%的利率借到貸款，但如今，根據《華爾街日報》的報導，這個避險基金集團獅子大開口，表示若嘉年華公司想取得救命的資金，必須支付超過一**五%**的利率，不僅如此，它還可能被迫允許那些貸款人取得該公司的部分股權。[4]

然而，在聯準會的聲明發布後不出數日，嘉年華公司便順利以一一・五%的利率，向幾個大型機構投資人借到了四十億美元的款項。《華爾街日報》的麥特・沃爾茲（Matt Wirz）寫道：「雇用了十五萬名員工的嘉年華立即劫後餘生。」這件事最引人注目的是，由於嘉年華公司的總部並不是設在美國，所以並不符合聯準會的公司債最後擔保資格，但它還是大大受惠於這項機制。

和這項金融救濟有關的消息迅速傳到美國企業界各個（虛擬）高層辦公室、華爾街各個（虛擬）交易大廳，甚至在白宮西翼辦公室的實體走廊上流傳。如果連像嘉年華這種受創最深的企業——該公司由一百零四艘船組成的船隊無限期在乾船塢停泊了好幾個月——都能在資本市場上籌募到資金，還有什麼企業募不到資金？這是一個轉捩點，而且，聯準會一毛錢都沒花就實現了這個成果。這為紐約聯邦準備銀行的官員爭取到了彌足珍貴的喘息空間，因為他們還在努力釐清要怎樣才能順暢啟動具體的公司債購買計劃。

更慶幸的是，羅根的團隊也重新取得對美國政府公債市場的主控權。三月十九日至四月一日之間，他們**每天**購買了七百五十億美元的政府公債，這個數字相當驚人。此外，為了防止外國央行拋售美國政府公債，聯準會還公布了一個有利於那些央行籌募美元的計劃：聯準會將暫時允許那些央行用它們存放在紐約聯邦準備銀行帳戶裡的美國政府公債來交換美元。到那個星期結束時，聯準會已透過現有的交換額度，對外國央行提供了接近四千億美元的貸款，倫敦、法蘭克福和首爾的美元供應量因此得以維持穩定。

四月八日當天，聯準會的資產負債表急遽膨脹到六兆一千億美元。換句話說，短短六個星期內，聯準會的資產負債表幾乎擴張了兩兆美元。

跨越紅線，但也造成斷崖

波士頓聯邦準備銀行總裁羅森格倫在四月一日（也就是嘉年華公司完成鉅額債券發行案當天）表示：「我們創造了良好的進展。」投資等級企業「依舊必須以較高的利率才能取得市場資金，但至少『得其門而入』。」另一方面，羅森格倫也憂心忡忡地指出，聯準會**尚未**介入干預的那些市場，依舊面臨「非常困難的挑戰」。[5]

事實上，在中央銀行放款「界線」內的企業舉債工具，和在這條界線以外的舉債工具（包括垃圾債券、槓桿貸款以及民間發行的不動產抵押貸款證

2020 年 4 月 1 日（星期三）

全美病例數	全美死亡數	道瓊工業指數	VIX 恐慌指數
223,169	5,337	20,943 （↘ 974）	57.06 （↗ 3.52）

券）之間的斷層持續擴大。從三月四日迄今，只有五家企業發行了垃圾等級的債券，包括必勝客（Pizza Hut）的母公司百勝餐飲集團（Yum! Brands, Inc）。由於投資人預期將有一波企業破產聲請潮，他們當然不敢貿然介入聯準會不願意進入的市場。

落在投資等級及格邊緣的企業（一共背負了大約三兆四千億美元的未清償債務）面臨著特別尖銳的風險：也就是所謂「**三B斷崖**」(triple-B cliff) 的危急邊緣。如果這些企業的債券從**BBB等級**被進一步降評，它們的債券就會頓時變成垃圾債券，到時候，某些大型投資人（例如保險公司）依法就不能再持有這些債券。

聯準會開始為投資等級市場提供最後擔保的好消息，讓這些從**三B斷崖**墜落的「墮落天使」（降到比BBB低一個評級）的風險進一步加劇（注：此類信用評等分數由高至低為AAA、AA、A、BBB、BB、B、CCC、CC、C等，評為BBB以上的等級為投資等級，BB以下為投機等級；各級會再以加減號細分同一等級的高低）。三月二十三日當天，也就是聯準會宣布將購買投資等級債券後的幾個小時，美國汽車製造商福特汽車公司的信用評等遭到標準普爾公司（Standard & Poor's，大型信用評等機關之一）調降。被調降評等後的福特汽車，成了美國境內最大的墮落天使之一。此外，兩家大型零售商梅西百貨（Macy's）與蓋普（Gap）也同樣在幾天後失去它們的投資等級評等。

如果有更多（因疫情而）被迫歇業的企業借不到錢，經濟體系會發生什麼事？這個問題讓鮑爾、布蘭納德和李諾特索盡枯腸。為了避免有錢企業的市場和沒錢企業的市場之間的斷層繼續擴大，聯準會的官員建議鮑爾延伸放款界線，將三月二十三日（也就是聯準會發表聲明當天）

還擁有BBB評等的企業納入放款範圍。更具爭議的是，他們竟建議聯準會購買投資到垃圾債券的ETF，因為官員們擔心，這些「高收益債券」可能會垮掉，進而引發一波可能對經濟體系造成長久傷害的破產潮。由於三月時，市場急速崩潰，所以鮑爾決定，為了避免聯準會做得不夠而造成更大的惡果，寧可大方一點，就算錯了也無傷大雅。

一位參與這項決策的高階官員表示：「我們不斷提醒自己，**現在不是二〇〇八年和二〇〇九年**。」「這是一個真正源自外部的衝擊。我們的所作所為不會助長道德風險，因為民眾終將體察到，新冠肺炎有可能是一輩子、甚至更久才發生一次的大流行病。而且，這個決定並不會促使民眾在未來的金融與經濟週期裡，從事不合理與不節制的風險承擔行為，因為每一個人都會體察到，這是個獨一無二的局勢……有時候，我們必須為了保護值得幫助的多數人，而拯救少數不值得幫助的人。」

這個決策將成為鮑爾最引人爭議的決定。儘管五位理事一致批准這個決定，但並非聯準會體系內的所有人都認同這個決定。達拉斯聯邦準備銀行總裁卡普蘭希望聯準會能設法跟垃圾債券市場保持距離，他認為那個決策並不是個無懈可擊的妥協。不過，在四月初那樣的大環境下，聯準會想要追求的不盡然是**完美**的目標。卡普蘭表示：「短期目標是要迅速採取行動。」「事後回顧，我或許會狡辯說當初我們沒必要做到這種程度。但我還是不得不承認，如果當時我們錙銖必較，情況有可能會一發不可收拾。」[6]

不是只有聯準會追求速度，財政部也以「速度第一」的立場，啟動並管理薪資保障計劃。規模高達三千五百億美元的小型企業救助計劃在四月三日星期五當天開始實施，但一開始並不順利。美國幾家最大規模的銀行業者向財政部抱怨，修訂後的規則令人混淆不清，導致他們無法做好準備，難以迅速處理申請案件。

那個週末，眾議員麥亨利打電話告訴梅努欽：「這是個大問題。」

梅努欽回答：「對，我知道。」「我們會二十四小時無休，設法修正這個問題。」

麥亨利不確定梅努欽是否聽懂他的抱怨，他說：「這是他媽的大問題！你們這些傢伙看起來完全狀況外。」

梅努欽冷靜地答道：「好啦，好啦。」

對於人員配置本就單薄的財政部來說，那個星期的挑戰更顯嚴峻，因為促進資金流動的重責大任落到了梅努欽和他信任的幾位顧問（包括副部長穆茲尼奇）等區區幾個人的頭上，他們除了要設法促使資金流向小型企業，還得爭取航空業紓困計劃的資金。

儘管薪資保障計劃開始實施時出了一些小狀況，但事實證明，這個計劃非常受歡迎。那個週末，有成千上萬家銀行加班將申請文件上傳到小型企業管理局的入口網站。短短幾天內，財政部就發出警告，最初提撥的三千五百億美元資金有可能在兩週內用完。經過一個星期的黨派爭執，國會最後終於為這項計劃追加了額外三千一百億美元的資金。

然而，隨著眾人發現，較大型公開掛牌交易的企業也符合法律資格，可以請領到薪資保障計劃的現金，最初設定的三千五百億美元上限（以及這項貸款「先到先服務」的發放原則）引發了巨大的反彈。茹絲葵牛排館連鎖店（Ruth's Chris Steak House）以及速食餐館昔客堡（Shake Shack）是少數在眾多較小型企業難以擠進銀行大門之際接受援助的企業，它們也因此被外界貼上惡棍的標籤。

此外，某些受創最嚴重的公司行號發現，這些貸款並不像它們原本所期待的那麼有用。依照規定，企業必須將取得的七五%資金用於發放八週的薪資，未來才能獲得貸款豁免。問題是，某些餐廳、髮廊和其他小型零售商表示，它們暫時只能使用最基本的員工來維持營運，而且由於缺乏足夠的業務，也沒有理由召回全部的勞動力。

迎接考驗

四月九日星期四當天，聯準會揭露了最新的一連串放款計劃，這項計劃勾勒出梅努欽打算如何部署國會在《CARES法案》中撥給他的那些資金。他提供一千九百五十億美元到五個放款計劃，而聯準會估計，它能以這些資金為基礎，承作總額達兩兆三千億美元的新放款。聯準會和財政部也首度詳細闡述「主要商業區放款計劃」(Main Street Lending Program）的內容，這項計劃旨在協助規模大到無法取得可獲寬免的小型企業貸款、但又小到無法在公司債市場舉債的企業。聯準會和財政部的律師漏夜就各個版本的投資條件書交換意見，聯準會方面一直等到早上七點五十五分，才終於取得梅努欽簽名的文件副本；五分鐘後，中央銀行隨即對記者發出正式公告前的專屬新聞稿。[7]

早上八點三十分，勞工部宣布，上個星期又有六百六十萬名民眾申請失業保險給付，自這場大流行病襲擊美國以來，總計共有將近一千七百萬人申請這項失業津貼。這個訊息再次提醒世人，經濟災難還在延燒，而且愈演愈烈。國家勞工部門那老舊的網站和電話線幾乎被壓垮。前一天，美國才剛宣布，過去二十四小時的死亡人數創下新高，達到一千九百七十三人，堪稱最「要命」的一天，且累計已有一萬八千人死亡。晚間新聞和有線電視不斷報導醫院人滿為患、護士穿著垃圾袋和其他臨時防護裝配等令人憂心的訊息。另一方面，川普在病毒簡報會上對一些奇特療法提出了樂觀預測，並在說明檢測的好處時，和記者起了一些口角。

相形之下，鮑爾則繼續以他一貫審慎與莊重的態度對外發言。那個星期四早上十點鐘，鮑爾發表了一篇線上演說，隨後還與布魯金斯學會（Brookings Institution）進行一場有安排主持人的線上討論會，他在討論過程中的幾句發言，說明了為何聯準會會採取如此極端的措施：「我們沒有人能夠選擇自己要面臨什麼挑戰；挑戰是命運和歷史帶給我們的。我們的工作就是要迎接命運和歷史展現在我們面前的考驗。」他那一席話和中央銀行官員平日索然無味的詞彙呈現鮮明的反差——此時的他更像溫斯頓．邱吉爾（Winston Churchill），而非葛林斯潘。

鮑爾一改他面對國會議員時向來語多保留的互動方式，明確告知國會議員要怎麼善盡職責，而且他以罕見的道德用語來傳達他的意思，他說：「我們每一個人都受到影響，但這些負擔主要卻是落在最沒有能力承受的人身上……他們並非當前困境的始作俑者。他們不是因為做錯事才陷入業務停擺的困境。美國巨大的財政力量就是為了這一天而儲備——為了竭盡我們所能保護這些人免於受他們眼前的困境所傷而儲備。」

這一席不尋常的發言，出自一位過去在重要敏感政策辯論上向來承諾他會「謹守分際」的聯準會主席之口。**美國巨大的財政力量應該用來護民眾周全。**

寫封感謝信給聯準會

儘管經濟進一步沉淪，市場卻慢慢邁向復原的道路。三月二十三日的聲明一發布就開始收到成效，公司債市場漸漸獲得修復；同樣，四月九日的聲明也隨即促使市政債券市場的舉債成本降低，並迅速誘發一波戲劇化的債券發行潮。四月十七日當天，福特汽車表示，由於汽車銷售量較一年前大減二一%，所以它預期將提報高達二十億美元的單季虧損。不過，幾天後，這家汽車製造商又宣布它在垃圾債券市場募集到了八十億美元，是這類交易案件中有史以來最大規模的一筆。

兩個星期後，四月三十日，波音公司在一場債券承銷盛會中募集到驚人的兩百五十億美元，是除了收購案以外最大一筆債券交易規模。《CARES 法案》為梅努欽預留了一百七十億美元的額度，供他直接放款給「對國家安全攸關重大」的企業，這被廣泛視為一項可能是為了紓困波音公司而設置的條款。不過，如今聯準會的多項行動已讓這些企業得以在完全繞過政府直接援助的情況下取得資金，並因此不會因接受財政部的援助而遭受某種約束，包括可能被迫主動交付給美國納稅人的股權。擁有投資等級信用評等的企業，共順利在四月分出售了兩千兩百七十億美元的債券，打破了一個月前剛創下的歷史記錄。

2020 年 4 月 9 日（星期四）			
全美病例數	全美死亡數	道瓊工業指數	VIX 恐慌指數
466,736	18,027	23,719（↗ 286）	41.67（↘ 1.68）

巴菲特在五月分召開的波克夏海瑟威公司的股東會上說：「放眼望去，各式各樣的企業都忙著搶奪所有資源。」「而忙著搶資源的每一個人……都該寫封感謝信給聯準會，如果他們當初沒有用真正史無前例的速度與決心來付諸行動，這一切都不會發生。」

巴菲特說，沒有人確切了解聯準會挹注那麼大量的信用到金融體系後，將會產生什麼後果。「但我們卻知道，什麼都不做的後果將會是什麼；那並非聯準會過去多年來的一貫傾向（注：指聯準會此次的決心與付諸行動的速度）——在過去，它雖不至於什麼都不做，卻總是做得不夠。德拉吉對歐洲宣示他將**不惜一切代價**，而後來聯準會……確實也**不惜一切代價**，**打點好一切**，所以我們都欠他們一個大大的感謝。」

••••••••••

波士頓聯邦準備銀行總裁羅森格倫表示，就終止金融恐慌而言：「和所有放款機制有關的那幾份聲明是轉折點。」「讓我訝異的是，我們根本不需要真的操作這些機制，就已收到多數利益……從利差就能馬上看出這一點。」[8]

聯準會副主席奎爾茲事後以高度讚許的態度，引用了威靈頓公爵（Duke of Wellington）在滑鐵盧（Waterloo）打敗拿破崙後說的一句話，來形容三月底時美國公債市場差點就未能躲過災難性崩潰的景況。他說：「春天時，勝敗有一度『『該死地不分高下』。」[9]

那幾項最後擔保措施的宣布，以實例闡述了一個和危機管理有關的重要教誨：如果能在一開始就承諾做多一點，你實際上可能不必做得如原本想像的那麼多。舉例來說，李諾特原本一直在籌備另一個紓困公司債共同基金的緊急最後擔保計劃，這個計劃若實施，將代表另一件**影子金融體系**紓困案（影子金融體系雖不在銀行部門內運作，但當時它的狀況導致恐慌進一步擴大。只不過，聯準會當時打算拯救這類開放型債券基金一事，直到現在才被公諸於世）。三月底時，那些基金承受了極大的壓力，證券交易委員會對此極度憂心。不過，聯準會宣布將對其他公司債提供最後擔保後，旋即有效緩解了公司債共同基金的贖回潮。所以說，聯準會從頭到尾都沒有啟動對任何一檔個別共同基金的紓困。

到了四月，沒有人知道後續的病毒傳染潮會不會逼得各地輪番封城，並導致企業債務違約與房貸未按時還款的案件增加。儘管事後的發展證明三月二十三日是股票市場的最低點，但李諾特說：「我們當下根本不知道那是最低點。」「我們完全沒概念，只是約略感覺到我們搶先一步擋掉了一場可能導致經濟情況雪上加霜的嚴重金融市場失序。」[10]

二〇〇八年危機過後，那個時期實施的多項紓困案件曾經引起許多政治爭端。安然度過那些政治爭端的布蘭納德對於聯準會恢復金融市場有效運作的能力非常有信心，局部原因在於，當前這場危機的性質和二〇〇八年的危機有所不同。就危機的政策應對措施來說，最複雜的環節通常和道德考量有關，這類考量往往會逼得政策制定者不得不反覆權衡以下疑問：**真的要獎勵那些莽撞下注的劣質行為者嗎？**不過當前這場危機看來比較像是戰爭或自然災害，而非人為的禍端，因此，這一次沒有人質疑官方對銀行業的救助是否符合公平正義，因為這一次，問題並不是因為銀行業玩弄整個金融體系所引起——這一次它們並沒有將有問題不動產抵押貸款包裝成 AAA 信用評等之類的產品。

沒有地獄的天主教

但國會議員並不像華爾街那麼友好看待聯準會的聲明。布魯金斯學會的研究員很快就發現，由於只有最大的城市和郡符合聯準會市政債券最後擔保計劃的資格，所以，聯準會形同將以黑人居民為主的三十五個美國城市排除在這項計劃之外。他們寫道：「我們並不是暗示聯準會在設定這個限制條件時，有蓄意考量種族問題。」「反之，一切跡象顯示，正因聯準會力求快速行動，畢竟這是它以往未曾涉足過的領域，所以難免略有瑕疵。」[11]

聯準會的頂頭上司——國會——隨即對此表達明確的不悅。擔任眾議院金融服務委員會主席的加州民主黨議員華特斯在一封信件中引用了布魯金斯學會的分析，要求鮑爾修訂相關的門檻，以免「聯邦政府的應對措施導致種族落差變得更加嚴重」。同一天，擔任參議院銀行委員會主席的共和黨議員克拉普也寄了一封信，痛陳愛達荷州（或其他農業州）沒有任何一個市鎮符合向聯準會貸款的資格。對此，聯準會在接近四月底時調降了原先設定的人口數門檻，使得潛在市政債券借款人增加到兩百六十一個。到了六月初，聯準會又進一步放寬限制標準。

即使情勢促使官員們認為緊急計劃勢在必行，但那些別無選擇下的行動還是有可能導致道德風險加劇（這也是所有黨派政治人物都念茲在茲的問題）。此外，就算聯準會這些行動導致央行的自主權議題被泛政治化，它的決策所造成的真正代價也可能要很多年以後才會顯現。

避險基金橡樹資本管理公司（Oaktree Capital Management）的聯合創辦人之一霍華・馬克斯（Howard Marks）寫道：「我要引用一句出處眾說紛紜的古諺，大意是說，『沒有破產的資本主義，就像沒有地獄的天主教。』我對此心有戚戚焉。」[12] 橡樹資本公司就是在聯準會展開市場干預之前，向嘉年華公司開出天價拯救方案的神祕「財團」成員之一。馬克斯的市場沉思錄向來在華爾街廣泛流傳，他用粗體字來強調下面兩行文字：「**唯有市場參與者對虧損懷抱著合理程度的恐懼，市場才能維持最高的運作效率。不管是聯準會還是政府，都不該出手根除那樣的恐懼**。」

避險基金公司艾略特管理公司（Elliott Management）的經營者保羅・辛格（Paul Singer）則警告，聯準會的行動埋下了日後更大危機的種子。「悲哀的是，基於人性，當民眾（包括所謂的有識之士）從事愚蠢與莽撞行為且沒有因此遭受懲罰，他們不太可能認為自己只是因為僥倖才得以逍遙法外，因此，他們會再接再厲繼續幹蠢事，繼續相信各種壓根兒不可信的事，同時繼續假設他們對『老掉牙的』限制感到擔憂是完全錯誤的。」[13]

不是只有自由市場的自由主義者討厭（曾接受基督教會養成教育的）鮑爾那句**護民眾周全**的真言。聯準會發布聲明後那勢如破竹的行動速度，乃至華爾街的市場反彈速度，激怒了曾擔任企業律師的現任參議院高階助理丹尼斯・凱勒赫（Dennis Kelleher），他是「更美好市場」（Better Markets）倡議團體的負責人，該團體平日積極遊說緊縮金融監理。凱勒赫說：「說穿了，不但沒有任何金融圈人士虧錢，每個人都還賺到了更多作夢都想不到的錢。」「聯準會能做的，絕對不只是為每一個人廣開消防栓，好讓大家都能雨露均霑。姑且不論鮑爾所謂『我們不能大筆一揮，武斷地決定誰成為贏家，誰成為輸家』是否出自肺腑，這都是一段荒謬言談。而我想用以下這句話來回敬他那幾句話：『所以，你就乾脆一股腦兒讓所有人都成為贏家嗎？』」[14]

鮑爾事後為決定購買垃圾債券ＥＴＦ一事辯護，不過，他的說法有點含糊其辭：「我們只是想找出一個精確的方法介入並支持那個市場，因為那是一個巨大的市場，而且牽涉到非常多人的就業機會……當時我們究竟該做些什麼？是放任那些市場凋零、坐視那些就業機會全部流失嗎？事實上，我發自內心不喜歡跟那個市場的某些人為伍，這是我的肺腑之言。」

「事後回顧，如果你問我，這麼做值得嗎？我的答案是『我不知道』。我不得不說，如果那是外界對我們的政策（購買高收益債ＥＴＦ）的重大控訴，那麼，我倒認為我們做得挺好。就算那是我們犯下的最大錯誤——假定你堅稱它是一個錯誤——我也只能吞下這個指責。畢竟當時的情況太過緊急，根本沒有時間進行高度精細的判斷。」

做結論時，鮑爾再度含糊其辭：「你問我後不後悔？我並不後悔——不真的後悔。」15

第十四章

歡迎來到山姆大叔俱樂部

在二〇二〇年三月那些個恐慌的日子裡，鮑爾用敦克爾克大撤退的比喻——**事不宜遲，上船出航！**——來勉勵同仁明快策劃各項對策並採取行動。一九四〇年春末時節，軍隊撤退到英格蘭的行動完成後，盟軍戰勝的跡象還不明顯。畢竟重大行動的後續影響，往往比行動本身複雜得多。

鮑爾和聯準會也是在創記錄的最短時間內，倉促拼湊了多項強而有力的危機因應對策；以中央銀行的標準來說，這次行動之明快，尤其罕見。三月底時，市場已開始恢復正常運作，道瓊指數也穩定回升。不過，等到民眾開始有機會喘息，他們也漸漸產生了新的疑問和更多反彈，所以，聯準會還有一大堆工作有待完成。

由於疫情的影響，聯準會不得不組成虛擬勞動力，也因如此，它只能仰賴輻軸式對談法（hub-and-spoke approach）來進行這些危機管理作業。傑伊・鮑爾坐鎮最高階的軸輻中心，接收眾人的回報，包括奎爾茲發送的銀行體系報告、布蘭納德與李諾特發送的放款計劃報告、威廉斯與羅根發送的市場運作問題報告，還有克拉里達和威廉斯的較長期貨幣政策議題報告。從三月底一直到七月的第一個星期，他們每天都在衝刺，迅速啟動並管理各項新穎的市場最後擔保計劃。

憤怒與變通方法

《CARES 法案》為這些新的放款計劃提供了大量的現金子彈，不過，這項法案也製造了一連串的新併發症。法律規定，聯準會的這些放款計劃只能對設在美國境內、或根據美國法律「創設或組織」且「有大量營運在美國進行，有過半數員工居住在美國」的企業提供信用。四月九日，梅努欽具體說明了《CARES 法案》將分別提撥多少資金來支應每一個放款操作計劃，在這之後，聯準會有兩個選擇：（一）嚴格遵守這些限制；（二）尋找有創意的變通方法，為更多企業提供協助。

某些國會議員希望對這些貸款的資金用途設限，以免企業利用這些資金來資遣勞動力，或用這些資金買回庫藏股、向股東發放大方的股利，以及為主要高階執行主管提供高額的薪酬配套方案等。聯準會也認同這些貸款理應用在維護就業機會的目標，不過，聯準會的律師和經濟學家大致上都擔心，一旦這些資金的用途被設限，可能會導致使用這些貸款的企業感到無比氣餒或遭到汙名化；這麼一來，聯準會就可能較難以藉由這些放款計劃，真正實現白芝浩所謂的「平息恐慌」目標。聯準會抗拒被國會牽著鼻子走，將心比心，它也拒絕在大流行病爆發的危急時刻，對企業的求生策略下過多無謂的指導棋。

很明顯，倘若業務劇烈、迅速且有可能長久下降，某些企業的確不再有能力留下所有員工。在當時的情況下，如果要企業在「徹底清算」或「藉由舉債與裁員來求生」之間做選擇，後者似乎不是最糟糕的選項。而從聯準會的視角來說，「唯有無限期留下不需要的員工的企業才能向聯準會貸款」的規定，也根本毫無道理可言。

於是，聯準會的律師找到幾個能擺脫國會加諸某些約束的方法。國會規定，若企業接受以財政部任何作戰基金擔保的「直接貸款」，就不能發放股利給股東。不過，獲得聯準會或財政部參與其「證券交易」的企業，則不受庫藏股買回和股利發放的限制，是以聯準會的律師推斷，公司債最後擔保計劃符合第二個定義；換句話說，這些限制將不適用於因聯準會的公司債操作而獲益的企業。

但這個理論基礎引爆了民粹主義者的不滿情緒。四月二十八日，《華盛頓郵報》一篇描述聯準會為購買新發行的公司債而擬定的計劃（當時這項計劃根本還沒承作任何實際上的貸款）的報導，以斗大的字體寫著：「美國計劃廣發五千億美元給大型企業。聯準會將不要求企業維持就業機會或限制高階執行主管薪資」等文字。幸好聯準會關於最後擔保計劃的那份聲明，最後發揮了非常好的成效，所以該計劃並沒有真正付諸實行。不過當時沒有人知道最後的發展會如此圓滿，所以，那篇報導也在社群媒體上引來成千上萬則回應。明尼蘇達州民主黨籍參議員伊爾汗．奧馬爾（Ilhan Omar）寫道：「這實在太亂來了。」[1]

事實證明，《CARES 法案》特別不受進步派民主黨人青睞，他們對參議院全體一致通過這項對策感到很不滿。一位重要的進步派評論家在推特上寫道：「幾乎完全不讓桑德斯或華倫為支持這項二十五年以來最糟糕的法案負責，這是美國左派分子衰敗的絕佳示例。」[2]《CARES法案》通過後，華倫要求梅努欽與鮑爾對這些計劃設限。她的要求遠遠超過國會的規定，包括規定企業必須維持疫情爆發前的九五％勞動力，提供十五美元的最低工資，並讓員工掌握一席董事會席次等等。

幾位民主黨顧問則敦促國會議員考慮實施工資補貼計劃，他們以英國為例——當時英國提議直接支付最高達八〇％薪資的錢給勞工，但每個月的限額為兩千五百英鎊（大約三千兩百美元）。加拿大則是為符合資格的企業提供員工在危機前七五％的工資，最高可達五萬八千七百加幣（大約四萬七千七百美元），作為現有失業保險計劃的補強措施。另一方面，北歐與環太平洋的富裕國家也在規劃類似的民間薪資國有化方案。

對照之下，美國採用的是由聯準會放款、薪資保障計劃補助金、提高失業津貼以及直接發放振興支票等組合而成的方案。實施組合方案的目的，在於期待企業能獲得足夠的援助來維持員工的就業機會，但美國實際上並沒有對「維持員工就業機會」的期望設下具體的規定。歐洲人採用的方法獲得少數民主黨和共和黨議員的支持，他們偏好「保全僱用關係」的概念。這麼做要花費比較多資金，但較可能讓缺乏堅實銀行往來關係的企業（若想取得薪資保障計劃的資金，經常需要擁有良好的銀行往來關係）勞工受惠。

這個想法在美國沒有成功的原因在於，其他民主黨人害怕那可能代表政府將免費贈送太多資金給企業，不過，也有可能是民主黨人擔心這個方案將吸走他們爭取延長失業津貼加碼期限所需的政治資本（失業津貼加碼計劃將在七月底到期）。最後，到二〇二一年三月，加拿大不含餐飲、旅宿和零售業的就業人口已超過了這場大流行病爆發前水準，而美國的就業人口則還是比疫情前的高峰少了五%。[3]不過，唯有時間才能告訴我們，哪個策略真正促進了更健全的結果。太快結束工資補貼有可能導致失業率上升，但繼續發放工資補貼且補貼期間過久，卻可能只是補貼到無法在後疫情經濟體系中生存的企業，或是不再需要相同勞工數的企業。

最糟糕的政策

白芝浩在《倫巴德街》一書中有關金融恐慌的格言，可歸結為一個最重要的建議，他寫道：「最糟糕的政策就是大量放款後，又無法說服大眾相信你將提供充足且有效率的放款。」四月初時，聯準會就面臨了類似的威脅：那個絆腳石有可能導致它先前大張旗鼓宣布的多項最終擔保計劃的潛在效力大幅減弱。

《CARES法案》協助的對象僅限於美國籍員工占其勞動力至少半數的企業，這項限定條件可能導致這個放款計劃尚未實施就已先跛腳。由於全球化與該法案的具體規定內容等緣故，許多往往被視為美國大製造商的企業，嚴格來說並不符合這項規定。諸如福特汽車、奇異公司（General Electric Company）、美國鋼鐵（United States Steel Corporation）、漢威（Honeywell）、美泰兒（Mattel）、嬌生（Johnson & Johnson）、聯合科技（United Technologies）、3M以及開拓重工（Caterpillar）等家喻戶曉的知名美國企業，可能根本就不符合這項法案的「美國雇用」門檻。反之亦然：由於企業實體組成結構的緣故，諸如豐田汽車和福斯汽車等外國公司的美國子公司，卻反而可能符合這項資格。

這個局面似乎不是國會有意造成的，但可能會導致聯準會難以貫徹三月二十三日那份聲明，無法有效促進民間市場的流動性。萬一投資人意識到《CARES法案》的詳細規定，代表著美國中央銀行的安全毯不允許領導班子兌現最初承諾採取的行動，後果要如何收拾？

事實證明，在擊退最初一波金融恐慌後那幾個星期裡，這個棘手的問題成了鮑爾、布蘭納德、李諾特、辛格與他們的華盛頓和紐約團隊以及貝萊德公司所面臨的最尖銳挑戰。某些投資圈的高階執行主管對聯準會可能無法購買任何債券一事感到坐立不安。在聯準會方面，內部律師或許能找到一些迴旋空間，問題是，梅努欽斷然堅持聯準會不得走捷徑。

辛格愈來愈擔心這個計劃有可能永遠窒礙難行，他心想：**我們推出這個計劃之後可能有得受了。我們將會鑄下大錯。未來說不定得面對處理不完的法律訴訟。**

不過，國會議員對財政部作戰基金所附加的限制，卻有一個隱藏的豁免條款：這些限制不適用於「由一項指數或一個分散投資的證券組合所構成的證券」。這個變通方法是讓聯準會得以購買指數股票型基金的必要條件。於是，辛格和李諾特利用這項豁免條款，討論出一個允許他們履行協議的折衷方案。如果聯準會進行逆向工程（reverse-engineered），用符合先前公布的那個公司債購買計劃的參數來打造自身的證券指數，會行得通嗎？他們可以從總規模高達九兆三千億美元的公司債市場中，仔細篩選哪些企業的債券符合這項放款計劃的條件：也就是在三月二十二日當天，被評為投資等級的非銀行業企業所發行、且期限不超過五年的公司債。

就這樣，辛格的團隊和貝萊德公司合作，設計出這項量身打造的「大盤指數」，它包含將近八百家企業，如蘋果、威訊（Verizon）、AT&T和豐田汽車等。他們可以根據各種衡量市場運作狀況的指標來增減公司債的購買量。如果這些衡量指標顯示情況持續改善，並回復到這場大流行病在三月分來襲以前的普遍水準，紐約聯邦準備銀行將會徹底暫停購買行動。然而，如果市場運作再度急轉直下，聯準會則可以再次啟動公司債購買計劃。

聯準會花了好幾個星期才完成這項工作，直到六月十五日才對外宣布這個市場指數解決方案。很多國會議員對於聯準會遲遲未能落實計劃一事愈來愈不滿，也有些人認為聯準會太過小題大作。參議員羅姆尼在幾天後的一場聽證會上質詢聯準會主席：**既然公司債發行金額都已創下歷史新高，聯準會究竟是基於什麼理由認為有必要購買任何債券？**

鮑爾回答：**聯準會有必要展現它有能力履行它的承諾**。他說：聯準會的本意並不是要「像在債券市場上奔跑的大象，無謂扼殺價格訊號之類的事物。」

鮑爾私底下告訴羅姆尼，中央銀行的信譽正岌岌可危。他在一通電話裡表示：「我們必須履行我們的諾言。」鮑爾認為這和聯準會所有作為的成敗有關：**如果你說你打算做某件事，就必須言而有信並堅持到底**。羅姆尼雖然沒有徹底被他說服，卻也沒有繼續針對這點過度緊迫盯人。

究竟是貸款還是補助金？

儘管過程跌跌撞撞，公司債市場的迅速復甦以及薪資保障計劃的快速啟動，讓無法受惠於薪資保障計劃或無法從該計劃取得足夠金援的企業，與可以十足從中受惠的企業之間的劇烈落差變得一覽無遺。於是，國會以主要商業區放款計劃的形式，把解決這個落差的責任推卸給聯準會。聯準會內部鮮少人研擬並主動爭取這類計劃，而且這個計劃漸漸變成聯準會官員有史以來最艱鉅的任務之一：如果不設放款上限，聯準會最後可能會變成冤大頭，持有愈來愈多違約不還款的貸款；但如果放款規模不足，聯準會卻可能再次被指控「獨厚華爾街，放任主要商業區自生自滅」。

主要商業區放款計劃要求銀行業者向「如果不是因為業務遭到病毒摧毀，否則就有合理機會償還貸款」的企業放款。而銀行業者在向這些企業放款後，就能將其中九五%的貸款賣給聯準會，只保留剩下的五%貸款（為了確保這項計劃不會變成問題債務的垃圾傾倒場）。銀行業者也因為負責管理整筆貸款的收款事宜，得以賺到一些手續費。

為了完成這項任務，聯準會的律師忙著釐清國會提出的哪些方案具體可行、哪些不可行，又有哪些只是純粹建議。律師團隊推斷，主要商業區放款計劃和公司債最後擔保計劃的差異在於，前者的規劃代表央行得出面購買銀行所代為承作的企業貸款，這將會構成聯準會的「直接貸款」行為，所以，聯準會將要求接受這項援助的企業不得將它們的現金分配給股東，而且要這些企業保證它們的高階執行主管薪酬不會超過《CARES 法案》中具體規定的特定上限。

不過，聯準會和財政部最後選擇忽略國會提出的多數原則性建議。這項計劃的目標並不是為了雇用固定數量的勞動力，而是要給予這些尚有存活能力的企業一條救生索，得到救生索的援助，這些企業才有能力在疫情消退且需求漸漸恢復後，雇用更多員工。聯準會官員認為，華納、華倫以及其他參議員要求施加的規定，將使這個原本已舉步維艱的計劃變得更寸步難行。

三月底開始，梅努欽和鮑爾固定會在每天下午進行一場電話會議。鮑爾經常請分別身在紐約的威廉斯以及在華盛頓的布蘭納德與李諾特一起加入這些電話會議，羅森格倫偶爾也會參加（他所屬的波士頓聯邦準備銀行將負責管理主要商業區貸款計劃），不過，梅努欽對於參與電話會議的人選有點挑剔，他不喜歡太多人。有時候，梅努欽和鮑爾會在電話會議剛開始時，以一種幽默的形式互相調侃，例如梅努欽偶爾會尊稱鮑爾為「主席先生」。

打從一開始，梅努欽對主要商業區放款計劃的想法就和聯準會有所不同，聯準會與財政部的同仁都感覺到，梅努欽對主要商業區放款計劃的態度比起對薪資保障計劃或購買公司債最後擔保計劃的態度冷漠得多。因此，儘管鮑爾、布蘭納德和其他理事之間對於聯準會是否應積極落實放款最後擔保計劃，或多或少有點意見不合，但聯準會官員之間的歧見終究還是比較小，最終也較容易達成協議。所以大體上來說，他們最終採用的條件幾乎總是比梅努欽所認可的更為寬鬆。

梅努欽很喜歡引用漢克．鮑爾森和蓋特納等前財政部長的例子來為他的態度開脫。他總說，那幾位前財政部長雖實施了不良資產救助計劃，最後並沒有虧錢；事實上，在二〇〇八－二〇〇九年危機時期推動的那個放款計劃，最後還獲得了令人刮目相看的利潤。所以，身為現任財政部長，梅努欽明確表示，他希望有朝一日也能跟鮑爾森和蓋特納一樣，自豪且大聲地告訴民眾，他已達成了盡職為納稅人把關的任務。在四月二十九日的視訊簡報會中，梅努欽告訴記者：「如果國會想要我虧掉所有的錢，他們一開始就該把那筆錢設計為補貼款或補助金。（注：而非貸款）」[4]長期下來，聯準會理事覺得梅努欽看起來像個積極爭取最佳可能條件、並設法避免發生任何虧損的投資人（而非意圖解決危機的官員），也因如此，布蘭納德總覺得他要求的專案條件與條款太過小氣。

聯準會和許多經濟學家認為，用這個方式來規劃這個計劃的框架是錯的。畢竟二〇二〇年的衝擊不是一場銀行業危機，當局根本不需要推動這麼多金融機構的資本重組。這其實是一場波及整個經濟體系的危機。

另一方面，各地聯邦準備銀行管轄區域內的企業也不斷對聯邦準備銀行的總裁提出他們個人對主要商業區放款計劃的看法：**這幫不了我們。眼下我們的業務都已經停擺了，怎麼可能還會需要更多債務？**

人脈廣闊的共和黨籍經濟學家哈伯德向官員們表示，他擔心這個計劃過於保守。這個計劃的最低初期貸款金額是一百萬美元，這筆錢對較小型的企業來說實在太多了。哈伯德憂心，這個貸款下限規定會導致未能受到《CARES法案》充分照顧的企業徹底暴露在風險之中。哈伯德表示：「如果聯準會沒有虧錢，就代表聯準會並沒有把錢借給真正需要這些資金的貸款人。」[5]

新資金測試

這個計劃的設計本就隱含一股內在的緊張關係：如果銀行是因為認定借款人很安全而決定

放款給對方，那它們自然認定那筆貸款的品質沒有問題，當然也會因此期待回收全部的放款金額，不會想把其中九五％的放款賣給聯準會。反之，如果銀行在放款的當下就已認定它們承作的是一筆高風險貸款，那麼，它們可能連五％的放款都不想承作，既然如此，怎麼還會有剩餘的貸款可賣給監理機關？

根據一位聯準會官員的說法，政策制定者打從一開始就心知肚明，處於「能取得貸款但不需要貸款」和「需要貸款但無法取得貸款」的交集位置的人可能會出狀況。「別人會說：『你們這些人是怎麼回事？你們是傻了嗎？』但其實我們沒那麼傻。我們當然知道在那個交集裡的人會出狀況，但除非財政部願意特別為那些借款人放寬信用條件，讓他們得以符合申請貸款的資格，否則我們找不到絕妙的點子來處理這個問題。」

雖然聯準會無法公然對豁免債務，但聯準會的某些官員認為，他們理應設計一些能為借款人提供更多補貼的條款，盡可能為借款人提供協助，包括允許銀行經由再融資程序，將現有的債務轉為較低利率且較長期限的貸款。以公司債最後擔保的個案來說，梅努欽已正式簽准了企業利用新債務來展延現有債務的規定，但他卻拒絕核准主要商業區放款計劃的債務展延條款。

羅森格倫表示：「如果能以非常低的利率為資產負債表的負債端進行再融資，絕對會非常有幫助。」他認為財政部有誤判形勢之嫌，因為它設定的條件不夠慷慨。「美國最大型的企業得以為資產負債表上的負債端進行再融資，小型企業甚至能以補助金的形式得到這項援助，但中型企業卻什麼都得不到，這是什麼神邏輯？小型企業和大型企業獲得了救助，中型企業得到的待遇卻完全不成正比，更何況，這些中型企業實際上雇用了非常多的民眾。」[6]

一位銀行業人士警告梅努欽的顧問亞當・萊瑞克（Adam Lerrick），他說，若允許銀行和借款人利用這個計劃來展延借款人的現有債務，最終可能會帶來危害。「如果你決定那麼做，我們銀行業者的放款組合裡每一筆石油與天然氣、旅館和餐飲業貸款，明天馬上會全部被收歸到你們名下（注：財政部變成債權人）。郵輪公司更不用說，它們的貸款馬上就能成為你們的。」

於是，財政部想出了所謂「新資金」測試。這項計劃的目標並不是要把銀行業現有的貸款轉移給波士頓聯邦準備銀行，而是要確保借款人能收到新資金（淨額），以便順利度過這場大流行病。銀行業人士原本主張，聯準會和財政部可以協助提供過渡方案，把即將在九個月內到期的貸款轉為較多年期的貸款。不過，財政部還是不為所動。

萊瑞克告訴那位銀行業人士：「如果你們有一筆將在九個月內到期的貸款，你們就應該基於讓借款人順利度過這場大流行病的目的，設法重新調整那筆貸款的條件，這本來就是你們分內的事。我們沒有職責補貼你們因這項貸款而虧損的任何一毛錢。」

總之，梅努欽動用他的職權，阻止主要商業區放款計劃讓企業展延現有的債務。根據羅森格倫的說法，他「非常擔心我們不想進行銀行業的『後門紓困』（backdoor bailout），也擔心我們不想因這個計劃而承擔鉅額虧損。」

為了替自己的選擇辯護，梅努欽經常提醒同事：將來必須面對國會質疑的人是他，不是別人——總有一天，國會的各個委員會一定會針對銀行體系紓困行動或政府虧掉大量納稅人資金等問題，要求他到國會說明。

對照之下，鮑爾的態度完全相反。他總是明確告訴幕僚，他不希望他們擔心任何與政治砲火有關的事。一位資深幕僚表示：「他的態度是：『不管我們做什麼決定，我都會扛下所有責任。你們儘管勇往直前。我會負責擋子彈。』」鮑爾或許沒什麼耐性，為人也向來頗為苛求，但幕僚都說，他們很少看到他脾氣失控。

有時候，鮑爾會在每天下午五點和梅努欽的電話會議結束後，接著找幾位聯準會幕僚開會，鼓舞同仁的士氣。即使梅努欽不贊成聯準會提出的計劃案，或是命令聯準會進行更鉅細靡遺的分析，鮑爾還是會對幕僚說：「我認為我聽到了一些好消息。」如果梅努欽最後還是拒絕改變他個人的想法或計劃，鮑爾也只會淡然承認這個事實，以不帶任何情緒的態度說：「好吧，財政部長正和我們背道而馳。」

瑣事部長

這個問題的局部癥結在於，國會並未清楚說明它希望即將向梅努欽提撥的四千五百四十億美元（打算用在各項放款計劃）資金要怎麼使用。國會議員是期望財政部保守行事、並從中獲取一點利潤嗎？還是說他們能坦然接受財政部承作高風險貸款，就算這些貸款最終導致納稅人發生虧損也無妨？國會從未明確表達他們對這些問題的立場。一位學術界人士事後將這個最後結果描述為一種妥協，他說，那簡直「就像試圖透過一根雞尾酒吸管來進行口對口人工呼吸。」[7]

在梅努欽眼中，主要商業區放款計劃似乎有點多餘，根本就像為了解決幾乎即刻就會消失的問題而設計。三月中時，隨著企業爭先恐後動用先前已存在的信用額度，一般人原本擔心銀行體系可能沒有能力迅速提供新的信用。不過，薪資保障計劃與公司債最後擔保聲明的接連提出，解決了那個問題。

聯準會和財政部之間的這些歧見令人頗感意外（只不過一般大眾多半對此並不知情），畢竟一年前，川普總統還在不斷糾纏鮑爾，要求他實施通常只有在經濟成長疲弱或衰退時才會採用的那類政策，但如今，川普政府的立場卻一百八十度大轉彎，要求實施**較少**的振興措施。由於這項計劃在最初設計的階段就遭遇到上述種種阻礙，它的啟動進度當然也被迫延宕，這讓許多國會議員頭痛不已。

梅努欽太執著且沉迷鑽研最複雜的放款細節，搞得某些聯準會與財政部幕僚為他取了個綽號：「瑣事部長」。梅努欽事必躬親，也不願意授權；許多白宮幕僚常在向梅努欽的副部長發送訊息或信件後，接到梅努欽部長本人的來電──他跳過副手，直接打電話來表明他個人的意見──這些行為經常把幕僚搞得一頭霧水。聯準會的官員推斷，他們之所以能較常說動梅努欽，原因只在於聯準會有高達幾十名的分析師團隊，整個團隊的工作量當然比他一個人的工作量來得大，因此，聯準會團隊的研究成果也較容易讓他信服。一位聯準會官員表示：「這傢伙真的很精明，非常勤奮，腦筋動得非常快。」「但他畢竟只有一個人。」

聯準會為四月九日的聲明製作了一套原始投資條件書，但接著還是繼續在幕後拚命設法，試圖說服梅努欽擴大這個計劃的涵蓋範圍。李諾特事後提到，他在擬定這六千億放款計劃的結構時，深入研究了商業銀行業者完成各種業務協議的流程，他說：「這和我念研究所時想的完全不同。我萬萬沒想到自己會有做這件事的一天。」「我們沒有一個人想過會有**經營**銀行的一天。」[8]

關閉牛奶街餐館

頑強不退的病毒代表著遭受疫情重創的產業將需要更多資金才得以繼續存活。馬克．艾普斯坦（Marc Epstein）在波士頓市中心經營牛奶街餐館（Milk Street），三月時，這場大流行病導致鄰近大樓的員工分散到不同地點辦公，艾普斯坦只好關閉餐館。他的事業（一九八一年開幕）主要仰賴企業的餐飲供應服務來維繫，所以，除非民眾不再害怕搭機、集體集會與聚餐，否則面對面交流的情境或特殊活動將不會發生。

艾普斯坦強迫七十二名員工裡的多數人休假。六個星期後，二〇二〇年秋天，他決定恢復營業，並為了符合薪資保障計劃貸款（共六十九萬四千元，多數用來發放薪資，以便得到債務豁免）的規定而召回幾位員工。但隨著資金慢慢用盡，他又在十月二十五日再度關閉牛奶街餐館。

繼續營業將不敷成本，因為當時每天的銷售額僅剩疫情爆發前的二％至三％。艾普斯坦和女婿米契爾．巴拉茲（Mitchell Baratz，也是餐廳的執行長）決定等到附近的辦公員工都回來上班後，再恢復餐館的營業——不管那會是何時。而要讓附近的員工恢復辦公，當然幾乎肯定需要疫苗。巴拉茲說：「很顯然，如果繼續營運，我們一定很快就會玩完，暫時蟄伏則還有些微的生機。」二〇二〇年十月，他們提出一百五十萬美元主要商業區貸款的申請，並獲得核貸，兩人計劃把這些資金用來應付恢復營業所需的部分成本。

雙輸

四月時，石油與天然氣產業卯足全力敦促白宮實施新的聯邦救助計劃。國會當然絕不可能核准只專門救助能源部門的措施，不過，產油州的共和黨籍參議員對梅努欽施壓，希望他無論如何都得提供一條救生索。為了因應這股壓力，財政部詢問聯準會能否為能源業量身打造一個「能源業急難流動性機制」。聯準會表示**門都沒有**，一口回絕了這個想法。李諾特只用一張紙來分析這個提案並提出建議，他指出，聯準會不可能救助個別的產業。他的結論是：「這是個糟糕的主意。」

隨後，當主要商業區放款計劃的條款在四月三十日放寬，產油州的共和黨籍參議員與能源部長丹．布魯耶特（Dan Brouillette）馬上對外聲稱，這些都是在石油與天然氣產業的要求之下才做的調整——沒人知道那些調整是表面上的迎合，還是因為他們真的成功說服了梅努欽擴大這項計劃。就聯準會而言，官員們從未基於任何個別產業的利益而討論是否要調整這項計劃，而且對多數能源公司來說，「貸款」依舊是個沒有吸引力的選項，它們的債務早就已經太多了，根本不符合申貸的資格。儘管如此，鑽油公司對梅努欽的公開施壓，外加川普、布魯耶特與共和黨籍國會議員將這些調整誇大為某種救生索的聲明，讓「聯準會本身有意參與能源部門祕密紓困案」的傳說變

2020 年 4 月 30 日（星期四）

全美病例數	全美死亡數	道瓊工業指數	VIX 恐慌指數
1,073,244	59,646	24,345（↘ 288）	34.15（↗ 2.92）

得甚囂塵上。

這場大混戰讓聯準會淪落到雙輸的窘境，不僅這個計劃的條件**依舊**比它所偏好的更緊絀，它意圖改變財政部向來較保守立場的所作所為，此時反而被環保團體用來作為公開宣傳活動的武器——環保團體希望聯準會利用它的監理力量來解決氣候變遷的問題。

誠如「石油與天然氣紓困案」所引發的喧囂所示，聯準會很快就承受了來自各方的政治壓力。六月中，國會議員要求（這是合理的要求）了解為何這個計劃拖了那麼久卻尚未就緒。鮑爾則每天忙著應對一大堆立法人員的求助信。其中，堪薩斯州共和黨參議員們要求擬訂一個專為援助電影院的放款計劃，民主黨國會議員則要求提撥五十億美元來援助陷入困境的載客巴士產業。

V型復甦、U型復甦，還是K型復甦？

通常來說，一旦經濟體系出現某種失衡，經濟才會陷入衰退。當通貨膨脹上升到過高的水準，聯準會就必須把利率提高到足以將經濟體系推入衰退深淵的水準（或是戳破資產與債務泡沫），唯有如此，企業與消費者才會縮減支出（注：從而使通膨降溫）。不過，這一次的經濟衰退和往常的衰退完全不同。在預測經濟的可能發展時，經濟預測人員不再研究火車裝載量和貨物運輸量，而是必須針對感染率與病毒傳播能力等變因來進行造模。四月底時，大眾對於居家令等規定愈發焦躁不安，只不過，許多消費者還是基於自我預防的想法，遠離公開場合。

民間部門的經濟學家不斷辯論美國將面臨怎樣的經濟下降軌道。庫德洛認為，美國經濟可能會出現V型復甦。但除非美國更善加控制病毒的發展，否則經濟不可能出現這種急遽下降又快速急遽反彈的局面。相形之下，U型復甦代表經濟情勢將處於谷底更長一段時間，拖延更久以後才開始復甦。最糟糕的情境是L型發展，那代表美國的經濟福祉將出現類似大蕭條那樣的永久性下滑狀態。

五月八日星期五當天，勞工部的報告指出，四月分共有兩千零五十萬名勞工失去工作——這是個令人難以置信的數字，代表整整十年的就業增長在一個月內全數遭到抹除。

二月的失業率才僅僅三·五%，四月便一口氣竄升到一四·七%。其實，當時還有很多被強迫休假的勞工誤把自己歸類為受雇勞工，如果把這些被強迫休假的勞工計入，失業率理應接近二〇%。聯準會在四月進行的一份特殊調查，凸顯出這次經濟景氣下滑對最貧窮的人造成了多大的傷害：到三月分為止，二月分家庭年所得低於四萬美元的人當中，每五位就有兩位失業。[9]

那年春天，各方漸漸察覺到，經濟復甦的軌道可能最接近字母K的形狀。經濟體系的一隻腳——由可居家上班的服務業白領勞工以及不需要頻繁與人接觸的科技業等部門的勞工組成——可能只會溫和地走下坡，並在事後將出現飛快的復甦，甚至有人認為，這隻腳能完全不會走下坡。K的另一隻腳則將繼續呈現所得或支出急遽降低的駭人狀況——包括餐廳、旅館、娛樂，以及其他所有和「人與人接觸」有關的部門——當然，受雇於這些產業部門的數百萬甚至數千萬名民眾，也將因此承受同樣嚴峻的後果。食物銀行外蜿蜒數英里長的排隊汽車顯示，數百萬甚至數千萬美國人因這場大流行病危機而失去工作，或是無錢可使。

儘管如此，還是有一些跡象顯示，未來並非了無希望。新冠病毒病例的七天平均新感染人數在四月十日達到最高峰，接著便開始呈現持平狀態。幾天後，高盛公司的哈齊烏斯寫了一篇名為「有關重新啟動的幾點想法」的分析。哈齊烏斯提到，儘管就業報告中的總失業人數可能創下歷史新高，「卻還是有一線希望，流失的就業機會多數屬於暫時資遣的形式。」符合申請傳統失業救濟金資格、且真正能夠去請領救濟金的多數勞工，都領到比已折損工資更高的救濟金。儘管經濟學家通常會擔心，如此慷慨的所得替代率可能會導致勞工不願意積極謀職，但如果民眾是因為官方命令才不得已留在家中，那就另當別論了；若是如此，「謀職意願」就比較不是個問題。哈齊烏斯表示：「這個方法既非常簡單、又能取得大量資金，且能幫助到最需要的人。所以，這個方法真的極其成功。」「每個星期額外六百美元的失業救濟金，確實產生了很大的作用力，而且我們為此而付出的代價並不是太高。」

積極的救助措施也使原本可能發生的貸款損失延緩發生，為銀行體系提供了另一個額外的緩衝。到了五月中旬，將近四百二十萬名屋主（也就是十二分之一以上的合格貸款人）得以延遲償還不動產抵押房貸的款項。庫德洛在國家經濟委員會的副手歐爾曼姆表示：「債務違約率遠比我們預期的還要低。」「我們為失業民眾提供的補助金以及紓困退稅款，讓美國民眾在登記失業的情況下，還有能力繼續償還他們的金融債務。那進而代表原本體質良健的銀行體系得以保持健康。我們沒有發生十年前那種接二連三大量債務違約的問題。」[10]

聯準會的應對措施有效發揮了關鍵的作用力，這是促使市場恢復元氣的重要因素之一。哈齊烏斯表示：「它在真正攸關重大的時刻，以非凡的氣勢展現出對抗經濟蕭條動態的力量與意願。」「儘管政治上存在極大的分歧，但整個系統還是團結一致，這讓我非常、非常感動。今年是川普擔任總統的總統選舉年，我原本沒料到這種情況會發生。」[11]

到了五月底，儘管官方公布的數據還是糟糕到令人揪心，但鮑爾卻開始允許自己對經濟體系抱持較樂觀的看法，原因之一是，他在五月二十七日讀到了自由派經濟學家保羅·克魯曼（Paul Krugman）的一篇訪問報導內容，克魯曼說，新冠病毒疫情所引發的衰退，看起來和一九八〇年代初期那種嚴重但短暫的衰退較為相似，和二〇〇八年危機較為不同。「此時此刻，我不認為連續多年的經濟蕭條會發生。預期這次經濟衰退將和那次衰退一樣糟的人，似乎還活在過去，他們誤解了當前這場衰退的本質，也錯估了未來的可能發展。」[12]

當然，關鍵疑問在於：**已流失的就業機會當中，有多少將會永久流失？**一份廣泛流傳的研究報告估計，從二月以來流失的兩千兩百五十萬個就業機會中，有四二%將永久流失，代表有九百萬至一千萬位民眾將在經濟重新啟動後繼續失業。如果這項評估大致正確，這次流失的就業機會將與二〇〇七至〇九年經濟衰退期間流失的就業機會相去不遠——在那之後，美國經濟體系花了五年才終於恢復那幾年流失的就業機會。

鮑爾開始煩惱，一旦財政救生索在那年夏天消耗殆盡，情況有可能不容樂觀；他在公開場合也毫不掩飾這個憂慮。六月十日，鮑爾在一場虛擬新聞記者會中表示：「我們以相當不錯的表現順利度過了最開始的這幾個月——事實上，我們的表現不只是相當不錯，而是非常棒。」

「但問題是，到時候無法迅速回到工作崗位的那群人，又該怎麼辦？」

第十五章

政策微調

一份據說是弗拉基米爾・列寧（Vladimir Lenin）發表的聲明，貼切地描述了美國二〇二〇年夏天發生的事態：**有時幾十年都風平浪靜，有時幾個星期就一口氣發生了幾十年會發生的事**。夏季漸漸進入尾聲，華盛頓各方人馬之間的嫌隙變得愈來愈深，整個國家也終於分崩離析。

隨著新冠肺炎危機所引發的最緊急財務問題漸漸淡化，白宮方面開始表現出這場公衛緊急事件即將解決的模樣。過去一段時間大致上將全國性應對措施的管理責任推卸給各州州長的川普，如今則擺出一副總司令的姿態，開始催促美國重啟商業活動。

從四月三日開始，CDC就建議，在不封城的狀態下，戴口罩能減緩病毒的擴散速度，儘管這已是最簡單的干預措施，川普總統卻不屑戴口罩。另一方面，梅努欽則是率先公開呼籲大夥兒必須在擁擠的白宮戰情室（Situation Room）會議上，遵循衛生預防措施。他說：「各位，我們該開始根據**我們自己擬定**的指導原則來過日子了嗎？」他還說，如果大家不保持社交距離，就必須乖乖戴上口罩。

到了七月，庫德洛在橢圓辦公室後方一間用餐室舉辦的會議中試圖說服川普，他個人抵制口罩的文化戰不僅在醫學上有害，也會帶來政治上的傷害。

庫德洛說：「這個議題變得過度泛政治化，不該任由情況這樣發展。」「就算我不是政治天才，也知道不戴口罩對你的競選沒有幫助。」川普沒有答話，只是狠狠地瞪著他。

不過，談到是否有必要推出第四套政府支出方案時，這三個人的立場終於變得比較一致。庫德洛堅稱，經濟體系將迅速從這場大流行病中復原，這個觀點和川普堅稱生活將迅速恢復常態的說法相當一致。庫德洛則在五月十五日向《福克斯新聞網》表示：「我們不會用花錢的方式來擺脫這個問題。」[1]

然而，對數百萬甚至數千萬名美國人來說，即使金融市場繼續上漲，疫情卻猶如歹戲拖棚，看不到完結的那一天。二〇一九年時，黑人的失業率已降至一九七二年開始統計這項數據以來的新低，不過，非裔美國人的經濟狀況相對來說還是比白人脆弱許多。非裔美國人的失業率大約是白人的兩倍，他們的自有住宅率也比白人低；此外，非裔美國人的就業保障也比白人差。因此，在新冠肺炎蔓延期間，失業的黑人和拉丁裔人口相對比白人勞工多。基於種種理由，這類民眾也比白人更容易因感疫而亡。總之，新冠肺炎對較低所得的美國人和少數民族造成的衝擊，遠比對整體人口所造成的衝擊更加嚴重。這個現象是幾個問題造成的：低所得及少數民族族群在美國醫療保健系統中的地位，與白人之間的差異極為懸殊；在這些族群當中，家戶人口眾多的家庭數不成比例地偏高；以及這些族群裡從事第一線職業的人口占比過高。

勞工解決方案國家基金（National Fund for Workforce Solutions）執行長亞曼達・凱吉（Amanda Cage）在五月二十一日的一場網路研討會（鮑爾、克拉里達和布蘭納德等人也參與其中）上表示：

「我不斷聽到**大蕭條以來首見**、一**九三〇年代以來首見**之類的相同說法。」「不過，從芝加哥南區恩格爾伍德（Englewood）的現況來看，我們親眼見識到當代二〇%的失業率是什麼模樣。」

循著這個脈絡，第三場危機就這麼爆發了：有人拍到一名明尼亞波利斯的白人警官用膝蓋壓著一名黑人（他名叫喬治・佛洛伊德〔George Floyd〕）的脖子，當時佛洛伊德不斷求饒，但最後還是在那名警官的壓制下喪命。這段影片一曝光，一場大型社會抗爭隨即爆發。佛洛伊德是在五月二十五日過世的，陪審團卻到隔年才判定那是一宗謀殺案，這個判決在美國各地引爆抗爭，其中某些抗爭行動最後更轉趨暴力化。

••••••••••

二〇二〇年那令人創鉅痛深的社會撕裂，掩蓋了六月五日星期五發布的就業報告之亮點（那其實是一份令人驚喜的就業報告）：雇主端增加了兩百五十萬個就業機會，增長數字創了史上最佳記錄，而且和經濟學家預測的數字（流失八百萬個就業機會）大相徑庭。這份報告強烈顯示，經濟景氣最嚴重衰退的時刻可能已經遠去。然而，雖然官方的失業率從四月的一四・七%降至一三・三%，黑人失業率卻還是微幅上升，從一六・七%達到一六・八%；亞裔人士的失業率也從一四・五%上升到一五%。[2]這些失業數字還不包括很多實際上失業、卻被錯誤分類為就業人口的美國人，也不包含停止找工作並因此未被列計為失業者的美國人。

數據公布的那一刻，川普正好和彭斯、梅努欽與庫德洛齊聚橢圓辦公室，這些數據讓他欣喜若狂。企業雇用行為意外提早反轉，正是卯足全力競選連任的川普迫切需要的一劑強心針。

會議結束後，幾位顧問偕同川普一起在大太陽底下的玫瑰園裡，參加了將近一個小時的典禮。川普在典禮上針對美國當時面臨的無數危機發表演說，並莫名其妙地在演說過程中提及已故的喬治．佛洛伊德。

川普說：「希望喬治在天之靈正看著我們，並說：**我們的國家發生了一件偉大的事**。這對他來說是美好的一天。」「這對每一個人來說，都是美好的一天。就平等來說，這是非常、非常偉大的一天。」

回到理事會

四天後，六月九日，鮑爾坐在聯準會理事會會議室裡的大型會議桌盡頭，為為期兩天的聯邦公開市場操作委員會致開幕詞。這場會議完美體現了當時的局勢：一方面來說，聯準會正一步步恢復一年召開八次FOMC會議的正常節奏。這不是一場緊急會議，也不是午夜電子郵件，而是代表正常審議流程的回歸。但另一方面，鮑爾其實坐在一間空蕩蕩的會議室裡，凝視著一個超大型監視器，透過WebEx和其他委員共同參與這場會議。

鮑爾以一份罕見的聲明做為會議的開場致詞，他承認，發生在明尼亞波利斯的「悲劇事件」，「再次促使整個國家關注種族不公義的痛苦。聯邦準備理事會是為整個國家效勞……每個人都理應獲得充分參與我國社會與經濟體

2020年6月5日（星期五）			
全美病例數	全美死亡數	道瓊工業指數	VIX恐慌指數
1,895,109	105,128	27,111（↗ 829）	24.52（↘ 1.29）

系的機會……我們將藉此機會，重申我們對這些原則的堅定承諾，我們定當善盡我們的職責。」

事實上，多年來，聯準會一天比一天更重視種族落差的議題，也愈來愈加強和種族差異有關的估算。往昔，中央銀行長期無視不同膚色人種的經濟成果差異，只聚焦在整體總和數據。舉個例子來說，二〇一五年的聯準會政策會議文稿中，只提到「種族」兩次。

以前的聯準會總是以避重就輕的態度來應對不平等和種族議題，理由在於，以中央銀行的可用工具和它所受到的法規限制來說，它只能處理通貨膨脹與整體就業的議題。如果聯準會試圖鎖定並解決不同人種的所得分配或相對就業狀況等問題，最終可能會失敗，並導致通貨膨脹上升。儘管聯準會官員已經開始重新考量這類議題，他們終究還是以維持低通膨為重。不過，他們倒是接納了一個新觀點：多年來，由於通貨膨脹並未因愈來愈低的失業水準而上升，聯準會官員說不定能善加利用這個動態，積極解決這類與較小族群的經濟成果有關的問題，而無須付出通膨上升的代價。

這樣的轉變可能可以幫助鮑爾實現他心目中極度重要的經濟成果，因為這個轉變會讓聯準會較難以單純根據「較低失業率有可能衍生加速通膨上升的不良結果」的理由來提高利率。不過，這麼做也可能導致聯準會遭受兩個對立政黨民選領袖更為猛烈的批評——共和黨人擔心聯準會將它的任務目標泛政治化，而一旦聯準會斷定該升息時，民主黨人又會攻擊央行對種族議題麻木不仁。

全新的框架

六月開會時，經濟狀況看起來已經不會繼續惡化，鮑爾也開始將焦點轉向另一項令人憂心的事：中央銀行可能會再次面臨二〇〇七年至二〇〇九年經濟衰退期所發生的狀況——聯準會將利率固定在接近〇％水準、並購買大量政府公債的做法，遲早會彈盡援絕。到時候，如果經濟體系還需要任何真正具重大意義的振興方案，就只能仰賴國會提出，但國會可能會宣稱「我們不會再花更多錢了！」有鑑於此，鮑爾繼續堅定地懇求國會：**我們不可能獨力完成這件工作。我們需要你們的協助**。

到了二〇二〇年七月，利率仍被維持在接近〇％的水準，聯準會也持續不斷購入大量債券。若想繼續藉由貨幣端來取得重大的經濟振興效果，聯準會就必須更具體說明央行將繼續供應多久的活水。鮑爾的結論是，等到FOMC完成一年前展開的通膨目標制框架修訂作業，就應該廣泛宣揚這些具體細節，以便讓外界了解聯準會將在必要時繼續供應活水的立場。

鮑爾和克拉里達最初試圖降低外界對這些變革的期待，所以他們用「漸進性而非革命性」的字眼來形容這些變革。他們對過於僵化或機械化的策略戒慎恐懼，何況，各聯邦準備銀行的總裁也同樣不希望未來的FOMC成員因僵化的變革內容而被綁住手腳。

多年來，經濟專業人士對一個被視為過去十年各國央行的重大生存挑戰問題憂心忡忡，而鮑爾正是在這股憂慮的催促下，啟動這項框架檢討作業。長期以來，高通膨與高利率之間的關係非常密切，低通膨與低利率也息息相關。在正常時期，如果利率已經很低，一旦經濟即將陷入衰退，央行就沒有太多的空間可以為了挽救經濟而降息。利率長期處於〇%、卻無法促使經濟回春的狀況是有可能發生的，而在那種情況下，通貨膨脹有可能進一步降低，而這又會促使大眾產生低通膨的**預期心理**，到最後，大眾因這種預期心理而產生的行為，將進一步導致那股預期心理成為自我實現的預言。

往昔的日本與當今的歐元區，皆已先後落入那樣的圈套。而在這場大流行病來襲之前，也有一些令人憂心的跡象顯示，美國也有跟著掉入這個圈套的可能，像是：聯準會一直無法穩定達到二〇一二年所設定的二%通膨目標，局部原因便是利率已降至〇%，缺乏充足的利率子彈。鮑爾從幾位學術界知名人士（包括柏南克）所進行的研究獲得了一些靈感，並判定聯準會必須重新設計通貨膨脹目標制的研究方法，才能真正避免落入任何的貨幣黑洞。

鮑爾和克拉里達一直設法鞭策公開市場操作委員會做出聽起來微小、但實際上可能非常激進的改變。具體的做法是：如果通貨膨脹低於二%，聯準會將設法把通膨暫時推高至二%的目標以上，以便（一）說服大眾預期通貨膨脹將維持在平均二%的水準，並（二）據此設定物價與工資。

就這樣，鮑爾將聯準會推向一個所謂「彈性平均通膨目標制」(flexible average inflation targeting，簡稱ＦＡＩＴ）的新體制，這個新體制允許委員會在某些情境下，蓄意將通貨膨脹推高到二%以上，不再呆板地將二%視為永久不變的目標。

這個新體制將劇烈改變和利率設定有關的作業。中央銀行將一改聯準會自伏克爾年代便沿用至今的作業模式，不再為了阻止通貨膨脹上升而先發制人、提高利率，而是將等到通膨真的上升後，再提高利率。對聯準會本身而言，這些變化可能無關緊要；但如果國會基於某些理由而推出較大膽的救助計劃，並促使通貨膨脹開始加速上升，聯準會將改掉過去的慣例（即在預見通膨即將上升之際，就先發制人提高利率），並選擇先按兵不動，等待更久的時間過後，再採取行動。相關的例子包括二〇一七年，當時川普的減稅方案導致外界擔憂經濟將「過熱」，不過聯準會最初選擇按兵不動。

鮑爾還提議進行另一項重要的變革。過去，當失業率降到「自然失業率」以下時，聯準會就會提高利率，這麼做的理論基礎在於，提高利率的行動有可能阻止通膨上升。自鮑爾擔任主席以來，一直到新冠疫情來襲前的那兩年期間，失業率都低於聯準會幕僚所估計的自然失業率水準，有時甚至低非常多。不過，當時的通貨膨脹並沒有上升。因此，根據新的政策規劃，只要通貨膨脹高於二%的時間不是太久，聯準會就不會只是因為失業率很低，就貿然提高利率。

二〇一九年年底，聯準會的領導層就已開始傳閱他們修訂後的政策框架內部草稿，並在二〇二〇年一月和整個委員會分享這些文件。二〇二〇年二月，鮑爾自利雅德返國後，他們原本認為委員會應該能在四月分做出檢討結論，並對外公告這項變革。不料疫情爆發，逼得他們只好暫時擱置。但到了那年六月，他們又回過頭來思考要如何完成這項工作。

鮑爾夥同克拉里達和每一位聯邦準備銀行總裁商談，試圖促成全員一致投票同意這項新政策。在二〇二〇年七月底召開的政策會議上，他們原本認為可能會有三至四位聯邦準備銀行總裁不會支持這項新聲明，包括堪薩斯城的艾絲特．喬治（Esther George）、亞特蘭大的拉斐爾．波斯提克（Raphael Bostic）、達拉斯的卡普蘭，以及克里夫蘭的梅斯特。他們兩人並不排斥在未取得一致同意的情況下，繼續向前推進這項改革；不過，他們也知道，如果能取得每一個人的同意，必定能產生更強大的宣示效果。喬治在七月二十八日至二十九日的會議上，條列出她對這項新政策的一系列疑慮，但接著，她進一步提出幾個理由說明她雖感到憂慮、但還是會核准這項變革。其他人儘管有疑問，但最終也一致同意。於是，這項將「提高利率」與「失業率」脫鉤的政策變革，終於在會中被無異議表決通過。

八月二十七日當天，鮑爾在一場取代全球央行年會（往常這場年會都是在懷俄明州的傑克森霍爾舉行）虛擬研討會的主題演講中，正式揭露這項變革。鮑爾訴諸聯準會二〇一九年六月在芝加哥舉辦的「聯準會傾聽之旅」研討會，希望能獲得央行年會與會人士的支持——在那場「聯準會傾聽之旅」研討會中，專題小組成員討論到，隨著雇主開始競相爭取勞工加入，中低收入社區將獲得什麼利益。

鮑爾說：「他們談到吃緊的勞動市場對他們的社區而言意義有多重大，相信我們所有人永遠都不會忘記那一席話。我們理智上本來就已經知道這個議題的存在，但在『聯準會傾聽之旅』中反覆不斷聽到有人提到這個話題後，我們都有非常強烈的感想。

但這個新策略也引來了一些尚無解答的疑問。如果聯準會揚棄菲利浦曲線，那麼它要根據什麼東西來預測通貨膨脹？當時，儘管多數的聯準會官員

2020 年 8 月 27 日（星期四）

全美病例數	全美死亡數	道瓊工業指數	VIX 恐慌指數
5,819,843	172,857	28,492 （↗ 160）	24.47 （↗ 1.20）

和學術界的經濟學家都坦承，他們並不全然了解驅動預期心理的因素是什麼，不過，他們特別一致認同預期心理對通貨膨脹的作用力。

由於鮑爾非常用心與國會議員接觸，所以，國會山莊方面對此幾乎沒有任何抱怨。二〇一三年起就擔任華盛頓州代表的民主黨籍眾議員丹尼．赫克（Denny Heck），向來都會敦促每位聯準會主席多多注意聯準會雙重目標裡的就業面，他得知這個新策略後欣喜若狂。赫克表示：「這是四十年來意義最為深遠的經濟政策進展，其他政策進展都遠遠比不上。」

就這樣，聯準會以微妙的手法將焦點從「打擊通膨」轉為「促進就業」。對行事風格向來慎重且緩慢的中央銀行來說，這次的轉型堪稱與伏克爾在一九七九年十月對通膨宣戰的行動一樣激進，甚至一樣突然。

不過，也有些經濟學家對這些變革的實用性提出質疑。二〇一九年八月，也就是聯準會宣布這些政策變革的前一年，薩默斯就已警告，聯準會可能步入歐洲與日本那種力不從心的後塵。他寫道：「簡單來說，調整通貨膨脹目標、溝通策略或甚至資產負債表，都不足以應對主要經濟體目前所遭遇的挑戰。」[3]薩默斯主張，真正要做的是，中央銀行必須承認，它們為了鼓勵財政主管機關花更多錢來促進需求，已經用光所有子彈了（注：為了鼓勵財政部花錢振興經濟，聯準會將利率降至〇%，使政府的債務利息負擔減輕）。」

經常批判柏南克與葉倫的政策的前費城聯邦準備銀行總裁查爾斯．普洛瑟（Charles Plosser），則頭頭是道提出另一個不同的批評；他指出，此前十年的貨幣政策根本沒有能力將通膨推升到聯準會所設定的二%目標。他發了一封電子郵件給幾位前同事，當中寫道：「既然他們現在建議實現這個新目標，那他們要如何預知不斷微妙改變的預期心理以及通膨結果？」「為何一直以來他們那麼努力，到頭來卻都還是無法把通膨推升到二％？既然如此，他們又認為是什麼樣的變化才使他們現在終於得以成功超標到剛剛好的水準？」

鮑爾並未因為諸如此類的批評而有所卻步。宣布那個聲明兩個月後，鮑爾表示：「我一點也不在意別人說『這不足採信』之類的話。」「當我們將通膨推升到顯著高於二％，並維持一段較長的時間、不設法壓低它，這個策略自然就會成為一個可信的策略。屆時我們就可以說：**看吧！**在通貨膨脹連續十年低於二％後，那個策略是唯一能建立聯準會可信度的工具。」[4]

九月十五日與十六日，聯邦公開市場操作委員會再次集會，並提出了一個三步驟的測試作業來執行這個新框架：要將利率從〇％向上提升，通貨膨脹必須達到二％；官員們必須確信通貨膨脹將略高於二％一段時間才開始提高利率；必須有證據顯示勞動市場已達到「與最大就業狀態……一致的水準」才開始提高利率。換句話說，鮑爾將比前輩們更晚才收走雞尾酒缸。

這讓我們看起來很糟糕！

國會進入八月的暑期休會之前，針對下一輪的病毒救助方案一事，國會議員們還沒有達成什麼進展。到八月九日為止，美國的確診病例已達五百萬人，並有十六萬三千人死亡。每星期額外六百美元的失業救濟金在七月底到期後，川普提議以行政命令，每星期發放三百美元的短期追加救濟金，同時延長租賃驅逐保護令的期限。

就在這時，民主黨總統提名人喬・拜登（Joe Biden）和競選搭檔加州參議員賀錦麗（Kamala Harris）共同主持了第一場記者會，但在這場記者會前，拜登對他的經濟顧問人選守口如瓶，這似乎不太尋常。不過，答案最終還是揭曉了。在這場記者會上，兩位競選顧問傑瑞德・伯恩斯坦（Jared Bernstein）與海瑟・鮑希（Heather Boushey）連同葉倫與另外兩位外部經濟專家，陪同拜登與賀錦麗一起現身。令人矚目的是，在柯林頓時期擔任財政部長、並在歐巴馬時期擔任總統經濟顧問的薩默斯竟然缺席了。拜登很喜歡薩默斯，但薩默斯極度不受民主黨左派分子歡迎，所以，對拜登來說，薩默斯已成了一個政治包袱。

其實葉倫的觀點和薩默斯並沒有差太多，不過，在民主黨進步派與中間派分子的心目中，她的政治份量比薩默斯重得多。葉倫擔心國會有可能會重蹈十年前的覆轍，她說：「我國經濟體系的失業率依舊很高。」「一如當時，目前聯準會的利率近乎〇％，而且很明顯，聯準會正為了促使經濟運轉並回歸正常軌道而疲於奔命。所以，此刻並非改變寬鬆財政政策的好時機，因為那麼做會造成拖累經濟的惡果。」[5]

與此同時，儘管聯準會的放款最後擔保計劃已經為投資人提供了重要的安全保障，實際上被動用的額度卻非常少。在兩兆三千億美元的潛在放款額度當中，聯準會只用了其中的一百五十億美元來購買資產。那是一個非比尋常的統計數據，代表聯準會光是宣布將實施這些新計劃，就已有效安撫市場的憂慮，並激勵民間放款人迅速回頭。梅努欽和聯準會同意將這些放款最後擔保計劃的期限，從九月三十日至少延長到那一年的年底。主要商業區放款計劃終於在七月「開張」運作，但由於貸款流出的速度非常緩慢，所以兩黨國會議員不斷催促鮑爾和梅努欽放寬這項計劃的條件。另一方面，在七月一整個月，由於民間市場突然變得非常熱絡，所以根本沒有任何企業請求聯準會認購它們新發行的公司債。聯準會用來購買現有公司債的計劃，也只購入一百二十億的證券或指數股票型基金。

此時的事實證明，為市政債券市場提供最後擔保的計劃果然較具爭議。到聯準會購買第一筆貸款時（伊利諾州發行的工具，金額達十二億美元），多數州與地方政府借款人的貸款利率，早已降至遠比聯準會的懲罰利率還低的水準。聯準會剛禮聘不久的市政債券市場大師希特休，並沒有接到任何州或地方政府的高階財政官員、債券發行機構或預算單位主管來電抱怨和定價或條件有關的問題；不過，左派人士卻陸續抨擊聯準會設定的條件太過嚴苛，且定價過於昂貴，也批評它認可的發行機構太少（諷刺的是，其中一位批評者是麻州參議員華倫，她是在二〇一四年力促當年的聯準會主席葉倫必須確保那類緊急貸款必須收取懲罰性利率的小組成員之一，聯準會後來也依循那個小組的要求而修改規定）。

到八月時，國會議員向鮑爾表示聯準會對這些貸款的收費過高，因為此時市場上實際的成交利率已經降低。於是，聯準會理事會爭取梅努欽同意降低放款利率。還好此時的梅努欽不像更早之前的協商期間那麼執著於特定的細節，所以，雖然他有點躊躇，最後還是批准了聯準會的要求。

一個星期後，陷入財務困境的紐約大都會運輸署（Metropolitan Transportation Authority）以大約一．九％的利率（低於華爾街銀行業者的二．八％報價），出售了四億五千零七十萬美元的債券給聯準會，梅努欽得知後大發雷霆，這個異常的反應讓聯準會官員非常訝異。大都會運輸署向來精於利用它信用評等的一項怪異特性獲取利益，再加上聯準會不久前才降低放款計劃的利率，這個運輸系統因而得以連哄帶騙地向聯準會爭取到比向民間銀行業者貸款還要優惠的條件。

梅努欽在電話會議上告訴聯準會：「這太荒謬了！這讓我們看起來很糟糕！」他表達了擔心被騙的疑慮，並要求聯準會調整定價模型，以免相同的情況再次發生。他堅持：「我們必須矯正這個問題。」

由於大都會運輸署還有進一步向聯準會舉借數十億美元債務的量能，而且梅努欽擔心其他債券發行者也會有樣學樣。鮑爾對梅努欽的疑慮感同身受，但梅努欽的非難使得聯準會的幕僚感到非常沮喪。布蘭納德認為，這項計劃完全依照原本的目的來執行，而對大都會運輸署的放款符合這項目的：讓一個攸關重大、但遭受新冠病毒重創的公共運輸主管機關得以維持財政上的健全。所以，她並不認為聯準會或財政部因這件購債案而承擔了任何不適當的風險。

別讓新冠肺炎左右你的生活

新冠肺炎新病例的七日平均值在七月十九日創下新記錄之後，便緩緩降低，到了九月中旬，這個數字已降低了大約一半；但到那個月稍晚，美國的死亡人數超過二十萬人，病例也很快再度開始增加，形成第三波疫情，尤其是在最快且最徹底解封的那些州。到了十月底，確診人數已增加幾乎一倍，創下新高。

川普是眾多新確診的病例之一。他在十月二日星期五清晨一點鐘左右宣布，他的新冠肺炎檢驗結果呈現陽性；前幾天，在第一場總統競選辯論會上，他還對戴著一個大口罩的拜登冷嘲熱諷了一番。那個星期五，川普到華特里德國家軍事醫療中心（Walter Reed National Military Cente）住院，接受類固醇地塞松（dexamethasone）的治療，並進行一種抗體雞尾酒療法。三天後（十月五日）川普一出院，便立即在白宮錄製了一段剛愎自用且反事實（counterfactual）的訊息：「別讓新冠肺炎左右你的生活。」

即使這場大流行病依舊持續肆虐，但經濟卻復甦得比聯準會和很多專業預測家所預期更快。在四月至六月那一季，經濟景氣較前一季萎縮了九％，是自七十年前有記錄以來，最深的一次季度衰退。不過，到了七月至九月那一季，經濟又創下了七％的全新季成長記錄。勞動市場也漸漸復甦，到九月底為止，三至四月之間流失的兩千兩百萬個就業機會已恢復了一半左右。接著，就業好轉的速度減慢。失業率降到七．九％——不過，如果把停止找工作的人口計入，失業率理當介於九％至一〇％。

此時，兩黨成員繼續試探鮑爾對額外支出的看法。雖然鮑爾避免提及具體的數字，不過還是呼籲國會議員為失業的民眾、中小型企業以及各個城市與州做更多事。在八月、九月和十月間，他在公開場合的說法，聽起來簡直就像不斷跳針的唱片。鮑爾結束八月二十七日揭露通膨目標制政策調整的演說後，在問答時間裡提到：「除了直接受新冠疫情影響的領域，目前我國的經濟狀況還算健康。」「整個經濟體系當中，與民眾聚集、飲食、飛行或旅宿有關的部門，共有數百萬甚至上千萬人失業。鮑爾說：「我們必須和這些民眾站在一起。」

十月六日星期二當天，鮑爾對一群民間部門預測家發表線上演說，當時他的語氣聽起來更加絕望。他擔心感染病毒的病例數可能會因為美國民眾不太願意採取適當的照護措施而繼續增加，一旦病例數達到某種水準，將逼得當局實施新的活動限制，並引發更大的裁員潮，進而可能導致經濟復甦速度減緩，最後誘發「典型的衰退動態——弱上加弱」，並使長期存在於經濟體系的不平等情勢加劇。他再次以罕見的情緒化語言說：「那將是一場悲劇。」

鮑爾預測：「如果貨幣政策與財政政策能繼續協力為經濟體系提供支援，直到明顯脫離險境，經濟復甦的力道將會更強，且速度會更快。」

選舉的最後階段

梅努欽花了好幾個星期的時間，試圖以中間人的身分，安排共和黨人和裴洛西展開會談，不過，儘管他付出很多心力，共和黨人還是擔心他可能會被裴洛西「整碗捧去」。在這一輪談判中，梅努欽的搭檔是白宮幕僚長、共和黨眾議員馬克．米道斯（Mark Meadows），但米道斯向來以善於摧毀（而非促成）交易而聲名狼藉。參議院的共和黨人並不全都認為，再次推出另一個支出方案絕對能帶來利益，川普也還心猿意馬、遲遲無法決定他究竟想要什麼樣的方案。他在華特里德醫療中心住院時，曾發布了一則全大寫字的推

2020 年 10 月 6 日（星期二）			
全美病例數	全美死亡數	道瓊工業指數	VIX 恐慌指數
7,433,886	202,846	27,773 （↘ 376）	29.48 （↗ 1.52）

文，呼籲國會議員「合作完成這檔事」。

鮑爾的線上演說結束後幾個小時，麥康納告訴川普，就算裴洛西和梅努欽之間達成任何協議，也只會導致參議院裡的共和黨人進一步分裂，所以，他搧動總統宣布他將在大選之前關閉和支出協議有關的所有談判。

不過，川普似乎另作他想，甚至在那天傍晚有了第三種想法：他呼籲國會通過較小規模的救助法案，包括二度直接發放支票給美國民眾的方案。他還在推特上轉發了CNBC一則文章的標題：「聯準會主席鮑爾呼籲國會提供更多援助，並表示『此時流於過度援助』的風險很低。」而且，川普還附上他本人的評論：「所言不假。」

但美國選民還是在四個星期後的投票中，以創記錄的投票率否決了川普的連任。

第十六章

危機與轉機

川普連任失利，也丟了改造聯準會的機會。川普先前順利任命了三位最高法院法官，原本他也試圖在二〇一九年安插幾名效忠於他的人進聯準會理事會，但遭到參議院共和黨人的反對，逼得他欽點的人選赫爾曼．凱恩（Herman Cain）與史蒂芬．摩爾（Stephen Moore）知難而退。如今，他意圖敦促國會批准他的另一位效忠者茱蒂．謝爾頓（Judy Shelton）加入理事會，她是金本位的支持者；不過，包括葛林斯潘在內的幾位前聯準會官員聯手遊說參議院的共和黨人投下反對票，於是川普的最後一搏也失敗了。在鮑爾的保護下，他掌管的機構大致上未受總統的毀謗干擾（川普提名的另一個人——聖路易斯聯邦準備銀行的研究處處長克里斯多福．沃勒〔Christopher Waller〕的理事資格，則因黨團統一投票而獲得核准）。不過，在川普政府任內最後那幾個星期，還有好幾個不同的政治與經濟憂慮在等著鮑爾。

二〇二〇年九月至十月底間，美國的新冠肺炎病例增加一倍，達到每日八萬人之譜。到感恩節時，愈來愈多美國民眾似乎因假期的接近而棄守社交距離，病例數再次增加一倍以上，達到每天十八萬人。摩根大通的經濟學家估計，基於前述，愈來愈多美國人將為了躲避病毒的傷害而退出公共生活，因此，美國第一季的經濟將略微**萎縮**。那些經濟學家寫道：「這個冬天將會非常寒冷。」[1]

這一次，鮑爾必須解決和先前類似的問題——即國會因另一個救助法案而陷入僵局——才能順利度過經濟不確定性，但這一回，他少了前盟友的支持。

緊急放款計劃要何去何從？

那年稍早，梅努欽與鮑爾同心協力穩定了金融市場。但到了秋天，各方突然對緊急放款計劃的存廢爆發了一些小爭端，沖淡了當局成功穩住了金融市場的喜悅。參議員圖米不斷敦促梅努欽在那年年底結束所有緊急放款計劃。圖米向來不放心把這類權力交給聯準會，所以，他打從一開始就不打算讓這些計劃延續到十二月以後。

此外，還有一件事讓圖米相當憂心：一群眾議院的民主黨人正力促鮑爾把聯準會對各城市與州放款的利率降到接近〇%的水準，還要求把還款期限延長到至少五年。圖米事後說：「那正是我一直以來竭力阻止的狀況。」從那年夏天開始，圖米就不斷告訴同仁，共和黨「到目前為止的最優先考量」應該是要「徹底且明確終結這些機制，並抽走那些現金」。

民主黨議員最初將這些放款計劃詆毀為梅努欽精心策劃的「賄賂基金」，後來卻又把這一系列放款計劃視為提供更多經濟振興效果的管道，此時此刻，他們正盤算，一旦共和黨人控制的參議院刻意阻撓新上任的拜登政府，他們便可以利用這些放款計劃，繼續為經濟提供更多活水。畢竟未來兩年參議院控制權誰屬，尚在未定之天——取決於喬治亞州明年一月分舉行的兩次特別選舉的結果。

雖然聯準會幾乎沒有動用到放款最後擔保的額度，鮑爾還是認為，貿然在那年年底結束計劃，將流於魯莽；考量到那年冬天病毒大規模肆虐所造成的危害，這些計劃看起來就像是廉價的保單。鮑爾不斷告訴梅努欽和圖米，把這些計劃延長三個月，將是合情合理的預防措施。十一月十七日，鮑爾在一場網路研討會中說：「一旦時機成熟——我不認為那個時機已經來臨或即將來臨——我們就會收回這些工具。」

律師出身的鮑爾也仔細研究了《CARES法案》。即使梅努欽拒絕批准短期延長這些機制，財政部先前早已從四千五百四十億美元當中，轉出超過一千億美元給波士頓聯邦準備銀行與紐約聯邦準備銀行所管轄的幾個實體（這兩家聯邦準備銀行透過這些實體來管理各自的放款計劃）。所以，不管梅努欽最後做出什麼決定，橫豎那筆錢已歸聯準會管。何況如果未來的財政部長同意重啟這些放款計劃，聯準會更可以繼續利用這些擁有大量現金準備的機制來承作放款。不過，這當中有個潛在的問題：如果梅努欽不僅拒絕延長計劃的實施期間，還要求聯準會**返還**財政部最初投入的資金，鮑爾就無法巧妙地完成這件艱鉅任務，這些計劃也將永久終止。

十一月十九日星期四當天，梅努欽打電話給鮑爾，向他表明財政部長沒有任何法律職權可將這些放款最後擔保延長到十二月三十一日之後。那天下午，他還發表了一封公開信件，進一步要求鮑爾返還那大約一千億美元基金裡的多數金額。由於梅努欽一直拖延到選舉結果完全明朗後才做出最後決定——拜登到十一月七日才被公開宣布當選——所以，整個混亂局面讓聯準會的高階官員非常震驚，因為向來不介入黨派政治運動的財政部，竟然也加入攪和的行列，遑論目前危機尚未結束。

梅努欽此舉讓鮑爾的立場變得非常艱難。某些聯準會官員主張，聯準會和財政部之間的契約性協議裡，並沒有任何條文規定聯準會必須提早把資金返還給財政部。然而，鮑爾隨即判定，若在這個議題上選擇和梅努欽、圖米以及其他所有共和黨人作對，聯準會絕對討不到任何便宜。反之，鮑爾決定提前告知梅努欽他計劃回覆的簡短聲明內容，而梅努欽最初也沒有反對的跡象。聲明的內容是：「聯準會偏好各方在新冠疫情爆發後所建立的完整緊急機制，能繼續為依舊緊張且脆弱的我國經濟體系發揮重要的作用力，提供最後的擔保。」

聯準會和財政部鮮少在公開場合發生爭執；那樣的爭執當然對提振全球市場的信心有害無益。不過，鮑爾一點也不希望任何人將梅努欽的決策誤解為「聯準會認為經濟已經擺脫困境，或聯準會可能很快就會收回其他振興措施」的訊號。

儘管民主黨議員齊聲呼籲鮑爾嚴詞拒絕梅努欽的要求（即要求聯準會返還未動用的資金），鮑爾卻不假思索拒絕了。鮑爾在星期五發了一封信給梅努欽，同意如他所願；他完全不想在公開場合與梅努欽爭論。

2020 年 11 月 19 日（星期四）

全美病例數	全美死亡數	道瓊工業指數	VIX 恐慌指數
11,726,284	244,180	29,483 （↗ 45）	23.11 （↘ 0.73）

透過視訊會議決定的官位

儘管鮑爾在這個跛腳鴨政府的政治生態中遊刃有餘，即將上任的拜登總統還是必須決定，未來幾年聯準會與財政部之間要以什麼樣的模式合作。拜登選擇的財政部長人選，將是考驗他能否有效彌合民主黨內各個派系的初步挑戰。進步派人士要求拜登徹底和中間派民主黨人（包括魯賓、薩默斯以及蓋特納）的模式分道揚鑣。

不過，實用主義掛帥的拜登會接受諸如華倫那樣火爆的改革運動家嗎？畢竟她可能會把華爾街嚇壞，也有可能引發混亂的參議院批准大戰（注：美國總統提名的財政部長需經過參議院批准）。華倫向來毫不掩飾她希望被列為參酌人選的意願；不過由於拜登不可能選擇華倫，他的顧問遂退而求其次，問她願意支持誰。華倫毫不遲疑答道：**珍妮特．葉倫**。[2]

葉倫是個精明的選擇。她和拜登並不親近，拜登的經濟團隊也從未找過她一同商討政策。不過，拜登非常敬重葉倫過去的經驗。她的專業資歷無懈可擊，所以，她應該足以讓華爾街放下心中的大石，並獲得至少某些參議院共和黨人的支持。葉倫從不掩飾她的自由主義派觀點，不過，她在理智上向來維持求知慾旺盛與務實的態度，且一點也不流於意識型態。她在聯準會時，就一直敦促聯準會更重視將隨著更緊絀的勞動市場而來的社會福利，她是左派分子眼中的女中豪傑。

二〇一三年時，華倫與其他參議院民主黨人曾威脅杯葛歐巴馬對聯準會主席的提名，最後成功阻止他指派薩默斯來接任柏南克的職位。這項行動雖然導致歐巴馬違背了他先前對薩默斯的承諾，但也為葉倫鋪設了一條從副主席升任為聯準會有史以來首位女性主席的康莊大道。如今，換拜登有機會創造歷史：歷經七十五位男性的前任部長後，提名葉倫擔任史上首位女性財政部長。拜登的團隊在考慮政策行動計劃時，隨即清楚發現，若能由葉倫這麼莊重的人選來擔任這個職務，將對拜登政府非常有助益，更遑論她是在聲望如日中天之際離開聯準會的。葉倫於二〇一八年離開聯準會，在當年的惜別會上，鮑爾和其他人全都豎起領子，模仿葉倫的平日穿著來向她致敬（因為她經常穿顏色鮮豔的妮娜．麥倫摩爾〔Nina McLemore〕立領西裝外套）。

拜登勝選後，傑佛瑞．齊恩茲（Jeffrey Zients，拜登的總統政權移轉顧問之一，曾在歐巴馬連任後擔任國家經濟委員會的主席，並在當時結識葉倫）就先致電葉倫，探詢她是否有意願擔任財政部長。葉倫當場告訴齊恩茲，她並沒有意願求官——何況還有很多傑出的候選人可以考慮。不過，齊恩茲也看得出來，葉倫並沒有徹底回絕。所以，幾天過後他又打了電話，跟她說：「我們真的很希望妳能擔任這個職務。」最後，他終於說服葉倫同意將她納入提名審查流程。在國家處於特別嚴重困境的此刻，她似乎無法拒絕再次為國效命的機會。

十一月十九日星期日當天，拜登對記者表示自己已做出選擇，不過，他還是繼續吊他們的胃口：「我認為這位人選絕對能獲得全體民主黨人的認同，到時候你們就知道是誰了。」[3] 星期五下午，葉倫透過視訊和這位未來的總統會面並進行短暫交談，透過這次交流，拜登正式邀請葉倫擔任財政部長的職務，而她也欣然接受。

進一步的實質進展

事實證明，葉倫不僅被多數民主黨人與許多共和黨人接受，隨著兩黨共同支持的支出法案出現了大有可為的新進展，她被提名為財政部長一事，也讓投資人更加放心。此外，十二月一日當天，國會議員終於就一項接近九千億美元的救助法案達成合作的默契。麥康納向共和黨的大衛．波杜（David Perdue）與凱莉．洛夫勒（Kelly Loeffler），他們兩人在一月五日的喬治亞州第二輪選舉中的最後勝敗，將決定參議院的控制權由哪一黨掌握）承諾，國會一定會等到達成協議後再休會。

十一月底，對抗新冠疫情的戰爭走到了另一個里程碑：合作開發疫苗的製藥商輝瑞公司與生物新技術公司（BioNTech）宣布了一項全新的RNA疫苗，證明能以九五%的有效性對抗新冠肺炎。第二家疫苗製造商莫德納（Moderna）也在幾天後公開宣布，它的候選疫苗達到了類似的非凡成果。

即使疫苗的接種可能會使當初為了遏制病毒擴散而實施的公衛限制略微放寬，但在當時，很少人馬上就有這樣的聯想；原因在於，十二月那個月，美國染疫身亡的七天平均死亡人數，超過了四月的高峰值（當時大約是每天兩千兩百人）。到了年底，美國幾乎每天公告三千例以上的死亡個案。請領失業救濟金的人數開始增加，十一月的失業率降低只是一個假象，因為停止找工作的勞工與日俱增。

聯準會在十二月十六日召開了那一年最後一次會議，官員們在會中重申稍早的承諾，表示短期內不會提高利率，並澄清他們每個月還是會繼續購買八百億美元的美國政府公債，以及四百億美元的不動產抵押貸款證券。FOMC在經過嚴格審查的政策聲明稿中提到，除非官員判斷聯準會已在就業成長和通貨膨脹的雙重目標上取得「進一步的實質進展」，否則那些購債計劃不會喊停。會議揭露的預測值顯示，聯準會官員認為那些目標至少要三年才能達成。鮑爾表示，聯準會預期物價將因春天經濟重啟的榮景而出現某種一次性上漲的現象，不過，這些一次性的現象不可能促使通膨維持上漲趨勢。他說：「通貨膨脹並沒有那麼容易上升。」「那需要一點時間，因為我們相信我國經濟的基本通貨膨脹動態就是如此。」

到了十二月，聯準會的寬鬆貨幣政策已對未因這場大流行病而受到重創的產業帶來強勁的支持。諸如住宅與汽車等利率敏感型商品的景氣變得非常熱絡。新冠肺炎於二〇二〇年四月初來襲後，全國性房地產仲介商雷德芬公司（Redfin）強迫三分之一的職員休假，並資遣了另外七％的員工。不過，到七月時，雷德芬又恢復人員聘雇活動。即使社交距離措施沒有取消，自動化房地產估價與線上視訊看屋等服務，還是促成了更多的房產交易。在居家辦公政策、想要更多空間的慾望，以及房貸利率降低等因素的刺激下，購屋需求迅速回升到疫情之前的水準。

由於住宅供給非常短缺，十二月分小家庭式住宅的價格，較前一年大漲了一〇％，是二〇〇四年至二〇〇六年房市泡沫以來首見的高成長率。鮑爾在十二月十六日的新聞記者會上表示：「這是民眾從二〇一〇年以來就期待見到的住宅市場（榮景），新冠肺炎來襲之際，沒什麼人**認為這場疫情會促進房市的成長**。但它就是發生了。」

任務收尾

但鮑爾更在乎另一個事實：為這件任務收尾的工具掌握在國會手上，而非聯準會。他說：「就近期而論，民眾需要的不僅僅是低利率能為他們提供的幫助。」鮑爾又回頭談到先前曾提及的一個概念：如何打造一座橋梁來彌合這場疫情所造成的「經濟斷層」。「對許多美國人來說，那座橋是現成的，而他們正在通過這座橋。不過，還有一個族群尚未有橋可越，也就是我們現在討論的人……很多民眾可能不出幾個月就會失去苦心經營的事業，對很多人來說，那是他們畢生的心血，甚至是家族幾代人的心血，而這一切都是這場疫情所造成的。我們實在不忍心看到他們淪落到那樣的光景。」

即使此時美國的就業人口比二月少了一千一百萬人，但股票市場已收復了春天迄今的所有失土，回到歷史新高。這個令人苦惱的落差，有可能導致聯準會再次成為砲火的攻擊目標；換句話說，二〇〇八年金融危機過後糾纏著聯準會的批評聲浪很有可能捲土重來——當時外界批評聯準會只照顧華爾街，放任主要商業區自生自滅（聯準會的工具是透過金融市場來操作，所以這些工具雖然適合用來降低舉債成本，卻較不適合用來為失業家庭或遭到大流行病破壞的企業提供救助。這也說明為何鮑爾持續鼓勵國會花更多錢）。

新聞記者會後幾個小時，國會領袖宣布，他們即將針對一份九千億美元的支出方案達成協議。這套方案將在三月中前，提供每週額外三百美元的失業救濟金，以取代《CARES法案》中在七月到期的每週六百美元額外津貼。這套方案也允許某些特定的小型企業取得第二筆薪資保障計劃貸款，並為即使受到重創卻還留下員工的企業提供更慷慨的所得稅減免。

不過，那個星期五，協商進度再次停滯：圖米提出的話語不僅可能從此關閉聯準會實施緊急放款機制的大門，還可能限縮聯準會在未來的危機中善用那些工具的能力。其實，圖米是因民主黨人的一些小動作才堅持使用那樣的言辭，當時民主黨人被梅努欽最初的決定激怒，並打算在拜登上任後再重啟這些機制。圖米說：「那可把我給嚇壞了。」

因聯準會神祕的緊急貸款權力而起的這場鬥爭，有可能導致這項支出法案成為泡影。這個危急情勢促使已退休的柏南克發表一篇罕見的公開聲明，要求國會「至少確保聯準會緊急放款職權……的完好無缺。」眾議員麥亨利一度詢問鮑爾是否需要他的幫助：「需要我躺在鐵軌上來阻止這件事嗎？」

鮑爾反對他這麼做，因為麥康納與圖米已清楚告訴他，一旦有人這麼做，協商就會破局。

與此同時，某些民主黨議員則警告鮑爾，他拒絕大聲公開抗議的做法已經嚴重傷害到他個人的公信力。舉個例子，參議院少數黨領袖舒默就勸告並勉勵鮑爾要據理力爭，用力捶桌子、毫不客氣宣稱「我們需要這些方案！」

另一位民主黨參議員則要求鮑爾提出更悲觀的呼籲：「告訴他們，如果你不這麼做，經濟就會無力回天。」鮑爾回答：「我不會那麼做。」

身為聯準會主席，鮑爾萬萬不想被捲入國會兩黨領袖之間的鬥爭，遑論成為兩黨政治角力的核心。不過，鮑爾最後還是落得左右為難：如果什麼意見都不表達，民主黨就會埋怨聯準會未能強力捍衛新政府可能較偏好使用的工具；但如果他高調發表意見，共和黨人又會怪罪聯準會為了捍衛實際上並沒有大量動用到的那些放款計劃而過度涉入政治。

到最後，一群民主黨人和圖米合作，採用經雙方妥協的語言：限制財政部啟動市政債券流動性機制、主要商業區放款計劃與公司債最後擔保計劃等之類新計劃的能力，但終於不再明確約束聯準會的緊急放款權力。

「例外且緊急」的結束

到最後，事實證明，終止實施那些緊急計劃並沒有造成太大的後果：那些計劃早已完成使命，此時改由疫苗與額外的聯邦支出接棒演出。聯準會沒有透過初級市場企業信用機制（Primary Market Corporate Credit Facility）——最初它被授權承作最多五千億美元的放款——購買任何一檔新發行的公司債。另外，聯準會只透過市政債券市場最後擔保計劃購買了四檔債券，加上向伊利諾州與紐約大都會運輸署購買的各一檔債券，總計聯準會共因此持有六十億美元的市政債券。至於現有公司債和ETF，也只購買了一百四十億美元。聯準會在二〇二一年七月至八月間，逐步將這些部位賣給民間投資人，沒有步上被其他金融監理機關列為負面教材的日本央行的後塵，被ETF綁住手腳。

聯準會主要商業區放款計劃將取消的公告，則刺激了一波「把握最後機會」的申請潮。這項計劃共承作了一千八百三十筆貸款，其中有一半以上是在十二月完成貸款手續。聯準會購入的最大一筆貸款，是銀行對持有洛杉磯健身（LA Fitness）連鎖俱樂部的那家企業所承作的三億美元貸款（最小的一筆是對康乃狄克州瑞奇菲爾德〔Ridgefield〕的一間家庭餐廳承作的十萬美元貸款）。這項計劃借了五千萬美元的貸款給德州聖安東尼奧的一家連鎖電影院；為德州朗德羅克（Round Rock）的職業棒球隊伍休士頓太空人隊（Houston Astros）的小聯盟附屬球隊提供了一千六百萬美元的貸款；以及為國家大學體育協會第一級別的太陽帶協會（Sun Belt Conference）提供了四百四十萬美元的貸款。總計該計劃實際上的放款金額只有一百七十億美元，相較於六千億美元的總授權額度、以及透過第一輪薪資保障計劃管理的五千兩百五十億美元，可謂微不足道。

儘管如此，這場危機顯示，當時政府缺乏一個可為中小型企業（也就是規模較小，無法到債券市場募資的企業）提供救助的合適系統。羅森格倫（他的波士頓聯邦準備銀行團隊日以繼夜處理購買貸款的事務，連假日都沒有休息）表示：「如果每當我們面臨（金融恐慌）就推動只能幫助大型機構的計劃，遲早會付出代價，因為長遠來看，這會使中小型企業的風險遠高於大型企業。」[4]

對於蒂娜與葛倫・畢提（Tina and Glenn Beattie）的公司（該公司在中西部的五個州擁有三十六家自營的丹尼斯餐廳〔Denny’s〕）來說，近九十二萬五千美元的薪資保障計劃貸款，就像一條救生索。蒂娜於一九九三年展開她的餐廳事業，當時她以老闆娘的身分，在亞利桑納州的梅莎市（Mesa）開了丹尼斯連鎖餐廳的第一家店。她說：「以丹尼斯這樣的品牌來說，你不會想做外帶業務。」「但在停車位上擺放餐桌（注：當時因疫情的緣故而禁止室內餐飲）也不會讓我們的來客數增加。」幸好，夏天結束時，餐廳的業務已開始回升，銷售金額只衰退四〇%——

比他們的餐廳獲准重新營業後的衰退六〇%還要好。

畢提夫婦表示，當初申請薪資保障計劃的資金時，就好像在跟時間賽跑，要搶在這項計劃的資金消耗殆盡之前搶到資金。她說，最後，這筆貸款真的救了公司：「就像天降甘霖。」她和葛倫因此得以繼續付薪水給員工，同時也能和供應商與地主維持原有的關係。不過，薪資保障計劃的資金畢竟有限，所以，到那年稍晚，蒂娜又開始尋求申請主要商業區貸款。這對夫妻找上二十家不同的銀行，但都吃了閉門羹，沒有一家銀行願意承作他們的貸款。

到了秋天，蒂娜終於找到一名潛在放款人，而為了申請貸款，她還花了三萬美元，準備會計師查核過的財務數據。蒂娜說：「那三萬美元可是我們好不容易從營運資金裡擠出來的錢，畢竟當時的狀況非常慘澹——正因情況太慘澹，我們認為值得為了申請案花那筆錢。」「若能取得那筆貸款，我們將能獲得一點喘息的空間。」[5] 梅努欽在十一月十九日發表的那篇聲明，促使原本已經展開放款流程的機構一窩蜂搶在最後一刻核貸，但那篇聲明卻也終結了畢提夫婦申請貸款的道路。

於是，他們在二〇二一年年初決定關掉兩家餐廳——分別位於印第安納州的伊凡斯維爾（Evansville）以及伊利諾州的艾芬罕（Effingham）。二〇二一年三月，由於九千億美元支出法案終於通過，畢提夫婦才有幸從薪資保障計劃收到另一筆一百三十萬美元的資金。

奇恥大辱

十二月二十一日星期一當天，國會通過了九千億美元的方案，並隨即送至白宮，交給總統簽署。那天早上，梅努欽向CNBC表示：「我認為整套法案非常棒。」隔天財政部發表了一份聲明，感謝川普總統領導有方，成就了這次的立法。

但那天傍晚，川普再次大搞破壞。他在推特上發表一段視訊，還附上一條極不尋常的訊息，他說：這項獲得兩黨支持的措施「簡直是奇恥大辱」。根據他的想法，六百美元的支票「低得離譜」，必須提高到每人兩千美元才行。川普幾乎不把這項法案的協商過程中遭遇到的種種艱難局面當一回事，他一心一意只想翻轉選舉結果——儘管他到那一刻為止的所有努力都徒勞無功。民主黨見機不可失，隨即拿川普要求將振興款項提高到兩千美元一事大作文章，裴洛西也不甘示弱，在推特上寫道：「好，就這麼辦！」

據當時和梅努欽交談過的人表示，梅努欽被川普的舉動嚇呆了。他向另一位白宮官員解釋，他不明白川普這麼做的政治意義究竟何在。眼前，即將舉行的喬治亞州第二輪投票才是最要緊的事，而川普突然發難要求修改發放金額，等於是陷投票支持這項法案的洛夫勒與波杜於不義，更導致他們兩人的競選聲勢急轉直下。無端陷入窘境的兩人，到頭來還是不得不為川普要求提高救助支票金額一事背書。

十二月中，參議院領袖的麥康納公開承認拜登是十一月三日總統大選的勝出者，從那天開始，川普就不再和他說話。反而是麥康納和他的顧問不斷透過梅努欽傳話給川普，他們派波杜和葛瑞姆到海湖山莊去，哄川普簽署這項法案。平安夜時，麥康納的辦公室還不得不設法尋找願意加班的參議院職員，因為必須有人協助列印高達五千頁的正式法案文本、將文本送交首席官員簽署，並在下午四點前，把這份實體法案文本運送到安德魯斯空軍基地（Andrews Air Force Base），將法案空運給川普簽署。川普總統在發出那段恐嚇視訊後五天終於讓步，簽署了這項法案。

不過，損害早已造成。喬治亞州的特殊選舉中，兩位民主黨挑戰者雙雙把握機會，將這個議題當做推翻洛夫勒與波杜的棍棒；兩人誓言，一旦民主黨贏得參議院的控制權，就會支持發放兩千美元的支票。拜登最初有點搖擺不定，但最後也打蛇隨棍上，支持川普的呼籲，要求提高救助金額。

白宮官員認為這場災害是導致共和黨丟掉參議院控制權的元凶，因為那兩位民主黨候選人確實有效利用這個議題，在一月五日的投票中贏得喬治亞州的席次。

隔天——也就是二〇二一年一月六日——嚴重的醜行發生了。當時國會為了認證選舉人團（Electoral College）的投票結果，展開了一個聯合會期，但一場無法原諒的違法暴力叛亂卻在國會山莊爆發。川普在幾天前以及當天早上於白宮外的大集會上的言詞，是激化並煽動這場暴力叛亂活動的元凶。暴動發生後，幾位現任內閣官員為表達抗議憤而辭職，包括教育部長貝琪．戴佛斯（Betsy DeVos）、運輸部長趙小蘭，以及國土安全部代理部長查德．沃爾夫（Chad Wolf）。

據和梅努欽談過的人表示，當時正在以色列與中東參訪的梅努欽一度考慮辭職，但他旋即打消了這個念頭；不過，梅努欽否認這個說法，他說：「在我四年任期內，我從未考慮辭掉這份工作。」[6]一位高階政府官員說：「我們都非常氣憤。」「我們都痛恨一月六日發生的事，但我們也公認應該堅守崗位。發表辭職聲明很蠢，而且川普需要一些大人來監督他，橫豎他只差兩個星期就要捲鋪蓋走路了。」（梅努欽卸任後，成立了一檔數十億美元的私募基金，這檔基金名為自由策略資本基金〔Liberty Strategic Capital〕，主要從事科技業與金融服務業投資。）[7]

川普的任期就這麼結束了，但拜登與葉倫的日子也不好過，迎接他們的是愈來愈嚴峻的經濟與公衛局勢。根據勞工部一月八日發表的報告，十二月時，整個經濟體系的就業機會繼續減少，其中，醫療院所和教育機構的就業機會減少特別多。由於假期社交活動變得頻繁，染疫身亡的人數創下了歷史新高。在四月與七月的前兩個疫情高峰期，住院治療的人數從未超過六萬人，但到了一月初，住院治療人數遽增到**十三萬人**。

成千上萬名國民衛隊（National Guard）部隊為了拜登在一月二十日的宣誓就職典禮而湧入華盛頓特區，這是自南北戰爭以來，最多軍隊出現在這個城市的一次。[8]由於這場典禮必須遵守社交距離規定，所以，從林肯紀念館到美國國會大廈之間綿延兩英里長的國家廣場，只能對一般大眾關閉。國會大廈西側台階的地面上，多出了幾道用鐵絲網纏繞而成的圍籬，戴著白色

2021 年 1 月 20 日（星期三）

全美病例數	全美死亡數	道瓊工業指數	VIX 恐慌指數
24,251,909	396,387	31,188（↗ 258）	21.58（↘ 1.66）

拋棄式口罩的葉倫（她的座位被安排在一面藍色地毯下方處）和雙雙戴著布口罩的鮑爾夫婦，一同參加了這場被鐵絲網包圍的就職典禮。那些看起來鮮明且突兀的鐵絲網圍籬，活生生就像這場大流行病與暴動的象徵。新總統完成就職宣示後，懇求整個國家和他一同默禱，緬懷不幸身故的人。

拜登承諾：「我們將迅速且緊迫地向前推進，因為在這個象徵著危機與轉機的冬天，有太多事需要處理。」

第十七章

出乎意料的通貨膨脹

二〇一八年，就在鮑爾接下葉倫的聯準會主席職位前幾個星期，他在家中為她舉行了一場惜別晚宴。如今，在二〇二一年一月的此時，他又把某種形式的指揮棒交還給她。如果經濟復甦的力量逐漸枯竭，鮑爾先前為了避免經濟在二〇一九年陷入衰退或在二〇二〇年陷入蕭條而投入的種種努力，都會變得幾乎毫無意義可言。

鮑爾已經下定決心，絕不重蹈過去十年的覆轍。聯準會將等待更久的時間，再撤回經濟振興措施，此外，聯準會的相關人員對外傳達行動計劃時，發言也會格外謹慎。拜登、葉倫和國會的民主黨領袖也將做出類似的宣誓。

過往的慘痛教訓

拜登本人和他許多高階幕僚都曾是歐巴馬政府的老手，所以，二〇〇九年實施的八千三百一十億美元經濟振興方案最終未能實現原先所承諾的利益一事（即經濟加速復甦），在他們內心留下了深刻的創傷。那個事件留下非常顯而易見的教誨：**要積極支出，也要持久支出。重新倒滿**

玻璃杯所需要的水可能比你想像的還要多。那個事件也留下了幾個重要的政治教誨：**提供經濟援助時，記得一定要大張旗鼓。要確保民眾知道躺在他們郵筒裡的救助支票是從哪裡寄來的。精準鎖定目標的目標性援助可能有用，但千萬不要因此而作繭自縛。愈簡單愈好，這類措施一旦過度複雜，最終有可能難以有效落實。**

二〇〇九年時，歐巴馬振興計劃的主軸包含一個薪資稅減稅方案，能為個人提供大約一千美元的補助。不過，這筆錢是以「每隔一週加發四十美元到薪資裡」的方式，逐步發放給民眾。由於每次加發的金額太低，許多選民根本沒有注意到這筆錢，而那確實情有可原。

民主黨認為，這些初期的錯誤後來又因民主黨在應對茶黨的預算撙節計劃時不夠堅持，而更讓民眾難以接受：當時民主黨過於輕易就同意在二〇一一年與二〇一二年縮減聯邦支出。所以，民主黨人的結論是，如果當初民主黨先獅子大開口要求更多預算，結局應該會好很多；畢竟就算經過政治流程的七折八扣，最終定案的預算金額應該不至於讓民眾那麼失望。

在川普執政那幾年，共和黨人不太擔心債務的問題，失去執政地位的民主黨也沒有心情擔心赤字。因此，在川普領導下，公共債務暴增了七兆美元，達到二十一兆七千億美元，這是美國經濟體系自二次世界大戰以來，首次出現公共債務規模等於經濟總產出的狀況。拜登在三月的一場新聞記者招待會上問記者：「當年他們通過將近兩兆美元的川普減稅方案時，你有聽到他們抱怨嗎？」

不久前的幾個教誨促使拜登提出一個名為「美國救援計劃」(American Rescue Plan)的支出方案，這項方案的總金額共一兆九千億美元，而且，他是在國會通過稍早之前的九千億美元協議後的短短幾星期，就揭露這項計劃。若合計這項支出，總支出將接近國內生產毛額的一四％——這是極度驚人的支出規模。拜登的計劃包括：在二〇二一年九月的第一個星期前，每星期發放額外三百美元的失業救濟金、提撥三千五百億美元來援助州與地方政府，以及更多用於學校恢復上課、加速疫苗接種與其他緩解病毒作業的資金。為了改善兒童貧窮問題，這套計劃還包含一項全新的孩童照護稅額抵減方案，該方案將每個月存三百美元到幼童父母的銀行帳戶。

諷刺的是，最常被談到的條款乃是拜川普所賜——記得嗎？他在十二月時怒氣沖沖地要求發放兩千美元支票，逼得拜登團隊在最後一刻加碼了一千四百美元的支票，一千四百美元是川普所要求的兩千美元和實際上已被納入國會在十二月達成的協議裡的那六百美元之間的差額，也代表拜登政府對政治現實的讓步。民主黨之所以贏得喬治亞州的參議員選舉，部分原因就在於那兩位議員承諾發放更高金額的支票。結果，原本總額一兆一千億美元的救援計劃進一步膨脹，並導致最後定案的經濟振興金額**遠遠高於**葉倫與經濟團隊的預期。

推動這項支出將能緩解聯準會的負擔，從二〇一一年轉為財政撙節以來，聯準會一直都擔綱唯一救兵的角色。雖然大衰退之後的經濟復甦有可能創下最長復甦期的記錄，但聯準會的購債計劃卻還是引發了極大的爭議：沒錯，它強化了經濟、就業與工資，但它實現這些目的的管道——促使股票、債券與房地產價格上漲——卻使持有那類資產的人享受不成比例的過多利益，而持有這些資產的人多半是有錢人；換句話說，聯準會的購債計劃造成了富者愈富的狀況。相較之下，拜登這次實施的財政措施並不會衍生「只有貴族受益」的副作用。民主黨的俄亥俄州參議員布朗（他在一月分成了參議院銀行委員會主席）說：「聯準會總是操著上流社會的口音。」「我們這些議員並不認為國會也該像聯準會那麼常操上流社會口音，我們知道……我們必須敦促國會聚焦在正確的事情上。」[1]

在過去，多數經濟學家都擔心那類慷慨的貸款將會導致債務大幅增加，並促使利率走高，最終導致納稅人支付更繁重的利息支出，因此，他們總是不贊同政府推動這類計劃。不過，近幾年來，經濟學家的觀點改變了，他們認為相較於過去，美國其實擁有舉借更多債務的能力。事實上，葉倫也謹慎地附和這個新共識。在一月十九日財政部長提名批准聽證會上，她在家中一間充作居家辦公室的空房間裡，透過視訊會議螢幕說：「此時此刻，利率處於歷史低點，所以，採取大手筆的行動是最明智之舉。」[2]

葉倫的專業權威使得這項法案獲得很多人的認同，但其實裴洛西、舒默和拜登早就經由談判，同意這項計劃的主要環節，例如一千四百美元的支票（只不過，他們協議出來的金額完全是以川普空口白話說出的數字為基礎，而不是經由縝密的總體經濟分析歸納而來）。

這項方案的目的是要把握許多民主黨人眼中一個世代只有一次的難得機會，解決日趨惡化的不平等情勢。這項支出偏向支持薪資所得較低的民眾，他們比較有可能把聯邦政府發的支票花掉，而不會把收到的救濟金存起來。基於這樣的背景，葉倫、伯恩斯坦以及其他白宮經濟權威人士主張，以當時的情境而言，就算為此冒上「經濟過熱」的風險也不足惜，尤其考慮到近年來失業率的降低對通貨膨脹的影響非常弱，個中風險似乎更顯得無須過慮。

訊息紀律

就在拜登的團隊加緊腳步頒布新政府的救助方案之際，鮑爾則是聚焦於避免再次犯下前一個週期的兩個明顯錯誤：第一個錯誤是二〇一三年的「減債恐慌」，第二個錯誤則發生在減債恐慌幾年後，當時聯準會根據一個不適當的模型來提高利率（事後回顧，那個模型低估了勞動市場容納更多勞工的能力，結果高估了通貨膨脹壓力）。新的政策框架是根據二〇一二年還是聯準會理事會副主席的葉倫在一場重要的演說中詳細闡述的方法（主張延遲升息）打造而來，只不過，從那個時候開始，她反而有點退縮；最後，聯準會還是在二〇一五年升息。

為避免那些誤謬再次發生，聯準會在二〇二〇年九月承諾，除非達到某些特殊的經濟條件，否則將不會貿然提高利率。不過，記者們一如往常，像各地的聯邦準備銀行總裁施壓，要求他們表明所謂的特殊經濟條件可能會在何時達到。二〇二一年一月初，也就是聯準會對外宣示將每個月繼續購買一千兩百億美元公債，直到它在實現各項預定目標方面「有進一步顯著進展」之後幾個星期，達拉斯聯邦準備銀行總裁卡普蘭表示（他擔心央行看似無窮無盡的寬鬆貨幣承諾正助長泡沫的形成），他希望聯準會能「至少認真討論」在那一年稍晚降低購債額度的「適當時機」。[3] 亞特蘭大聯邦準備銀行總裁波斯提克則向路透社（Reuters）表示，他「希望我們能在相當短的時間內開始重新設定」這些購債計劃「的標準」。[4]

這一連串脫軌演出，讓已經非常煩惱的鮑爾十分火大。他曾對外承諾會在降低購買金額（即縮減購債規模）之前，充分提前發出通知，但如今他的某些同仁卻讓外界覺得聯準會即將開始縮減購債金額。總之，他們的言行可能使聯準會更早之前的寬鬆貨幣承諾無法發揮應有的成效，並對金融市場造成不利衝擊。鮑爾在一月分的例行會議前與聯邦公開市場操作委員會展開會前討論時，要求所有成員統一口徑，並在一封對群體發送的電子郵件中，要求眾人改善訊息披露的紀律。他說，光是由我們口中提到「縮減購債規模」這幾個字眼，就等同聯準會已經開始縮減購債規模了。鮑爾在那場會議中要求成員能更加遵從紀律：**這個更有耐性的新政策立場是經過大家同意的，所以，請好心幫大家一個忙，除非我們已即將針對縮減購債規模一事展開辯論，否則請不要再談論縮減購債規模的話題**。

那場會議結束後幾天，卡普蘭改口表示，聯準會距離決定縮減購買資產規模的時間點「還遠得很」。[5]隔一個星期，波斯提克也表示，他的說法犯了過於籠統的錯誤；他說，聯準會不想讓人產生它急於收手的印象：「我們尚未做出任何定論。」「我們的新長期框架清楚顯示，我們將願意放手讓經濟體系繼續維持熱絡的運轉。」[6]

接下來幾個星期，鮑爾頻繁發表談話，詳述聯準會不會因為通膨溫和上升而過度反應，從而展現維護聯準會新框架的決心。鮑爾在二月十日向紐約經濟俱樂部發表的演說中提到，二〇〇八年危機過後的多年來，「我們很多人──包括我本人──都年復一年預測通貨膨脹將回到二%，甚至預測它會溫和超過那個水準。」「但通貨膨脹卻年復一年低於那個目標。因此，我們還在努力設法理解通貨膨脹的真實狀況。」有些人擔憂一九七〇年代那種失控式物價上漲的情境可能再次發生，但他淡化了那個可能性。鮑爾說，全球化與科技的進展，已削弱了企業哄抬價格的能力，也侵蝕了勞工的協商力量。他說：「這已是個截然不同的經濟體系。」[7]

在二〇二一年四月的一場圓桌會議中，有人問鮑爾，有什麼事會讓他夜不成眠，他提到了距離埃爾克斯大樓僅幾個街區遠的街友營區，藉此把話題帶回失業的主題。「我們必須不斷提醒自己，即使我國經濟體系的某些環節表現確實非常亮眼，卻還是有非常多人不是過著光鮮亮麗的生活。我真心希望徹底終結那樣的現象。」[8]

鮑爾這種「接地氣」的政治行為風格，讓他在政治上非常受歡迎。美國勞聯－產聯主席川卡表示：「以前的聯準會總是把勞工拋諸腦後，葉倫是第一位翻轉那個狀況的主席；值得稱許的是，鮑爾主席也追隨她的腳步。」「聯準會對大眾的狀況愈來愈能產生共鳴，不像以前那麼容易隨華爾街起舞。」[9]

一場盛大的實驗

國會終於核准了一兆九千億美元的整套方案，過程中只做了些微的調整，而拜登則在三月十一日將之簽署為正式法律。最後的結果就是一個盛大的經濟實驗。疫苗接種計劃啟動了壓抑許久的差旅、度假、音樂會與外食等需求。除了疫苗接種計劃，還有一套打從二戰以來未曾見過的超大手筆財政振興措施；與此同時，聯準會也竭盡所能採取最寬鬆的貨幣政策。葉倫預測，這項方案將在二〇二二年促使經濟體系回到充分就業狀態。

到了四月，根據ＩＭＦ經濟學家提出的二〇二一年ＧＤＰ預估值，所有大型經濟體中，只有美國的ＧＤＰ能超越新冠疫情來襲之前的水準。川普衝動外交的結束讓美國的盟友大鬆一口氣。加拿大財政部長克莉絲蒂雅・弗里蘭（Chrystia Freeland）在倫敦舉辦的G7會議的某一場閉門會議中，大聲說：「珍妮特・葉倫正讓美國再次變得偉大。」

隨著疫苗接種率在二〇二一年春天顯著上升，州與地方政府開始放寬禁令，物價隨即飆漲，經濟體系的瓶頸則處處可見。半導體的短缺導致新車生產受限。封城期間，租車公司不得不將閒置車隊變現，以償還債務；但各地陸續解封後，這些租車公司突然間需要更多的汽車，而這股驟然增加的需求，馬上就促使二手車車價飆漲。貨運船被卡在港口外，船塢或倉庫堆滿了大量的貨櫃。此外，木材價格大漲也是全球供應鏈混亂的訊號。這些商品與其他原物料商品的漲價，導致通膨衡量指標急速跳升，外界不滿聯準會與拜登政府經濟振興政策的聲浪也愈來愈大。

鮑爾試圖先聲奪人、緩解外界對通膨上升的憂慮，所以，他將這一切解釋為**暫時現象**。他提出的理由包括：首先，在這場大流行病爆發初期，物價曾經大跌，而因為那陣子的物價跌幅超過了十二個月的價格變動率，才會導致此時年與年比較的物價年增率大幅跳升，這個數字誇大了實際上的物價壓力。第二，他預期瓶頸不可能永遠存在。

我們能將此時的通貨膨脹比擬為一九六〇年代飛漲的通貨膨脹嗎？不盡然。必須有幾個不利現象出現，比較這兩個時期的通貨膨脹才會是有效的：首先，價格不能只是暫時上漲，唯有如此，才能改變市場上的整體通膨預期心理。其次，在成本上升的過程中，聯準會必須繼續按兵不動。第三，如果聯準會官員想要提高利率，政治人物必須出手阻攔。一九六〇年代與一九七〇年代留給世人的教誨是，通貨膨脹不僅是某種與個人無關的力量，通貨膨脹也是一種選擇：當時的聯準會年復一年不斷搞砸——之所以會如此，往往是因為國會議員或白宮強迫它不要緊縮貨幣供給。鮑爾說：「身為聯準會的一員，我們當然對那些歷史瞭若指掌，也知道那些歷史如何會發生；所以，我們不會允許那樣的歷史重演。」[10]

如果這個超大經濟實驗的進展一帆風順，經濟體系或許就能避免前幾次經濟擴張期所發生的「失業復甦」狀況，說不定還能創造出新冠疫情爆發之前與一九九〇年代末期蔚為主流的那種廣泛繁榮的景象。不過，這場實驗也可能同樣容易導致聯準會犯下巨大的錯誤，使它面臨嚴重的危險。重啟經濟就已經夠困難了，此時大量灌入經濟體系的新支出，還可能導致價格壓力變得更加沉重，因為已陷入供給瓶頸的經濟體系正為了重建交付商品與勞務的量能而奮力掙扎著。即使這一次聯準會最終順利避免一九六〇或七〇年代的情境重演，並提高利率來為經濟體系降溫，但由於全球各地的債務金額頻頻創下新高，此時即使只是微幅調高利率，也可能對經濟體系造成巨大的障礙。

聯準會在二〇二〇年八月採納的新框架，實質上也導致官員流於反應過慢。當時沒有人預見經濟體系會面臨目前這麼嚴重的供給或需求衝擊。聯準會的新框架假設，儘管通貨膨脹最終還是會因需求的持續增加而上升，但它將是以非常多年的方式緩步上升，不會因為供給遭到壓縮而在幾個月內急速上升。鮑爾常公開強調聯準會新框架的外顯利益，例如較多的就業人口以及通膨達到目標，而非總是低於目標；但他並沒有講到一旦通膨快速上升，並逼得聯準會不得不提高利率時（甚至大幅提高利率），可能會發生什麼狀況。

在過去兩次的經濟擴張期，聯準會都是以漸進的方式慢慢提高利率，就好像駕駛人在溫和踩下煞車之前，會先把腳緩緩地從油門上鬆開。但如果聯準會迫於情勢而不得不**用力踩死**煞車，那會怎麼樣？隨著企業與政府舉債金額創下歷史新高，一旦利率劇烈上升，勢必會對全球金融市場造成一場大浩劫。尤其新興市場可能不得不被迫提高利率，問題是，許多新興市場的疫苗接種率遠遠低於美國，一旦它們的利率走高，經濟狀況將更雪上加霜。

迷因股與經濟振興支票的關係

在喬治亞州於二〇二一年年初進行那場特殊選舉之前，聯準會內外各有幾位經濟學家就已預測，到春天時，將會有高達二兆八千億美元的新支出在經濟體系流竄。這個預測讓聯準會的某些官員感到相當不安。聖路易斯聯邦準備銀行總裁布拉德說：「某些方面來說，我認為就算你說經濟體系的支出過多也不為過。」[11]政策制定者雖已決心不再犯從前的錯誤，但他們有沒有可能即將犯下新的錯誤？

引發相關憂慮的明顯源頭在於：大量得來全不費功夫的資金一股腦兒地在市場上流竄。當拜登的經濟振興方案獲得批准時，標普五〇〇指數早已從二〇二〇年三月二十三日的低點（本次疫情的低點），大漲了約七五%；高度投機的加密通貨比特幣（Bitcoin）的價格，也飆漲到一年前的十倍水準；另一方面，房價持續上漲。不僅如此，投資人還把大量現金投入一些新奇的投資標的，包括所謂特殊目的購併公司（special- purpose acquisition companies，本質上來說，那是一些集合許多人資金、且已在交易所掛牌交易的實體，這些實體坐擁大量資金，四處蒐購私人企業，再設法將這些企業轉為公開掛牌交易的企業）以及「非同質化代幣」(non-fungible token，簡稱NFT）——舉個例子，一位藝術家在二〇二一年三月時，以六千九百萬美元的驚人價格，在佳士得(Christie's)拍賣會上賣出一款NFT，也就是一種獨特的數位藝術電子檔案。

就在那個月，避險基金阿奇哥資本管理公司（Archegos Capital Management）陷入困境。在這之前，阿奇哥向華爾街幾家最大型的銀行借了鉅額資金，並將這些資金集中投入個別公司股票的投機操作，包括媒體業的維亞康CBS公司（ViacomCBS Inc.）與探索公司（Discovery, Inc.）等，而當那些股票開始跌價（例如維亞康CBS公司發行新股後，市場對那些新股的需求並不熱絡，公司股價因此下跌），阿奇哥被迫將持股變現，也因此發生了華爾街史上最大且最突然的幾筆交易損失。日本投資銀行野村控股（Nomura）因借錢給阿奇哥而吞下了二十八億五千萬美元的損失，而瑞士信貸（Credit Suisse）也提列了五十五億美元的驚人帳面價值減損。[12]

這場災害發生之前，散戶投資人在社群媒體平台上吹捧著幾檔「迷因」股（meme stocks），並一度造成一股狂熱。在一月分的最後一個星期，遊戲驛站（GameStop）的股價飆漲了四〇〇%，連鎖店電影院AMC公司的股票也大漲了二七八%。問題是，這些公司的股價波動似乎和它們（乏善可陳）的財務表現完全脫勾。某些投資顧問將這波噴出行情歸因於「經濟振興支票」的發放，因為這些支票為股票操作者的帳戶注入了新的「子彈」。德意志銀行的分析師估計，最後一輪的經濟振興補助金當中，可能有高達一千七百億美元的資金流入股票市場。[13]

達拉斯聯邦準備銀行總裁卡普蘭認為，這回聯準會的同僚們應該更加關切此舉是否做得有點太過頭。他說，就最低程度而言，他們應該停止提出「未來三年內將不會需要提高利率」那種正式的預測（在三月十六日與十七日的FOMC會議上，過半數的官員表達這樣的預測）。卡普蘭擔心，一年前聯準會之所以被迫積極出手干預市場，有部分是聯準會自作自受，因為那些市場被聯準會的低利率承諾沖昏了頭。他還提醒聯準會，不宜公開表示通貨膨脹只是**暫時現象**。「我們確實有一些應對高通貨膨脹的工具，但如果拖到太晚才使用，可能反而會導致經濟衰退。」[14]

一大堆腳步踉蹌的醉漢

令人訝異的是，批判聯準會與拜登最用力的言論，不久前還跟他們站在同一陣線（以拜登來說，薩默斯甚至是他的團隊成員）。說來諷刺，短短幾年前，薩默斯才曾警告，美國已陷入他所謂「長期停滯」的低成長、低通膨與低利率泥淖；當時他主張，唯有實施更多財政擴張政策，美國才能較順利走出這個泥淖。但如今薩默斯卻說，除了聯準會的多項政策，加碼實施的經濟振興方案來得太多也太急。如果他的見解正確，通貨膨脹將不會只對經濟體系造成一年或一年多的威脅，而是有可能年復一年，直到聯準會踩下貨幣煞車的那一天為止。

薩默斯自視甚高，他總喜歡擺出「本人乃經濟學研討會上最聰明的人」那種趾高氣揚的姿態，這一次也不例外。整個春天，他都不斷提高自己的聲量。薩默斯在二〇二一年三月十九日的一場電視訪問中，激烈抨擊白宮與聯準會的政策是「美國過去四十年最不負責任的總體經濟政策」。[15]「一般來說，聯準會和財政部的任務是在經濟體系趨於不穩定時，適當調整經濟政策來應對造成不穩定的動力。不過，薩默斯警告，現在的政策制定者本身卻逐漸成為不均衡狀態的始作俑者。他將此時的經濟政策，比喻為在為病患治療某種疾病的過程中，無意間導致病人染上另一種病的醫院。

接著，薩默斯又在四月的一場網路研討會中聲稱，鮑爾意圖將利率雞尾酒缸留到「一大堆腳步踉蹌的醉漢在我們面前東倒西歪」為止。他還怕自己說得不夠直白，所以進一步補充了一些貶抑性的評論：「我看到米勒時代的聯準會以及卡特政府經濟團隊的影子。」[16]

上升的通貨膨脹確實對拜登與聯準會構成了顯著的政治風險，某些共和黨人也開始對鮑爾的新框架表達憂心。圖米表示：「當你堅持主張某個問題只是暫時現象，那麼，你一定得等到那個問題久久還不消失時，才會知道自己是錯的。」「他們秉持的立場是，就算那是個問題，他們也只會慢吞吞地做出回應。」[17]

令人非常不悅的意外

鮑爾和葉倫一直在等待，他們希望等到政府統計機關真的發布一連串的突破性就業報告之後，再採取行動。但他們並沒有等到那樣的就業報告，而是等到了一系列火燙燙的每月通膨報告。五月十二日當天，勞工部發布的報告顯示，四月分的消費者物價指數年增率達到四．二％，是二〇〇八年以來的最大增幅。克拉里達在兩個星期後的一場訪問中表示，這個數字是「令人非常不悅的意外」。[18]

五月分的通貨膨脹繼續上升到五％。剔除價格波動較大的食物與能源項目後的**核心通貨膨**

脹則上升了四．二％，是一九九二年以來最高的數字。一直到那年年底，這兩項衡量指標都維持在上述的偏高水準。由於價格上漲的情況主要發生在嚴重受新冠疫情破壞的部門，所以，聯準會和許多預測家理所當然地認定，那時的通貨膨脹只是暫時的現象。不過，諸如此類一次性價格大幅上漲的狀況愈來愈普遍，價格上漲幅度也比預期更大。其中，二手車的價格在四月上漲了一〇％，五月又繼續上漲了七．三％，到了六月，更進一步上漲了一〇．五％。另外，二月至六月間，租車價格共暴漲了五三％，促使某些急於租車的駕駛人改租 U-Haul 搬家用貨車。不僅如此，半導體晶片的短缺壓抑了新車的生產，導致新車產量遲遲無法回到二〇二〇年車廠因疫情而關廠時的產量。

不僅如此，某些領域的通貨膨脹此時還暫時遭到遏制，舉例來說，當時的消費者物價指數尚未反映租金和住宅成本上漲的潛在影響，而如果那些領域擺脫漲價的束縛，就有可能報復性地加速上漲。後續的事實證明，一旦租金和住宅成本加速上漲，通貨膨脹將會更慢跌回聯準會的目標。不僅如此，充沛的儲蓄有可能會促使消費者的需求更長期超過供給，進而導致原本看似可能只會維持短短幾個月的高通膨，變成好像可能維持十二個月或甚至更久。一旦發生這種狀況，向來總是隨著市場狀況與調查結果起伏的通膨預期心理指標也會開始上升，並使聯準會內部愈來愈坐立難安；畢竟如果情勢隨著前述趨勢繼續發展下去，後果將非常難以收拾。往昔，經濟學家與市場專家曾犯下連續十五年低估通膨的錯誤，進而在後續二十五年間犯下連續高估通膨與利率的錯誤。如今，這場大流行病是否製造了一種容易低估誤判的新平衡？

二〇二一年五月，巴菲特在波克夏公司年度股東大會上，以美國典型商業領袖的語言告訴股東：「我們預期通貨膨脹將會非常大幅上升。」「我們正在調漲價格。別人也在對我們調漲價格，而且價格的調整都已被接受。」

通貨膨脹數字不是那年春天唯一的經濟意外。這段時間就業機會的增長一直非常強勁，但強度卻不如經濟學家的預期，這讓葉倫、伯恩斯坦和聯準會百思不得其解：為何在職缺非常多的此刻，勞工不願意回到工作崗位？**或許是因為有較多勞工還在擔心病毒的威脅，而決定繼續留在家中。或許是因為沒有人可以看顧孩童。又或許是因為民眾提早退休。**失業率穩定降低，到了十月分，失業率已降至四．六%，但二十五歲至五十四歲的美國人當中，有工作或正在找工作的人口占比，卻還低於二〇一八與一九年。

薩默斯在亞特蘭大聯邦準備銀行於五月十八日主辦的一場虛擬研討會中，提出了非常尖銳的批評，他指控聯準會應對通貨膨脹的態度過於「雲淡風輕」，並因此培養出一種「危險的自滿態度」。鮑爾的新框架的確是能妥善應對經濟長期停滯的適當措施，但此時此刻的情勢讓薩默斯認為，繼續聚焦在就業機會短缺問題，聯準會已明顯站不住腳。他說：「只要走入民間，就會發現勞動力短缺才是目前的普遍現象，如果未能體察到這一點、未能開始針對這個現實進行調整，我們（很有可能）犯下美國人很久沒有犯的那種錯誤。」

葉倫到這時還是非常不相信他的說法。她在二〇二一年六月的一場訪問中表示：「我還是認為，中期至長期要解決的問題是通膨過低，而非通膨過高。」「我不認為長期停滯即將成為過去，所以，最可能的情境是：我們目前仍處於一個慢性低利率的世界，且未來幾年，民眾比較需要擔心的將是通膨過低，而非過高。我知道，當每個月發布出來的通貨膨脹率非常高，我們就很容易遺忘那些隱憂……不過，我們過去未曾經歷過諸如此類的衝擊，因此我們也必須對這個衝擊將產生的影響保持謙卑之心。」[19]

拜登個人則繼續堅持，此時把雇主和聯準會搞得焦頭爛額的勞動力短缺來得正是時候。五月二十七日，拜登訪問古亞霍加社區學院（Cuyahoga Community College）時說：「談到我們目前正努力打造的經濟體系，工資上漲不是一種毛病，而是一種特色。」

尚－克勞德．鮑爾

到了聯邦公開市場操作委員會於六月十五日及十六日集會時（這是拜登上任以來第四次的FOMC會議），委員會對未來經濟展望的看法已變得和短短六個月前大不相同。財政政策已加速進行，但通貨膨脹也跟著快速水漲船高。會議召開前五天，鮑爾才拿到各個成員的預測值，他檢閱後發現，此時已有過半數的FOMC與會者預期，若經濟表現符合他們的預期，到二〇二三年，委員會將至少提高利率兩次；對照之下，三月分的預估值還顯示多數成員預期他們將在利率政策上保持觀望。對鮑爾和克拉里達而言，開會前那五天的壓力真的非常沉重。即使這些預估值（眾人的預估值被排列在一個稱為**點陣圖**的矩陣圖表裡，描繪每一名政策制定者個人對未來幾年聯邦資金利率水準的預測）不是經過任何正式委員會協商後所得出的結論，但投資人卻經常將這些預估值視為FOMC的正式結論。部分聯邦準備銀行總裁擔心，如此鷹派的訊息轉變，可能會把鮑爾的會後新聞記者會變成一場災難，市場有可能再次上演聯準會在二〇一八年十二月升息後那種兵敗如山倒的暴跌行情。

事後，聯準會這次的劇烈轉向，促使高盛公司的一位策略分析師為鮑爾冠上「尚－克勞德・鮑爾」(Jean-Claude Powell）的名號，嘲諷他是前歐洲央行總裁尚－克勞德・特里謝（Jean-Claude Trichet）的翻版——特里謝曾在二〇〇八年與二〇一一年對通膨恐懼（因高油價而起）做出過度反應，在非常不恰當的時機調高利率。面對外界的控訴，鮑爾強烈否認聯準會已經在某種程度上放棄新框架，也否認聯準會已放棄它願意為實現較低失業率而容忍較高通膨的立場。聯準會更早之前曾承諾過，就算失業率長期降至低水準，只要通膨依舊維持溫和，它就不會提高利率。

不過，聯準會此時面臨的是一個徹底不同的情境。鮑爾說：「我們有數百萬、甚至上千萬民眾失業，但通貨膨脹又遠高於我們的目標。」「中央銀行必須解決的標準問題很多，而這是特別困難的問題之一。」[20] 鮑爾此時跨出的每一步都必須戒慎恐懼，因為只要略微行差踏錯，就可能犯下兩種不同的政策錯誤：在供應端衝擊發生之際過度緊縮（那會導致經濟在瓶頸消退之際降溫，一如高盛那位策略分析師所擔心的），或是在需求端衝擊發生之際不夠緊縮（那會啟動一個較傳統的通膨週期，也就是薩默斯念茲在茲之憂）。事實上，鮑爾此時的政策行動留下的究竟是遺產還是遺毒，取決於他要坐視通貨膨脹自行消退，還是積極領導聯準會促成定義曖昧的**軟著陸**——所謂軟著陸，指的是央行雖然提高利率，卻未導致經濟陷入衰退。

如果鮑爾最初的說法是正確的，且通貨膨脹也隨著供給瓶頸的鬆弛與更多人開始找工作而以有機的方式降低，或許他有可能得以安全著陸。二〇〇九年至二〇一二年間擔任英格蘭銀行政策委員會委員的亞當・波森（Adam Posen）也曾在他擔任英國央行委員任內碰上一個類似的疑問：要如何應對通貨膨脹的急遽上升。他說：「我認為這是正確的做法，何況為了避免重蹈覆轍，為了擺脫長期停滯的惡夢，就算這個做法錯了，也值得賭上一把。」當年的波森反對升息，而他那時的預測果然正確，因為那是一場短暫的衝擊。但他也說：「不過，聯準會目前的賭注比當時的我們大很多。」[21]

到了那年秋天，通膨壓力持續擴大，導致聯準會內部不敢再信誓旦旦斷言物價可能會在短時間內下跌。十一月分，鮑爾終於帶領同仁開始縮減每個月一千兩百億美元的購債方案，以便進而在二〇二二年年初終止整個經濟振興方案，此舉也無異是為可能的升息鋪路。

唯有經過幾年後，我們才能了解白宮、國會和聯準會是否能正確避免重蹈覆轍，提供真正能振興主要商業區企業／商家的支援（不只是振興華爾街）。也唯有經過幾年後，我們才會知道，白宮、國會和聯準會會不會在新冠疫情這個摧毀全球既定商務模式的怪誕事件慫恿下，在疫苗帶動經濟景氣轉向熱絡之際，投下一枚以通貨膨脹為動力的貨幣炸彈。畢竟此時聯準會與白宮誤判通貨膨脹的風險，很可能比二〇〇九年或二〇一一年時更大（換句話說，諸如薩默斯等名嘴的看法可能是正確的）。

萬一通貨膨脹過高且為時過久（或若較長期的通膨**預期心理**上升過多），聯準會可能會被迫做出在政治上背負惡名的決策：提高利率。而且它有可能會被迫在尚未達成鮑爾明訂的聯準會目標（廣泛就業市場復甦）的情況下就提高利率。政治風險已變得愈來愈明顯，有部分是由於鮑爾過度重視促進普惠性成長的目標所致。展望未來，聯準會可能會因為提高利率而蒙受「缺乏之種族同理心」（racial insensitivity）的批評。

到了二〇二一年的尾聲，一般普遍的憂慮在於，官員們可能已經誤判了需求（不僅是供給）推升物價的程度。如果物價真的是因為需求的推升而上漲，傳統的工資－物價型通貨膨脹週期可能會加速形成，並迫使聯準會急速踩下煞車。和這項憂慮有關的疑慮在於，持久的供給中斷（這場大流行病促使商品支出增加，使勞務支出減少）有可能會造成更永久的通貨膨脹，尤其若這場大流行病持續更久，並導致原本預期將回升的勞務支出暫時沒有回升。

總之，一如歷任聯準會領袖多年來的經歷，鮑爾此刻面臨的取捨和主觀判斷一樣艱難。

結語

損害分類療法

二〇二一年十一月四日是個晴朗但冷冽的秋日，當天午後，鮑爾抵達白宮覲見拜登總統。鮑爾的第一個任期將在二〇二二年二月結束，所以拜登必須決定，是要提名這位聯準會領導人繼續擔任四年的主席，還是要令選他人來領導美國的中央銀行。

一如歷任前總統（包括川普）所察覺，對於每一個剛拿下政權的政府來說，這是最重量級的決策之一。此時此刻，拜登最心心念念的是，只掌握國會些微過半席次的民主黨，能否順利通過他一上任就提出的代表性國內支出法案；偏偏有關聯準會主席人選的決策，又在這個緊要關頭引發了混亂的黨內口水戰。

拜登有充分的理由續聘鮑爾，而其中許多理由是葉倫曾私下向他建議的。鮑爾開創了一種大膽反思貨幣政策的文化。他面對川普情緒性咆哮時的沉著反應，以及他在這場大流行病爆發期間所展現出來的穩健領導風格等等，都為他自己贏得了市場、國會議員以及聯邦公開市場操作委員會同仁對他的信任。續聘鮑爾有利於政策的延續性，就像柯林頓政府續聘葛林斯潘，以及歐巴馬決定續聘柏南克一樣。更何況，考量到聯準會長久以來努力打擊通貨膨脹的信譽正岌岌可危，聯準會忠於新框架的立場也有可能動搖，所以，在這個潛在轉折點上，政策的延續性尤其攸關重大。

不過，繼續聘任鮑爾也不是沒有政治風險，畢竟與拜登總統同黨的進步派人士向來對拜登有所戒備。某些虔誠的民主黨人士認為，對向來以族群多元化為傲的民主黨政府來說，續聘一名共和黨籍白人擔任聯準會主席，形同錯過一次多元任用的機會；此時此刻，有幾位女性和少數民族人士擁有和四年前上任時的鮑爾至少一樣扎實的資歷。另外，進步派人士也希望下一任聯準會主席能更強硬處理監理與氣候變遷等議題。參議員華倫在九月分的一場聽證會中表示，就算拜登還沒做出決策，她也會先對鮑爾的可能續聘案投下反對票。鮑爾在二〇〇八年危機過後放寬金融監理的記錄，促使華倫對他說：這項記錄「使你成為一個危險的聯準會領導人」。

選擇續聘鮑爾之前，拜登也曾和另一位候選人布蘭納德面談；不過，拜登是要求布蘭納德在克拉里達的任期於二〇二二年屆滿後，擔任聯準會的副主席。十一月二十二日，拜登在白宮舉行的一場儀式中，盛讚鮑爾在砲火之下的領導能力，也對他歷來都能獲得跨黨派支持的表現讚許有加：「在這個……隱含巨大經濟不確定性……的時間點……我們需要穩定且獨立超然的聯準會。」

在距離拜登的決策期限還有幾個月的二〇二一年九月，《華爾街日報》報導，根據達拉斯聯邦準備銀行發布的財務揭露資訊，該行總裁卡普蘭共在二〇二〇年交易超過二十四檔個股、基金或是另類金融資產，其中多數交易的價值都超過一百萬美元，這則報導隨即陷聯準會於嚴重的聲望危機。[1] 那一年，卡普蘭交易過的股票包括雪佛龍公司（Chevron）、達美航空公司（Delta

Airlines）、馬拉松石油公司（Marathon Petroleum）以及嬌生等等；問題是，那一年也是聯準會為了幫市場提供最後擔保而積極採取許多不尋常行動的一年。儘管達拉斯聯邦準備銀行表示，這些交易在某種程度上都符合該行本身的規定，但那終究代表它的總裁糟到無以復加的判斷。另一方面，波士頓聯邦準備銀行總裁羅森格倫的揭露資訊則顯示，他從事超過三十六筆和四檔與不動產抵押貸款REITs有關的股票交易，儘管那些交易的總額比卡普蘭的交易金額低很多，但那些REIT的價值卻高度可能受聯準會購買不動產抵押貸款債券的行動影響。

即使用最寬厚的方式來解讀，這兩人的例子都顯露出聯準會本身的指導原則有個天真的盲點：那些指導原則助長了利益衝突的發生。

九月二十七日當天，羅森格倫宣布他已在二〇二〇年六月取得了進行腎臟移植的資格，並表示他將在九月底從波士頓聯邦準備銀行退休，換句話說，他將提前九個月退休。那天稍晚，卡普蘭也明言他將會辭職，並表示希望能以他的辭職來平息外界對那些投資爭議的憤怒。鮑爾則是迅速修訂聯準會的行為準則，並承認原本的規定不夠周全。

這些交易揭露資訊導致拜登的聯準會主席遴選決策變得更加錯綜複雜，聯準會透過二〇二〇年的危機應對成績而獲得的光環，也因此頓時失色。十月時，華倫要求證券交易委員會調查這些交易行為，包括克拉里達的投資（他在二〇二〇年二月二十七日——也就是鮑爾暗示可能藉由降息來平息民眾對即將來襲的大流行病的憂慮那篇聲明發布前一天——將原本投入一檔債券型共同基金的資金，分別轉出一百萬美元與五百萬美元至另外兩檔股票型基金）。克拉里達表示，那些交易屬於他事先安排好的投資組合再調整作業，並否認有任何不當行為。不過，交易完成的時機看起來真的**糟透了**。

這場大流行病對美國經濟體系造成了大蕭條以來最嚴重的打擊。直到今日，經濟學家、金融市場專家與歷史學家才剛開始深思財政與貨幣政策制定者當時採取的積極應對措施，究竟可能會產生什麼影響。整體而言，國會在二〇二〇年與二〇二一年共核准了五兆九千億美元的支出；相較之下，二〇〇八年與二〇〇九年的支出在調整通貨膨脹的影響後，大約只有一兆八千億美元，而調整通貨膨脹後的新政時期支出，更僅約七千八百八十億美元。鮑爾說：「在這個週期，若非財政政策的適時推出，結果將大不相同。」「這是有高達三千萬個家庭突然間失去所得的局面，國會當然有必要設法替代那些所得。這不是貨幣政策能解決的問題。」[2]

儘管如此，聯準會的貨幣應對措施——史無前例的多項緊急放款計劃與鉅額政府公債收購行動——遠遠超過這個機構過去曾採行的所有應對措施。到了二〇二一年十一月，聯準會持有的資產部位，已較新冠肺炎爆發前的水準增加接近一倍，達到八兆六千億美元。

那麼，鮑爾和同事做對了哪些事？又做錯了哪些事？

進行這項分析時，無論如何都必須將另一個獨特因素列入考量：公衛主管機關在處理病毒的未知狀況方面所犯下的失誤，而這也明顯拖累了聯準會的經濟應對措施。檢驗速度的延遲阻礙了經濟的重啟速度，川普將配戴口罩泛政治化的決策也一樣。唯有快速開發、配送與接種有效疫苗，才能讓這場大流行病消退，從而有望更快回歸正常生活。

許多民間部門預測專家與聯準會的經濟學家都誤判了經濟復甦的速度，也誤判了美國社會容忍更嚴重健康後果的意願。二〇二一年四月，鮑爾在接受《六十分鐘》節目訪問時坦承，經濟表現遠比他預期的還要好非常多：「只不過，另一方面來說，如果你在去年此時告訴我，將會有超過五十五萬人——且還在增加——死於新冠肺炎，當時的我應該會非常震驚。」[3]

隨著整個國家漸漸從這場大流行病的衝擊中重新振作，評論家開始擔心，政策制定者可能沒有體察到，即使二〇二〇年的衝擊和二〇〇八年危機一樣嚴重，但這一次的經濟復甦途徑卻將遠遠與二〇〇八年不同。因此，忙著避免重蹈覆轍的政策制定者，反而有可能不慎犯下新的錯誤；而且，事實可能會證明，那些新錯誤的代價不見得比較小。政策制定者這一次對經濟體系採用的療法（高達三兆美元的損害分類療法）隱含著可能要數個月或是數年才有辦法釐清的潛在有害副作用。零利率的採用導致聯邦政府與企業界的債務增加到前所未見的水準。在這場大流行病來襲前就已非常高的公司債規模，在二〇二一年年底達到了更高的水準。二〇二〇年二月至二〇二一年六月間，聯邦政府債務也增加了五兆美元，達到二十二兆兩千億美元，而聯準會持有的公共債務也增加了超過兩兆五千億美元。國會預算辦公室在二〇二〇年十二月預測，就算利率只比那十年的每年預估值略高〇．一個百分點，到二〇三〇年時，償債成本都會增加兩千三百五十億美元，超過五角大廈（Pentagon）所編列的二〇二二年海軍支出預算。[4]

由於有那麼多債務在全球各地流竄，任何出乎意料的貨幣緊縮行動都有可能造成遠大於過去的損害，包括對市場的損害，以及對國家財政體質的損害，這個風險絕對不容小覷。正因如此，在二〇二一年年底的此時，聯準會對這一次通膨飆升本質的判斷，勢必會牽涉到極大的利害關係，因為一旦判斷錯誤，就很可能造成極大的代價。

此時此刻，市場比過去的任何時間點都更聚焦在聯準會主席的對外發言上，他的發言可能已和經濟數據點或企業獲利數字一樣重要。當前，一整個世代的操作者都已被訓練成「聯準會賣權」型（Fed put）操作者，他們普遍本著「中央銀行一定會介入拯救經濟體系與金融市場」的信念來從事平日的操作。當年，鮑爾還在普林斯頓大學唸書時，多數美國人根本想都不會想到聯準會。但如今，就算是計程車司機或理髮師，也能頭頭是道講出「聯準會主席平常都做些什麼」，並發表他們個人的特有看法。身為別人口中的《華爾街日報》首席經濟特派員，我的日常經驗絕對能證明這一點。

聯準會的低利率政策正好發生在財富不平等長期擴大的時期，低利率政策也確實助長了財富的不平等。數兆美元的損害分類療法或許拯救了金融體系，但聯準會的經濟穩定工具畢竟無法精準鎖定真正需要幫助的人。二〇〇八年時，家庭財富減少了八兆美元，但二〇二〇年，家庭財富卻**增加**了十三兆五千億美元，並凸顯出諸如住宅與股票等財富累積型資產的分配不均。[5]二〇二〇年年底，財富排名前百分之一以內的美國家庭，共增加了五兆美元的財富，也就是淨值增加了接近一五%。相形之下，財富最少的五〇%家庭，則僅增加了三千六百七十億美元的淨值；雖然他們的百分比增加幅度較高（一八%），但那樣的貧富差距還是非常令人反感。

政府在許多領域的應對措施做得不夠，凸顯出一個問題：家庭與企業救助計劃的傳遞機制隱含非常明顯的弱點。失業保險安全網本身已搖搖欲墜，有太多的勞工根本直接從安全網的縫隙跌落深淵。和銀行業關係良好的企業雖然能取得它們需要的所有援助（甚至可能得到它們不需要的援助），但還是有很多其他企業被徹底忽略。未來幾個月和幾年，和欺詐行為有關的報導只會更加層出不窮。

當初傑伊・鮑爾相對明快地帶領聯準會擺脫最具爭議的放款計劃，沒有越過已成為外界話柄的那條紅線。不過，聯準會對小型企業（相對大型企業）的放款計劃所引起的喧騰、國會議員意圖對緊急放款作業的細節下指導棋，以及政治圈對大都會運輸署或石油及天然氣產業「紓困」案的中傷等，在在凸顯出那類特例型干預行動的主要風險：那類放款最終一定會被泛政治化。聯準會面臨的風險在於，它雖在二〇二〇年成功停辦這些計劃，但幾乎沒人敢保證一旦未來再度爆發危機，政治人物不會為了促進狹隘的政治優先考量，而再次要求聯準會採取更大膽的政策回應。

某些聯準會官員亂七八糟的個人交易行為尤其令人頭痛，如果這些問題不加以解決，諸如此類和中央銀行廉正度有關的汙點，一定會傷害聯準會在市場和大眾心目中的信譽。國會已將巨大的權力交託給聯準會，而為了能有效履行應有的職責，聯準會將需要得到政治光譜上的所有支持。問題是，因聯準會官員個人交易行為而起的爭議，已導致「聯準會和華爾街過從甚密」的疑慮再次升高。舉個例子來說，有意否決鮑爾連任的華倫已把握機會引用這項爭議，並指稱這是聯準會「貪腐文化」的證據。

川普對聯準會而言是一種特殊型態的政治威脅。然而，聯準會還面臨其他較不明顯的潛在風險。如果國會領悟到它能再次將中央銀行打造為成一個政府貸款人，聯準會的自主權將會發生什麼變化？二〇二〇年危機期間所發放的經濟振興相關款項，有可能開啟一個全新的先例。數位通貨的發明，則可能讓聯準會更難以解釋為何在數百萬、甚至數千萬美國人陸續失業之際，它的政策會投入數兆美元的資金去協助華爾街的運作——為何它無法同樣投入數兆美元來援助美國家庭？

聯準會必須維持獨立的理由，以一個簡單的共識為基礎：白宮和國會不會干預聯準會選擇以什麼方式來控制通貨膨脹；而為了投桃報李，聯準會一定會克盡厥職，控制通貨膨脹。但如果聯準會的工作內容擴大到包山包海，涵蓋金融穩定、氣候變遷、所得不平等與其他所有立意良好的必要緊急政策，難道經由民主選舉選出的領袖，不該對那些政策的落實方法擁有任何話語權嗎？這個問題的答案並不容易回答。一旦聯準會的任務目標繼續增加，支持聯準會獨立性的論據很快就會失去說服力。

此外，當聯準會被戴上經濟先知或市場魔法師的光環，也會產生另一種危險：大眾一定會經常要求這些非民選技術文官出手解決聯準會現有工具無法輕易處理的問題。如果各國中央銀行被賦予更多責任，未來它們勢必會更常無法圓滿履行那些責任。葛林斯潘為聯準會營造了一種「無所不知」的光環，在景氣良好的時期，這個光環確實能促使政治人物自動退散，放手讓聯準會行使它的獨立自主權。不過，若能讓大眾體認到聯準會的領袖也是會犯錯的凡人，聯準會的景況其實會更好一些；畢竟一旦大眾有這樣的認知，社會就不會老是把糾正政治人物的錯誤或更廣泛的社會弊病的責任，一股腦兒全丟給聯準會領袖。[6]

聯準會的行動幾乎肯定會導致道德風險惡化，並可能促使投資人在未來承擔更多的風險，尤其如果金融市場那顯而易見的脆弱性沒有獲得解決的話。只不過，就算道德風險真的促使民眾採取更高風險的行為，那樣的關聯性也可能要很久以後才會浮上檯面。

二〇二〇年的恐慌暴露出**影子銀行體系**（shadow banking system，這是一個術語，用來形容資產管理公司、避險基金和其他提供「類」銀行服務的機構）幾個半可預測（semi-predictable）的缺陷，包括：貨幣市場共同基金在十二年內兩度要求紓困；公司債基金一旦遇到壓力，就會表現非常糟糕；以及美國政府過於依賴避險基金與其他機構來為日益增加的預算赤字籌措財源，最終暴露了美國公債市場的弱點。

這一次，為了遏制剛形成的金融危機，聯準會不得不在短短幾個星期內，火速購買兩兆美元的政府公債。如果每次衝擊來襲都依賴聯準會內部區區幾名人員來進行這類干預，最終勢必會引爆更大的災難。二〇〇八年的危機過後，國會責成一個新實體負責處理這類弱點：由財政部長擔任主席的金融穩定監督委員會（Financial Stability Oversight Council）。不過，到二〇二〇年為止，那些主管機關卻很少派上用場，況且，財政部長的權力真的有大到足以逼迫獨立的監理機關出面，為更廣泛的經濟體系建構更堅穩的基礎嗎？迄今這仍是一個有待討論的疑問。

當初打造聯準會的目的，就是要監理由銀行業者支配的金融體系，如今，這個金融體系早已擴大到銀行體系以外。由於民間信用與權益（注：股票）市場的資本形成總額（capital formation）愈來愈龐大，類似二〇二〇年那樣的恐慌，難免需要鮑爾的「救市有氧操」才能解決。未來，監理機關將必須檢討要如何針對二十一世紀的金融體系重新調整工具，因為二十一世紀的金融體系已和當初設計聯準會職權時（聯準會最初的設計是作為準備金貸款人）的金融體系大不相同。

儘管銀行監理體制在二〇〇八年危機之後變得更加健全，但經歷二〇二〇年的種種，我們實在很難宣稱這個新監理體制已徹徹底底成功。二〇二〇年的災難爆發後，國會與聯準會對經濟體系大量灑錢，包括不動產抵押貸款的債務償還寬免、失業救助金、小型企業補助金、聯準會最後擔保等等。多虧了那些鉅額資金的支持，恐慌在蔓延到銀行部門以前就已受到壓制。

如果到二〇二二年，高漲的通膨壓力仍未解除，甚至延續到更久以後，且事實也證明聯準會對經濟變化的診斷是錯的，屆時聯準會官員有可能不得不面臨一系列痛苦的取捨。而且，就算通貨膨脹最終回到較低水準，和金融穩定有關的憂慮，還是有可能導致聯準會設定利率的審議過程變得更複雜。如果經濟衰退是因「經濟過熱導致通貨膨脹上升」所造成，那麼，只要採用適當的利率水準，應該就能實現聯準會的雙重目標：即低且穩定的通貨膨脹與可永續維持的低失業率——經濟學家稱之為「天賜巧合」。不過，誠如鮑爾喜歡提醒聽眾的，這個適當的利率水準並不見得能在實現個天賜巧合之餘，**進一步**實現第三個目標：穩定的金融體系。

此外，如果政策制定者不想使用利率政策來遏制金融不節制行為，就必須打造新的工具。在美國，沒有任何一個主管機關的主要職責是尋求整個金融體系的安全性；正好相反，美國是仰賴一系列支離破碎且彼此重疊的金融監理機關來維護金融安全。

當然，面對二〇二〇年那樣危急的情境，政策制定者的任何一個選項都是有風險的；所以，真正必須考量的問題是：在所有最可能的替代選項當中，鮑爾和同事選擇承擔的那些風險是否合理。其中很多風險幾乎可確定值得承擔。一九二九年時，聯準會是基於「**做少一點，否則下一次市場會期待我們做更多**」的心態來應對危機。回顧二〇二〇年三月，鮮少人知道這場大流行病會導致商業活動陷入超過十二個星期的險境（遑論十二個月）。當時經濟能以最快速度復甦的重要原因在於：不受聯準會安全網保護的大型企業（如嘉年華郵輪公司）順利經由債務募集到大量資金，進而為自己爭取到一些時間（即使嘉年華的船隊上空無一人，完全閒置）。如果當初企業界連那樣的救生索都無法取得，二〇二一年的供應鏈瓶頸幾乎肯定會更嚴重。

當然，當局平日就有責任防止少數的不肖之徒藉由機能不全的市場來傷害無辜旁觀者，只不過，一旦恐慌爆發，就不是阻擋主事者支援那類不肖之徒的好時機。儘管這麼說，若平日不思解決有朝一日可能導致聯準會不得不採取更侵入性應對措施的那類缺陷，則是同樣流於粗心與失職。假定你的房子著火，消防隊員成功拯救了你的房子、但弄濕了家具，這時如果你對他們發脾氣，你會顯得很不講道理；不過，如果你因房子著火而責怪主管機關未能在時機良好的階段做好防火工作，倒是合情合理。

如果沒有二〇〇八年金融危機的經驗，聯準會面對這次衝擊，最初可能會像美國的公衛機關那樣手忙腳亂。不過，它並沒有慌了手腳。聯準會在二〇二〇年三月的明快行動，成功阻止了一場金融恐慌，並使經濟體系避開了可能的蕭條處境。有史以來，美國幾乎未曾經歷過那年三月那麼疲於奔命與千鈞一髮的緊張日子——幾乎每天都有許許多多的重大決策必須制定。聯準會的回應速度令人震驚，且就當時的情境而言，它的回應不可或缺。前紐約聯邦準備銀行達德利表示：「若是平常，做那類決策要花更多時間。」「聯準會是個慎重的實體，而我要將聯準會這次的明快回應歸功於鮑爾；除非主席開口要求，否則聯準會不可能那麼迅速採取行動。」[7]

鮑爾事後坦承，在這場危機最黑暗的那些日子裡，聯準會曾討論到一個「迷你蕭條情境」，也就是病毒導致整個社會無限期封閉的情境。「我們不知道疫苗即將到位。這場大流行病實在太猖獗了，我們根本束手無策，全世界所有人都束手無策。事後回顧，當時最令人憂慮的是，**萬**

一這場大流行病遲遲無法消退，持續導致民眾死亡，並使我們久久無法真正且徹底開放經濟體系，那該怎麼辦？」即使那不是最可能發生的結果，但鮑爾在疫情平息之後表示：「我們的對談之間，多多少少帶有那樣的憂慮，所以我們迫切想做一切可能防止那個結果發生的事。」[8]

不管歷史如何評斷這一次國會通過的幾項支出法案，聯準會在二〇二〇年三月的果斷行動是獲得肯定的，而且很多人認為聯準會勇氣可嘉。其中一人是共和黨的國會議員麥亨利，他認為鮑爾在二〇二〇年的表現，拿到了「A$^+$，如果分數介於一分至十分，他拿到了十一分。他拿到比最高分還要高的分數，而且他當之無愧。聯準會整個機構都當之無愧。」[9]的確，在美國多數環節陷入新冠疫情的無底深淵之際（更糟的是，當時的美國總統川普還拒絕承認這個事實）鮑爾所展現的速度與決斷力，確實對整個局面的穩定發揮了關鍵的作用力。

為提振資產價格而鼓勵民眾舉債的政策確實令人擔憂。每經歷一次經濟衰退便造就出一批億萬富翁的國家的確相當糟糕，而且，這也讓聯準會陷入地獄般的兩難。仰賴較低利率來振興經濟，勢必會引來民眾對聯準會的憤怒，但有時民眾的憤怒真的搞錯對象了。在全球利率都偏低的這個時代，把貧富差距擴大的多數或全部責任歸咎於中央銀行，形同發給其他所有參與經濟政策的行為者一張通行證，讓他們得以為重要但困難的租稅、監理與聯邦支出決策找到開脫的藉口（這些決策並不是由聯準會那一小群與世隔絕的技術文官一手打理）。何況，儘管日益惡化的**財富**不平等可能對政治造成損害，高失業率與**所得**不平等也一樣會對政治造成損害。

將日益惡化的不平等全部歸咎於中央銀行的評論家，必須正視一個反事實情境：聯準會為防止不平等的情況發生而**提高**利率，結果犧牲了經濟成長與就業。如果聯準會抗拒利用手上的工具來刺激經濟更快速復甦，經濟會變得比較好嗎？勞工會因此變得更富裕嗎？（尤其是位於工資水準底層的勞工）還是這樣的做法反而只會導致聯準會事後被迫推出更極端對策的風險上升？看看歐洲和日本的央行：這兩家中央銀行都因為做得太少、動得太遲，最後只得硬著頭皮採取愈來愈寬鬆的貨幣政策，來彌補先前的錯誤。所以，真正的問題癥結在於：聯準會缺乏能同步應對失業**和**不平等的工具。

這段時間推行的財政創新（通常獲得飽爾的支持），有可能可以扭轉自古以來「最貧窮與最容易受傷的人在經濟衰退階段承受最多痛苦」的歷史型態。承受高壓力的經濟體系有沒有可能逼迫企業搶奪勞工，並扭轉近四十年來受雇者所得占比持續降低的趨勢？國會決定提供更慷慨的所得替代計劃，再搭配不動產抵押貸款債務償還寬免與暫停租客驅逐令等方案，可能已經幫助許多較貧窮的家庭免於陷入財務災難。舉個例子，根據摩根大通研究所（JPMorgan Chase Institute）的統計，到二〇二〇年十月，薪資所得最低那四分之一的家庭的支票存款餘額，比一年前增加接近五〇%。[10]

蒂娜．畢提和先生原本開了三十六家丹尼斯餐館，目前已收掉兩家，他們要等到夏天，才會有亮麗的銷貨收入，屆時也才有機會局部回收他們因新冠疫情而流失的兩千萬至三千萬美元營收。雖然蒂娜已經提高入門員工的工資，也為服務員和廚房雜工提供留任紅利，但她還是發現，「搶奪勞工」這件事比她想像中更加困難：某些勞工光是領取失業救濟金，就可能賺比到餐廳上班還要多的工資；此外，也有勞工因揮之不去的病毒恐懼，而拒絕回到職場。

蒂娜認為，若沒有薪資保障計劃與聯邦政府的其他資金援助計劃（為企業與流離失所的勞工提供現金的計劃），她的事業應該無法安然度過這場大流行病危機。她說：「我們的供應商（他們也有員工）以及屋主，也得支付他們自己的帳款。」「維持整個生態流暢運轉，不僅能讓我們得以繼續營運，還能維護我們的關係。」

馬克・艾普斯坦開在波士頓市中心的牛奶街餐館，也同樣以實例闡述了聯準會與拜登政府那一連串救助計劃的許諾和危險。最重要的是，唯有推行廣泛且成功的疫苗接種計劃，才能促使鄰近的辦公室員工回流，艾普斯坦的事業也才會有轉機。

到了六月，新英格蘭地區的高疫苗接種率以及學校即將在秋天開學等發展，終於讓艾普斯坦開始樂觀了起來，因為那些發展將促使一般勞工恢復新冠疫情爆發前的日常例行活動。不過，民眾是否願意為了假日派對和會議所需的餐點而包辦宴席外燴（這是他主要的銷貨收入來源），則還有極大的不確定性。尤其到那年夏末即將結束時，更具傳染性的 Delta 變種病毒正導致病例明顯增加，使得前述的不確定性進一步上升。艾普斯坦不僅需要商業界的勞工回到辦公室，還需要他們能安心自在地搭飛機、出差開會、聚餐等等。不僅如此，他的公司還面臨了僱請人員的新挑戰。除了利用薪資保障計劃發放員工工資的那幾個月，他的餐館根本無力支付工資給員工，導致他流失了幾位高階職員，包括人力資源處長以及行政主廚。

屋漏偏逢連夜雨，艾普斯坦還得應付食物價格飆漲的問題。餐館的團隊正在討論是否不再印菜單，以便保有較大的漲價彈性；另外，他們也在討論是否在八月重新開張時，砍掉菜單上的一些餐飲項目。艾普斯坦說：「諸如此類的通膨問題將帶來非常、非常、非常大的挑戰。」「這個挑戰就是較低水準的銷貨收入，以及遠高於過去的成本。」

儘管艾普斯坦面臨後勤運籌端的夢魘以及可能愈來愈高的物價，他還是對聯準會的應對措施與鮑爾的領導能力讚不絕口。二〇二一年六月，艾普斯坦表示：「我比以往的任何時刻都更強烈感覺到，傑伊．鮑爾是世界上最偉大的愛國分子。」

在二〇二一年九月的一場中央銀行論壇上，有人對鮑爾提出一個疑問：聯準會的經濟振興政策是否有「做得過頭」之嫌？鮑爾自告奮勇回答：「根據記錄，歷史上做得不夠的例子比比皆然。」「我們幾乎每個週期都傾向低估相關的危害，也低估了民眾對應對措施的需要。我認為這一次我們成功避免讓那樣的狀況發生。」

說實話，可能要事過境遷許多年後，我們才會知道這一次聯準會是否做得過頭。鮑爾留下來的究竟是遺產還是遺毒，並非取決於二〇二一年當下的通貨膨脹與就業狀況，而是未來幾年的通膨與就業狀況。

不管二〇二一年年底以後發生了什麼事，鮑爾在二〇二〇年所做的一切（包括直接的作為以及透過他對國會的積極鼓吹）確確實實成功阻止了一場金融災難，並進而阻止醫療與經濟端的災難變得更雪上加霜。

二〇〇八年危機爆發時，聯準會有幸有長年研究大蕭條的柏南克掌舵，才得以避免犯下美國央行在一九三〇年代所犯的錯誤。二〇二〇年時，聯準會再一次走運，因為這一次，有一位華盛頓經驗豐富、並因此理解柏南克與同仁在二〇〇八年的所作所為的嚴肅企業金融長才領導，並因此順利度過難關。

鮑爾為聯準會帶來了全新的面貌，他從大處著手——善加部署聯準會的資產負債表來從事未曾做過的任務，並因時制宜調整框架，應對通膨日益走低的世界；但他也從小處著手——他的談吐不像葛林斯潘總是蓄意使用一些晦澀高深的語言，也不像柏南克和葉倫那樣習慣把學術用語掛在嘴邊，而是像個小政治人物。聯準會的主席依舊必須擁有歷任前輩在這件工作上所展現的智慧敏銳，而葛林斯潘和鮑爾所擅長的政治殷勤也明顯讓這個職位獲益匪淺。

沒有任何一個國家的中央銀行能凌駕在政治之上，畢竟中央銀行是政治體系的產物，而政治上的限制確實也侷限了中央銀行的運作自由。鮑爾深深體認到這一點，而且他也深知作為一名傾聽者的獨特優勢——儘管在這個圈子裡，多數人是靠著談話來取得成就。

對聯準會來說，如果大眾和他們選出的民意代表不了解聯準會的作為、不明白它採取那些作為的原因，就算聯準會制定了正確的政策，也沒有太大的價值可言。鮑爾之所以定期與國會議員協商，不單只是為了在總統威脅說要摧毀這個機構時，好好保護他羽翼下的那一群同仁，還是為了確保他了解國會議員的立場，以便善加管理整個聯準會的政治風險。

從一九六五年在喬治城預備中學七年級時期就和鮑爾結為好友的馬許・馬歇爾（Marsh Marshall）說：「在很大的程度上，這種根深柢固的自信，說明了為何鮑爾會有今天。」「這傢伙的字典裡沒有不安全感。」當川普發動攻擊，「他默默忍受。因為傑伊深信他做的事是正確的。」[11]

在這場危機導致情勢達到最谷底之際，鮑爾重振他內心那股篤定感。二〇二〇年五月，也就是美國歷史上最黑暗的幾個星期過後短短兩個月，鮑爾的談話聽起來不像個律師出身的銀行家，而像個心理治療師：「我們必須透過這個方式互相幫助。而我們正打算這麼做。」[12]

二〇二一年三月，有人要求鮑爾一定得說出這場危機究竟留下了什麼教誨，當時，他再次訴諸「我為人人」這個普惠主題。大手筆且明快的行動固然非常重要，永遠不要失去信心亦然。鮑爾表示：「即使是在非常慘澹的時期，也要試著在極度恐懼與猜疑之中懷抱信念與希望。」「我們永遠不該看扁自己。」13

致謝

在這場大流行病危機期間，財金當局實施了琳瑯滿目的緊急經濟政策應對措施，若不是各方人士不惜犧牲許多寶貴時間，幫助我更理解當初促成這些應對措施的事件與決策，這本書絕對不可能完成。我多麼希望能公開感謝每一個人，但如果我這麼做，其中許多人可能會在他們的專業上遭到為難，所以，我不會指名道姓感激他們。無論如何，我由衷感謝他們對我付出的耐心，更感謝他們願意信任我，並盡可能誠實且精確地對我訴說整個事件的來龍去脈。

打從一開始到完成整件工作，我的代理商 Raphael Sagalyn 都以非常有建設性的樂觀態度，為我提供明智的忠告和許多的支持與指導。

Bruce Nichols 非常支持我寫這本書，我也非常感謝他在手稿剛成形時，憑著他的毅力，仔細幫忙檢閱整份草稿的內容，並提供許多獨到高見。此外，我還要感謝完成本書逐頁內容的 Little, Brown 全體團隊。感謝 Nathan Means 以他的專家之手，重新編寫並潤飾本書的文字敘述。感謝 Allan Fallow 一絲不苟地進行審稿作業。感謝 Carolyn Levin 提出非常有幫助的建議。Greg Ip、Josh Zumbrun，以及

David Wessel 幫忙閱讀初期的草稿，並提供了彌足珍貴的意見，我真的欠他們很多人情。

《華爾街日報》新聞編輯室的破例支持，讓這件作品成為可能，它是一個無與倫比的專業資料來源，過去十五年間，它為我提供了非常多專業上的支持，未來想必也一樣。我特別要感謝 Matt Murray 與 Paul Beckett 對這個專案的支持。Nell Henderson、Jon Hilsenrath、Greg Ip 以及 David Wessel 是我尋求獨到高見或建議的來源，我何其有幸能在不同時期得到他們的幫助，他們的關照多到讓我受寵若驚。這本書是以我為《華爾街日報》所做的聯準會與美國經濟報導為基礎。我要感謝非常多同事，他們一向是我最棒的隊友。儘管要感謝的人多到不勝枚舉，但我要特別感謝經濟小組的成員，包括 Paul Kiernan、Michael Derby、Kate Davidson、Andrew Ackerman、Richard Rubin、David Harrison、Harriet Torry、Amara Omeokwe、Eric Morath、Sarah Chaney Cambon、Gwynn Guilford、Mark Anderson、Josh Mitchell 與 Jeffrey Sparshot。我也想感謝駐紐約和華盛頓的同事，包括 Jeanne Cummings、Jay Sapsford、Jude Marfil、Bob Davis、Kristina Peterson、Michael Bender、Alex Leary、Ken Thomas、Andrew Restuccia、Peter Nicholas、Vivian Salama、Julia Verlaine、Matt Wirz、Colin Barr、Phil Izzo、Jennifer Forsyth、Neil King 與 Jerry Seib。過去八年間，我在新聞編輯室和 Josh Zumbrun 的共事經驗，就像是上天特別給我的獎賞，幸好有他的幫助，我才得以透過喬治城大學學報《The Hoya》新聞編輯室裡的無數失眠夜晚，察覺到我對新聞的最初熱情。

最重要的是，我要感謝我的家人，包括我的父母 Vincente 與 Carol，還有我弟弟 Alex，感謝他們永遠堅定不移的鼓勵、愛與支持；我也要感謝同樣給我許多滋養的岳父母 Tony 與 Rosalyn

Smith，還有我的舅子 Elliott Smith。寫書是件繁重的工作，尤其是有幼兒需要養育，又有大流行病爆發的情況下。我的妻子 Mallie——我一生的摯愛——一如往常給我最大的支持，不管是我無謂專注於乏味的細節，還是被無所不在的最後期限追著跑時，她都展現出極大的耐性。感謝 Cora 與 Eliza，妳們讓近乎封城的生活裡充滿了無盡的樂趣，幸好有妳們，我才能在過去兩年的混亂中，重新找到定位。

這份紀實引用了二〇二〇年年底至二〇二一年上半年共一百多份的個人訪談內容，非常感謝諸位受訪者與我分享和眾多重要事件有關的時間、經驗、文件材料與知識。那些消息人士的專業地位有可能因他們和我合作打造這本書而遭受危害，所以，為了獲得他們最坦率的陳述，我是以「深度背景」(deep background，注：指政府最高級官員在不被注明消息來源的情況下才願意揭露資訊的行為）的新聞條件來訪問其中絕大多數人。

這代表我將在不指明來源的情況下，持平地將這些資訊納入本書的各個段落。在本書稍後的附注裡出現的未注明來源資料，多半就是以那些訪談為基礎。本書納入的報導也是以我過去三年間對現任與前任聯準會官員、政府官員，以及密切關注那些官員工作的民間部門或學術界人士所做的數百次訪談為基礎。本書另外還引用了數篇國會證詞、公開訪問、口述歷史，以及電子郵件的通信內容。我也參考了鮑爾、梅努欽、克拉里達、奎爾茲、布蘭納德以及威廉斯等人的公開行事曆。在這整本書的敘事中，我小心翼翼地重建了某些場景與對話。本書多處指名道姓提到某些人曾說過哪些特定的對話，或內心有什麼想法，這些資訊都是由掌握第一手消息的人分享給我的。不過，讀者不該假設本書所陳述的任何特定場景裡的資訊，必然是參與其中的某一個人所提供，因為這些場景可能是參考某位正好掌握直接消息的同事的意見重建而來，也可能是參考曾參與電話或視訊會議的其他人的意見而重建。本書的尾注詳述了我引用了哪些政策制定者登記有案的訪談內容裡的資訊。

撰寫本書時，我謹守《華爾街日報》記者平日依循的「無意外」（no surprises）新聞報導原則，這個原則是指，本書提及的每一位關鍵人士都很清楚本書分享了哪些揭露內容，而我也讓他們都有提出個人回應的機會。為了盡可能呈現最翔實的陳述內容，我已竭盡所能調和每一位關鍵人士對這些事件的各種矛盾敘述、不同的記憶或對他們各自有利的觀點等。

本書提及的美國經濟數據，多半引用自聖路易斯聯邦準備銀行所維護的統計數據資料庫，也就是所謂的 FRED。每日報表上的金融市場數據則是參考道瓊公司的資料，公衛數據引用自新冠追蹤計劃（The Covid Tracking Project，https://covidtracking.com/data/national/）。由於川普的推特帳戶已經被暫時停用，所以我沒有把他的推文連結納入本書的尾注。不過，本書提到的所有川普推文都可公開取得，也能在 thetrumparchive.com 上搜尋得到。

我借重了很多新聞同業的傑出工作成果，包括美聯社（Associated Press）、Axios、彭博社、CBS 的《六十分鐘》節目、CNBC、CNN 商業台（CNN Business）、《金融時報》、福克斯商業新聞、《市場觀察》（*MarketWatch*）、《紐約時報》、路透社、《華盛頓郵報》以及雅虎財經網（Yahoo! Finance）等同業。只要內文有借重上述資料來源的地方，我都會提及資料的出處，不過，若我無意中漏掉了某些新聞報導的出處（特別是揭露了重要情節片段或細節的報導），尚請見諒。

參考書目

除了報紙、新聞通訊社、雜誌、學術研究報告和口述歷史對那個時期的陳述，以下書籍也提供了有用的資訊：

Ahamed, Liaquat. *Lords of Finance: The Bankers Who Broke the World*, New York: Penguin Press, 2009.

Bagehot, Walter. *Lombard Street: A Description of the Money Market*, New York: Arm-strong & Co., 1873.

Bernanke, Ben S. *The Courage to Act: A Memoir of a Crisis and Its Aftermath*, New York: W.W. Norton & Co., 2015.（注：柏南克《行動的勇氣：危機與挑戰的回憶錄》，今周刊出版）

Bremner, Robert P. *Chairman of the Fed: William McChesney Martin, Jr., and the Creation of the Modern Federal Reserve System*, New Haven, Conn.: Yale University Press, 2004.

Binder, Sarah, and Mark Spindel. *The Myth of Independence: How Congress Governs the Federal Reserve*, Princeton, N.J.: Princeton University Press, 2017.

Blinder, Alan S. *Central Banking in Theory and Practice*, Cambridge, Mass.: MIT Press, 1998.

Califano, Joseph. *The Triumph and Tragedy of Lyndon Johnson: The White House Years*, New York: Simon & Schuster, 1991.

Davis, Bob, and Lingling Wei. *Superpower Showdown*, New York: HarperCollins, 2020.

Donovan, Robert J. *Tumultuous Years: The Presidency of Harry S Truman, 1949–1953*, New York: W.W. Norton & Co., 1982.

Eccles, Marriner S. *Beckoning Frontiers, Public and Personal Recollections*, New York: Alfred A. Knopf, 1951.

Ehrlichman, John. *Witness to Power: The Nixon Years*, New York: Simon and Schuster, 1982.

Ferrell, Robert H., editor. *Inside the Nixon Administration: The Secret Diary of Arthur Burns, 1969–1974*, Lawrence, Kan.: University Press of Kansas, 2010.

Friedman, Milton, and Anna Jacobson Schwartz. *A Monetary History of the United States, 1867–1960*, Princeton, N.J.: Princeton University Press, 1963.（注：彌爾頓・傅利曼、安娜・許瓦茲《美國貨幣史》）

Geithner, Timothy F. *Stress Test: Reflections on Financial Crises*, New York: Broadway Books, 2014.（注：蓋特納《壓力測試：金融危機之反思》）

Greenspan, Alan. *The Age of Turbulence: Adventure in a New World*, New York: Penguin Press, 2007.（注：葛林斯潘《我們的新世界》，大塊文化出版）

Greider, William. *Secrets of the Temple*, New York: Simon & Schuster, 1987.

Hackley, Howard H. *Lending Functions of the Federal Reserve Banks: A History*, Washington, DC: Federal Reserve Board of Governors, 1973.

Irwin, Neil. *The Alchemists: Three Central Bankers and a World on Fire*, New York: Penguin Press, 2013.

Lowenstein, Roger. *The End of Wall Street*, New York: Penguin Press, 2010.

Mallaby, Sebastian. *The Man Who Knew: The Life and Times of Alan Greenspan*, New York: Penguin Press, 2016.（注：馬拉比《格林斯潘傳》）

Meltzer, Allan H. *A History of the Federal Reserve, Volume 1: 1913–1951*, Chicago: University of Chicago Press, 2003.

Meltzer, Allan H. *A History of the Federal Reserve, Volume 2, Book 1, 1951–1969*, Chicago: University of Chicago Press, 2009.

Meyer, Laurence H. *A Term at the Fed: An Insider's View*, New York: HarperCollins Publishers, 2004.

Nixon, Richard. *Six Crises*, New York: Doubleday, 1962.

Safire, William. *Before the Fall: An Inside View of the Pre-Watergate White House*, New York: Doubleday, 1975.

Schroeder, Alice. *The Snowball: Warren Buffett and the Business of Life*, New York: Bantam Books, 2008.（注：施洛德《雪球：巴菲特傳》，天下文化出版）

Taylor, John B. *Getting Off Track*, Stanford, Calif.: Hoover Institution Press, 2009.

Treaster, Joseph B. *Paul Volcker: The Making of a Financial Legend*, Hoboken, N.J.: Wiley, 2004.

Volcker, Paul. *Keeping at It: The Quest for Sound Money and Good Government*, New York: PublicAffairs, 2018.（注：伏克爾《主席先生：聯準會前主席保羅．伏克爾回憶錄》，早安財經出版）

Wessel, David. *In Fed We Trust: Ben Bernanke's War on the Great Panic*, New York: Crown Business, 2009.（注：魏瑟《我們相信聯準會：金融救世主柏南克傳奇》，財信出版）

Woodward, Bob. *Fear: Trump in the White House*, New York: Simon & Schuster, 2018.（注：伍華德《恐懼：川普入主白宮》，遠流出版）

Woodward, Bob. *Maestro: Greenspan's Fed and the American Boom*, New York: Simon & Schuster, 2000.

注釋

前言

1 Chloe Taylor, "Economic impact of coronavirus will be clearer in 'three or four weeks,' Mnuchin says," CNBC, February 23, 2020. https://www.cnbc.com/2020/02/23/coronavirus-mnuchin-says-economic-impact-will-be-clearer-within-weeks.html

2 Rob Stein, Laurel Wamsley, "Health Officials Warn Americans to Plan for the Spread of Coronavirus in US," NPR, February 25, 2020 https://www.npr.org/sections/health-shots/2020/02/25/809318447/health-officials-warn-americans-to-start-planning-for-spread-of-coronavirus-in-us

3 Fred Imbert, "Larry Kudlow says US has contained the coronavirus and the economy is holding up nicely," CNBC, February 25, 2020. https://www.cnbc.com/2020/02/25/larry-kudlow-says-us-has-contained-the-coronavirus-and-the-economy-is-holding-up-nicely.html

第一章

1 Jerome H. Powell, "Ending 'Too Big to Fail,'" speech at the Institute of International Bankers 2013 Washington Conference, Washington, DC, March 4, 2013. https://www.Federalreserve.gov/newsevents/speech/powell20130304a.htm

2 後來，由於加弗蘭德未能善盡監督公司首席政府公債交易員的職責，而就多項民事控訴進行和解，並繳了十萬美元的罰金。他同意，未來除非獲得證券交易委員會的核准，否則不再擔任任何證券公司的首長。

3 Alice Schroeder, *The Snowball: Warren Buffett and the Business of Life* (New York: Bantam Books, 2008), 499.

4 Ibid., 497.

5 巴菲特於二〇二一年五月十三日經由文字寫信給作者的內容。

6 Ibid., 500.
7 鮑爾於二〇一三年三月四日發表的演說。
8 整段交流可透過 C-SPAN 收看：https://www.c-span.org/video/?c4952813/user-clip-salomon-hearing
9 作者本人的採訪。
10 Nick Timiraos and David Harrison, "Mr. Ordinary: Who Is Jerome Powell, Trump's Federal Reserve Pick?" *The Wall Street Journal*, November 2, 2017. https://www.wsj.com/articles/mr-under-the-radar-jerome-powell-trumps-Federal-reserve-pick-signals-continuity-1509643306
11 James Freeman, "What If the U.S. Treasury Defaults?", *The Wall Street Journal*, May 14, 2011. https://www.wsj.com/articles/SB10001424052748703864204576317612323790964
12 erome H. Powell, "More on Stanley Druckenmiller and the Risk of Default," *The Wall Street Journal*, May 25, 2011. https://www.wsj.com/articles/SB10001424052748704816604576333772282586068

第二章

1 Michael C. Jensen, "Marriner S. Eccles Is Dead at 87; Headed Reserve Board 12Years," *The New York Times*, December 20, 1977. https://www.nytimes.com/1977/12/20/archives/marriner-seccles-is-dead-at-87-headed-reserve-board-12-years.html
2 Allan Meltzer, *A History of the Federal Reserve*, Volume 1: 1913–1951(Chicago: University of Chicago Press, 2004)., 468.
3 Ibid., 478.
4 Ibid., 574.
5 Radha Chaurushiya and Ken Kuttner, "Targeting the Yield Curve: The Experience of the Federal Reserve, 1942–51," Federal Open Market Committee memo, June 18, 2003, 3.
6 bid., 7.
7 "Truman Discerns Peril to Economy in Rising Interest," *The New York Times*, August 29, 1966. https://www.nytimes.com/1966/08/29/archives/truman-discerns-peril-to-economy-in-rising-interest-declares.html
8 Robert P. Bremner, *Chairman of the Fed: William McChesney Martin, Jr., and the Creation of the Modern Federal Reserve System* (New Haven, Conn.: Yale University Press, 2004), 73.
9 二〇一七年，川普挑選鮑爾擔任新主席之前，葉倫也曾審慎考慮，一旦出現哪些情況，她將依循艾克斯的先例，在主席任期結束後繼續留在理事會。

10 Bremner, 73.
11 Chaurushiya and Kuttner, 10.
12 FOMC Minutes, August 18, 1950, 12.
13 Chaurushiya and Kuttner, 10.
14 Robert L. Hetzel and Ralph Leach, "The Treasury-Fed Accord: A New Narrative Account," *FRB Richmond Economic Quarlery*, 87, 1 (Winter 2001): 39.
15 Ibid., 40.
16 FOMC Minutes, January 31, 1951, 9.
17 "Economic Report of the President," U.S. Congress, Joint Committee on the Economic Report, January 1951 (Hearings, 82nd Congress, – Sess, January 25, 1951), 158.
18 Hetzel and Leach, 45.
19 Ibid., 45.
20 Ibid., 46.
21 Marriner S. Eccles, *Beckoning Frontiers: Public and Personal Recollections* (New York: Alfred A. Knopf, 1951), 496.
22 Bremner, 76.
23 Robert J. Donovan, *Tumultuous Years: The Presidency of Harry S Truman, 1949–1953* (New York, W. W. Norton & Co., 1982), 358.
24 Hetzel and Leach, 51; Bremner, 80.
25 William McChesney Martin Jr., "Reminiscences and Reflections: Remarks before The Business Council, Hot Springs, Virginia," October 17, 1969. https://fraser.stlouisfed.org/title/statements-speeches-william-mcchesney-martin-jr-448/reminiscences-reflections-7946
26 Hetzel and Leach, 52.
27 Bremner, 91.
28 Ibid., 160.
29 Wright Patman, "The Federal Reserve System: A Study Prepared for the Use of the Joint Economic Committee," Congress of the United States (U.S. Government Printing Office, 1976, 139).
30 Bremner, 205.

31 Paul A. Volcker, *Keeping At It: The Quest for Sound Money and Good Government* (New York: PublicAffairs, 2018), 55.

32 2017. https://www.nytimes.com/2017/06/13/business/economy/a-president-at-war-with-his-fed-chief-5-decades-before-trump.html

33 Ibid.

34 Ibid.; Bremner, 207.

35 Bremner, 203.

36 Ibid., 209.

37 Richard T. McCormack, *A Conversation with Ambassador Richard T. McCormack* (United Kingdom: Xlibris US, 2004), 57.

38 Bremner, 210.

39 "The President's News Conference at the LBJ Ranch," December 6, 1965. https://www .presidency.ucsb.edu/documents/the-presidents-news-conference-the-lbj-ranch-5

40 Bremner, 211.

41 幾個月後，一九六六年八月二十八日，前總統杜魯門發表了一篇罕見的聲明，他警告，利率上升可能引發嚴重的經濟蕭條，他說：「當然，沒有人希望通貨膨脹失控、一飛沖天。」「但我認為，平心而論，美國已不再可能發生那樣的通貨膨脹。」

42 Richard Nixon, *Six Crises* (New York: Doubleday, 1962), 310.

43 Paul A. Volcker, "Federal Reserve Board Oral History Project," January 28, 2008, 59. https://www.Federalreserve.gov/abouthtefed/files/paul-a-volcker-interview-20080225.pdf

44 Bremner, 264.

45 Ibid., 276.

46 Ibid., 277.

47 McCormack, 57.

48 William Safire, *Before the Fall: An Inside View of the Pre-Watergate White House* (New York: Doubleday, 1975), 492.

49 John Ehrlichman, *Witness to Power: The Nixon Years* (New York: Simon & Schuster, 1982), 248.

50 Ibid., 255.

51 "The 1971 Midyear Review of the Economy," U.S. Congress, Joint Economic Committee (Hearings, 92nd Congress, 一 Sess, July 23, 1971), 253.

52 Sebastian Mallaby, *The Man Who Knew: The Life and Times of Alan Greenspan* (New York: Penguin Press, 2016), 140; Safire, 496.

53 Safire, 493.

54 葛林斯潘否認他打了那通電話，接受作者的訪談時，他也同樣否認有這件事。葛林斯潘說，他告訴柯爾森：「查克，就我所知，總統的辦公桌上有一台電話，伯恩斯桌上也有一台。我建議他們最好彼此直接談一談。」Alan Greenspan, "Federal Reserve Board Oral History Project," June 9, 2009. https://www.federalreserve.gov/aboutthefed/files/alan-greenspan-interview-20090331.pdf

55 Mallaby, 142.

56 Ibid., 142.

57 Ibid., 143.

58 "The President's News Conference," August 4, 1971. https://www.presidency.ucsb.edu/documents/the-presidents-news-conference-137

59 Safire, 495.

60 Paul A. Volcker, *Keeping At It: The Quest for Sound Money and Good Government* (New York: PublicAffairs, 2018), 106.

61 J. Dewey Daane, "Federal Reserve Board Oral History Project," June 1, 2006, 25.https://www.Federalreserve.gov/aboutthefed/files/j-dewey-daane-interview-20060601.pdf

62 Arthur F. Burns, "The Anguish of Central Banking," September 30, 1979. http://www.perjacobsson.org/lectures/1979.pdf

63 William Greider, *Secrets of the Temple: How the Federal Reserve Runs the Country* (New York: Simon & Schuster, 1987), 66.

64 Binyamin Appelbaum and Robert D. Hershey Jr., "Paul A. Volcker, Fed Chairman Who Waged War on Inflation, Is Dead at 92," *The New York Times*, December 9, 2019. https://www.nytimes.com/2019/12/09/business/paul-a-volcker-dead.html

65 Volcker, 103.

66 "Volcker, Leading Inflation War, Seen Tightening Credit Further," *The Wall Street Journal*, September 12, 1979.

67 Volcker, 105.

68 Joseph R. Coyne, "Reflection on the FOMC Meeting of October 6, 1979," *Federal Reserve Bank of St. Louis Review* 87, 2
(March/April 2005): 313.

69 Joseph B. Treaster, *Paul Volcker: The Making of a Financial Legend* (Hoboken, N.J.: Wiley, 2004), 159.

70 Volcker, 109; Coyne, 314.

71 作者本人的採訪。
72 Volcker interview, June 6, 2017.
73 Volcker, 112.
74 Clayton Fritchey (*Newsday*),“Fed comes under pressure,” in *Tampa Bay Times*, May 22, 1982.
75 FOMC Transcripts, October 5–6, 1981, 25.
76 FOMC Transcripts, October 5, 1982, 50.
77 Volcker, 141.
78 Sarah Binder and Mark Spindel, *The Myth of Independence: How Congress Governs the Federal Reserve* (Princeton, N.J.: Princeton University Press, 2017), 192.
79 “Bush Pins the Blame for '92 Election Loss on Alan Greenspan,” *The Wall Street Journal*, August 25, 1998.
80 作者本人的採訪。二〇一七年五月十四日。
81 作者本人的採訪。二〇一八年十一月二十一日。

第三章

1 “…Closing Quote,” *The Los Angeles Times*, September 27, 1987, section 4, 3.
2 FOMC transcript, September 15, 2003. https://www.Federalreserve.gov/monetarypolicy/files/FOMC20030915meeting.pdf
3 FOMC transcript, June 24–25, 2003, 132. https://www.Federalreserve.gov/monetarypolicy/files/FOMC20030625meeting.pdf
4 “Open Letter to Ben Bernanke,” *The Wall Street Journal*, November 15, 2010. https://blogs.wsj.com/economics/2010/11/15/open-letter-to-ben-bernanke/
5 聯準會購買債券時不會印製實體貨幣，因為這是財政部的工作範疇。然而，聯準會確實有權力透過「數位印鈔」的方式調整資產負債表，將資金存入那些銷售國債和抵押證券的商業銀行帳戶中。
6 Peter Wallsten and Sudeep Reddy, “Fresh Attack on Fed Move,” *The Wall Street Journal*, November 15, 2010. https://www.wsj.com/articles/SB10001424052748704327704575614853274246916
7 Philip Rucker, “Perry Takes Aim at Bernanke,” *The Washington Post*, August 15, 2011. https://www.washingtonpost.com/blogs/political-economy/post/perry-takes-aim-at-bernanke/2011/08/15/gIQAXwqIIJ_blog.html
8 FOMC Transcripts, September 12–13, 2012, 213. https://www.Federalreserve.gov/monetarypolicy/files/FOMC20120913meeting.pdf

9 FOMC Transcripts, September 12–13, 2012, 194. https://www.Federalreserve.gov/monetarypolicy/files/FOMC20120913meeting.pdf
10 Janet L. Yellen interview, "Federal Reserve Board Oral History Project," January 3, 2012. https://www.Federalreserve.gov/aboutthefed/files/janet-l-yellen-interview-20120103.pdf, 2.
11 Jon Hilsenrath, "Janet Yellen, a Top Contender at the Fed, Faces Test Over EasyMoney," *The Wall Street Journal*, May 12, 2013. https://www.wsj.com/articles/SB10001424127887323551004578441331455504010
12 Yellen interview, 16.
13 FOMC Transcripts, December 11–12, 2012, 185. https://www.Federalreserve.gov/monetarypolicy/files/FOMC20121212meeting.pdf
14 Josh Boak and Christopher Rugaber, "What Powell brings to Fed post: A gift for forging consensus," Associated Press, November 2, 2017. https://apnews.com/article/61d87dfd0d4142febc6c77d8f0ba5263
15 作者本人的採訪。
16 Ben Bernanke, *The Courage to Act: A Memoir of a Crisis and Its Aftermath* (New York: W. W. Norton & Co., 2015), 542.
17 FOMC Transcripts, October 23–24, 2012, 192. https://www.Federalreserve.gov/monetarypolicy/files/FOMC20121024meeting.pdf
18 FOMC Transcripts, January 29–30, 2013, 102. https://www.Federalreserve.gov/monetarypolicy/files/FOMC20130130meeting.pdf
19 FOMC Transcripts, April 30–May 1, 2013, 149. https://www.Federalreserve.gov/monetarypolicy/files/FOMC20130501meeting.pdf
20 Jerome H. Powell, "'Audit the Fed' and Other Proposals," speech at the Catholic University of America, Washington, DC, February 9, 2015. https://www.Federalreserve.gov/newsevents/speech/powell20150209a.htm
21 Janet L. Yellen, "Federal Reserve Board Oral History Project," Federal Reserve Board, 19. https://www.Federalreserve.gov/aboutthefed/files/janet-l-yellen-interview-20120103.pdf
22 Greg Ip, "The Navigator — Fed Chief 's Style: Devour the Data, Beware of Dogma," *The Wall Street Journal*, November 18, 2004.
23 FOMC Transcripts, December 11–12, 2012, 184.
24 Binyamin Appelbaum, "House Republicans Intensify Attacks on Federal Reserve," *The New York Times*, February 26, 2015.
25 FOMC transcript, March 17–18, 2015, 143. https://www.Federalreserve.gov/monetarypolicy/files/FOMC20150318meeting.pdf
26 FOMC Transcript, December 15–16, 2015, 100. https://www.Federalreserve.gov/monetarypolicy/files/FOMC20151216meeting.pdf

第四章

1 Kate Davidson, "Donald Trump's Comments on the Fed, Interest Rate Policy and Janet Yellen," *The Wall Street Journal*, November 9, 2016. https://www.wsj.com/articles/donald-trumps-comments-on-the-fed-interest-rate-policy-and-janet-yellen-1478724767

2 Nick Timiraos, Michael C. Bender, and Damian Paletta, "Gary Cohn Has Emerged as an Economic- Policy Powerhouse in Trump Administration," *The Wall Street Journal*, February 11, 2017; for a more detailed account, see Bob Woodward, *Fear: Trump in the White House* (New York: Simon & Schuster, 2018).

3 Demetri Sevastopulo and Gillian Tett, "Gary Cohn urges Trump team to do more to condemn neo-Nazis," *Financial Times*, August 25, 2017. https://www.ft.com/content/b85beea2-8924-11e7-bf50-e1c239b45787

4 Richard Rubin and Kate Davidson, "Steven Mnuchin, a Newcomer, Tilts at Washington's Hardest Target: The Tax Code," *The Wall Street Journal*, September 25, 2017. https://www.wsj.com/articles/steven-mnuchin-a-newcomer-tilts-at-washingtons-hardest-target-the-tax code-1506350555

5 Max Abelson and Zachary Mider, "Trump's Top Fundraiser Eyes the Deal of a Lifetime," *Bloomberg News*, August 31, 2016. https://www.bloomberg.com/news/articles/2016-08-31/steven-mnuchin-businessweek

6 Kevin Warsh, "Financial Intermediation and Complete Markets," speech at the European Economics and Financial Centre, London, June 5, 2007. https://www.Federalreserve.gov/newsevents/speech/warsh20070605a.htm

7 Philip Rucker, Josh Dawsey, and Damian Paletta, "Trump criticizes Fed' s policies as 'way off-base,'" *The Washington Post*, November 27, 2018, https://www.washingtonpost.com/politics/trump-slams-fed-chair-questions-climate-change-and-threatens-to-cancel-putin-meeting-in-wide-ranging-interview-with-the-post/2018/11/27/4362fae8-f26c-11e8-aeea-b85fd44449f5_story.html

8 Peter Nicholas, Kate Davidson, and Michael C. Bender, "Inside Trump's Search for a Fed Leader," *The Wall Street Journal*, November 2, 2017. https://www.wsj.com/articles/inside-trumps-search-for-a-fed-leader-1509659537

9 Nick Timiraos and David Harrison, "Mr. Ordinary: Who Is Jerome Powell, Trump's Federal Reserve Pick?" *The Wall Street Journal*, November 2, 2017.https://www.wsj.com/articles/mr-under-the-radar-jerome-powell-trumps-Federal-reserve-pick-signals-continuity-1509643306

10 Kai Ryssdal, "Fed Chair Jay Powell: We're 'independent of political considerations,'" *Marketplace*, July 12, 2018. https://www.marketplace.org/2018/07/12/powell-transcript/

11 Jerome H. Powell, "Remarks at the Ceremonial Swearing-in," Washington, DC, February 13, 2018. https://www.Federalreserve.gov/newsevents/speech/powell20180213a.htm
12 Michael S. Derby, "Fed' s Dudley Warns Trade Wars Aren't Winnable," *The Wall Street Journal*, April 18, 2018. https://www.wsj.com/articles/feds-dudley-warns-trade-wars-arent-winnable-1524088270
13 Akane Otani, Riva Gold, and Michael Wursthorn, "U.S. Stocks End Worst Week in Years," *The Wall Street Journal*, March 23, 2018. https://www.wsj.com/articles/stocks-slide-as-trump-kicks-off-trade-war-1521765378
14 "CNBC Transcript: President Donald Trump Sits Down with CNBC's Joe Kernen," July 20, 2018. https://www.cnbc.com/2018/07/20/cnbc-transcript-president-donald-trump-sits-down-with-cnbcs-joe-kern.html

第五章

1 Jerome H. Powell, "Monetary Policy in a Changing Economy," Jackson Hole, Wyoming, August 24, 2018.
2 Nick Timiraos, "Fed Confronts a Dilemma Over the Hot Job Market," *The Wall Street Journal*, June 12, 2018.
3 Jason Cummins, "Fed needs to wake up and admit the economy is overheating," *Financial Times*, July 5, 2018.
4 Michael C. Bender, Rebecca Ballhaus, Peter Nicholas, and Alex Leary, "Trump Steps Up Attacks on Fed Chairman Jerome Powell," *The Wall Street Journal*, October 23, 2018. https://www.wsj.com/articles/trump-steps-up-attacks-on-fed-chairman-jerome-powell-1540338090
5 Peter Nicholas, Nick Timiraos, and Bob Davis, "Trump Faults Treasury Secretary Over Fed Pick," *The Wall Street Journal*, November 23, 2018. https://www.wsj.com/articles/trump-expresses-dissatisfaction-with-treasury-secretary-1543006250
6 Bob Davis, "Trump Expects to Move Ahead With Boost on China Tariffs," *The Wall Street Journal*, November 26, 2018. https://www.wsj.com/articles/trump-expects-to-move-ahead-with-boost-on-china-tariffs-1543266545
7 作者本人的採訪。
8 Nick Timiraos, "President Trump Bashes the Fed. This Is How the Fed Chief Responds," *The Wall Street Journal*, November 30, 2018. https://www.wsj.com/articles/president-trump-bashes-the-fed-this-is-how-the-fed-chief-responds-1543566589
9 Ibid.
10 Bob Davis and Lingling Wei, *Superpower Showdown* (New York: HarperCollins, 2020), 309.
11 Matt Egan, "Why Jerome Powell's quiet show of defiance against Trump and Wall Street is so important," CNN.com, December 20, 2018. https://www.cnn.com/2018/12/20/business/powell-fed-trump-markets

第六章

1 Baker and Maggie Haberman, "For Trump, 'a War Every Day,' Waged Increasingly Alone," *The New York Times*, December 22, 2018. https://www.nytimes .com/2018/12/22/us/politics/trump-two-years.html

2 Nick Timiraos, "Trump's Advisers Seek to Assure Investors He Won't Fire Fed Chair," *The Wall Street Journal*, December 23, 2018. https://www.wsj.com/articles/trumps-advisers-seek-to-assure-investors-he-wont-fire-fed-chair-11545600685?mod=e2tw

3 Davis and Wei, 311.

4 Richard H. Clarida, "Monetary Policy Outlook for 2019," January 10, 2019. https://www.Federalreserve.gov/newsevents/speech/clarida20190110a.htm

5 Peter Nicholas and Paul Kiernan, "A Trump-Powell Meeting: Chance of Rapprochement Fraught With Risks — for Both Sides," *The Wall Street Journal*, December 28, 2018. https://www.wsj.com/articles/a-trump-powell-meeting-chance-of-rapprochement-fraught-with-risks-for-both-sides-11546036082

6 Anne Flaherty, "Trump says of Fed Reserve chairman 'I've waited long enough,'" ABC News, June 14, 2019. https://abcnews.go.com/Politics/exclusive-trump-fed-reserve- chairman-ive-waited-long/story?id=63694021

7 Jeanna Smialek, "Trump Called Powell an 'Enemy.' 'Ugh' Was a Response Inside the Fed," *The New York Times*, January 30, 2020. https://www.nytimes.com/2020/01/30 /business/economy/fed-trump-powell-ugh.html

8 Nick Timiraos, "How Fed Chairman Forged Rate-Cut Consensus," *The Wall Street Journal*, December 10, 2019. https://www.wsj.com/articles/how-fed-chairman-forged-rate-cut-consensus-11575973802

第七章

1 Kate Davidson and Bob Davis, "How Mnuchin Became Washington's Indispensable Crisis Manager," *The Wall Street Journal*, March 31, 2020. https://www.wsj.com/articles/steven-mnuchin-is-trying-to-rescue-the-economy-from-the-coronavirus-11585654202

2 Matthew J. Belvedere, "Trump says he trusts China's Xi on coronavirus and the US has it 'totally under control,'" CNBC, January 22, 2020. https://www.cnbc.com/2020/01/22/trump-oncoronavirus-from-china-we-have-it-totally-under-control.html

3 Lael Brainard, Commencement Address at Claremont McKenna College, May 17, 2014, https://www.cmc.edu/news/read-the-commencement-address-by-dr-lael-brainard

4 Gili Lipman, "Fed Board Governor Dr. Lael Brainard '83 Drives the Economy Forward," *The Wesleyan Argus*, http://wesleyanargus.com/2017/04/10/fed-board-governor-dr-lael-brainard-83-drives-the-economy-forward/

5 Lawrence Summers, "Fed Choreography Was a Calamity: Summers," Bloomberg television interview. https://www.bloomberg.com/news/videos/2020-03-06/fed-choreography-was-a-calamity-summers-video?sref=1X5UIU0Y

6 作者本人的採訪。

7 Colby Itkowitz, Ashley Parker, and Seung Min Kim, "Coronavirus continues its rapid spread, confounding efforts by global leaders," *The Washington Post*, March 7, 2020. https://www.washingtonpost.com/health/2020/03/07/coronavirus-continues-its-rapid-spread-confounding-efforts-by-global-leaders/

第八章

1 Robert Costa, Josh Dawsey, Jeff Stein, and Ashley Parker, "Trump urged Mnuchin to pressure Fed's Powell on economic stimulus in explosive tirade about coronavirus," *The Washington Post*, March 11, 2020. https://www.washingtonpost.com/business/economy/trump-urged-mnuchin-to-pressure-feds-powell-on-economic-stimulus-in-explosive-tirade-about-coronavirus/2020/03/11/db7bfeea-63c9-11ea-b3fc-7841686c5c57_story.html

2 Andrew Restuccia, Andrew Duehren, and Richard Rubin, "Lawmakers Rebuff Trump on Payroll- Tax Suspension for Outbreak," *The Wall Street Journal*, updated March 10, 2020. https://www.wsj.com/articles/white-house-intensifies-push-for-coronavirus-stimulus-measures-11583851800

3 Brookings Institution webinar, May 27, 2020. https://www.brookings.edu/wp-content/uploads/2020/05/es_20200527_financial_markets_transcript.pdf

4 Ayelen Banegas, Phillip J. Monin, and Lubomir Petrasek, "Sizing hedge funds' Treasury market activities and holdings," FEDS Notes, Board of Governors of the Federal Reserve System, October 6, 2021. https://www.Federalreserve.gov/econres/notes/feds-notes/sizing-hedge-funds-treasury-market-activities-and-holdings-20211006.htm

5 Liz Hoffman, "Diary of a Crazy Week in the Markets," *The Wall Street Journal,* March 14, 2020. https://www.wsj.com/articles/diary-of-a-crazy-week-in-the-markets-11584143715

6 Lawrence Wright, "The Plague Year," *The New Yorker*, January 4, 2021.

7 Ibid.

第九章

1 作者本人的採訪。

2 Nick Timiraos and Julia-Ambra Verlaine, "Fed to Inject $1.5 Trillion in Bid to Prevent 'Unusual Disruptions' in Markets," *The Wall Street Journal*, March 12, 2020. https://www.wsj.com/articles/fed-to-inject-1-5-trillion-in-bid-to-prevent-unusual-disruptions-in-markets-11584033537

3 https://www.brookings.edu/wp-content/uploads/2020/05/es_20200527_financial_markets_transcript.pdf, 13.

第十章

1 作者本人的採訪。

2 作者本人的採訪。

3 作者本人的採訪。

4 作者本人的採訪。

5 Jennifer Ablan, Ortenca Aliaj, and Miles Kruppa, "Ray Dalio caught wrongfooted with big losses at Bridgewater fund," *Financial Times*, March 14, 2020. https://www.ft.com/content/6addc002-6666-11ea-800d-da70cff6e4d3

6 Walter Bagehot, *Lombard Street: A Description of the Money Market* (Westport, CT: Hyperion, 1962), 25. https://fraser.stlouisfed.org/files/docs/meltzer/baglom62.pdf

7 Parinitha Sastry, "The Political Origins of Section 13(3) of the Federal Reserve Act," *FRBNY Economic Policy Review*, Issue 24-1, September 2018. 27 https://www.newyorkfed.org/medialibrary/media/research/epr/2018/epr_2018_political-origins_sastry.pdf

8 Matthew J. Belvedere, "El-Erian blasts Fed, saying it should have been 'laserfocused'on market failures and cut rates later," CNBC, March 16, 2020, https://www.cnbc.com/2020/03/16/el-erian-blasts-fed-says-it-should-have-cut-rates-after-other-moves.html

9 Sebastian Pellejero and Liz Hoffman, "Bond Market Cracks Open for Blue-Chip Companies — Then Slams Shut," *The Wall Street Journal*, March 18, 2020.

10 作者本人的採訪。

11 作者本人的採訪。

12 John Maynard Keynes, "From Keynes to Roosevelt: Our Recovery Plan Assayed," *The New York Times*, December 31, 1933, https://www.nytimes .com/1933/12/31/archives/from-keynes-to-roosevelt-our-recovery-plan-assayed-the-british.html

13 *PBS NewsHour* interview with Nancy Pelosi, March 25, 2020. https://www.pbs.org/newshour/show/were-ready-to-pass-senates-economic-relief-bill-in-the-house-says-pelosi#transcript

14 Ibid.

第十一章

1 Stacy Cowley and Anupreeta Das, "A Manhattan Bank Is Emptied of $100 Bills," *The New York Times*, March 16, 2020. https://www.nytimes.com/2020/03/14/business /coronavirus-cash-shortage-bank.html
2 作者本人的採訪。
3 作者本人的採訪。
4 Nick Timiraos, "The Fed Transformed: Jay Powell Leads Central Bank into Uncharted Waters," *The Wall Street Journal*, March 30, 2020. https://www.wsj.com/articles/the-fed-transformed-jay-powell-leads-central-bank-into-uncharted-waters-11585596210
5 Serena Ng and Nick Timiraos, "Covid Supercharges Federal Reserve as Backup Lender to the World," *The Wall Street Journal*, August 3, 2020. https://www.wsj.com/articles/fed-Federal-reserve-jerome-powell-covid-coronavirus-dollar-lending-economy-foreign-currency-11596228151
6 Caitlin Ostroff and David Gauthier-Villars, "Pressure on Turkey's Economy Builds as Lira Nears Record Low," *The Wall Street Journal*, May 6, 2020. https://www.wsj.com/articles/pressure-on-turkeys-economy-builds-as-lira-heads-to-record-low-11588769981
7 Nick Timiraos and Heather Gillers, " Fed Includes Municipal Debt in Money-Market Lending Backstop," *The Wall Street Journal*, March 20, 2020. https://www.wsj.com/articles/Federal-reserve-to-increase-frequency-of-dollar-transactions-with-foreign-central-banks-11584712851
8 Michael Feroli and Jesse Edgerton, "The lamps are going out all across the economy," JPMorgan Chase & Co., March 18, 2020.
9 Warren Buffett, Berkshire Hathaway annual meeting, May 3, 2020. https://www.rev.com/blog/transcripts/warren-buffett-berkshire-hathaway-annual-meeting-transcript-2020
10 Craig Nicol and Jim Reid, "US Credit Strategy: Time for the Fed to step in?" Deutsche Bank Research, March 22, 2020.

第十二章

1 David Smith, "Trump throws tantrum over coronavirus question: 'You're a terrible reporter,'" *The Guardian*, March 21, 2020.

https://www.theguardian.com/us-news/2020/mar/20/trump-coronavirus-question-attack-reporter-over-fears
2 Danielle Pletka, Marc Thiessen, and Glenn Hubbard, American Enterprise Institute podcast. https://www.aei.org/wp-content/uploads/2020/04/4.13.20-Glenn-Hubbard-transcript-PDF.pdf?x91208
3 Phil Mattingly, Clare Foran, and Ted Barrett, "Senate Republicans unveil $1 trillion economic stimulus package to address coronavirus fallout," CNN.com, March 20, 2020. https://lite.cnn.com/en/article/hf4c2f69c836c6b6b79826f084411bd07
4 作者本人的採訪。
5 作者本人的採訪。
6 Jeff Stein, Josh Dawsey, and Robert Costa. "The dealmaker's dealmaker: Mnuchin steps in as Trump's negotiator, but president's doubts linger with economy in crisis," *The Washington Post*, March 28, 2020. https://www.washingtonpost.com/business/2020/03/27/trump-mnuchin-coronavirus-treasury/
7 作者本人的採訪。
8 Carl Hulse and Emily Cochrane, "As Coronavirus Spread, Largest Stimulus in History United a Polarized Senate," *The New York Times*, March 26, 2020. www.nytimes.com/2020/03/26/us/coronavirus-senate-stimulus-package.html
9 https://www.speaker.gov/newsroom/32620-0
10 https://www.warren.senate.gov/newsroom/press-releases/warren-tweets-on-bailout-and-stimulus-negotiations
11 John Bresnahan and Marianne Levine, "Dems seize on 'slush fund' to oppose Republican rescue package," *Politico*, March 23, 2020. https://www.politico.com/news/2020/03/23/democrats-slush-fund-republican-rescue-package-143565
12 Erica Werner, Seung Min Kim, Rachael Bade, and Jeff Stein, "Senate falls far short of votes needed to advance coronavirus bill, as clash between Republicans and Democrats intensifies," *The Washington Post*, March 22, 2020, https://www.washingtonpost.com/us-policy/2020/03/22/vast-coronavirus-stimulus-bill-limbo-crunch-times-arrives-capitol-hill/
13 Ibid.
14 作者本人的採訪。
15 Scott Horsley, "Fed Chair Said U.S. Economy Is On The Path To Recovery," NPR, March 25, 2021. https://www.npr.org/2021/03/25/981309889/fed-chair-said-u-s-economy-is-on-the-path-to-recovery
16 Serena Ng and Carrick Mollenkamp, "Hedge Funds Tapped Rescue Program," *The Wall Street Journal*, December 2, 2010. https://www.wsj.com/articles/SB10001424052748703865004575649233598560948
17 Steve Matthews, "U.S. Jobless Rate May Soar to 30%, Fed' s Bullard Says," Bloomberg News, March 22, 2020. https://www.

bloomberg.com/news/articles/2020-03-22/fed-s-bullard-says-u-s-jobless-rate-may-soar-to-30-in-2q

18 Michael Feroli, "Powell rolls out Big Bertha," JPMorgan Chase & Co., March 23, 2020.

19 John Bresnahan, Marianne Levine, and Andrew Desiderio, "How the $2 trillion deal came together — and nearly fell apart," *Politico*, March 26, 2020. https://www.politico.com/news/2020/03/26/inside-the-10-days-to-rescue-the-economy-149718

20 Siobhan Hughes, Natalie Andrews, and Lindsay Wise, "Trump Signs Record Stimulus Law — House-Approved Relief Package of $2 Trillion Offers Aid to Combat Damage of Pandemic," *The Wall Street Journal*, March 28, 2020. https://www.wsj.com/articles/how-the-coronavirus-stimulus-deal-came-back-from-the-brink-11585338737

21 Narayana Kocherlakota, "The Fed Should Never Lend to Anyone Other Than Banks," *Bloomberg Opinion*, March 23, 2020. https://www.bloomberg.com/opinion/articles/2020-03-23/coronavirus-crisis-fed-should-never-lend-outside-banking-system

22 Stephen Cecchetti and Kermit Schoenholtz, "The Fed Goes to War: Part 2," *Money and Banking* blog. https://www.moneyandbanking.com/commentary/2020/3/25/the-fed-goes-to-war-part-2

23 Eric Morath, Jon Hilsenrath, and Sarah Chaney, "Record Rise in Unemployment Claims Halts Historic Run of Job Growth," *The Wall Street Journal*, March26, 2020. https://www.wsj.com/articles/the-long-run-of-american-job-growth-has-ended-11585215000

第十三章

1 作者本人的採訪。

2 作者本人的採訪，二〇二〇年三月二十四日。

3 作者本人的採訪。

4 Matt Wirz, "How Fed Intervention Saved Carnival," *The Wall Street Journal*, April 26, 2020. https://www.wsj.com/articles/how-fed-intervention-saved-carnival-11587920400

5 Ibid.

6 作者本人的採訪。

7 Ben White, Victoria Guida, and Matthew Karnitsching, "Blank checks, taboos and bazookas: Inside the global battle to prevent another depression," *Politico*, April 13, 2020. https://www.politico.com/news/2020/04/13/inside-global-race-prevent-depression-182619

8 作者本人的採訪。

9 Randal K. Quarles, "What Happened? What Have We Learned From It? Lessons from COVID-19 Stress on the Financial System," speech at the Institute of International Finance, via webcast, October 15, 2020. https://www.Federalreserve.gov/newsevents/speech/files/quarles20201015a.pdf

10 作者本人的採訪。

11 Aaron Klein and Camille Busette, "Improving the equity impact of the fed's municipal lending facility," Brookings Institution, April 14, 2020. https://www.brookings.edu/research/a-chance-to-improve-the-equity-impact-of-the-feds-municipal-lending-facility/

12 Howard Marks, "Knowledge of the Future," memo to clients, April 14, 2020. https://www.oaktreecapital.com/docs/default-source/memos/knowledge-of-the-future.pdf

13 James Freeman, "'Waiting for Good Dough,'" *The Wall Street Journal*, April 21, 2020. https://www.wsj.com/articles/waiting-for-good-dough-11587491186

14 作者本人的採訪。

15 作者本人的採訪。

第十四章

1 https://twitter.com/ilhanmn/status/1255526030355451905?lang=en

2 https://twitter.com/zachdcarter/status/1251156024049856520?lang=en, accessible via Matthew Yglesias, "We should have done more bailouts," *Slow Boring* substack, May 18, 2021. https://www.slowboring.com/p/bailouts

3 Daan Struyven and Sid Bhushan, "Global Economics Comment: The US Jobs Comeback: Lessons from North of the Border," Goldman Sachs Economics Research, June 17, 2021.

4 Kate Davidson and Richard Rubin, "Steven Mnuchin Says U.S. Aims to Get Back Its Money From Fed Programs," *The Wall Street Journal*, April 29, 2020. https://www.wsj.com/articles/mnuchin-says-u-s-not-aiming-to-lose-money-on-fed-lending-facilities-11588178749

5 Nick Timiraos and Jon Hilsenrath, "The Federal Reserve Is Changing What It Means to Be a Central Bank," *The Wall Street Journal*, April 27, 2020. https://www.wsj.com/articles/fate-and-history-the-fed-tosses-the-rules-to-fight-corona-virus-downturn-11587999986

6 作者本人的採訪。

7 Nick Timiraos, "Fed Had a Loan Plan for Midsize Firms Hurt by Covid. It Found Few Takers," *The Wall Street Journal*, January 4, 2021. https://www.wsj.com/articles/fed-had-a-loan-plan-for-midsize-firms-hurt-by-covid-it-found-few-takers-11609774458

8 作者本人的採訪。

9 "Report on the Economic Well-Being of U.S. Households in 2019, Featuring Supplemental Data from April 2020," Board of Governors of the Federal Reserve System, May 2020, 53. https://www.Federalreserve.gov/publications/files/2019-report-economic-well-being-us-households-202005.pdf

10 Virtual meeting at the Hoover Institution, April 21, 2021. https://www.hoover.org/events/policy-seminar-tyler-goodspeed-andrew-olmem-and-john-taylor

11 作者本人的採訪。

12 Noah Smith, "Paul Krugman Is Pretty Upbeat About the Economy," *Bloomberg Opinion*, May 27, 2020. https://www.bloomberg.com/opinion/articles/2020-05-27/paul-krugman-is-pretty-upbeat-about-coronavirus-economic-recovery?sref=1X5UIU0Y

第十五章

1 Lisa Lambert, "White House's Kudlow floats cutting U.S. corporate tax rate in half," Reuters, May 15, 2020. https://www.reuters.com/article/us-health-coronavirus-usa-tax/white-houses-kudlow-floats-cutting-u-s-corporate-tax-rate-in-half-idUSKBN22R2FH

2 這些數字後續被修訂如下：官方的失業率在四月份達到高峰，為一四．八%。黑人的失業率在四月分達到一六．七%，五月也維持這個水準。亞裔人示的失業率在五月達到一四．九%的高峰。

3 Lawrence H. Summers and Anna Stansbury, "Whither Central Banking?" *Project Syndicate*, August 23, 2019. https://www.project-syndicate.org/commentary/central-bankers-in-jackson-hole-should-admit-impotence-by-lawrence-h-summers-and-anna-stansbury-2-2019-08?barrier=accesspaylog

4 作者本人的採訪，二〇二〇年十月二十二日。

5 作者本人的採訪，二〇二〇年九月二十八日。

第十六章

1 Michael Feroli, Jesse Edgerton, and Dan Silver, "The 2021 US Economic Outlook: The needle and the damage undone," JPMorgan Chase & Co., November 20, 2020.

2 一開始，布蘭納德是最早出線的候選人選之一。身為聯準會理事的布蘭納德在貨幣政策議題上，有時比葉倫更偏左派，其中最引人注目的一次是二〇一五年各方辯論是否要把利率從〇%向上調整之際。在川普執政期間，她是聯準會理事會中唯一出言反對奎爾茲和鮑爾聯手積極推動的放寬監理計劃的人。不過，布蘭納德在柯林頓與歐巴馬政府時期針對自由貿易與通貨議題所做的研究，讓勞工聯盟對她的聯準會主席候選人資格抱持懷疑的態度，所以，拜登的團隊並沒有很認真考慮由她擔任這個職務。

3 Jason Lange and Heather Timmons, "Biden says he has picked a Treasury secretary who will please all Democrats," Reuters, November 19, 2020. https://www.reuters.com/article/us-usa-election-dollar/biden-says-he-has-picked-a-treasury-secretary-who-will-please-all-democrats-idUSKBN27Z34L

4 Nick Timiraos, "Fed Had a Loan Plan for Midsize Firms Hurt by Covid. It Found Few Takers," *The Wall Street Journal,* January 4, 2021. https://www.wsj.com/articles/fed-had-a-loan-plan-for-midsize-firms-hurt-by-covid-it-found-few-takers-11609774458

5 Ibid.

6 作者本人的採訪。

7 Heather Perlberg and Sonali Basak, "Trump Treasury Secretary Mnuchin Raises $2.5 Billion Fund," Bloomberg News, September 20, 2021, https://www.bloomberg.com /news /articles/2021-09-20/trump-treasury-secretary-steven-mnuchin-raises-2-5-billion-fund

8 Matthew S. Schwartz, "Up to 25,000 Troops Descend on Washington for Biden's Inauguration," National Public Radio, January 16, 2021. https://www.npr.org/sections/insurrection-at-the-capitol/2021/01/16/957642610/unprecedented-number-of-troops-descend-on-washington-d-c-for-bidens-inauguration

第十七章

1 作者本人的採訪。

2 Janet L. Yellen, "Opening Statement of Dr. Janet Yellen before the Senate Finance Committee." https://www.finance.senate.gov/imo/media/doc/JLY%20opening%20testimony%20%20(1).pdf

3 Ann Saphir, "Fed's Kaplan hopes to begin QE weaning this year," Reuters, January 11, 2021. https://www.reuters.com/article/us-usa-fed-kaplan/feds-kaplan-hopes-to-begin-qe-weaning-this-year-idUSKBN29G2TB

4 Howard Schneider, "Fed's Bostic says bond-buying 'recalibration' could happen in 2021," Reuters, January 4, 2021. https://www.reuters.com/article/us-usa-fed-bostic/feds-bostic-says-bond-buying-recalibration-could-happen-in-2021-

idUSKBN2992GI

5 Ann Saphir, "Fed's Kaplan: We are 'not anywhere close' to QE taper," Reuters, January 29, 2021. https://www.reuters.com/article/us-usa-fed-kaplan-qe/feds-kaplan-we-are-not-anywhere-close-to-qe-taper-idUSKBN29Y2ZA

6 Brian Cheung, "Atlanta Fed's Bostic: 'Not my expectation' to taper QE this year," *Yahoo Finance*, February 4, 2021. https://finance.yahoo.com/news/atlanta-feds-bostic-not-my-expectation-to-taper-qe-this-year-153018144.html

7 "Transcript: Fed Chief Powell Speaks to The Economic Club of New York," *The Wall Street Journal*, February 10, 2021, https://www.wsj.com/articles/transcript-fed-chief-powell-speaks-to-the-economic-club-of-new-york-11612992892

8 "IMF Seminar, Debate on the Global Economy," April 8, 2021, https://meetings.imf.org/en/2021/Spring/Schedule/2021/04/08/imf-seminar-debate-on-global-economy

9 作者本人的採訪。

10 Author's interview https://www.wsj.com/articles/transcript-fed-chairman-jerome-powell-at-the-wsj-jobs-summit-11614889342

11 作者本人的採訪。

12 Margot Patrick and Quentin Webb, "Archegos Hit Tops $10 Billion After UBS, Nomura Losses," *The Wall Street Journal*, April 27, 2021. https://www.wsj.com/articles/ubs-takes-surprise-774-million-archegos-hit-11619501547

13 Matt Phillips, "Recast as 'Stimmies,' Federal Relief Checks Drive a Stock-Buying Spree," *The New York Times*, March 21, 2021. https://www.nytimes.com /2021/03/21/business/stimulus-check-stock-market.html

14 作者本人的採訪。

15 Jordan Williams, "Larry Summers blasts $1.9T stimulus as 'least responsible' economic policy in 40 years," *The Hill*, March 20, 2021. https://thehill.com/policy/finance/544188-larry-summers-blasts-least-responsible-economic-policy-in-40-years

16 C. Peter McColough Series on International Economics with Lawrence Summers, Council on Foreign Relations, April 21, 2021. https://www.cfr.org/event/c-peter-mccolough-series-international-economics-lawrence-h-summers

17 作者本人的採訪。

18 Paul Kiernan, "Fed's No. 2 Official Sees Time Approaching for Discussion on Cutting Asset Purchases," *The Wall Street Journal*, May 25, 2021. https://www.wsj.com/articles/feds-no-2-official-sees-time-approaching-for-discussion-on-cutting-asset-purchases-11621964259

19 作者本人的採訪。

20 Powell press conference, June 16, 2021.

21 作者本人的採訪。

結語

1 Michael S. Derby, "Dallas Fed's Robert Kaplan Was Active Buyer and Seller of Stocks Last Year," *The Wall Street Journal*, September 7, 2021, https://www.wsj.com/articles/dallas-feds-robert-kaplan-was-active-buyer-and-seller-of-stocks-last-year-11631044094

2 Powell remarks to The Economic Club of Washington, DC, April 14, 2021. https://www.economicclub.org/sites/default/files/transcripts/powell_edited_transcript.pdf

3 Powell interview on *60 Minutes*, CBS News. https://www.cbsnews.com/news/jerome-powell-full-2021-60-minutes-interview-transcript/

4 Congressional Budget Office, "Federal Net Interest Costs: A Primer," December 2020, https://www.cbo.gov/system/files/2020-12/56780-Net-Interest-Primer.pdf

5 https://www.Federalreserve.gov/releases/z1/dataviz/dfa/distribute/table/#range:2006.1,2021.1;quarter:126;series:Net%20worth;demographic:networth;population:1,3,5,7;units:levels

6 Raghuram G. Rajan, "Central Banks Are the Fall Guys," *Project Syndicate*, July 31, 2019. https://www.project-syndicate.org/commentary/central-bank-fall-guys-by-raghuram-rajan-2019-07

7 作者本人的採訪。

8 作者本人的採訪。

9 作者本人的採訪。

10 Orla McCaffrey and Shane Shifflett, "During Covid-19, Most Americans Got Ahead — Especially the Rich," *The Wall Street Journal*, June 27, 2021. https://www.wsj.com/articles/during-covid-19-most-americans-got-richer-especially-the-rich-11624791602

11 作者本人的採訪。

12 Transcript of Federal Reserve Board "Fed Listens" Event: How Is Covid-19 Affecting Your Community? May 21, 2020, 43. https://www.Federalreserve.gov/mediacenter/files/fed-listens-transcript-20200521.pdf

13 Transcript, Fed Chairman Jerome Powell at the WSJ Jobs Summit. https://www.wsj.com/articles/transcript-fed-chairman-jerome-powell-at-the-wsj-jobs-summit-11614889342

Trillion Dollar Triage
How Jay Powell and the Fed Battled a President and a Pandemic—and Prevented Economic Disaster

億萬救援
從白宮壓力到貨幣決策，鮑爾與川普的聯準會權力之戰（全新修訂版）

作　　者　尼克・提米羅斯（Nick Timiraos）
譯　　者　陳儀
編　　輯　鍾顏聿、徐育婷
視　　覺　白日設計、薛美惠

副 總 編　鍾顏聿
主　　編　賀鈺婷
行　　銷　黃湛馨

印　　刷　呈靖彩藝有限公司
法律顧問　華洋法律事務所 蘇文生律師

ISBN　978-626-7523-52-0（平裝）
　　　978-626-7523-53-7（EPUB）
　　　978-626-7523-54-4（PDF）

定　　價　520 元
初版一刷　2023 年 8 月
二版一刷　2025 年 6 月

出　　版　感電出版
發　　行　遠足文化事業股份有限公司
　　　　（讀書共和國出版集團）
地　　址　23141 新北市新店區民權路 108-2 號 9 樓
電　　話　0800-221-029
傳　　真　02-8667-1851
電　　郵　info@sparkpresstw.com

國家圖書館出版品預行編目 (CIP) 資料

億萬救援／尼克・提米羅斯（Nick Timiraos）著；陳儀譯 . -- 二版 . -- 新北市 ：感電出版 : 遠足文化事業股份有限公司發行 , 2025.06
420 面；　16×23 公分
譯自 : Digital empires : How Jay Powell and the Fed Battled a President and a Pandemic---and Prevented Economic Disaster
ISBN 978-626-7523-52-0（平裝）

1.CST: 經濟政策 2.CST: 經濟危機 3.CST: 國際經濟 4.CST: 美國　　561.952　　114007488